黑龙江大学文化哲学研究丛书

文化哲学史研究

RESEARCH ON HISTORY OF CULTURAL PHILOSOPHY

主　编　丁立群
副主编　周来顺

本丛书获国家社会科学基金重大项目"中国优秀传统文化的创造性转化与创新性发展研究"（项目编号：2015MZD014）、马克思主义理论研究和建设工程重大项目"中国优秀传统文化的创造性转化与创新性发展研究"（项目编号：2015MZD014）、黑龙江省文化发展战略研究中心（黑龙江省首批重点培育智库）、新时代中国特色社会主义文化理论与实践省级培育协同创新中心资助。

黑龙江大学文化哲学研究丛书编辑部

主　　编：丁立群

副 主 编：周来顺

编写人员：张奎良　李楠明　康渝生　柴文华
　　　　　魏义霞　关健英　王国有　王晓东
　　　　　隽鸿飞　李金辉　胡长栓　姜　华
　　　　　刘振怡　孙庆斌　罗跃军　赵海峰
　　　　　蒋红雨　李宝文　张　彤　高来源
　　　　　王　秋　付洪泉　贺　苗　孙建茵
　　　　　杜红艳　杜宇鹏　王　萍　杨振宇
　　　　　丁海丽

文化哲学与西方哲学

杜威的文化哲学观	003
亚里士多德的目的论理论模式与西方文化危机	013
论"理智"概念的实践维度	021
——对杜威"理智"概念之实践性内涵的解读	
论杜威以经验主义为根基的宗教信仰观	035
新康德主义与文化哲学范式的生成	052
文化哲学的文化自觉与哲学自觉	063
——从卡西尔的文化哲学观看	
胡塞尔的生活世界学说	075
——对欧洲科学危机问题的思考	
哈贝马斯的"生活世界范式"	084
韦伯关于德国文化问题研究的启示	097
海德格尔现象学:一种文化哲学的反思	108
勒维纳斯他者伦理学对西方哲学的批判性变革	118
实在、符号与文化	126
——许茨的现象学社会学理论	
马尔库什的文化批判理论	137
布达佩斯学派对文化的现代性解读	148

文化哲学与中国哲学

论近代"道德革命"在辛亥革命时期的深入	175
论中国近代的"国民性"改造	185
论中国近代"道德革命"中的理性精神,道德与文明	196

严复中国传统文化观的转折 205
　　——以中国传统道德观为重心
论中国现代的文化观 218
梁启超"文界革命"探析 242
孔教、儒家与国学 262
　　——对中国传统文化之近代形态的省察
梁启超的文化理念及其意义 277
旧邦新命与文化传统 290
　　——兼论中国传统文化创造性转化与创新性发展
陈寅恪对文化精神的思考 302
心性学视域与中国现代性问题 352
　　——梁漱溟文化哲学思想析论

文化哲学与俄罗斯哲学

东正教信仰与俄罗斯命运 365
俄罗斯宗教哲学的文化批判理论研究 380
白银时代宗教哲学家视野中的俄罗斯文化观重构 408
文化危机与拯救：弗兰克基督教人道主义理论探析 419
俄罗斯文化的形而上维度 437
欧亚主义的诱惑：俄罗斯寻求文化定位的现实归宿 445

文化哲学与西方哲学

杜威的文化哲学观[*]

丁立群[**]

约翰·杜威作为美国古典实用主义的集大成者，在国内哲学界并没有被充分重视起来，一些研究受杜威思想传入的初始背景的影响，对其存在很多误解。即使在国外，由于其哲学的表述语言，他的理论也经常被误解。所以，杜威的理论尚有待于深入地研究。杜威的哲学之所以被人误解，其中一个根本原因，就是杜威的哲学并不是传统哲学的延续，而是一种重建和改造。这种重建和改造，一是改变了传统概念的含义，二是转换和拓宽了哲学的对象。所以只拘泥于概念的形式，往往会产生误解。理查德·伯恩斯坦认为，约翰·杜威的哲学一直在尽力克服传统哲学学科的过分专业化和狭隘化。专业化是指传统哲学与生活割断了联系，变成了与生活无关的超验的东西；狭隘化是指传统哲学只在哲学自身考虑哲学，没有考虑到哲学也是一种文化，它有其独特的文化功能。杜威改造哲学的努力主要集中在"生活"与"文化"两个概念上，而其哲学目的在于推动和促进一种美好的生活实践。本文即从文化哲学的立场阐释杜威的哲学观，认为杜威基本构建了一个包括哲学的文化价值、文化功能、文化批判等在内的文化哲学体系。

---

[*] 本文发表于《世界哲学》2010年第4期。
[**] 丁立群，黑龙江大学哲学学院教授，主要从事西方实践哲学与文化哲学、马克思主义实践哲学与文化理论研究。

一 杜威对传统哲学的解蔽

关于哲学的起源,哲学家有种种看法。有的哲学家认为哲学起源于对世界的惊奇,是一种自由探索;有的哲学家认为哲学起源于理性思考,是理性的事业;等等。杜威则提出了一种颇具文化哲学意义的观点,他认为哲学起源于文化冲突。

杜威认为,哲学的基本资源是生活经验。他把经验称作"原经验",它与"生活"和"历史"是同义词。在笔者看来,"原经验"与后来 E. 胡塞尔在反思欧洲科学的危机时提出的"生活世界"概念有相通之处,是一种前逻辑、前科学的世界。杜威认为,我们所生活的世界是一个充满或然性的危险的世界。在这个世界中,人类的生存依赖于控制环境的能力,这就是人类的经验。在长期的历史发展中,人类的经验发展出两种控制环境的方式,其一是神话和宗教仪式,它是文化和道德的起源,其二是以施加于环境的实际行动来控制环境,这导致了科学的产生。这两种方式和传统分别掌握在不同阶级手中。宗教的和富于诗意的信念,具有一定社会的、政治的价值和功能,它被保持在和社会的统治者直接联系着的上层阶级手里;工人和工匠是普通的、实际知识的拥有者,属于社会的下层。① 虽然分工导致了社会对实际知识的普遍蔑视,但是这种分工却使得它们长期并行不悖。

神话和宗教仪式,进而以此为核心形成的传统文化和道德是哲学产生的直接资源,它要成为哲学必须经过两个阶段。

其一,规范化和普遍化。神话和宗教仪式发源于原始人的故事和传说。起初,这种情绪化的联想、暗示和戏剧的想象是偶然的、暂时的。但是,由于有些经验是反复遭遇的、有些事件关系到整个集体的喜怒悲欢而受到特别

---

① 约翰·杜威:《哲学的改造》,商务印书馆,1989,第 7 页。

的重视，于是形成了一种规范的结构、一种了解生活的共同方式。这种规范的结构和共同的生活方式由于军事征服和政治兼并确立和加强了其组织性和约束力，同时也增强了它的普遍性。杜威假设"人类的更博大的天地开辟论和宇宙论，以及更宏远的道德的传统就是这样发生的"[1]。

其二，理论化和知性证明。分工使得人类两种控制环境的传统和方式长期并行不悖。然而，随着实际知识的逐渐增长，这两种控制环境的传统和方式之间不可避免地产生接触并发生冲突。当这种冲突发展到最后，终于不仅在细节上，而且在精神气质上发生了冲突，这时便出现了哲学产生的契机。在这种冲突中，实证的知识和批判的研究精神日益发展，而传统的信念和信仰日渐崩溃：在确定性、精确性和可证明性方面，实证的知识优越于传统的信仰，而传统的信仰虽然高尚，但基础毕竟薄弱。于是，人们就要发明一种研究和证明的方法，把过去靠习惯维系下来的传统信念置于理性的基础上，这就是传统的形而上学——这也就是自柏拉图开始的欧洲古典哲学的基本形式，可见哲学即起源于文化冲突和调和这种冲突的基本动机。

由此，杜威得出解蔽传统哲学的三个结论。

第一，就传统哲学的基本主题来说，传统哲学并不是起源于惊奇和理性等公正无偏见的源头，它一经产生就有着既定的使命："哲学的任务是要在合理的基础上辩护所继承的信念和传统习惯的精神。"[2] 在这种意义上，哲学是有党派性的，它在理性公正的表面下，却有着一种预设的信念。我们通过考察柏拉图和亚里士多德之后的哲学史就可以发现，柏拉图和亚里士多德曾经对古希腊传统和习惯的意义进行过如此深刻的思考，这种思考使他们的著述成为研究希腊人生活理想的珍贵资料。

第二，就传统哲学的基本形式来说，传统哲学既然是要在合理的基础上辩护所继承的信念和传统习惯的精神，就必然重视理由和证明。但由于传统信念和习惯欠缺内在的合理性，于是传统哲学就只能靠逻辑的形式掩饰自己，

---

[1] 约翰·杜威：《哲学的改造》，商务印书馆，1989，第5页。
[2] 约翰·杜威：《哲学的改造》，商务印书馆，1989，第10页。

由此产生了很多抽象的定义和超科学的议论。在这种情况下，哲学最好的时候不过是为体系而体系的一种无用的爱好；最坏的时候，哲学甚至成为搬弄命题、词汇，夸张地运用琐细的逻辑论证的把戏。

第三，就传统哲学的基本方法来说，传统哲学既然是要在合理的基础上辩护所继承的信念和传统习惯的精神，就要使它具有理性的最大的普遍性和必然的正确性。而要达到这种最大的普遍性和必然的正确性，传统哲学只有一个方法，这就是把世界两重化。一切传统哲学都试图把世界二元化，区分出一个自然的日常经验世界和一个自然之上的超验世界。前者是一个多变的、不完善的世界；后者则是一个不动不变的至善世界和终极世界，是一切生活法则、真理乃至社会制度的根源和保证。

二 哲学的本质与文化功能

杜威认为，如果我们承认对传统哲学的上述理解，就会对新的哲学有一个明确的概念：哲学并没有什么与实证科学和日常经验不同的、高级的、特殊的认识功能，去认识那些超验的、绝对的、终极的实在。传统哲学过去表面上是在研究终极的实在，而实质上却是在维护社会文化传统中的宝贵精华。哲学的这一本质就构成了改造传统哲学即新哲学观的出发点。

首先，哲学的基本性质是人文的而非科学的，哲学应当把自己扩展到文化范畴。传统哲学一直以绝对的、终极的实在为对象，具有一种"似是而非的科学"性质。通过对传统哲学的分析，我们可以解除传统哲学的虚假面具。可以看到，从哲学的发源来说，哲学不是发源于理智的好奇，而是发端于由情绪而产生的各种信念的系统化、普遍化，所以哲学的基本性质是人文的、文化的。"如果谁能够虚心地去研究哲学史，不把它当作一个孤立的事物，而是把它当作文明和文化史的一章去研究，如果谁能够将哲学的故事和人类学、原始生活、宗教史、文学、社会制度的研究结合起来……哲学史就会加上一个新意义。从似是而非科学的见地失去的，可以再从人文的见地收回。"①哲学应当把自己置于文化范畴之中,在文化中确定自己的真正作用,并以文化为自己的探究对象。真正的哲学应当关心人类生活的理想和人类理智活动的目标。在这里,我们可以充分理解杜威认为传统哲学学科过分专业化和狭隘化的深刻意义。

其次,哲学在本质上是一个文化的沟通机构。在杜威看来,经验和世界是一个整体,对它的研究表现为不同的方面,如科学的、工业的、政治的、宗教的、艺术的、教育的、道德的等,这种分化是自然的。但是,这种分化却形成了一些与外界隔离的小天地:"无论这些倾向的固定化是如何自然,它们的分隔孤立却是不自然的。"②它导致完整的价值和意义被割裂、片面化,而这些被割裂的价值和意义又被固定化在一个狭小的领域,从而使它们无法起到应付变化的经验和世界的作用。正是这种专门化和过分区别产生了一种需要:建立一种文化沟通和概括媒介,这一媒介可以把分隔的经验领域互相"翻译",并把局限于分隔孤立领域的意义进行连接和扩展。"这样,作为一个批评工具的哲学,实际上变成了一个通信员,一个联络官,它使得各种地方方言互相理解,并因此这些方言的意义得以扩展和调整。"③

不仅如此,在关于信仰、社会理想和文化冲突方面,杜威更加明确地把哲学看作协调文化冲突的机构。他指出,未来哲学的任务就在于阐明关于社会道德和社会理想的各种见解,以成为处理这些文化冲突和斗争的一个机构。这种理解是与传统的形而上学对立的,当哲学在构造其形而上的尊荣地位时,它是不真实的、荒谬的;但是,当它与社会的信念和理想的冲突结合起来的时候,就变得意义非常重大了。

再次,哲学沟通不同文化价值冲突的途径是文化价值批评。批评是文化价值的批评。在价值问题上,杜威持价值自然主义立场。他对价值最典型的概括就是:"价值就是价值。"在他看来,在其直接存在的情况下,价值只是存

---

① 约翰·杜威:《哲学的改造》,商务印书馆,1989,第13~14页。
② John Dewey, *Experience and Nature*, George Allen &Unwin, Ltd., London, 1929, p.409.
③ John Dewey, *Experience and Nature*, George Allen &Unwin, Ltd., London, 1929, p.410.

在或不存在、享受或不被享受，是不被思考和反省的。超越了价值的直接性，即使仅仅是对价值进行界说，我们马上就进入评价和批评领域，也就是说任何关于价值的理论已经是价值批评了。所以，"思维超越了直接存在进入存在的关系：它的中介条件以及反过来，它又成为这些条件的媒介。这样的程序就是批评"[①]。

在这一价值自然主义基础上，杜威进一步提出了关于哲学的一个新概念：哲学就是价值和意义批评。实际上，在任何一种信念和道德理想、任何一个文化领域都存在一种内部的或外部的价值和意义批评，这是一种思想和信仰体系所具有的正常的批评机制——这不属于哲学的批评。哲学作为一种文化价值批评不同于一般的批评机制，它在各种不同的批评方式中占有特殊地位。杜威认为，哲学的批评是"批评之批评"：它的基本资源是社会流行的直接价值和在一切价值领域所流行的各种批评方式，"它把这些价值、批评和批评的方式再做进一步的批评，而尽可能地使它们更具有综合性和一致性"[②]。

杜威认为，意义批评标志着哲学的正当工作，是改造后的哲学与传统哲学在根本作用和功能方面的分水岭。传统哲学认为，哲学在占有绝对的终极真理方面具有独特的功能和优越性。这样一种哲学随着科学的发展已经被排除了。[③] 杜威指出，哲学对于真理的追求说明传统哲学从来没有从事自己的正当工作。我们生活中的绝大部分，都是在一种和真假无关的意义和价值领域进行的，这些意义和价值需要哲学去鉴别和扩充，而"哲学的正当工作就是解放和澄清意义，包括在科学上已经被证实的意义"[④]。这里的"澄清"是指哲学对意义和价值的鉴别，而"解放"则是对由于文化的分化而被分割在狭小领域的好的意义和价值进行连接和扩展。

最后，哲学的最终目的是好的价值与生活的统一，是真善美的统一。杜

[①] John Dewey, *Experience and Nature*, George Allen &Unwin, Ltd., London, 1929, p.397.

[②] John Dewey, *Experience and Nature*, George Allen &Unwin, Ltd., London, 1929, p.404.

[③] 参见约翰·杜威《人的问题》，上海人民出版社，1986，第132页。

[④] John Dewey, *Experience and Nature*, George Allen &Unwin, Ltd., London, 1929, p.411.

威认为，通过价值批评的间接途径，我们就可以达到一切批评的最广泛的问题，即存在和价值的关系，或者用这个问题的通俗提法，即现实和理想的关系。在传统哲学中价值与生活是分离的，好的价值被置放于一个超验世界里，这个超验世界是与经验世界相对立的；同样，在现实中，人类的智慧与生活愿望也是相分离的——在生活中，面对环境的压迫，我们只能靠日常的信念去行动，我们的智慧和深刻的思考却停留在与生活无关的图景里。当哲学与经验和生活相结合的时候，当哲学的批评将好的价值给予充分的扩展和充实的时候，这时人类的行动将充分体现智慧——将把其原因和后果都是未知的、偶然的、自然的价值，变成这样的价值："它就思维而言，是正确的；就行为而言，是正义的；就欣赏而言，是高雅的。"这就是真善美的统一。同时，人的生活也将发生巨大的变化：人类将克服世界的二元化，美好的价值和意义与生活将最终统一起来。杜威给我们描绘了未来的美好图景，那时"科学和情绪将互相渗透，实际和想象将互相拥抱。诗歌和宗教的感情将成为生活中不待催促而自然开放的鲜花"[①]。

三　几点评价

在笔者看来，文化哲学在结构上有三个相互连接的研究层面，即哲学的文化价值研究、文化形而上学和文化批评。哲学的文化价值研究目的在于确定哲学在文化系统中的独特地位和特殊的价值功能；文化形而上学在于从总体上把握文化，确定文化的元价值；文化批判则在于以文化形而上学为理论基础，通过文化批评，推动文化发展。杜威的哲学观提供了一套哲学改造的方案，从根本上扭转了传统哲学致思方向，使哲学成为一种真正的文化哲学。

首先，杜威突破了传统哲学的域限，在文化的范围里重新确定哲学的价值。在西方哲学传统中，哲学被理解为理论的总汇和科学之王，因而，对哲

---

① 约翰·杜威:《哲学的改造》，商务印书馆，1989，第114页。

学的规定一般都局限于哲学自身。黑格尔认为,任何一门具体的学科都依赖于相邻学科的限定,并借助于相邻学科的理论为自己的前提;而哲学则不同,它是自大无外的,因而只能自圆其说。但是,18世纪文化人类学的兴起为人们开阔了视野,哲学开始融入文化,人们开始把哲学当作一个文化门类来看待,在文化中考察哲学。这一时期和此后很多哲学家的著作都融入了文化人类学的内容和成果,如维柯、斯宾格勒等。但只是杜威第一次明确地触及哲学与文化的关系,在文化范围里,确定哲学的文化域限和文化功能。他明确地把哲学看作文化史的一章,把哲学的文化价值确定为文化的联络官、通信员。哲学是文化的管理机构,换句话说,哲学是文化价值的沟通者、文化意义的翻译者。这种对哲学的理解在哲学史上是革命性的。

其次,杜威把文化作为哲学研究的对象,使哲学具有文化形而上学意义。在文化各门类中,并不是任何一种普通的文化门类都可以以文化作为研究对象。哲学是一种特定的文化门类,但是,由于哲学具有一种综合性、概括性和总体性特征,它在文化各门类中具有一种特殊的地位。杜威把哲学置于文化范畴内,以考察哲学特殊的文化价值。他把哲学看作一种文化沟通机构,它通过文化批评使好的价值得到扩展和充实,并把好的价值相互联结,使它们更为广泛而一致。所以,这种文化沟通是以文化总体性为核心,以文化的统一为旨趣的。可见,在杜威看来,哲学是对文化总体性价值的把握,是对文化总体的把握,这就使得杜威的哲学观内含着一种文化形而上学的意义。

再次,杜威把哲学看作一种文化批评,使哲学与一种现实的文化改造结合起来。杜威反对传统哲学脱离人类生活去追求与人类不相关,所谓绝对的、终极的实在,在他看来,这种追求是虚假的。杜威哲学的使命就是使人类经验更加丰富、完满和充实,而哲学的文化批评就是要通过这种现实的改造活动达到这个目的。因为这一点,有人曾提出,杜威的观点损害了哲学的庄严使命,把哲学贬抑为一种社会改造的工具,这正是因为杜威没有看到文化的积极成就。而杜威却认为,有很多社会改革的计划是狭隘的,它们只是使新的弊端代替旧的弊端,是一种市侩式的改革;真正的社会改造必须是经验的充实、丰富和意义的扩展和解放。① 可见，杜威的哲学不再是描绘一幅与人类不相关的世界图景，而是与生活世界和真正意义的社会改造紧密结合起来。它的重要意义，正如 R. 舒斯特曼所说，是自古希腊哲学之后就已被遗忘的传统，正是杜威恢复了这一传统。

最后，杜威的哲学观把追求文化的统一性作为哲学的最终旨趣，是对几千年来哲学理想的最终"解蔽"。统一性是从古希腊起几千年来哲学的一贯追求，但是哲学史上人们对统一性的追求或者是还原论的即在人与自然、精神与生命之间相互还原，或者是以隐喻的方式把问题弄得晦暗不明，诸如追求"始基""理念""大全""绝对精神"等。在文化哲学看来，哲学是无法直接面对世界的，因为它缺乏直接面对世界的手段。如果它用自然科学的方法研究世界，哲学就只能是一门自然科学；如果它用文学（广义的文学系指整个人文学科）的方式理解世界，那么，哲学也只能是一门普通的文学门类。除此之外，哲学并没有自己独特的接触世界的手段。实际上，哲学与世界之间是中介化的，哲学只能依凭文化这一中介，间接地接触世界——它直接面对的是文化。于是，哲学追求的统一性就只能是文化的统一性，是文化由于自然分化而形成的不同文化精神的统一，是文化深层价值即真善美的统一。笔者认为，这正是杜威反对传统形而上学，主张哲学是文化批评，是"批评之批评"所言说的内容。

综上，笔者认为，杜威实际上构建了一个文化哲学的基本理论范式。

文化哲学是西方哲学的一种值得重视的发展趋势，在由 G. 维柯等人开启的关于历史、文化的哲学研究趋势（我们通常把这一趋势称为文化哲学趋势）中，杜威的思想具有非常重要的地位。同时，杜威的文化哲学思想也启发了后现代文化思潮，成为后现代文化思潮的重要思想资源之一。正因为杜威对传统哲学的这一扭转和解蔽，才引发了 R. 罗蒂的"后哲学文化"理论，如 R. 罗蒂对柏拉图、笛卡儿到康德以及"新康德主义"把哲学归结为认识论的

---

① John Dewey, *Experience and Nature*, George Allen &Unwin, Ltd., London, 1929, p.411.

思想所做的批判，对"后哲学文化"状态的一些描述，特别是对"后哲学文化"中哲学的文化批判功能的论述，都与杜威的思想有着相当深的渊源。当然，我们也不否认在很多问题上，甚至在一些根本问题上，R.罗蒂是反对杜威的，如杜威对原经验的强调曾被R.罗蒂指责为基础主义，而遭到批判。

可见，从"纯粹理性批判"（康德）到"文化批判"（E.卡西尔），从黑格尔的哲学规定的自圆其说到杜威把哲学看作文化史的一章来研究，是符合哲学发展的逻辑的：文化哲学是思想的必然。

亚里士多德的目的论理论模式与西方文化危机

姜 华[*]

亚里士多德的目的论理论模式对西方的思想文化产生了深远的影响，但自启蒙运动后衍生的西方现代文化开始解构和否定亚里士多德的目的论。本文旨在探讨亚里士多德的目的论理论模式与西方现代文化危机的内在关系。

一 亚里士多德目的论理论模式的主要内容

劳思光指出："就文化哲学而论，对亚里士多德理论的研究应从其目的论的趋向来看，这就是说，整个亚里士多德理论，都有一个基本的趋向，就是目的论的趋向。亚里士多德的目的论是他理论的基石，而他立论的基础就在于两个观念，一个是本性，另一个就是充分实现，充分实现就是充足实现的意思。"[①] 亚里士多德通过对本性论的肯定，把世界、历史、文化都收在一个目的论的框架里面，然后用充分实现来揭示这个过程。其中最为重要的是，把价值及其实现定位在个人的行为中，认为理性的实现即人的价值的实现。

首先，亚里士多德把万有看作一个总目的下的实现过程。他在解释存在，揭示万有、世界的时候，使用所谓"四因说"，即形式因、质料因、动力因和目的因。其中形式因和质料因通过动力因来结合，实现个别事物，而动力因

---

[*] 姜华，黑龙江大学哲学学院教授，主要从事文化哲学与国外马克思主义研究。
[①] 劳思光：《文化哲学讲演录》，香港中文大学出版社，2002，第4页。

又被目的因推动，这个目的因本身是不再依赖别的观念来解释的。这样，在各种现象中有一种等级和价值上的关系。在这种目的论原则的主导下，宇宙过程本身被看作一个目的过程，这个总目的即实现。形式、质料、动力三者的合理运行，就受此目的之决定。此总目的既是实现，也是价值。亚里士多德把"四因"说扩大到整个自然界，意即一切存在本身都可以找到它的本性，这个世界的过程就是本性的逐渐实现。

其次，在亚里士多德看来，一切自然存在物都被其自然本性所规定。自然中的所有事物和现象都内在地包含某种促进其生成的目的。只有从这种内在的目的出发才能在逻辑上先在地评判事物的各个部分活动的好坏，才能存在一个衡量事物的尺度。亚里士多德认为每个自然存在物都有朝向其自然目的的自我实现活动，这种活动被称为德行。这种德行不只是人有，每个活生生的生命有机体及其器官都有。德行就是生命有机体及其器官各种具体功能的优秀、完善和卓越。因此，依照亚里士多德的本性论，这个世界当中的每一种自然存在物都是在某个本性规定之下的一种存在。也就是说，它一方面要依从于这个本性存在；另一方面又都是没有完全实现的，是潜存的，即每种存在都是处于持续现实化过程中的潜能，在从潜能到现实化的过程中实现自身。

最后，亚里士多德认为，理性的实现是人的本性的实现，也是价值的实现。这是因为人有能力实现自己作为人的固有使命。人的灵魂中尽管有非自觉性的自然要素，有非理性的情感因素，但也有理性的逻各斯和通神的努斯，因此人的德行是否有力量实现自身的优秀、完善和卓越，关键在于人是否让灵魂中的高贵部分起主导作用。如果人能让灵魂中的理性的逻各斯和通神的努斯起主导作用，那么人就能使自身日益向着优秀、完善和卓越的方向发展。一个卓越之人的灵魂的实现活动，就是最好的和最完善的灵魂的实现活动："如果一个人终归变得卓越，就是说他实现或完成了他所固有的人的使命。"[①] 也就是说，灵魂的实现活动是拥有独特生命的人所固有的使命，是合乎

---

① 亚里士多德：《尼各马克伦理学》，邓安庆译，人民出版社，2010，第56页。

理性的活动。这样，就人的本性而言，亚里士多德是用理性来界定人的本性的，即人是理性的动物，理性就是人的本性，理性的实现就是人的本性的实现，而理性的实现就是人的价值所在。

总之，亚里士多德依据自然目的论原则，把本性实现的多少看作决定事物价值高低的标准，将一切价值问题都统一到本性的实现上来研究。当亚里士多德阐述文化、阐述人应该做什么或者什么值得做等价值问题时，都是归到人的本性、人和社群社会的本性等层面来进行的。

这就导致了亚里士多德目的论理论模式的最大问题，即他在规定万有存在物的本性的时候，这个规定的条件不是自明的。

亚里士多德的目的论观念在西方哲学发展的历史进程中长期居于主流地位，后来经启蒙运动而衍生的现代文化摆脱了这个目的论传统，换句话说，"它们都是以否定亚里士多德来说明现代文化的特色。现代文化否定目的论，主要的关键就是在于这个本性的判定的标准不是确定或自明的"[①]。但现代文化导致的工具理性的泛滥和扩张，使现代人只重视手段之善，遗忘了目的之善，即德行。而德行失落的结果导致人自身变成了低级欲求的手段，而失去了其所固有的价值和尊严，这是西方文化危机产生的主要原因。

二 亚里士多德的目的论理论模式与西方文化危机的内在关系

现代人相信凭借纯粹人类的手段即科学技术和理性，可以在尘世上建立一个天堂。所以，现代文化是理性主义文化。但随着启蒙运动的发展，普遍性的目的理性逐渐被消解，理性的片面化发展最终导致工具理性的宰制。当其所带来的负面文化问题使人们不再相信理性有能力赋予自己最高目的以效力，并对这样的文化进行反思和批判时，这个文化就处于危机之中了。因此，可以说西方文化的危机与现代文化对亚里士多德目的论的否定有着内在关系。

[①] 劳思光:《文化哲学讲演录》，香港中文大学出版社，2002，第9页。

这主要通过以下几个方面呈现。

首先，现代自然科学对目的论的拒绝，摧毁了西方古典哲学的理论基础。

启蒙运动后，科学知识的确立极大地推动了西方自然科学的产生与发展。现代科学知识的建立显示人类在知识方面拓展了新的领域，可以凭借新的知识改造与自身生活条件有关的人类社会的整个外部条件。这个阶段的新自然科学与各种形式的旧自然科学都不一样，其原因不仅在于对自然的崭新理解，更在于对科学的崭新理解：知识不再被理解为关乎人或者宇宙秩序，求知在根本上是接受性的。人将自然传唤至自己的理性法庭面前，人类理性为自然界立法：人不仅仅能够把糟糕的人类质料改造为良好的，而且能够缔造这个世界的真理与意义。科学技术被上升为能实现和提升人自身的解放的力量，人类利用科学发展了物质文明，摆脱了诸多忧虑。依靠科学的创造发明可以征服自然，并对人类生活的自然条件进行最大限度的、系统化的控制。自然成为人类操纵、改造及索取资源的对象。一切好的东西都归为人的劳动而非自然的馈赠，自然只不过提供了几乎毫无价值的物质材料。

与此相应，培根提出了"知识就是力量"，认为"所有人类知识最后的唯一任务就是利用人类对世界的认识来征服全世界"。[1] 这就意味着传统的目的论不得不为科学"让路"，否定了亚里士多德自然目的论存在的合理性："培根把目的论的自然观点当作根本的错误。"[2] 这样，人自身的完善和实现也就并非出于人的自然目的和人的自然本性，而是根据人的理想，是人的自由意志的选择。

其次，理性主义与经验主义对目的论的"解咒"。

启蒙运动的意义在于摆脱自古希腊以来的目的论的束缚，韦伯称之为"解咒"，正是这种反传统的思潮衍生了现代文化。启蒙运动以追求人的自由与自主为理想目标，以个体自由为主体性之旨归，于是发展出广义的个体主义，从以下两条路径解除了亚里士多德目的论的限制。

---

[1] 文德尔班:《哲学史教程》下卷，罗达仁译，商务印书馆，2007，第530页。
[2] 文德尔班:《哲学史教程》下卷，罗达仁译，商务印书馆，2007，第551页。

一条路径是经验主义与功利主义逐步将德行划归为明智问题。霍布斯认为决定人的意志活动的是自卫原则,"这种自卫本能就其根本实质而言直指个人肉体生存的保持和促进。意志的其他一切目的都只能作为达到此最高目的的手段"。[①] 此思想到了经验主义那里更进了一步,洛克与休谟主张苦乐即善恶,德行问题全划归为明智问题。后来的功利主义则继承了经验主义思想,从而将善恶全划归为利害,如边沁提出:"功利原则承认人类受苦乐的统治,并且以这种统治为其体系的基础。"[②] 也就是说,人类被置于苦与乐的统治之下,人们的言行和思想都受它们的支配,一切行为、价值和意义都以苦乐来计算。

另一条路径是从卢梭到康德用普遍性取代了自然的本性。卢梭认为人性并不归因于自然,而是归因于历史,归因于历史过程;这一过程的目的并未被预见也不能被预见,但一旦接近了充分实现的人的理性或人性之可能性,这个目的也就在望了。"卢梭认为保证一个意志的善的,仅仅是它的普遍性,没有必要诉诸任何实质的考虑,即考虑人的自然本性、人的自然完善状态所需者为何。"[③] 这个划时代的思想在康德的道德学说中达到了明晰。

康德认为理解本身有特殊的形式去组织感性资料,我们把这个世界都转化成我们知识对象的世界,它是由我们主动思考的能力主动地组织起来的,由此提出了绝对主体性观念。在此基础上,康德认为对行为准则之善性的充分检验,乃是衡量它们是否可能成为普遍立法之原则;保证内容的善的仅仅是合理性之形式,也就是普遍性。"道德律不可能依存于任何意志的行为,道德行为一定不能表现为达到其他目的的手段。"[④] 道德律追求比幸福更高的目的,因此,道德律作为自由之律令,便不再被理解为自然法了,道德理想与政治理想的建立无须考虑人的自然本性。

---

① 文德尔班:《哲学史教程》下卷,罗达仁译,商务印书馆,2007,第595页。
② 周辅成:《西方伦理学名著选辑》下卷,商务印书馆,1978,第211页。
③ 施特劳斯:《苏格拉底问题与现代性》,华夏出版社,2008,第41页。
④ 文德尔班:《哲学史教程》下卷,罗达仁译,商务印书馆,2007,第758页。

再次，理性被化约为工具理性，造成道德哲学的危机。

理性被片面化的后果是使人的存在抽象化为理性的化身，世界亦成了由人的理性所建构的世界。人的理性成了与具有多方面价值和意义的人的现实存在相分离的工具理性，这是西方文化危机的根源。

工具理性的观念排斥了普遍性的目的理性。就道德问题来说，现代文化的这种将理性化约为工具理性的倾向，导致道德意识的消失，人日益失去对自己行为负责的自觉能力。随之而来的是关于价值观念的变化：亚里士多德所强调的德行被遗忘，人不再了解和关注所谓内在品质上的价值差异，而只通过工具理性来做利害关系的选择，似乎只有明智才是唯一的德行。在亚里士多德看来，"明智依赖于其行为目的的高尚"，"只有靠人打开自己高贵的灵魂之眼，明智才能提升为品质德行"。[①] 这样，在明智取代了德行、工具理性居于主导地位的现代社会，一切价值意识都表现为情绪或是心理、习惯。

因此，在西方现代文化发展的过程中，理性成为工具理性，价值亦不在于人的内在本质，人类行为呈现为一种追求动物性的感官享乐满足的活动。加上现代社会将个人的本质看作基本上是由社会所决定的，于是在人类的各种活动中，人的自觉自主地位逐渐消失，人成为"物化"的存在。

最后，现代文化导致了人的两种"物化"存在状态。

启蒙运动后以个体自主性为核心衍生了西方现代文化，而个体主义的扩张和技术的发展又促进了技术理性主义的滋长，导致了工具理性的宰制，最终消解了人的主体性和价值理性，人成为"物化"的存在，反而日渐丧失了启蒙运动以来所强调的个体主义精神。现代文化的发展产生出两种不同方向的"物化"：一种是"依循科技精神的衍生"（劳思光语），另一种则是人自身"物化"的存在状态。

其一，科学精神发展出科学主义，把人看成一种自然对象，把自然科学的知识运用到对人的知识上，以严谨的科学态度来研究与人相关的问题，也

[①] 亚里士多德：《尼各马克伦理学》，邓安庆译，人民出版社，2010，第14页。

就是把人当成自然对象来处理，这样人也就成为一种"物"。现代社会的科学将人看作经验对象，而对人的研究则落在人的行为所受的各种制约和条件上。具有创造性的人在自己创造的技术设备下变成可以被精确测量的物，最后成为以一系列制约因素所形成的"经验系列之网"中的被决定者。而所谓自我也就逐渐被"虚立"，只在经验观察的操作程序上才有意义。造成这种悖论的是，人在选择技术，而技术反过来以更强大的力度按照自己的尺度选择和塑造人及其世界，人类用来征服自然的技术本身愈来愈成为自律的和失控的超人力量。

其二，资本主义商品经济的发展产生了商品拜物教，人变成了商品，人被看作经济动物或消费动物，人在商品生产及消费的社会中只作为一个消费环节而存在，从而成为一种"物"。人的这种"物化"的存在状态是现代人的普遍的异化的命运。

上述"物化"使人的主体性和自主性在现代文化中被消解，在现代文化中人的图像不再是亚里士多德所说的德行主体，而只是一个充满自然欲求并具有较复杂能力的动物。"物化"的倾向使人作为文化生活的主体的地位被全部消解了。人在本质上是文化的创造者，这是人所具有的不同于动物的特殊能力，但是现代社会将人沦落为一种物的存在。这是文化的倒退，它从根本上背离了文化活动的方向，导致了西方文化危机的出现。

三 西方文化危机的后果

西方现代文化通过对亚里士多德具有普遍性的目的理性的否定，最终衍生出片面的工具理性的宰制，从而导致了现代西方文化的普遍危机。对此，文德尔班指出："物质条件通过理智提高而获得的每一进步都在个人心里唤起新的更强烈的欲望，其结果人变得越来越不满足了。"[1]因此，表面上的繁荣和

---

[1] 文德尔班：《哲学史教程》下卷，罗达仁译，商务印书馆，2007，第718页。

发展是牺牲了个人的道德和幸福才得到的。

西方文化危机所导致的后果就是现代社会德行力量的缺失和德行价值的没落，主要表现为以下三个方面。

其一，德性被理解为一种道德规范和原则，变成了人按规定行动的一种素质。而当德性被仅仅理解为一种道德规范和原则时，人也就失去了其所固有的、人之所以为人的内在目的性的规定，道德成为现代人的一种生活方式的选择，一种风尚的选择。

其二，存在普遍的重美不重德的文化倾向。人们对感性生活的过度追逐和审美的泛化，技术对现代生活方式的改变，使现代文化越来越重美而不重德。亚里士多德等贤哲认为，人如果想要生活得善和美，一方面要克制过分的欲望，另一方面亦不能完全否定尘世的快乐。而现代社会科学技术的发展，消费社会经济发展的需要，人们对感官享乐生活的追逐，导致人们一味追求感觉上的愉悦，缺失了对精神信仰的追求，失去了对自身的自制力量，不复能超越物质世界的限制，情感的泛滥与情感的孤独之间的纠结亦成为现代人普遍的精神状况。

其三，以外在的、"虚假的"物质和物欲作为衡量自身价值和幸福的标准。不再把自我完善、高贵和卓越看作人所固有的使命的现代人，丧失了对内在品质和价值的关注与追求。一方面，随着现代社会生活方式的变化，追求自由、独立和个性的现代人以个人主义为神圣的行为准则，变成了"原子式"的个人，相信凭一己之力便能在这个充满挑战和竞争的社会中取得成功，结果人日益丧失生存安全感；另一方面，人不再关注自己的内心，不再关注自己的灵魂。每个人的目标和价值意向都是向外寻求发展，以外在成功的标准和占有金钱的数量作为衡量自身幸福的标准。

因此，对于本能冲动获得全面解放、不再相信灵魂高贵的现代社会的人来说，回归亚里士多德的目的论实际上是现代人寻求道德文化救赎和自我救赎的努力，是在过度的世俗化和"祛魅"之后对于如何重新成就人的高尚与卓越的思考。

论"理智"概念的实践维度
——对杜威"理智"概念之实践性内涵的解读

高来源[*]

一 传统"理性"概念的困境

文艺复兴运动和启蒙运动是西方近代以来最具影响力的两次运动。它们用独立的理性这把利剑斩断了宗教神学对人们的束缚,在思想内容和思维方式上给人们以巨大的冲击,使人们开始相信自己在世界中的独特地位,进而以"理性"的方式而不是神学启示的方式看待自己的存在及与周围世界的关系。但是,通过极度弘扬理性而获得的这种解放并没有使人们和传统本体论哲学尤其是中世纪神学完全决裂,相反,在近代的哲学理论中仍然留有很深的神学观念的痕迹,只不过这个痕迹是以一种隐蔽的形式存在。其最主要的表现形式就是近代认识论对传统本体论观念的继承和推崇,亦即杜威所说的:"获得关于终极实体上帝的知识的神学问题实际上被转化成为获得实体知识可能性的哲学问题。"[①]对传统神学本体论批判的不彻底性直接导致了近代哲学家们在现实世界中对那个终极位置的保留,以至于在接受了自然科学成果的同时,还要为价值留有一个超验的余地。出于一种本体论的情结以及对于稳定性和永恒性的偏爱,哲学家们在认可动荡的此岸世界合法性的同时,还力图

---

[*] 高来源,黑龙江大学哲学学院教授,主要从事西方实践哲学和美国实用主义研究。
[①] John Dewey, etc., *Creative Intelligence: Essays In The Pragmatic Attitude*, New York: Henry Holt and Company, 1917, p.31.

寻找某种途径以通达那个一劳永逸的彼岸世界。显然，具有绝对权威的"理性"是最佳的选择。正如卡西尔所言："在17世纪的唯理论哲学家们看来，理性是'永恒真理'的王国，是人和神的头脑里共有的那些真理的王国。因此，我们通过理性所认识的，就是我们在'上帝'身上直接看到的东西。理性的每一个活动，都使我们确信我们参与了神的本质，并为我们打开了通往心智世界、通往超感觉的绝对世界的大门。"① 为了确保理性通达终极至善的权威性，近代理性主义哲学家们认为理性还必须保持自身的纯粹性。因此它不能和经验世界纠缠不清，更不能受具体的事物左右，必须摆脱包括习惯、情感冲动、经验等非理性因素在内的一切"污染"。由此，理性在近代唯理论和德国古典哲学那里俨然成为高高在上的神圣主体。

近代对理性的这种理解虽然赋予了理性以权威性和崇高性，从本体论的角度为知识寻找了一个坚固的基础，树立了人在宇宙中的独特位置，但是从生活世界的角度看，对于理性的这种理解不但对人们的生存进程没有任何现实的意义，还带来了更多的矛盾和困境。近代理性主义哲学对理性先验内涵的过度推崇以及对经验世界尤其是感性世界的极力排斥，使思维活动成为可以超越于具体情境之外的具有抽象性和独立自主性的一种纯粹精神活动，而哲学也退化为一种概念游戏。因此，经历了文艺复兴运动和启蒙运动的近代哲学虽然摆脱了传统神学和万物有灵论的束缚，但同时陷入宇宙论形而上学而不能自拔，成为"永恒本体"的辩护士。在这种观念中，人的"理智"就不再是这个自然进程的参与者，而成为一个崇高的只追求自我完满而不顾及现实实践行为变化的旁观者；理智与自然之间的关系也就成为相互分离的内外相对的统治与被统治的对立关系，而不是我们在生活世界中所经验到的那种整体性和实践性的关系。与此相应，拥有理性的"人"也不再是实践活动中的核心，而成了"理性"的载体或代理，这为陷入法兰克福学派所批判的"单向度的人"或"人本质碎片化"的困境埋下了祸根。

---

① 恩斯特·卡西尔：《启蒙哲学》，顾伟铭等译，山东人民出版社，2007，第10~11页。

二 经验世界：理智生长的土壤

针对传统哲学对理性的这种超验性理解及其引起的各种困境，杜威进行了激烈的批判。翻阅杜威的所有著作，我们会发现杜威很少使用"理性"（Reason），而是更多地使用"理智"（intelligence）这个词。正如希拉里·普特南所说："杜威并不怎么喜欢'理性'这个词（肯定不喜欢带有大写字母'R'的'理性'这个词），而更喜欢谈论将理智应用于处理问题，术语的改变表现出传统哲学的深刻批判。"[1]

杜威对传统理性概念的批判，首先集中于他对理性的超验本质合法性的质疑。杜威从经验世界对于人的生存所具有的基础性作用的角度出发，认为人的真实性存在并不是绝对精神化的："无论是对于人还是低级的动物来说，生理性的有机体及其结构都是为了维持生命的进程才去适应或利用物质材料的。"[2]而人的这种自然性前提就决定了他必须不断地与周围世界进行相互作用，必须不断地解决这一过程中所遇到的各种问题和各种冲突，以维持自己的存在与周围世界之间的平衡性。在这一过程中，单纯依靠自足的精神显然不能满足要求，而且理性也显然不是一个可以独善其身的高高在上的旁观者。此外，就生存进程本身的特质而言，它"首先是与活动相关的经历，而这些活动的重要性就在于它们的客观性结果——它们与未来经验的关系上"。[3]也就是说，人进行生存的本能，要求自己的实践活动必须能够顺利地延伸到未来的实践境遇中去。但是从现实世界的实践进程看，当下的经验与未来的经验和结果并不是绝对统一的，而是包含着各种各样的变化和可能性。人的生存过程就是与环境不断打交道的过程。但是在这个实践过程中，时空的变化决定了周围世界与生命活动的关系并不是一成不变的，而是总表现为一种暂

---

[1] 希拉里·普特南:《无本体论的伦理学》，孙小龙译，上海译文出版社，2008，第91页。
[2] John Dewey, *Experience And Nature*, London: George Allen & Unwin Ltd., 1929, p.23.
[3] John Dewey, *Experience And Nature*, London: George Allen & Unwin Ltd., 1929, p.20.

时性，因此人们对于处于变化状态的事物的反应也必须是适时而变的，是充满冒险性的。从这个角度出发，如何站在当下经验的基础上去获得某种方式或手段，以合理促进下一步的实践行为，进而有效地处理即将发生的事件、控制自己行为的未来结果的走向，就成为一个至关重要的问题。而对于这个问题的重视，自然把我们的目光聚集在"反思性理智在经验过程中的重要意义"上。如果对人的生存实践进程进行观察的话，我们会发现人们解决各种问题的能力并不是天生就有的，而是随着各种经验的积累和增加而产生并加强的。从人的社会性存在的角度来说，只有当人们通过学习和实践掌握了各种经验性的知识之后，他们才会以此为工具而推断将要发生的事件，进而为实践行为创造各种条件以改造有问题的实践境遇。在这一过程中，起作用的显然不是万能的先验理性，而是一个与周围世界打交道的参与者："一种需要不断地进行检验的通过习惯而获得的辛勤成果。"[1] 既然人的生存本能使自己在生存实践过程中与经验世界总是保持一种交互作用，那么这种在交互作用中所产生的认知活动就不像传统理性主义认为的那样是外在于自然界的，其结果也不是对先在的概念或规则的一种符合，而是内在于自然的，是在各种现有条件的基础上对已有观念在实践活动中的检验、发展和改造。因此无论是认知的器官还是认知的工具，或是各种实践操作手段，都是发生在自然界以内的事情，"是自然自己不断交互作用所必不可少的一部分"。[2] 在这种情况下，人们真正需要的既不是那个作为高高在上的旁观者的理性，也不是那个只为实践活动提供一个先在的不变的法则或概念的绝对理性，而是"理智"——它能够积极地参与到认知活动中去，并不断充实自己、检验自己，以便为未来的实践行为进行充分的准备，使行为者在所设定的目标的指引下能够运用各种条件进行实践性的判断，并通过审慎的选择和安排来指引实践活动中的各种操作以应对实践进程中所发生的各种变化。所以，杜威认为理智必然"是与判断相关联的，即与为实现结果而对手段所进行的选择和安排相关的，

---

[1] John Dewey, *Human Nature And Conduct*, New York: Henry Holt And Company, 1922, p.198.
[2] John Dewey, *The Quest For Certainty*, London: George Allen& Unwin Ltd., 1930, p.205.

并且是与我们选择什么作为我们的目的相关的"。① 因而，理智或思维能力的存在根基必然是存在于实践经验之内的，是无数经验文化积累的一种结果，而不是自然或神圣的实体灌输进个体之中的自足能力。由此，理智性思维的价值也就不是体现在对终极至上的真理或善的封闭式推演中，而是体现在"对一种可欲求的未来的思虑中和能够逐渐地使其成为实存的手段的寻求中"。②

三 习惯、冲动与"理智"的内在关联

既然理智的存在和发展是经验世界中的一种自然现象，那么它与冲动、习惯以及情感等因素之间就不应该被理解为一种简单的排斥性关系，而应该理解为相互构成、相互作用的复杂关系。对于这种关系的理解，我们应该首先从实践活动的缘起入手。杜威从生理学的角度出发，认为首先是生命冲动和生活行为习惯之间的张力，而不是理论化的理智，在左右着人的行为方式和行为趋向。"喜欢或不喜欢的习惯在生命中形成得较早，是在能够运用辨别性理智的能力之前的。"③ 所以，作为一个生物性的存在者、一个生物有机体，人的习惯和冲动首先影响着他的行为方向和行为模式。"冲动在行为中的位置是调节者。道德是为冲动在特殊境遇中的表现寻找一个恢复活力和重新开始的处所而进行的努力。"④ 当行为习惯与新的境遇产生矛盾冲突或不再具有效用时，长时间处于抑制状态的冲动便会抓住这个机会以其他的方式来表现自己。但是，被释放的冲动并不直接与道德相关联，而是通过对理智行为的刺激间接地表现出来，所以当冲动脱离旧的习惯或习俗的限制而被释放出来的时候，实践行为就获得了一次改变的机会。这个时候理智才会利用冲动的刺激摆脱对旧有习惯或习俗的依赖而重新活跃起来，重新为当前的实践行为寻找新的

---

① John Dewey, *The Quest For Certainty*, London: George Allen& Unwin Ltd., 1930, p.203.
② John Dewey, etc., *Creative Intelligence: Essays In The Pragmatic Attitude*, New York: Henry Holt and Company, 1917, p.29.
③ Dewey and Tufts, *Ethics*, New York: Henry Holt And Company, 1959, pp.299-300.
④ John Dewey, *Human Nature And Conduct*, New York: Henry Holt And Company, 1922, p.169.

目的、意义和手段。所以杜威认为："思想作为冲动的孪生子而产生于习惯被阻止的每一个瞬间。"① 它不是已经被预设出来的完满而高尚的先验理性，而是不断被冲动激发起来的具有经验内涵的反思和思虑。也是在这种意义上，杜威说"理智意味着在改变环境的过程中所实际执行的操作"。②

另外，"习惯是理智性效能的条件。它们以两种方式对理智产生作用"。第一种方式是肯定性的，即习惯限制思想，"它们限制它的范围，固定它的界限"。③ 在杜威看来，人的行为活动并不像康德所认为的那样是由纯粹理性把指令传给意识后，由意识指引着人的身体所产生的，而是由本能性的冲动根据外在的存在境遇而刺激有机体做出的。也就是说，人的行为活动最初只是有机体与周围世界进行的本能性的相互作用。这种初级的活动逐渐打破了人自身与物理世界之间的绝对区别的状态，使人们开始意识到这种相互关系的持续性和连续性，但是"所有的活动都是对未来的侵入，对未知事物的接触"。④ 因此活动的冲突性和不确定性就迫使人们把这种交互作用过程中所产生的有效性过程记忆下来，逐渐成为一种有效的行为习惯。这种惯例性活动方式的最大贡献，就是使理智不需要在所面临的混乱、不确定事物中进行摸索，可以使心灵的目光聚集在眼前的实践路线上。然而当习惯被完全接受，进而成为一种行为惯例时，"刺激和反应被机械地连接在未破损的链条中。被其原有事物轻易地引起的每一种连续性的活动都会自动地把我们推进到下一个被预先确定的活动系列中去"。⑤ 这样，理智思想就不再对行为起主要的指导作用了，取而代之的是惯性。然而，不幸的是习惯所产生的这种安逸却被传统哲学进一步加以夸大了，在精神上被装饰为"对完满的爱"，似乎只要获得了这种静态的完满性，人们的行为就获得了自由，心智就获得了解放。与此相对应，"欲求和需要就被作为缺乏的标志来看待，而努力也被作为不完满

---

① John Dewey, *Human Nature And Conduct*, New York: Henry Holt And Company, 1922, p.171.
② John Dewey, *The Quest For Certainty*, London: George Allen& Unwin Ltd., 1930, p.191.
③ John Dewey, *Human Nature And Conduct*, New York: Henry Holt And Company, 1922, p172.
④ John Dewey, *Human Nature And Conduct*, New York: Henry Holt And Company, 1922, p.12.
⑤ John Dewey, *Human Nature And Conduct*, New York: Henry Holt And Company, 1922, p.173.

而非动力的证明"。① 杜威相信，这种现象之所以产生就在于人们过于相信既定习惯的合法性，进而对其缺少应有的反思和警惕。

第二种方式是否定性的，"因为习惯首先是一种肯定性的代理，进而成为一种否定性的限制"。② 当原来的习惯与新的境遇相冲突时，习惯就成为一种障碍，而这时理智的实践性功能就作为一种反思性的探究过程而重新凸显。

在日常实践活动中，虽然习惯是人们有序地进行实践活动的基础，并且在某种程度上确保人们日常活动的流畅性和准确性，但是这并不意味着习惯可以进行思维、观察或探究。因为习惯一旦形成，它就具有一种内在的组织性、持续性和方向性。这些特性一方面使人的活动能够流畅地进行，但是另一方面却又会进一步对思维形成某种约束和限制。因为"习惯自身太具有条理性了，太具有持续性和确定性了，以至于不需要探究或者想象"，"同样习惯如此明显地适应于一种环境以至于不会去调查或分析它"。③ 但是人在与周围世界进行相互作用的过程中并不是一帆风顺的，相反总是充满了各种变化和动荡。因此，习惯的这些肯定性的特征又反过来会威胁到人们实践行为的顺利进行。所以当新的事物或新的情况出现时，原有的习惯就面临一种挑战。这种挑战一方面来自行为实行者与周围世界之间，另一方面来自新的冲动与旧的习惯之间。作为一个生物性的存在者，人与环境的任何一种平衡都会不断受到外在因素的干扰，同时又必须不断通过各种手段来恢复这种平衡。而一旦人自身无法恢复这种平衡，他就会消亡。所以当环境中的一种新的因素出现时，人原本被习惯所束缚的那些冲动就会被释放出来，而引起一种与原来行为习惯相区别的、不协调的活动，以促使原来的各种活动因素进行相应的调整。"现在在活动进行改变的这些时刻，有意识的知觉和思想就出现了，

---

① John Dewey, *Human Nature And Conduct*, New York: Henry Holt And Company, 1922, p.174.
② John Dewey, *Human Nature And Conduct*, New York: Henry Holt And Company, 1922, p.175.
③ John Dewey, *Human Nature And Conduct*, New York: Henry Holt And Company, 1922, p.177.

并被加以强调。"① 但是此时冲动仍然决定着运动的方向,为思维和理智的活动方向提供某种指引。这也是理智对那个未知境遇进行整理的一个起始条件。而当理智重新理顺了这个新的境遇之后,行为的方向也随之被确定。"当条理化的习惯被明确地展开并被关注时,混乱的境遇就获得了形式,这就是'整理'——理智的本质性功能。"②

从杜威对于理智、习惯和冲动的内在关联的论述中,我们可以非常明显地感觉到杜威的"理智"概念与传统"理性"概念之间的巨大差异。在杜威这里,习惯和冲动不但不是理智的最大障碍,相反成为理智得以运作和发展的一种动力。它们之间总是进行着一种交互性的作用,而在这种交互性的作用中,人的实践性智慧也得以凸显。杜威的这种颠覆性的观点,显然是以人的生物性或生理性存在维度与人的精神性存在维度之间的统一性和连续性为前提基础的。

四　实践性的理智思虑与算计的区别

既然理智是经验实践进程中的一个部分,承担着为将来的行为实践寻求一种安全和保障的责任,那么它是否可以等同于功利主义所说的"算计"呢？在杜威看来这个问题的答案当然是否定的。实际上,当我们谈到"算计"这个概念的时候,我们很容易联想到另一位著名的实用主义代表人物威廉·詹姆斯曾经提出的一个极为著名的观点即"兑换价值"。尽管这个比喻性原则是从真理的现实性、公共性以及共通性的角度来讲的,却给人们造成了很深的误解。也正是这个原因,有段时间国内很多人把实用主义的"实效"概念简单地等同于庸俗的、只追求眼前利益的那个"实用"概念,把实用主义简单地等同于功利主义甚至是享乐主义的变种,从而遮蔽了实用主义真正的哲学观点。所以,对这个问题的回答无论是对实用主义流派来说还是对杜

---

① John Dewey, *Human Nature And Conduct*, New York: Henry Holt And Company, 1922, p.179.
② John Dewey, *Human Nature And Conduct*, New York: Henry Holt And Company, 1922, p.180.

威本人来说，都具有极为重要的意义。

在杜威看来，虽然功利主义对其自然特性和经验内涵给予了充分的重视，但是他们却采用了一个错误的心理学理论作为自己理论的基础，进而又陷入二元论的泥潭。"这种错误的心理学因素有两个特点。第一，知识产生于感觉（而不是习惯和冲动）；第二，行为中对于善恶的判断由使人愉悦或不悦的结果计算，由对利润和损失的计算组成。"[1] 在这种错误的心理学基础上，功利主义理论把理智的主题限定于未来的感性的目标，人的实践行为和思维就成为获得这些感性的目标的外在手段。但是如果我们对这种观点进行更深入研究的话就会发现，把行为和思维作为外在手段，把感觉利益作为理智思虑的核心对象，很容易就会成为一种私利主义或个人中心主义。因为像痛苦、快乐、喜爱、厌恶等感觉往往是以个人的好恶为标准的，而当我们以个人的主观感受为指向来思考未来的某种境遇的时候，我们就会忽视境遇中的其他行为因素，从而影响实践行为的可行性和持续性。另外，感觉喜好本身也并不是完全确定的，更不可能完全通过算计来获得，正像我们的心情会受不同的环境影响，而且也会在不同的心情时对同一处自然景色给出不同的描述一样。所以，这种深植于性格之中的变化是简单的数学计算无论如何也不可能掌控的。而且，随着实践进程的进一步深入以及对所设定目标的接近，我们会发现自己的视野也在不断扩大，所需要考察的范围也更加广泛；会发现原本是属于自己的行为渐渐地其他人的因素和影响也会参加进来，为确定性估算设置了更多的变量。所以在杜威看来，虽然理智思虑与经验和感性倾向密切相关，但这并不等于说它就是对利益的一种算计。"思虑的职责并不是通过指出在哪里能获得最大的利益而为行为提供一种动机。它是利用放任的冲动和改变方向的习惯来解决现存的活动中的纠缠，重建连续性，恢复协调性。"[2] 愉悦、痛苦、欢乐、厌恶等情感因素在思虑中虽然具有重要影响和作用，但它们并不是通过对未来的快乐和悲伤的估计或算计而体现的，而是通过对当下这些感

---

[1] John Dewey, *Human Nature And Conduct*, New York: Henry Holt And Company, 1922, p.189.
[2] John Dewey, *Human Nature And Conduct*, New York: Henry Holt And Company, 1922, p.199.

觉的经验而得到的。所以理智的思虑的关注点并不在于眼前的利益得失,而在于未来的实践活动能否继续保持其持续性和平衡性。"思虑的问题不是去计算未来发生的事件,而是去评价当前所建议的活动。"①并以此为基础为未来的行为提供一种整体性的指引,保持生存实践进程的顺利性,确保作为"美好生活"的善的实现。而这就涉及了"算计"和实践性的理智思虑之间的本质性区别。

首先,"算计"只是关注于一个稳固的、不会再被质疑的眼前目的,并通过各种方法或手段去得到它;而实践性的"思虑"则不仅限于眼前的或所设定的那个目的,而是把它作为可试验性的、可允许的,并且根据所面临的境遇和需要可以不断改变的。因此,这个目的并不是整个实践行为的终结,而是作为中转为新的打算和计划提供基础和可能性。其次,这种经济性的"算计"虽然是以满足或快乐为目标和动机的,但是它并不知道也不会考虑满足或快乐的本质以及理智与它们之间的关系,而是把它们作为想当然的东西来看。因此它是纯粹工具性的,进而这种"善"也是一种狭隘的、孤立的善,是隔离于或忽视生活的其他方面的。而真正的思虑恰恰与此相反:它是以实践行为本身为目的的,进而它所关注的不是未来将要获得的利润,而是当前活动本身及其意义。为了实践行为的持续性及其趋善性,思虑必须充分运用想象力以及所具有的技术性知识,对各种行为方式和行为方向进行考察、探究、试验,以对未来的行为结果进行相应的预示,合理而又富有远见地处理人与人之间以及与各种事物之间的关系;善或幸福也作为一种本质性的因素而被整合进这一进程之中。最后,在杜威看来,虽然未来的事件总是充满偶然性和不确定性,但是这并不意味着我们只能估计眼前而没有趋向未来的发展,因为我们可以拥有"过去"和"现在"这两个坚实的基础。通过对过去经验的总结和对现在习惯和冲动的考察判断,我们可以获得事件发展的趋势,以及这种趋势下所应该发生的结果。所以理智的思虑的首要工作是通过反思

---

① John Dewey, *Human Nature And Conduct*, New York: Henry Holt And Company, 1922, p.206.

和想象力去考察我们的行动过程,进而去发现在我们的习惯和性向中什么是有意义的,什么是有效的,以及什么是可以确保我们的行为持续进行下去的。这种工作是随着实践的进程不断进行的,而不是一蹴而就的。"通过对行为倾向持续不断而又富有警觉性的关注,通过对先前的判断和实际的结果之间的不一致之处的注意,并且对缺乏和过剩导致的性向中的那部分差异的追踪,我们会获得当前行为的意义,并根据那种意义指引它们。"[1] 由此杜威认为,功利主义的错误既不在于它们对"反思和理智在行为中固有职责的夸大",也不在于它们对习惯、感性以及本能的推崇,而在于它关于"思想是什么,思虑是什么以及它们做什么的错误概念"。[2]

五 杜威理智概念的几点合理性及其启示

通过以上论述,我们可以看出,"理智"在杜威的哲学理论中既不是先验的理性,也不是神秘的灵魂,而是在生活实践的过程中不断发展起来的具有实践性特质的一种能力。如果对杜威的理智概念进行总结的话,以下几点值得思考。

首先,人的精神维度的重要性是在于其自足的圆满性,还是在于其与周围物质世界的关联性?我们总是喜欢引用帕斯卡尔的那句话来说明思想对于人的重要意义,即"思想形成人的伟大"。[3] 但是除去人与周围世界的关系,思想还有内容吗?因此,人的理智性思维先天就具有一种实践性,而这种实践性才是人类超越性的根源。这里说的"超越"并不是指一种纯粹的超验性、圆满性,而是指它在经验世界基础上的持续性、创造性和突破性。就像杜威说的那样,"理智之所以为理智具有内在的向前看性;只有当忽视了其主要功

---

[1] John Dewey, *Human Nature And Conduct*, New York: Henry Holt And Company, 1922, p.207.
[2] John Dewey, *Human Nature And Conduct*, New York: Henry Holt And Company, 1922, p.222.
[3] 帕斯卡尔:《思想录》,何兆武译,中国国际广播出版社,2009,第87页。

能时，它才变成针对于一种给定的目的的一种纯粹手段"。① 所以实践意义上的理智总是揭示着各种各样的冲突，创造着一个又一个的目标，同时又总是不断地突破这些冲突和目标；而在这个过程中自我也获得了超越。因此在这种理智指引下的行为没有僵化、一劳永逸的模式，而只有时刻面临改变的实验探究。从这个角度说，杜威的实践理智无疑具有比较重要的意义和价值。"事实上，实用主义的理智理论的内涵在于，心灵的功能是去计划新的并且更加复杂的目的——把经验从常规和随意的幻想中解脱出来。不是用思想去完成已经被给予的存于身体机制或者社会生存形态中的目的，而是运用理智去解放行为或者使行为自由化，这才是实用主义的功课。"②

其次，我们是否能忽视理智的生物学维度？哲学家们在思考人的问题时很少涉及人的生物学因素。尤其在近代学科分化以来，似乎物理科学的问题和哲学所思考的人文问题是不相干的，似乎人的理智问题是超越于科学研究之外的。当然，人们不会否认人的存在是自然发展的一个结果，从而属人的理智也不例外，否则"理性"就是一个超验的实体。杜威对理智内涵的分析无疑也注意到了这一点。就像美国学者托马斯·道尔顿说的那样："杜威相信，科学家和哲学家们常常忽略这样一个事实，即人们拥有其结构和功能已经进化了数千年的大脑和心灵，而人的理智是无数经验的历史性发展的结果。"③ 因此在杜威那里，理智的作用不是通过概念或理念推演出来的，而是通过对经验、行为习惯、冲动以及人的各种性向的整合而展示出来的。理智活动并不否定或排斥那些所谓"非理性"的因素，而是与它们相互作用。换句话说，人的行为起点不是先验的思想指令，而是实践过程中习惯和冲动的矛盾。人们在一般情况下总是按照习惯的力量进行生活，而当周围的境遇发生变化、阻碍了行为的顺利进行时，行为主体和行为本身之间就形成了某种失

---

① John Dewey, etc., *Creative Intelligence: Essays In The Pragmatic Attitude*, New York: Henry Holt and Company, 1917, p.64.
② John Dewey, etc., *Creative Intelligence: Essays In The Pragmatic Attitude*, New York: Henry Holt and Company, 1917, p.63.
③ Thomas C. Dalton, *Becoming John Dewey*, Bloomington: Indiana University Press, 2002, p.7.

衡状态，此时原来被习惯所抑制的冲动便被释放出来，引导着行为朝各个方向前进。在这种情况下理智就由惰性的状态而活跃起来，根据想象力以及经验来协调、整理这种冲突和混乱，选择并决定某种暂时性的目的，为进一步的行为提供一种合理的指引，推动着行为由一种方式跨向另一种方式。在这种冲突与整合的过程中，理智本身也得到了扩展。所以生物科学和生理科学的发展是哲学反思人的问题的重要根据。

最后，人的理智思维能够和道德德性脱离关系吗？如果我们翻阅一下哲学史就会发现，这个问题在古希腊时期并不是一个问题，尤其是在苏格拉底、柏拉图和亚里士多德那里。但是在弗兰西斯·培根之后，这个问题却成为一个极为严重的问题，他甚至认为实践理智的德性内涵是妨碍人类理智发展的罪魁祸首之一，应该在它们之间予以明确的划分。而这种看法在现代也获得了众多的拥护，这一点单从人文学科与科学学科的分裂就可见一斑。虽然培根的着眼点是科学的发展，但是对于一个整体性、连续性的人类社会来说，其结果却是不容乐观的。正像文德尔班在其《哲学史教程》中所评价的那样："在他手中，哲学面临这样的危险：从宗教目的的统治降低到受工技利益的统治。"[1] 所以如何处理科学与人文之间的关系，就成为现代哲学的一个比较棘手的问题。而杜威在经验基础上重建理智的实践性内涵，为我们审慎地理解这个问题提供了一个极具价值的参考。在杜威看来，实践性的理智指引本身就是一种道德的指向。他通过对超验理性和功利主义的"算计"的批判，提出理智的着眼点不是狭隘的局部利益的取舍，而是从整体性和历史性的角度来揭示当下影响实践行为正常进行的各种因素之间的矛盾和冲突，把握并决定未来实践行为的发展趋向，并以此为基础审视当下实践行为的意义和价值。这样，理智就具有了德性的内涵。所以杜威说："理智的合理任务是识别当前各种各样的善和实现它们的各式各样的直接手段；而不是去寻求那个遥远的目的。"[2] 这种理

---

[1] 文德尔班：《哲学史教程》，罗达仁译，商务印书馆，2007，第531页。
[2] Dewey, John, *The Influence of Darwin on Philosophy*, New York: Henry Holt and Company, 1910, p.68.

解有点像亚里士多德的实践智慧（phronesis），但又不甚相同。所以在杜威的实践哲学中，实践性理智是一种包含着实践经验积累的智慧，是参与到整个生存进程中的一种理智思虑，而不是局限于理性理智、只关注政治学和伦理学的智慧。因此，它在促进道德善生成的过程中并不排斥创制性的知识，更不否定自然科学的探究方法对于善的形成所具有的重要作用。我们可以说，杜威的实践性理智就是一种以"美好生活"为整体背景的生活"艺术"。

论杜威以经验主义为根基的宗教信仰观

罗跃军[*]

一 宗教（religion）与宗教性/虔诚（the religious）的区分[①]

在杜威看来，尽管现代思想对待宗教的态度非常明显地分为传统宗教派和反传统宗教派两大阵营，但双方均把宗教性/虔诚等同于超自然之物（identification of the religious with the supernatural）：前者认为宗教一定要和超自然的存在之观念相联系，而且其他的诸种信念都是以此为基础的；而后者则认为文化和科学的进步完全否定了超自然之物的存在以及以此为基础而建构的所有宗教，其中的极端主义者甚至认为，一旦消除了超自然之物的观念，那么被否定的就不仅仅是历史上的各种宗教，也否定了一切具有宗教本性的事物。[②]

对于这两种看法，杜威均表示反对。换言之，他既不赞同传统意义上的以超自然之物为核心的各种宗教派别，也不赞成取消一切宗教的论调。杜威认为，我们必须要对宗教和宗教性/虔诚做出区分，尽管这样做可能会受到上述两派的共同反对。他说："在宗教，即一种宗教，和宗教性/虔诚之间是有

---

[*] 罗跃军，黑龙江大学哲学学院教授，主要从事中世纪哲学史与现代基督教思想研究。

[①] 吴耀宗先生在其译本中把"the religious"统一译为"宗教的"，但这种译法似乎并没有完全揭示这个词组的意义，因为在"religious"前面加上定冠词和不加定冠词是有区别的，"religious"一词基本有"虔诚的"、"宗教的"和"细心的"三重含义，加上定冠词而名词化后似乎应译为"虔诚"或"宗教性"更好些。

[②] John Dewey, *A Common Faith*, pp.1-2.

区别的；在一个存在性名词（a noun substantive）所指称的事物和由一个形容词所指示的经验的性质之间是有区别的。"[1]

首先，他指出，如果想在存在的意义上来给宗教下一个大家都可以接受的定义是很困难的，因为从具体的层面来看宗教不是一个而是多个。他以《牛津辞典》中的宗教定义为例来说明这一点。宗教"在人看来就是承认有某种不可见的、更高的力量控制着他的命运，并且承认应当服从、敬畏和崇拜这种力量"。但在这一定义中所涉及的不可见的力量、服从和敬畏以及道德动机，都会因宗教的不同而产生不同的含义。例如，不可见力量既可以是原始宗教的偶像或精灵，又可以是古希腊思想中的"不动的推动者"、诸神、半神半人的英雄或基督教的位格神。[2] 所以，"有的只是许多不同的宗教。'宗教'确实是一个集合名词，但它所代表的这个集合甚至也不是逻辑学教科书中所阐明的那种。它不具有一个团队或集会所具有的那种统一性，有的只是混杂的集合体所具有的那种统一性。各种证明这一普遍性的尝试不是证明得过多，就是证明得过少。只有在所有我们知道的民族都曾有过一种宗教的意义上，才有可能说宗教是普遍的"。[3] 这一看法与宗教学的创始人麦克斯·缪勒（Max Müller，1823~1900）的观点颇有相通之处，缪勒也指出："每个宗教定义一旦被提出来，就会立刻激起另一个断然否定它的定义。看来，世界上有多少种宗教，就会有多少个宗教的定义……"[4]

因此，在杜威的视野内，宗教指的就是以信仰超自然存在为核心而建构的一套固定的教义体系、仪式和组织的某一种宗教，即某一种制度化的传统宗教。

其次，他指出"经验的宗教要素"（religious elements of experience）或

---

[1] John Dewey, *A Common Faith*, p.3.
[2] John Dewey, *A Common Faith*, pp.3-5.
[3] John Dewey, *A Common Faith*, pp.7-8.
[4] Max Müller, *Lectures and Growth of Religion*, New York: AMS Press, 1976, p.21. 转引自段德智《宗教概论》，人民出版社，2005，第233页；王晓朝《宗教学基础十五讲》，北京大学出版社，2003，第9页。

"经验的宗教方面的本性"（the nature of the religious phase of experience）则是与制度化宗教不同的东西。他说："一种宗教（如我刚刚说过的那样，没有一般性的宗教这样的东西）总是意指一套特殊的信念和习惯（beliefs and practices），而这些信念和习惯又附着在某种松散或严密的制度化组织之中。相反，作为形容词的宗教性的（religious）则没有指称什么可以说明的实体，无论是制度化的实体还是一种信念系统。它也不指人们能具体指向的各种历史上的宗教或现存的教会。因为它并不指本身能够独立存在的东西，也不指能够被组织为一种特殊而不同的生存形式之物。它指的就是对一切对象和一切所提出的目的或理想所采取的态度。"①

简言之，宗教态度是有别于制度化宗教的一种经验性质。我们虽然可以否定宗教，但不能否定这种宗教态度，而且一旦给这种宗教态度附加上一套信念系统和组织制度，就会影响人们对这种宗教态度的体认。杜威举例说，在当代生活中一种非常普遍的现象就是，人们通常都假定：一个不接受任何宗教的人就表明他是一个没有宗教性的（non-religious）人。之所以会出现这样的情况，就是因为"各种宗教由于历史的重负而阻碍了经验的宗教性质的显现，阻碍了它按照适合于现在的理智和道德状况来表达自身的途径"；② 就是因为"只要我们有了一种宗教，无论是印第安苏人（Sioux Indian）的宗教，还是犹太教或基督教的宗教，那么经验中被称作宗教性的理想因素就会承担不是内在于它的一种负担，即一种与其无关的制度化习惯和流行的信念之负担"。③

既然经验的这种宗教性质或宗教态度是与制度化宗教不同的东西，那么它是如何产生出来的呢？杜威的回答是它来源于对生活的态度。在此处，杜威认为在通常所说的调整（adjustment）的生活态度之下包含着三种不同的态度，即适应性调节（accommodation）、反应性调节（adaptation）和调整

---

① John Dewey, *A Common Faith*, pp.9-10.

② John Dewey, *A Common Faith*, p.9.

③ John Dewey, *A Common Faith*, pp.8-9.

（adjustment）。所谓适应性调节指的就是当外在的环境状况无法被改变时，我们就不得不改变我们自己的态度来适应这些状况。它的主要特征就是消极地适应外在环境状况的改变。① 因而，这种适应性调节具有宿命论的意味。所谓反应性调节就是当外在的环境状况发生变化时，所采取的态度不仅仅是被动的适应，也去积极地改变这种环境状况以满足我们的需要和要求。例如，我们灌溉干涸的土壤而使它适于庄稼的生长，我们翻修房屋来满足已经改变了的家庭状况，以及发明电话来满足远距离的交流等。换言之，我们不再只是改变自身来适应变化了的环境状况，而是改变环境状况而使其适应我们的目的和需要。②

所谓调整则不是以上两种调节方式，因为它所引起的变化不是局部的改变，而是我们存在的完全而彻底的改变。"它们（这些改变）不是与各种环境状况有关联的各种需要相关，而是与我们的整个存在相关。"所以，杜威指出这种对我们自身的改变是持久的，它可以历经无论是内在的还是外在的环境的改变而存在下去。③ 也就是说，这种调整改变的不是我们某一特定的行为方式，而是我们的存在本身。"它是一种被看作有机地充满我们存在的意志之改变，而不是在意志之内的任何特殊的改变。"④

杜威认为，正是在这种调整所导致的改变之中，产生了宗教的态度和看法。"这并不像各种宗教所宣称的那样，是它们导致了一般而持久的态度上的改变。我却要颠倒这种观点，而认为只要这种改变一发生，就确定会有一种宗教的态度。"⑤ 而各种宗教，即教义或理智信条以及制度则都是附属在这种"经验的内在性质"之上的，是偶然的和附带的。换言之，宗教是不同文化传统中的人以经验的这种宗教性质为依据而分别建构的产物。

在对宗教与宗教性/虔诚做出区分的同时，杜威也指出经验中的宗教性

---

① John Dewey, *A Common Faith*, p.15.
② John Dewey, *A Common Faith*, p.16.
③ John Dewey, *A Common Faith*.
④ John Dewey, *A Common Faith*, p.17.
⑤ John Dewey, *A Common Faith*.

质和诗中所表现出来的想象性质是紧密相关的。之所以如此是因为想象和整体的观念有关。"一个整体的观念，不论是个人存在上的整体观念，还是世界整体的观念，都不是一个实际上的观念，而是一个想象的观念。"① 换言之，"我们通过观察和反思而看到的有限世界只有通过想象的延伸才变成了宇宙。它在知识中不能被理解，也不能在反思中被认识到"。同样，"整个的自我也是一种理想，是想象的投射"。② 因为，自我总是指向外在于其自身的对象，所以自我的统一不可能由其自身取得，而要依赖于把不断变幻的世界场景整合到我们称之为宇宙的想象的总体性之中。而且，自我和宇宙的完全协调的思想观念也只是在想象中才起作用。③ 所以，他引用乔治·桑塔亚那（George Santayana，1863~1952）的话说，"宗教与诗在本质上是相同的，所不同的只是二者与实际事务相关联的方式。当诗介入生活时，它就会被称为宗教。而当宗教只是附着在生活上时，那它就只会被看作诗"。换言之，宗教与诗的判断标准是想象是否真正地参加到生活之中去。只有那种真正介入生活之中的想象，即"完全渗透到我们存在的一切要素之中的想象"，才会与经验中的理想要素相关，才会产生宗教性的态度。

此外，杜威还对他所说的"经验的宗教要素"和威廉·詹姆斯（William James，1842~1910）的"宗教经验"（religious experience）做出了明确的区分。杜威认为，现在有许多宗教家都对从宇宙论、目的论和本体论来证明上帝存在的传统产生了质疑，但这种质疑可能并不是源自康德（Immanuel Kant，1724~1804）对这些证明方式的批判，而是源自他们受到"其他领域中实验方法的兴起所带来的鼓舞"，从而认为这些方法太过形式化。他们希望就像科学家运用经验去证明某种事物的存在一样，他们也可以运用某种独立于科学经验之外的某种经验，即宗教经验，去证明诸如上帝等宗教对象的存在。④ 因而，

---

① John Dewey, *A Common Faith*, p.18.
② John Dewey, *A Common Faith*, pp.18-19.
③ John Dewey, *A Common Faith*, p.19.
④ John Dewey, *A Common Faith*, p.11.

他们说:"宗教经验可以证明某些信念的真实性以及诸如特殊的祈祷和敬拜的适当性(desirability)。……宗教经验是宗教本身的最终基础。"①

但杜威指出,这种认为宗教经验是独立存在的观点会给经验的宗教性质附加上一套制度化的枷锁或锁链。比如,一个人可能由于工作压力或身体疾病方面的原因在近于崩溃的时候决定皈依上帝,从此以后就没有再产生过绝望的情绪。毋庸置疑,这种经验不仅仅在某一派宗教信徒的身上发生过,甚至在一个不信仰任何宗教的人的身上也有过类似的经历。但值得怀疑的是,某一派宗教信徒是否可以把这种经历归因于自己所信奉的宗教中的信仰对象。②而且,宗教经验独立存在论的看法也混淆了原因和结果的关系,因为"宗教经验唯一能够证明的就是某种复杂的状况的存在,而这种状况已经导致了一种带来安全和安宁感的生活上的调整与定位"。③换句话说,在杜威看来,如果把宗教经验看作独立存在的,就会阻碍人们去探究这种经验产生的真正原因,即"某种复杂状况"的调整,而直接把某一种特殊的宗教看作这种经验的原因。其实,"经验中实际产生的宗教性质是对生活及其状况的更好的调整所产生的结果,而不是它产生的原因和方式"。④

二 信仰的区分

杜威在对宗教和宗教性/虔诚区分的基础上,进一步对信仰本身也做出了明确的区分。他把信仰区分为与理智相关的信仰以及与实际生活相关的道德上的信仰,即理智的信仰和道德的信仰。首先,所谓理智的信仰就是那种"把信仰看作知识的替代物"的信仰。杜威以基督教为例,认为基督教就是把信仰定义为"不可见之物的证据"。换句话说,在这一定义中所蕴含的意思

---

① John Dewey, *A Common Faith*, p.10.
② John Dewey, *A Common Faith*, p.12.
③ John Dewey, *A Common Faith*, p.13.
④ John Dewey, *A Common Faith*, p.14.

是，由于我们人类本身是有限的和易犯错误的，从而我们无法看到一些无形之物，所以我们只有求助于具有预料功能的信仰。而且，由于信仰成为知识的替代品，所以信仰的内容以及信仰的对象从性质上来说就都具有理智上的色彩。因此，信仰就成了对一些命题的赞同，而这些命题都是理性对信仰对象进行辩护的产物。在杜威看来，神学的目的恰恰就在于此，"以系统的形式表明所信仰的和所赞同的命题的内容"，所以，宗教必然蕴含着神学。① 正是从这个角度出发，杜威认为那种与理智相关的信仰是同传统宗教相对应的。概而言之，"信仰曾经几乎普遍地被认为就是接受某一成套具有智慧的命题，这种接受是建立在权威之上的，确切些说，它是从天上而来的一种启示。信仰意味着墨守一种由一批条条组成的信条"。②

其次，所谓道德的或实际的信仰则不是一堆由理性论证而形成的信条，而是"形成信条以及奋发有为的源泉"。③ 杜威认为，"相信某一目的对行为有至上的权力的信仰和某一对象或存在对理智来说是作为一种真理而存在的信仰之间是有区别的。在道德意义上的确信（conviction）就意味着我们活动的本性被一种理想性的目的所征服，它就意味着承认这个目的对我们的欲望和意图的正当的要求。这种承认在根本上并不是理智性的，而是实践性的。它超出了能够被呈现给任何可能的观察者的证明"。当然，杜威并不是说道德性或实践性的信仰不需要理智的参与，而是说在这种信仰中理智是第二位的，理智内含在行动之中了。因而，他并不否认作为指导行为的理想性目的同思想或反思之间的内在关联。他说："达到确信也许包含着长久而艰辛的反思，但是思想的意义并不只是用来寻求能够证明理智上的赞同为正当的证据。"④

因而，实践性的信仰并不是一种知识，并不是一种先存于某一世界的存在，而是一种内含在人的生存之中的理想，是有待于去实现的目标或目的。

---

① John Dewey, *A Common Faith*, pp.19-20.
② 《哲学研究》编辑部编《资产阶级资料选辑》第八辑，上海人民出版社，1966，第145页。
③ 《哲学研究》编辑部编《资产阶级资料选辑》第八辑，上海人民出版社，1966，第145页。
④ John Dewey, *A Common Faith*, p.21.

正是从这一点出发，杜威认为，这种信仰与想象有着千丝万缕的联系。在杜威看来，知识总是理智性的，而想象则是理想性的，即还没有化为现实的东西。"一个理想之于选择与行为的权威性是一种理想而非事实的权威性，是一种向理智做出保证的真理的权威性，而不是提出这种真理的人的地位的权威性。"①

当然，杜威自己也认识到，这种道德的或实际的信仰是很难被识别的，因为它与以超自然为核心的知识性信仰紧密地交织在一起。他指出，通常的论证都"倾向于证明它（道德信仰）的对象不是理想性的，以及它对我们的要求从根本上来说不是道德上的或实际上的，因为那个所谓的理想已经镶嵌在现存的事物框架之中了"。②例如，有一种观点主张理想就是位于现存事物中心位置的那个最终的实在，但由于我们感官的局限性或者是由于我们本性的败坏，所以我们无法理解理想的先在的存在。因而，人们就从这一思想观念出发"来证明理想不是作为理想，而是作为先存的实在，才是真实的"。于是，"某种处于我们力量之中的事物应当存在的信仰就被转变为这种事物已经存在的理智上的信仰"。③

而且，这样一种把"某物应当存在的信仰"转变为"某物已经存在的理智上的信仰"也有着心理学上的根源。因为当"我们强烈地渴望某物是如此这般"的时候，"我们就会倾向于相信它已经是这样的了"。同时，我们还有另外一种心理倾向，即"当环境状况不利于实现我们所期望的对象时，最容易的解决办法就是假定它已经被包含在现存之物的根本结构里，并且假定与其相反的表象仅仅是表象而已"。④

在这里，我们还需要注意一个事实，尽管杜威认为，与理智上的信仰相对立的道德的或实际的信仰同宗教性是相呼应的，但他并不认为二者是完全

---

① John Dewey, *A Common Faith*.
② John Dewey, *A Common Faith*.
③ John Dewey, *A Common Faith*, pp.21-22.
④ John Dewey, *A Common Faith*, p.22.

等同的。只有当道德信仰的目的激起了各种情绪，而这些情绪又不仅仅是强烈的，而是有包罗广泛而统一自我的目的所驱使和支持时，它才是宗教性的/虔诚的。换句话说，当道德信仰的理想性目的不仅关涉到自我的统一，而且关涉到自我和宇宙的统一时，它才是与宗教性相对应的。而宗教性态度是与一种一般性态度相关的，它比道德的含义更为宽泛。这种宗教性态度不仅可以表现在道德中，而且可以表现在艺术、科学和公民身份中。① "为了理想的目的而反对各种障碍，并且由于相信这种理想目的具有普遍和持久的价值而不顾个人牺牲的威胁，任何这样的活动在性质上都是宗教性的。"② 所以，杜威认为"我应当把信仰描绘为通过忠于包罗广泛的理想性目的而达到的自我的统一，而这些理想性目的是由想象展示给我们的，并且人类意志的反应是认为它们可以控制我们的欲望和选择"。③

最后，杜威从对信仰所做的这种区分出发，还对上帝的含义进行了区分，从而赋予上帝以新的内涵。由于信仰的对象不再是高高在上与人没有什么实际关联的一个存在，不再是一个已经存在于"理念世界"中的观念，也不再是某种位格化的神祇，所以，上帝"指的就是唤起我们的欲望与行动的所有理想性目的的统一"，而不只是"意味着一种特定的存在"或"某种先在而非理想性的存在"。④ 在杜威看来，这两种上帝内涵的对立，即理想性与非理想性的对立，也是某一种宗教与作为经验的一种功能的宗教性/虔诚之间的最根本的差别。

当然，杜威在说上帝是人们的一种理想时，他也注意到了真正的理想与虚假的理想之不同。杜威指出，当我们说上帝是理想目的或理想价值统一，而这是由想象呈现给我们的时候，由于想象总是同幻想和可疑的实在（fantasy and doubtful reality）相关联，所以就会导致人们把这种理想看作虚构

---

① John Dewey, *A Common Faith*, pp.22-23.
② John Dewey, *A Common Faith*, p.27.
③ John Dewey, *A Common Faith*, p.33.
④ John Dewey, *A Common Faith*, p.42.

的产物。然而，在杜威看来，想象唯一真正的含义就是"实际上没有被实现的事物被我们所理解，并且具有激励我们的动力"。所以，"理想不是虚幻，因为想象是理解它的工具"；而且"由想象所产生出来的统一也不是空想出来的，因为它是实际上的和情绪上的态度的统一之反映"。这也就是说，"理想性目的作为理想的实在性是由其在行动中的力量所确证的"，[1]即"驱动我们的目的和理想是通过想象产生的。但它们并不是由虚构出来的材料所构成的"。[2]

同时，也有人对杜威把上帝等同于理想性目的的做法提出质疑，认为这种做法消解了理想得以存在的根基和支柱。在杜威看来，这一质疑所包含的潜在含义是：把上帝等同于理想性目的的观点是让人们把理想和存在分离开来，以至于使理想即使像一粒可以生长并结出果实的种子，也不可能找到它的土壤或栖息之地。但这与杜威的看法恰恰相反，因为杜威认为那种把理想等同于某种特定的和超自然的存在的做法才会消解理想的现实根基。他说："我所尽力表明的就是理想本身在它的自然状况之中有它的基础；当想象通过抓住思想和行动所提供的各种可能性而使存在理想化时，理想才会产生……这种理想化的想象抓住了在经验的转变时刻所发现的最宝贵的东西，并把它们投射出来。"[3]于是就产生了目的。简言之，杜威认为只有那种在超自然的、先验的存在中为理想寻找根基的做法才会消解其与存在之间的内在关联，因为无论是理想还是目的均是以"自然的和社会的经验的世界中的材料"为支撑的。它们既不是在现实世界中完全实现了的东西，也不是完全无根基的幻想或乌托邦。所以，杜威把上帝定义为"理想与现实之间的积极的关系"。[4]

既然杜威把上帝等同于理想和理想性的目的，并进一步把上帝等同于理想与现实之间的积极联系，但"上帝"一词很容易让人们联想到他所谓传统

---

[1] John Dewey, *A Common Faith*, p.43.

[2] John Dewey, *A Common Faith*, p.49.

[3] John Dewey, *A Common Faith*, p.48.

[4] John Dewey, *A Common Faith*, pp.50-51.

的以超自然存在物为根基的宗教,那么他为什么还选择"上帝"或"神"这样的词来指称这些事物呢?杜威的解释如下:一方面当你澄清了你所运用的上帝之内涵时,自然就不会让人们混淆和误解你所说的"上帝"这个概念;另一方面,杜威并也不赞同那种"攻击性的无神论"(aggressive atheism)或"好战的无神论"(militant atheism)。他认为,像超自然主义的宗教总是倾向于忽视自然或诅咒自然而强调孤立的人一样,这种"攻击性的无神论"或"好战的无神论"也缺乏对自然的重视。他说:"一种人本主义的宗教如果排除了我们与自然的关系,那它就是苍白而空洞的,这就好比如果它把人类当作敬拜的对象时,就会成为蛮横的一样。"① 所以,杜威主张还是继续沿用"上帝"或"神"这个词,只不过需要注意的是在宗教性的态度中所谓"上帝"是与人类周围的环境状况紧密相关联的,并且在这个名词之下蕴含着理想、目的和选择等内涵。

三 杜威对宗教信仰进行区分的根源探讨

在以上的论述中,本文只是指出了杜威对宗教和宗教性/虔诚以及真信仰和假信仰的区分,但没有对杜威的这种做法的原因进行详细的理论分析。下面,本文就从原因的角度切入来看看杜威的这种区分是否合理。

首先,宗教与宗教性/虔诚之间的区分以及理智上的信仰与道德的或实际的信仰之间的区分,是建立在超自然与自然相分的基础之上的。正如杜威在对宗教信仰进行区分时所指出的,传统的宗教信仰总是把其自身和超自然的存在物联系起来,或把其建立在超自然之物的基础上。但是,随着科学观念的发展,这种传统的宗教信仰观念受到了来自科学观念的挑战,例如"地质学上的发现已经取代了曾经是非常重要的创世神话。生物学已经从根本上改变了曾经在宗教信念和观念中占据核心位置的灵魂和心灵观念,并且这一

---

① John Dewey, *A Common Faith*, p.54.

科学对罪、救赎和永生这些观念都产生了深刻的影响。人类学、历史和文学批评都给基督宗教各派（Christian religions）已经成为它们基础的历史事件和人物提供了一个完全不同的版本。心理学已经对曾经以超自然的起源为自然解释的特别现象提供了各种自然的解释"。① 因而，当把所有宗教信念和观念都同超自然的存在联系起来时，这种联系本身就成了宗教信念受到怀疑的原因，而且这种联系也正在侵蚀宗教的生命力本身。②

然而，杜威并没有仅仅局限在指出制度化宗教衰落的原因是对超自然存在物的信仰上，而是进一步分析了超自然的起因以及超自然与自然之间的关系。在杜威看来，求助于超自然之物的行为是无知的产物。他说，由于我们缺乏关于生命和无生命物质之间的关系的知识，所以就假定超自然的干预导致了从野兽到人的转变；由于我们不知道有机体和思想的发生之间的关系，所以就假定这两者之间有着超自然的联系。③

其实，在杜威看来，所谓超自然的含义无非是"不寻常之物"，即"因不常见到而引起人们的注意或给人留下深刻印象的东西"，而自然的含义则是"平常的、惯例的和我们所熟悉的东西"。④ 尽管从观念上来看，这两者之间似乎有着十分遥远的距离，但它们恰恰又是紧密相关的。因为"当人们不能洞察不寻常事件的原因时，相信超自然之物本身就是'自然的'——从这种自然的意义来说。因此，只要人们的心灵与超自然之物保持着协调，那么超自然主义就是一种真正的社会宗教。当它给运用超自然的力量来确保利益，并反对敌对者以保护共同体中的成员提供了方法时，它就是对不寻常的现象提供了一种'解释'"。⑤ 所以，超自然实际上是在人们还不能真正了解所发生的事件时提供的一种自然的解释，而这种解释又给偶然留下了发展的空间。

---

① John Dewey, *A Common Faith*, p.31.
② John Dewey, *A Common Faith*, pp.29-30.
③ John Dewey, *A Common Faith*, p.76.
④ John Dewey, *A Common Faith*, p.69, p.44.
⑤ John Dewey, *A Common Faith*, pp.69-70.

可以说,"最广泛意义上的偶然和超自然之物的观念是一对双胞胎"。①

既然超自然之物的观念是人的自然产物,那么在自然科学已经取得一定进步的今天,若完全依赖于这种超自然的思想就会导致下面这些不良后果。第一,依赖超自然的观念就会导致轻视人的理智和努力的后果,因为在超自然的观念中,人的努力和理智都是微乎其微的。换言之,如果依赖于超自然的存在,就会认为一切人为的努力都是无效的,并导致一种"放任主义",而且也会阻碍可以认识社会现象的社会理智之发展。第二,依赖超自然的观念就会导致对自然的忽视,从而导致一种悲观主义的情绪,即认为自然中的一切方法和手段都是无用的;同时又会导致一种盲目乐观的情绪,即认为依赖于超自然的存在就会解决一切难题。第三,超自然之物的存在无法解释自然和社会中的恶的现象,但如果把恶视为一种自然的,并需要人们努力去克服的现实,那么我们就不会再被恶的难题所困扰了。②

因而,杜威强调要把宗教性从宗教中解放出来,要用道德的或实际的信仰取代理智上的信仰,就是要用自然的观念取代超自然的观念。

其次,这两种区分也是建立在神秘经验和经验相区分的基础上的。传统的宗教认为存在科学无法研究明白的神秘经验领域,这种神秘经验的存在恰恰证明了超自然的上帝的存在。而杜威所谓宗教性则建立在经验的基础上,是人的经验中的一种性质。杜威认为这种神秘经验与经验的区分实际上是超自然与自然的区分之复活,并且是回避科学知识与方法对宗教信仰所提出的挑战的一种策略。但这种策略似乎不能取得成功,因为如果以经验中的某一方面或某一领域还没有受到科学的影响而认为它就不受科学的支配,似乎是十分危险的;甚至即使真的存在这种分别,也不能表明这种分别就是永久的。杜威举例说,尽管心理学在当时只是刚刚起步,但没有人敢说这种神秘的经验(即隐秘的个人经验)永远不会被心理学所认知。③

---

① John Dewey, *A Common Faith*, p.78.
② John Dewey, *A Common Faith*, pp.45-47.
③ John Dewey, *A Common Faith*, pp.34-35.

换言之，在杜威看来，所谓神秘经验并非真的是什么神秘的经验，相反，我们有充足的理由认为，神秘经验是如此经常的发生。比如，发生在北美印第安人身上的神秘经验、发生在印度人身上的神秘经验，以及发生在新柏拉图主义者身上的神秘的迷狂状态等，① 这都表明它是在经验运动中某一和谐的点上出现的正常的表现。当然，杜威并不是要否定神秘经验的存在，而只是反对把神秘经验加以神秘化的解释。他认为，当人们说神秘经验是由上帝的直接临在而得来的时候，只是依据解释者所处的文化中的一些概念而对这一经验做出的一种解释，而且这种解释的有效性还要取决于上帝是否可以证明这一问题。所以，应当像对待所有其他经验现象一样来对待神秘经验，"所谓的神秘状态的发生只不过是给探究它的成因方式提供了一个契机"。② 杜威甚至认为，即使是"超验"的观念其实也只不过是经验运动中的一个变种。

最后，从根本上来说，这两种区分是以理智方法（the method of intelligence）与教义方法（the doctrinal method）的区分为根基的。之所以能够把超自然还原为自然，把神秘的超验还原为经验，这都是源于方法上的革新。在杜威看来，所谓教义方法就是"只需要传授并学习一套被当作真的和明确的信条"之方法，因而这种方法是"有限而非公开的"。③ 杜威举例说，即使在那种主张宗教经验是达到宗教真理的唯一途径的观点中，这种方法的有限性也是明显的。因为在那些持这种观点的人看来，如果宗教经验没有产生应有的上帝临在的感觉，那么按照宗教经验给定的定义，这种经验就不是真正的宗教经验；而理智的方法或科学的方法则与此相反，它是"公开的和公共的"。在杜威看来，理智的方法是科学的灵魂，科学之所以为科学恰恰在于"它不是由任何一套特殊的主题所构成的"，而是"由一种方法，即一种通过检验过的探究来改变信念或实现这些信念的方法"。④ 因而，当那些为宗教辩护的人运

---

① John Dewey, *A Common Faith*, pp.35-36.
② John Dewey, *A Common Faith*, p.37.
③ John Dewey, *A Common Faith*, p.39.
④ John Dewey, *A Common Faith*, pp.38-39.

用科学观念和材料不断变化而指责科学不可靠时，这恰恰是科学的荣耀，因为科学的主题会随着方法的革新而不断地发展。

所以，杜威认为科学与宗教之间的冲突从最根本上来说是两种方法之间的冲突，即忠于求得真理之方法或忠于一种一成不变的信条之方法。在杜威看来，当知识以及检验知识的方法和手段都不断发展时，还让人们去相信一成不变的教条，这似乎是很困难的一件事，而且如果还用这些教条去解释宗教，那就必然会导致人们对宗教产生怀疑。[①]因为"新的探究和反思的方法对于受过教育的现代人来说已经成了所有关于事实、存在和理智赞同的问题的最终仲裁者"，即在新的理智的方法中，"每一次失败都是对重新探究的一种刺激；每一次所取得的胜利都打开了更多的发现之门，而每一种发现又是植入理智的土壤中的一粒新的种子，从而长出带有新果实的新植物"。简言之，在现代的情境之下，传统的教条方法不得不让位于以观察、实验、记录和反思为基础的探究的方法——理智的方法。

四 结语：宗教信仰之于人的意义

在杜威的时代，传统的宗教信仰受到了时代的挑战：一方面表现在宗教信念受到科学知识和方法的挑战而引起人们的普遍怀疑；另一方面表现在传统的宗教组织——教会——已经成了世俗共同体中的一种特定的、越来越受到国家控制的机构，而且宗教信仰也越来越成为个人随意选择的一种事情了。[②]在这种情况下，人们应当如何应对宗教的危机呢？是不顾科学的发展而盲目地固守传统宗教呢，还是坚持科学而否定宗教呢？杜威认为这两种立场都不可取，提出了人们应在坚持科学知识的基础上发展宗教信仰的另外一条道路，即把以自然和经验为基础的宗教性/虔诚从超自然的和超验的传统宗教中解放出来。正如傅佩荣在《人的宗教向度》一书的译序中所指出的："我们

---

① John Dewey, *A Common Faith*, p.31.

② John Dewey, *A Common Faith*, pp.61-62.

并不否认宗教的地位已经不如昔日之尊荣,宗教对现代人的意义也逐渐模糊褪色。然而,宗教作为社会建制之一所呈现的松散无力,并不等于宗教作为人性需要的回应,也随之瓦解崩溃。"①

所以,在杜威看来,宗教信仰是人的存在的产物,是人类社会关系的产物。根据《说文解字》中的解释:"宗,尊祖庙也。""教,上所施,下所效也。"②它的英文形式"religion"来源于拉丁词"religio",此词既有对神的敬畏和景仰之意,又有结合、合并或固定之意。③根据《辞海》中的解释,信仰是对某一种宗教或主义非常信服和尊重,并以其为行动的指南。因而,"一种宗教,无论它可能是何等的不完善,多么的幼稚,它总是把人的灵魂置于上帝面前;而上帝的概念无论可能是何等的不完善,多么的幼稚,它总是代表了人类灵魂在当时所能达到和把握的无上完善的理想"。④换言之,"成为——即变成一个人就意味着成为宗教性的(存在)",因为"神圣已经成为意识结构中的一个要素,而不是意识历史中的一个阶段"。⑤

简而言之,尽管杜威认为应当强调宗教的经验和自然的维度,但他并不认为人可以依据自然和经验解决一切问题,所以他并不赞同消解宗教的主张。他说,"每一种个体的或共同体的危机都在提醒着人们对自然的控制是多么的不稳定和有限",⑥ "……我们所有人至少是在同一条船上,并横穿同一汹涌澎湃的海洋。这个事实的潜在的宗教意义是无穷无尽的"。⑦因此,宗教信仰的真正的基础正是人的有限而又希望超越有限的本性,正是它促使人在其本性中蕴含了宗教性的要素。

通过以上的分析我们可以看到,杜威对宗教信仰做出区分的目的并不

---

① Louis Dupré:《人的宗教向度》(译序),傅佩荣译,立绪文化事业有限公司,2006,第11页。
② 转引自王晓朝《宗教学基础十五讲》,北京大学出版社,2004,第8页。
③ 段德智:《宗教概论》,人民出版社,2009,第234页。
④ 麦克斯·缪勒:《宗教学导论》,陈观胜、李培茱译,上海人民出版社,1989,第263页。
⑤ Mircea Eliade, *A History of Religious Ideas*, Vol.1, Chicago: University of Chicago Press, p.xiii.
⑥ John Dewey, *A Common Faith*, p.24.
⑦ John Dewey, *A Common Faith*, p.84.

是要取消宗教，而是在为现存的各种宗教寻找一个共同的基础。尽管杜威说"我并不是正在提倡一种新的宗教，而是主张把被称作宗教性的要素和态度（outlooks）解放出来"，[1]但他实际上也是在为宗教寻找一个普遍性的定义，从而形成一种普世的宗教，形成"一种共同的信仰"。他说："我毋宁只是说我提议，宗教的将来要和在人类经验与人类关系的诸多可能性上有可能生长出来的信仰联系起来，那样的信仰对于人类利益的整体性将会产生重大的意义，并且会鼓舞人们行动起来去实现那个想法。"[2]

---

[1] John Dewey, *A Common Faith*, p.8.
[2] 《哲学研究》编辑部编《资产阶级资料选辑》第八辑，上海人民出版社，1966，第152页。

新康德主义与文化哲学范式的生成

刘振怡[*]

与德国古典哲学相比,新康德主义在哲学史上的定位属于19世纪德国非主流哲学,但其在西方哲学的发展历史中占据着不可或缺的重要地位。新康德主义代表人物的思想对20世纪西方哲学的发展起着承上启下的作用。例如,学界普遍认为,针对黑格尔的思辨意识哲学呈现的理论倾向,新康德主义发展出一种从认识主体的心理或生理结构来说明知识形成的新的认识论哲学,他们对康德先验逻辑学说的利用和改造,直接构成了后来现象学发展的思想来源。虽然以文德尔班、李凯尔特和卡西尔等为代表的新康德主义者的主要思想已为我们耳熟能详,但是熟知并非真知。反观近年来的哲学研究,我们发现国内学界对新康德主义及其地位的重要性的认识远远不够。有鉴于此,本文试图从新的视角对新康德主义现代价值做一探讨。本文认为,新康德主义在19世纪末20世纪初促成、凸显了一种新的思维方式,即文化哲学思维范式的复苏,而这一思维范式至今在现代哲学中发挥着不可替代的重要作用。

一 哲学研究范式转向的历史必然

新康德主义形成之初,哲学史内部和外部都酝酿着一种新的哲学理念、

---

[*] 刘振怡,黑龙江大学哲学学院教授,主要从事西方马克思主义和文化哲学的研究。

哲学立场。受浪漫主义运动的影响，这个时期的西方文化主题强调个人自由、主观理想、内心情感。表现在哲学研究内容上，就是以情感为核心的人性道德论把道德的基础从彼岸的神性重新转移到了此岸的自然人性，试图在人的自然本性基础上建立普遍的道德原则，由此引发了关注现实生活世界、关注生命价值意义的哲学观转向。新康德主义运动就是在这一思想背景下，要求重新返回康德，创造出一种能够适应现代社会历史发展内在要求的哲学范式。李普曼说："当时很长一段时间内大家都认为，哲学不是完全被纳入具体自然科学之中，就是对属于过去的财富作历史编纂学的描述。"[①] 哲学研究的使命、哲学研究对象的合法性作为哲学观的核心问题，开始重新被加以追问。

就哲学史发展内部而言，受自然科学发展影响，在新康德主义出现之前的很长一段时间内，哲学研究出现了自然科学化的倾向，其明显特征是：似乎人类生存的意义可以借助科学的方法来发现，价值可以借助逻辑来认识。哲学自然科学化使得哲学使命发生了根本转化，它试图去探求一种超越认识主体个性化制约的具有普遍性和确定性的知识，以此来发现新的客观真理，回答人的主体个性化历史存在问题，探究人的价值意义生成。这种思维方式体现了在西方哲学史上占据统治地位的思辨意识哲学的思维范式特征。正如有的学者认为，思辨意识哲学总体上带有一种旁观式（Speculative）的研究倾向：站在本体之外谈论本体，认识之外谈论认识。哲学作为人类生活的向导，为人类生存提供安身立命之根据，它的研究取向是人类生活的"未来"和"应然"状态，充满偶然性与未特定化，人类复杂的社会历史演变也不可能被整齐划一的自然科学加以考证。与此对应，哲学内部的研究主题开始发生转向，主要表现在关于人文科学与自然科学研究对象、研究方法的区分，对技术理性绝对化、片面化和现代化进程的反思，由此发生了由近代认识论向生存论、语言学、人类学等转向。

在哲学史外部，随着文化学、人类学、考古学、民族学等学科逐渐兴起，

[①] 靳希平、吴增定：《十九世纪德国非主流哲学——现象学史前札记》，北京大学出版社，2004，第223页。

人们的理论兴趣逐步转向对文化和人文科学特殊性方法论的研究,产生了以泰勒、摩尔根、博厄斯、本尼迪克特和马林诺夫斯基等人为主要代表的哲学人类学家和以兰德曼、舍勒为主要代表的文化人类学家,他们通过对文化来源的挖掘、文化定义的阐释和文化本质的界定,分别从文化学、人类学、考古学等实证层面论证了哲学自然科学化消解的历史必然。他们都以人类的存在和发展为核心,从探寻文化本质入手重新审视人类历史的发展,研究文化在人之为人过程中的重要性,把文化作为区分人与非人的标准,提出"人是文化的创造物"。[①] 随着研究的不断深入,文化人类学特别是从本尼迪克特和马林诺夫斯基开始,慢慢触及文化类型、文化模式等哲学范式学理研究层面,明确了不同的文化模式对个体和民族的行为的决定作用。可以说,在文化人类学的哲学思想中,不知不觉地包含着某种自发的文化哲学的萌芽,为文化哲学的产生提供了宝贵的实证基础。

从以上分析我们可以看出,如果说哲学人类学和文化人类学是从实证层面印证了文化哲学作为一种新的研究范式产生的历史必然,那新康德主义则是顺应了这种理论趋势,从哲学理性的内在分化中,通过价值和意义问题的探索开始自觉地推动这种哲学理解范式的转变。新康德主义的两大重要学派,即以文德尔班和李凯尔特为代表的弗莱堡学派和以卡西尔为代表的马堡学派,他们把哲学研究对象重新定位于价值论,赋予哲学以文化价值的普遍性、合法性基础,把主体对于对象的评价当作统一全部哲学的基础和解决全部哲学问题的标准,将对文化历史事件的评价当作哲学的主要内容,对人文科学的效用理论以及政治科学的哲学理论建构的可能性分析等观点,对文化哲学研究范式的产生起到了至关重要的作用。

二 新康德主义的文化哲学转向

一般而言,哲学转向指的是:改变了原有的(传统)思辨意识哲学的主

[①] 兰德曼:《哲学人类学》,彭富春译,工人出版社,1988,第266页。

题和研究方法，实现了研究重点的转移和研究方法的转换。新康德主义强调哲学的首要问题不是传统形而上学的实在问题，而是应有问题即价值问题。新康德主义高喊要"回到康德"，那么它究竟是如何回到康德的呢？详述新康德主义与康德哲学之间的内在关系不是本文的主要任务，但有一点可以肯定，即新康德主义仍然继承了康德的二分法，只不过这个二分不再是康德的物自体与现象之间的对立，而是被替换成了事实与价值的二分。在某种程度上，甚至可以说事实与价值的二分，构成了新康德主义的重要特征。以此为基点，新康德主义的文化哲学转向主要体现在两个方面：哲学合法性的重构和哲学自然科学化方法论的消解。

首先，新康德主义明确区分了自然科学和哲学各自的研究对象和研究领域。他们批判了当时欧洲哲学界轻视哲学、取消哲学研究的两种倾向，即把哲学归结为一门经验科学特别是心理学，或是把哲学等同于哲学史的研究。文德尔班认为："我倒是觉得在今天这样的情况之下自己负有一种义务，应当提出证据来说明，哲学在它现有的形式之下，在放弃了一切形而上学的要求之后，还是感到自己可以解决那些构成哲学史的重要内容、决定哲学在文化上的价值及其在学院教育中的地位的重大问题。"[①] 由此可以看出，以文德尔班为代表的新康德主义价值学派正是通过对"哲学何去何从"问题做出的肯定的回答，即"哲学只有作为普遍有效的价值的科学才能继续存在"，[②] 捍卫了实证科学占绝对优势的背景下哲学的独立性。"……那些价值是一切文化职能和一切特殊生活价值的组织原则。但是哲学描述和阐述这些价值只是为了说明它们的有效性。哲学并不把这些价值当作事实而是当作规范来看待。因此哲学必须把自己的使命当作'立法'来发扬——但这立法之法不是哲学可随意指令之法，而是哲学所发现和理解的理性之法。"[③] 文德尔班的这个观点与

[①] 文德尔班：《历史与自然科学》，载洪谦主编《西方现代资产阶级哲学论著选辑》，商务印书馆，1964，第50页。
[②] 文德尔班：《哲学史教程》下卷，罗达仁译，商务印书馆，1993，第927页。
[③] 文德尔班：《哲学史教程》下卷，罗达仁译，商务印书馆，1993，第927页。

19世纪下半叶德国哲学的焦点,即哲学应该研究价值问题不谋而合。但是,思想家们也是从不同的视角来分析价值问题的。例如,尼采所倡导的价值是建立在个人的基础上的,把个人当作价值的最高标准,否定了普遍的价值,其结果只能是导向相对主义,并最终导致哲学的消解和文明的衰落。而文德尔班则力图去寻找具有普遍有效性的价值,他认为这是文化和文明全部功能的组织原则,是人生一切特殊价值的组织原则。

关于哲学的研究对象,新康德主义的学者们认为,主体对于对象(包括自然和文化对象)的评价应该作为统一全部哲学的基础和解决全部哲学问题的标准,"尽管对个别价值和意志目的的认识和划分等级各有不同,但是在总体上承认占统治地位的道德习俗,特别是承认其中的主要组成部分利他主义,在这一点上他们的意见是一致的"。[1] 由于我们每个人都有着不同的价值取向,因此最初来源于主体的价值意识还不能保证价值的普遍有效性。关于价值,文德尔班和李凯尔特把它界定为主体对文化历史事件(包括自然和文化对象)的评价,而评价的标准则是"标准意识"。标准意识是对意志、情感全部经验进行评价的绝对中心,是对实际意愿和理想标准相符合的意识。这个标准意识使得价值具有道德意义,个人从属于社会被当作一切评估的基础和准则,它保证了价值最终指向人性,指向人类积极的爱。由于有了"标准意识"这样的价值哲学前提,哲学不但能够用"具有普遍价值的价值"统一起来,而且它和实际生活也能够密切联系起来。"价值决不是现实,既不是物理的现实,也不是心理的现实。价值的实质在于它的有效性(Geltung),而不在于它的实际的事实性(Tätsachlichkeit)。"[2] 这样,在新康德主义看来,价值具有某种独立于主体的自立的意义世界。价值是一种准存在:因为关于价值,不能说它实际上存在或不存在,只能说它们是有意义的还是无意义的。"文化价值或者事实上被大家公认为有效的,或者至少被文化人假定为有效的,因而那些具有价值的对象的意义也被假定为具有一种不仅是纯粹个人的意义;而

---

[1] 文德尔班:《哲学史教程》下卷,罗达仁译,商务印书馆,1993,第916页。
[2] 李凯尔特:《李凯尔特的历史哲学》,涂纪亮译,北京大学出版社,2007,第83页。

且，文化就最高意义而言，一定不是与纯粹需求的对象相关。"[1]而对于价值有效性的理解，其实是我们为了自己要对生活于其中的文化环境关怀的"一种责任"。

从这里我们可以看出，新康德主义的"价值的普遍有效性"还是带有康德先验道德哲学先验性，但是它的确凸显了思辨意识哲学当中遮蔽的人的现实生活。哲学绝不是去认识某一领域的具体的科学知识，它有必要、有权利而且也必然会去考察和认识与人类生活相关的一切范畴和领域。新康德主义重视价值，其目的就是要把价值评价当作人类心智最深层的认识，要赋予精神价值以特殊的重要意义。"哲学始终主张，它有权利通过这种方式超越所有那些还无法令人满意的现象，来认识这个世界，进入它最深的层面中，与此同时，价值评价本身也是人类心智的活生生的实在。"[2]同时，更为重要的是，哲学不是把这些价值作为事实来描述和认识的，而是要强调其效用性：对于社会当中的人的存在而言，普遍价值为其提供道德原则、审美原则和形式逻辑，[3]为人类积极的道德建构、社会关系的和谐维系起到了关键作用。

新康德主义的另外一个重要贡献是通过对哲学自然科学化方法论的批判，进一步明确了哲学研究的方法，进而演变成一种不同于传统思辨意识哲学的思维方式。这个学派提出了文化科学的研究方法，即描述性和个体化的研究方法。

新康德主义认为由于自然科学与历史（文化）科学的研究对象不同，因此在研究过程中应采取不同的方法。"自然产物是自然而然地由土地里生长出来的东西。文化产物是人们播种之后从土地里生长出来的。根据这一点，自然是那些从自身中成长起来的，'诞生出来的'和任其自生自长的东西的总和。与自然相对立，文化或者是人们按照所估计的目的直接生产出来的，或

---

[1] 李凯尔特：《李凯尔特的历史哲学》，涂纪亮译，北京大学出版社，2007，第30页。
[2] 文德尔班：《哲学概论》，载《二十世纪经典文本》（序卷），复旦大学出版社，1999，第650页。
[3] 谢地坤：《康德与新康德主义》，《中国社会科学院院报》2004年11月4日。

者是虽然已经是现存的，但至少是由于它们所固有的价值而为人们特意地保存着的。"① 在自然科学的研究中，思维是从个别事物的特殊关系中进行经验的概括和总结，进而掌握一般的关系；而在历史和文化研究中，思维则始终关注着特殊的个体事物。"自然科学思想中主要是倾向于抽象，相反地，在历史思想中主要是倾向于直观。"② 而人和文化作为人文科学的研究对象，充满了随机性、偶然性和特殊性。人是一个有历史的动物，人的文化生活是一种世代相承愈积愈厚的历史联系，人要参与历史，就必须与历史发生联系，这就需要自己获得价值，以使自身的存在获得"价值普遍效用性"的认同。这种价值的获得是不能通过所谓"社会历史发展规律"来实现的，因为我们的一切兴趣、一切评价，全部与个别的、一次性的东西相联系。文化科学所倡导的描述一次性事件，能够把人们的评价活生生地保存下来，这样，就可以使人们在价值上与人类的历史接上关系，从而使我们的文化生活世代相传。为了克服传统思辨意识哲学普遍化、统一化、抽象化研究方法的缺陷，新康德主义者直接关注特殊性、个体性的存在。文德尔班提出"描述性"原则、李凯尔特提出"个别化"原则，包括卡西尔的解释学暗示，力图把文化哲学从自然科学方法的压制下解放出来，恢复哲学个体性价值关注和具体的历史存在境遇。这种方法形成的根源在于：哲学与生命相关，因而必须与人生活于其中的日常生活相关联，个体化的研究方法关注社会和历史的特殊性和真实性。个体化的研究方法"反对总体观察（Totalansicht）或整体观察（Gesamtschau）社会和历史的真实性的方法"，③ 因为这种方法掌控不了社会和历史的错综复杂性，任何总体观察（或是整体观察）都会落入形而上学的窠臼。当然，个体化的研究方法是以自然科学与文化科学的严格区分为前提的，没有不同学科组群的自治性的保证，方法原则的形成就无从谈起。在新康德主义那里，

---

① 李凯尔特：《李凯尔特的历史哲学》，涂纪亮译，北京大学出版社，2007，第 29 页。
② 文德尔班：《历史与自然科学》，载洪谦主编《西方现代资产阶级哲学论著选辑》，商务印书馆，1964，第 59 页。
③ 谢地坤：《走向精神科学之路——狄尔泰哲学思想研究》，江苏人民出版社，2003，第 2 页。

价值其实是承载着人作为主体的一种评判。人类的全部活生生的价值评价，关键就在于对象的单一性；人们的全部价值获取就根源于对象的一次性和独一无二的性质。文德尔班"描述性"的方法论原则直观地显现了人类历史研究对象所具有的主观自为性、个别性，而这正是价值意义产生的起点。文德尔班提出，在对文化事件做出评价时，要区分出制定法则的知识与描绘特征的知识之间的关系。在与人的存在密切相关的历史领域当中，"思维则始终是对特殊事物进行亲切的摹写"。[①]

三 文化哲学：一种新的哲学理解范式的凸显

通过对新康德主义文化哲学转向的特征分析，我们看到，当时哲学家们对所处时代的哲学在人类知识体系中的位置、哲学的意义和哲学研究的价值取向进行了重新反省和建构，这对20世纪现代西方哲学的发展产生了深远影响。新康德主义把价值问题作为哲学研究对象，而价值的载体是历史当中的人，生成的情境是人现实的生活世界，评价的意义最终指向对人生存状态的关注，这些正是20世纪现代哲学探讨的主要研究领域。文化哲学作为一种全新的哲学理解范式，是以"价值意义"为核心理念，以存在、实践、历史、选择为基本范畴，通过对哲学自然科学化消解的方法论运用，贯穿于20世纪西方人本主义哲学思潮中，至今仍是重要的哲学理解范式。因此，新康德主义所实现的文化哲学转向，不是哲学的一个分支或是一个部门，而是一种新的哲学观、新的哲学研究的基本理念和基本立场，是哲学摆脱近代理性主义的困境，实现自我拯救的根本途径之一。人类参与其中的社会历史存在是丰富多样的，而哲学自然科学化的理论倾向则试图寻求一种统一的、无限的、一元的世界普遍规律，把历史领域的独特性和个别性隐匿掉，这就导致了传统思辨意识哲学生存于"危机"之中。文化哲学体现了传统思辨意识哲学在

[①] 文德尔班：《历史与自然科学》，载洪谦主编《西方现代资产阶级哲学论著选辑》，商务印书馆，1964，第59页。

现代哲学发展进程当中的一种自我"救赎"。尽管传统思辨哲学也追求理性的自由，但它是把对"知识"的掌控作为哲学实现自由的手段。哲学不是对现成事物做出经验科学的结构分析研究，也不仅仅是对世间万事万物的"存在者"积累经验型的知识，而是通过对未来的指向，揭示其"非存在"的趋势。只有在未来当中，我们通过价值意义的探索，找到"可能性"，而这个"可能性"才是实现自由的根本保证。

根据以上分析，我们可以对文化哲学进行如下界定：文化哲学是内在于现代不同哲学流派当中的哲学主流精神和哲学发展趋势，它高扬人之生存的意义世界、价值世界，是一种回归生活世界的哲学理解范式，是对传统思辨意识哲学范式的一种反思和超越。文化哲学之所以会在 19 世纪末 20 世纪初逐渐凸显，原因在于它所建构的哲学思维方式较传统思辨意识哲学思维方式更为合理。文化哲学作为一种新的理解范式，有以下三个不同于传统思辨意识哲学的理论特征。

首先，作为范式导向，文化哲学回归人的生活世界。虽然不是新康德主义文化哲学对 20 世纪哲学发展的直接影响，但是 20 世纪的现代西方哲学的一个普遍现象就是出现了很多以回归生活世界为特征的文化哲学或者是文化批判理论，这些文化批判理论的出现实际上也印证了新康德主义在自觉地推动文化哲学范式的凸显。同时，应该注意到，"生活世界"理论也是随着文化哲学转向的完成而出现的。新康德主义以后，现代西方哲学的许多流派从不同方面都致力于打破基于自然科学理性化运动所建构的"齐一化"和"标准化"世界图景，为人的存在和生活世界保留空间，把哲学研究定位在具有历史生成性的、活生生的人的世界当中。传统认识论和方法论的核心概念是"实体"，其主要内容是主体心里的观念，而不是真实的"世界的内容"，这导致了主客二元对立的认知模式。而此种认知模式只关注人与世界的单一关系，或者用对待物的态度对待人与人之间的关系，形成了科学主义思潮中世界图景片面化和单调化。回归生活世界的文化哲学，把生活世界本身看成人的文化世界，而不再是自我和对象对立的、主客二元的世界。例如胡塞尔认为，应该把由自然科学设计的虚构物质世界模型从生活世界当中置换出去，代之以"直觉地被给予的""前科学的，直观的""可经验的"人之存在领域。生活世界是一个主体间性的世界，一个交互主体性的世界。因此，文化哲学通过研究个体生存和社会运行的基本模式，分析各个时期、不同地域的人类文化模式和现实的生活世界的本质关联。这一方面为解决人类面临的文化危机提供了合理的路向，另一方面也为被自然科学异化的日常生活世界原初性和意义性的恢复提供了价值参照。

其次，文化哲学关注价值意义生成问题。生活世界为文化哲学生成提供研究场域，而生活世界本身就是一个意义世界，是一个直接被给予和个人发现的意义世界。只有发现了这个意义世界，才能指引日常经验活动。更为重要的是，个人也只有进入生活世界，才能获得主体认同，获得社会性。因此，我们在探讨生命的意义时，不能仅仅局限于一个时期，或者是某一个固定不变的目标，意义是一个连续不断的历史生成过程。生命的意义可以被解释成生命存在的目的，人的价值（human value）意指人存在和生活的意义，它包括人的自我实现、人对他人和社会的责任和奉献。赫勒就人的价值做过专门的研究，界定了该概念的内涵和外延——价值是一种持续的信念：行为的特定模式和存在的目的状态（end-state），与其相对的或相反的相比，受到个人或社会的偏爱。文化哲学之所以强调人的意义和价值，旨在说明哲学的研究目的不是自在的与人无涉的"本体"，而是要说明作为历史活动主体的人所负有的责任。所谓价值和意义的来源并不在彼岸世界，而是存在于人的自身活动当中。"价值和意义问题"更像是我们存在的一种隐喻或是一种对存在的看法和洞察。在其中，我们可以看到自己正在扮演何种特定的角色，有哪些更合理的期待。这个问题之所以重要，是因为我们对它的看法从多个方面决定我们未来的生活走向，存在的价值意义问题不仅仅是一个有待发现的问题，其实更是一种重要的创造活动。因此，人是自由的，人要对自己的活动负有责任。

最后，文化哲学强调个体存在偶然性和特殊性。一种哲学具有怎样的深层的合理性与广泛的解释力，就在于它在何种程度上把握人的存在方式，以及在何种程度上把握人与世界、人与人之间的关系。人类实践活动的丰富文化内涵，来源于人的具体活动形式的多样性和复杂性，在更深层次上来源于人是有时间性的、历史的存在。对个体存在的特殊性强调的重要意义在于使人的实践活动摆脱了意识哲学范式中的普遍规律和外在必然性的束缚。文化哲学对历史特殊性的强调也彰显了人与世界现实关系的丰富性，消解了思辨意识哲学把握世界方式的单一性，否认了主体和客观世界的二元对立关系的预设。因此，人类把握世界的方式不仅仅是抽象化、普遍化的，它还可以是神话式的、艺术式的、伦理式和审美式的。在对不同的文化符号形式的把握中，我们就会意识到，哲学的特殊性和不可替代性的特殊价值是什么。这样，就可以克服自然科学理性化运动所建构"齐一化"与"标准化"的世界图景。把人归还于历史，在历史的特殊性当中实现意义和价值，使人从对上帝、对理性、对外物的依赖转向自己活动本身。

需要提到的一点是，对文化哲学史的生成进行整理和研究是一项艰巨的学术任务，本文只是从新康德主义文化哲学转向这一个视角来进行尝试性的探讨。新康德主义关于哲学合法性基础的重构和文化科学研究方法（无论是描述性、个体化原则还是符号解释原则）为文化哲学提供了方法论基础，促进了文化哲学与现代西方哲学方法（例如：现象学方法、解释学方法、结构主义方法、存在主义方法等）的相互融合和借鉴，推动了文化哲学的深入发展。现代西方哲学在20世纪之后的发展呈现与之前的哲学迥异的风格和特性，这在一定程度上得益于文化哲学方法的逐步确立，文化哲学研究主题的逐步显现。只不过，当我们这样说的时候，应须记住，除了康德之所以未被遗忘，今天仍然如此被人重视——首先要归功于新康德主义者的工作之外，更为重要的是，文化哲学作为一种新的哲学范式的重现凸显离不开新康德主义的贡献，这也是新康德主义在当今的重要价值及其意义所在。

文化哲学的文化自觉与哲学自觉

——从卡西尔的文化哲学观看

王国有[*]

哲学观层面的混乱和晦暗是目前影响国内文化哲学研究进一步深化的主要障碍,而造成这一问题的主要原因在于学界对文化哲学的理论定位脱离了文化哲学的哲学史背景,在文化和哲学概念演绎中,忽视和抹杀了文化哲学的真实理论意蕴和理论价值。本文试图回归文化哲学的哲学史基础,从卡西尔的文化哲学观出发,突出文化哲学的文化自觉和哲学自觉,以彰显文化哲学作为一种独特的哲学范式和哲学形态的意义和价值。

一 文化哲学的文化自觉

文化哲学的文化自觉就是哲学对文化的自觉,然而这一自觉不能被简单理解为哲学自觉把文化作为审视的对象。如果把文化哲学看成关于文化的哲学,那么就自然的人化和精神的外化而言,自然哲学和精神哲学在实质的意义上也是文化哲学,文化哲学的提出就失去了意义。从表面上看,卡西尔的文化哲学确实把文化作为哲学的对象,实质上,卡西尔的文化哲学是以深层的哲学范式转换为基础的,文化哲学的文化自觉包含着哲学新的思维方式和新的人类学基础。

---

[*] 王国有,黑龙江大学哲学学院教授,主要从事文化哲学基础理论研究。

（一）文化哲学的文化自觉是功能性思维方式的自觉

文化哲学所蕴含的新的思维方式在于，文化哲学超越了本体论哲学和认识论哲学的实体性思维方式，代之以功能性的思维方式。

古代本体论哲学离开人与世界的关系，试图直接在纷繁复杂、不断流变的世界背后寻求万物所从之出且必向之归的本原，以本体的统一性解决人类自身的问题。在卡西尔看来，无论本体被理解为具体的原初物质还是抽象的实体，本体论哲学仍然带有直观、朴素和独断的性质。因为，在本体论哲学中，对象世界被看成独立自存的。

近代认识论哲学看到了本体论哲学的独断性质，开始在人与世界的关系中思考问题。在认识论哲学看来，世界是人的认识中的世界，离开人对世界的认识，人们就无法断言世界。因而，没有认识论的本体论是无效的。认识论哲学克服了本体论哲学的朴素和独断，具有一定的反思性。然而，由于认识论哲学往往试图将认识的统一性归结于存在的统一性，把认识看成实在的摹写和映象，因此认识论哲学，包括黑格尔哲学在内，仍然带有实体性思维的痕迹。

在卡西尔看来，康德哲学结束了实体性思维，以功能性思维开启了文化哲学的大门。一方面，康德哲学通过认识论的批判，把认识限定在经验范围内，以"物自身"为对象的实体性哲学和镜式的认识论哲学成为独断；另一方面，康德强调，无论是对象世界还是人类的认识，必须从人类精神活动的功能性出发去理解，精神不是对对象的简单摹写，而是具有赋予形式和意义的力量，科学、艺术、道德、宗教都是人类精神客观化的不同形式。卡西尔认为，文化哲学就是基于这样的功能性思维而产生的：科学、宗教、艺术、神话是人类精神创造的功能性符号形式，这些符号形式不是给定之物的映象，而是人类精神客观化和自我显现的道路。"如果我们以这种启发去考虑艺术和语言、神话和认知，那么，它们便会提出一个共同的问题，从而为文化科学的一般哲学打开了一个新的入口。"①卡西尔从功能性思维入手，赋予康德哲学的哥白尼革命以"全新的、扩大了"的意义，它"不再单单涉及逻辑批判的功能，而是以同样正当的理由和权利扩展到人类精神得以赋予实在以形式的每一种趋向和每一种原则了"。这样，卡西尔就将"理性的批判"变成了"文化的批判"，文化哲学"力求理解并展示，文化的每一个内容，就其不只是孤立的内容而言，就其植根于一种普遍的形式原则而言，怎样地以人类精神的本源活动为前提"。②

文化哲学以功能性思维为基础，把文化看成功能性的符号系统，把文化哲学看成符号形式的哲学，在思维范式上超越了本体论哲学和认识论哲学。文化哲学的功能性思维方式实质上是一种生成性思维方式和中介性思维方式。所谓生成性思维方式，是指在文化哲学视域中，对象世界及其认识不是给定的、不变的，而是在人的符号化活动中不断生成的。卡西尔认为，如果单纯停留在认识论领域，本体论哲学就不能完全被克服，因为认识论哲学仍然假定对象世界的独立自存。然而，"如果我们不是从世界这个一般概念出发，而是从文化这个一般概念出发，那么，这个问题就会呈现出一种新的形式。因为，文化概念的内容是不能脱离人类活动的基本形式和方向的：这里，'存在'只能在'行动'中得以理解"。③语言、科学、神话、艺术、宗教等文化符号形式，是人类精神的筹划和劳作的产物，在这些文化符号中，世界是不断生成的，世界的客观性取决于人类理解它的方式。所谓中介性思维方式，是指在文化哲学视域中，人不是像本体论哲学和认识论哲学所理解的那样是直接面对世界的，而是通过文化符号的中介去面对世界的。也就是说，只有在文化符号的中介中，世界及其认识对人而言才是真实的。在卡西尔看来，

---

① 恩斯特·卡西尔：《语言与神话》，于晓、李晨阳译，生活·读书·新知三联书店，1988，第209~210页。
② 恩斯特·卡西尔：《语言与神话》，于晓、李晨阳译，生活·读书·新知三联书店，1988，第211页。
③ 恩斯特·卡西尔：《语言与神话》，于晓、李晨阳译，生活·读书·新知三联书店，1988，第212页。

在文化符号的功能性意义上,人的功能圈与动物有本质的不同:"除了在一切动物种属中都可以看到的感受器系统和效应器系统以外,在人那里还可发现可称之为符号系统的第三环节,它存在于这两个系统之间。这个新的获得物改变了整个的人类生活。与其他动物相比,人不仅生活在更为宽广的实在之中,而且可以说,他还生活在新的实在之维中。"这个实在之维就是文化。[1]随着文化的进步,自然逐渐隐退,人不再生活在单纯的物理宇宙中,而是生活在一个符号的宇宙即文化的宇宙中。"他是如此地使自己被包围在语言的形式、艺术的想象、神话的符号以及宗教的仪式之中,以致除非凭借这些人为媒介物的中介,他就不可能看见或认识任何东西。"[2]可见,文化哲学以中介性思维超越本体论哲学和认识论哲学的两极性思维,文化哲学承诺和确证了文化世界的真实性。

(二)文化哲学的文化自觉是哲学的人类学自觉

文化哲学的文化自觉不仅意味着哲学范式的转换,更重要的在于它标志着哲学人类学基础的转换,文化哲学对文化的自觉就是对人作为文化存在的人类学自觉。在卡西尔看来,文化哲学与哲学的人类学旨趣和人的现实命运密切相关,哲学之所以必然是文化哲学,是因为在人类学的意义上,人就是文化的存在。

卡西尔认为,在西方思想史上,哲学,以数学、生物学为代表的自然科学和神学分别承担了人类学解释的任务。归结起来,西方的人类学可以分为理性主义和非理性主义两个大的路向,哲学和自然科学属于前者,神学属于后者。理性主义人类学把人看成"对理性问题能给予理性回答的存在物"[3],这种理解深深影响了西方文化,并占据了人类学理解的主导地位。尽管奥古斯丁、阿奎那和帕斯卡尔从神学视野出发,认为理性不能指引人类走向真理

---

[1] 恩斯特·卡西尔:《人论》,甘阳译,上海译文出版社,2004,第35页。
[2] 恩斯特·卡西尔:《人论》,甘阳译,上海译文出版社,2004,第36页。
[3] 恩斯特·卡西尔:《人论》,甘阳译,上海译文出版社,2004,第9页。

和解放，必须借用启示和恩典的力量，然而在卡西尔看来，由于陷入神秘主义，神学的人类学并不能提供关于人的问题的理论解答，毋宁说，神学叙述的"乃是一个晦涩而忧伤的故事：关于原罪和人的堕落的故事"。① 神学人类学并没有改变理性主义人类学框架在西方文化中的主导地位。

然而，在卡西尔看来，对人的理性化界定，在思维方式上仍然受实体性思维的影响，在效用上，这一界定容易造成人的理解的抽象化和僵化，它不能涵盖诸如语言、神话、宗教、艺术等众多的文化形式，无助于理解人的丰富性和开放性。卡西尔从功能性思维出发，对人进行了重新界定。卡西尔认为，"人的突出特征，人与众不同的标志，既不是他的形而上学本性也不是他的物理本性，而是人的劳作（Work）。正是这种劳作，正是这种人类活动的体系，规定和划定了'人性'的圆周。语言、神话、宗教、艺术、科学、历史，都是这个圆的组成部分和各个扇面"。② 这里的劳作，就是指人的符号化活动。卡西尔认为，符号化活动是人类最富于代表性的特征，符号化活动使人与其他动物区别开来。动物虽然能够运用"信号"对世界做出"反应"（reaction），但动物所用的信号仍然是实在世界的一部分，信号并不具有指称和意义，动物对于外界刺激的回答是直接而迅速地做出的。而人的符号化行为则是以指称和意义为中介对世界的应对（response），符号是意义世界的一部分，符号只具有功能性的价值，人通过符号化活动创造了丰富的文化，并以文化展现和确证了人类的理想性和创造性。据此，卡西尔认为，"对于理解人类文化生活形式的丰富性和多样性来说，理性是个很不充分的名称"，他进一步扩大和修正了关于人的定义，"应当把人定义为符号的动物（animal symbolicum）来取代把人定义为理性的动物。只有这样，我们才能指明人的独特之处，也才能理解对人开放的新路——通向文化之路"。③ 人的哲学必然是符号形式的哲学，必然是文化哲学。

---

① 恩斯特·卡西尔：《人论》，甘阳译，上海译文出版社，2004，第18页。
② 恩斯特·卡西尔：《人论》，甘阳译，上海译文出版社，2004，第95~96页。
③ 恩斯特·卡西尔：《人论》，甘阳译，上海译文出版社，2004，第37页。

可见，文化哲学的文化自觉不能简单理解为对文化的对象性自觉，文化哲学蕴含着功能性的思维方式和把人作为文化存在的人类学理解。

二 文化哲学的哲学自觉

文化哲学的产生不仅是哲学里的事情，而且是文化里的事情。文化哲学作为一种理论形态，是哲学与自然科学、文化科学对立、融合和对话的结果。文化哲学是对哲学的重新定位：一方面，文化哲学开始于对文化科学的逻辑前提的思考；另一方面，文化哲学又不能被归结为文化科学，文化哲学区别于文化科学，是对所有人类文化符号的哲学思考。文化哲学的产生是以对文化科学的自觉为基础的，是以文化哲学哲学性的确立为标志的。

（一）文化哲学的文化科学自觉

文化哲学自觉的结果首先表现为文化科学的自觉。文化的自觉使哲学对于文化的关注成为必要的，然而受科学思维方式的影响，文化哲学的产生最初是蕴含在文化科学的矛盾思考之中的：一方面，人们试图以自然科学为范本，建立一个能够与自然科学比肩而立的崭新的文化科学形态；另一方面，由于人作为文化存在的独特性，文化科学有自身独特的规定性。因此，当近代哲学把目光指向文化时，文化世界的独特性以及以此为基础的文化科学的独特性成为哲学思考的主题。

最早提出文化科学构想的是维科，他反对笛卡儿理性主义在文化领域中的滥用，试图从原始民族的诗性智慧出发，发现和揭示人类文化产生和发展的共同规律，以建立一个能够与伽利略和牛顿的自然科学体系相提并论的"新科学"（《关于各民族共同性的新科学的原则》）。维科认为，文化不同于自然之处在于，文化是人类自身的创造，人真正能够认识的不是外在的自然，而是人自身的造物即文化，关于人类文化的知识，即新科学才是真正的科学。

受维科和康德的影响，狄尔泰、文德尔班和李凯尔特分别在与自然科学对立的意义上，分析了文化科学与自然科学的区别，试图为文化科学的发展提供逻辑或方法论的基础。狄尔泰试图通过对精神科学的认识论基础的反思，完成康德未完成的"历史理性批判"的任务，但他反对批判哲学的理性主义倾向，主张以生命经验作为理性的基础。狄尔泰认为，"精神科学"不同于自然科学，它与人的知情意相统一的内在的生命体验密切相关，应该包括实在的历史成分、说明现实一致性的理论成分和表达价值判断和预定规则的实践成分，前两个层次是事实和命题的层次，以认识为基础，第三个层次是价值判断和规则层次，以情感和意志为基础。文德尔班和李凯尔特反对狄尔泰的心理主义，认为这样高估了心理学对于文化科学的意义，从心理学出发并不能对自然科学和文化科学进行有效的区分。文德尔班在认识的目的和方法上区分了"自然科学"和"历史科学"，认为"自然科学"是寻找一般规律的，所采用的是"规范化"的方法，而"历史科学"则寻找个别的历史事实，所采用的是"表意化"的方法，在自然科学中占主要地位的是"综合思维"的形式，而在历史学中占主要地位的是"个别记述思维"的形式。李凯尔特则以质料和形式的差别为基础，对"自然科学"和"文化科学"进行了区分：在质料上，文化不同于自然，但不能等同于心理学意义上的精神，文化是与价值相关联的存在；在形式上，自然科学所运用的是非历史的普遍性方法，而文化科学运用的是历史的个别性方法。

受新康德主义的影响，卡西尔对"文化科学"的合法性和独特性也进行了分析和论证。不过卡西尔并不赞同文德尔班和李凯尔特从普遍性和特殊性角度对自然科学与"历史科学""文化科学"进行的分析，因为每一个概念都是特殊性和普遍性的统一，将二者分割开来未免过于"简单"和"草率"。那么，该如何界定和区分"自然科学"和"文化科学"呢？卡西尔从功能性思维出发，分别从研究对象、感性基础、概念的逻辑性格和提问方式上对"自然科学"和"文化科学"进行了区分和界定。

首先，在研究对象上，不能从物理上和心理上对自然世界和文化世界做出区分，二者的区别在于功能。卡西尔认为，神话、语言、艺术、知识等文化形式"乃是人类为其自身所创造出来的一些独特的介质,借着这些介质,人类乃得以使其自身与世界相分离,而正因为这一分离之缘故,人类反得以更为紧密地与世界联结在一起。这一种转接的做法可谓把人类的一切认知乃至人类的一切行为实践都很典型地刻画描绘出来了"。① 通过文化世界的中介,人类才能更好地应对世界,才能在对象化活动中回到人自身,因为通过符号化的活动,世界具有了文化的规定性,面对文化意味着面对人自身。在对象上,文化科学不同于自然科学之处在于,文化世界不是能够被反映和模仿的对象,而是人活动于其中的对象,有待理解和阐释并展示人类创造性的对象。

其次,文化科学和自然科学有着不同的感性基础。卡西尔认为,感知是具有对象性关联的活动,是人类经历世界的方式,感知是科学的经验基础,分析和呈现人的对象化活动的"感知现象学"是解决自然科学和文化科学边界问题的突破口。在任何感知活动中,都包含"我—端点"和"对象—端点"这一对象化活动的两级,以及"朝于'它'之方向"和"朝于'你'之方向"的两个方向。"自我"在一种情况下所指涉的是"事物世界",而在另一种情况下所指涉的是"位格的世界",前者"把世界了解作为广延于空间的对象之全体和作为这些对象于时间中展开之变化之全部",而后者"把世界了解作为一些'相等于我们自己'的物事"。② 自然科学强调的是前一种主客体对立的对象化活动方式,而文化科学则强调后一种交互主体的对象化活动方式。

再次,文化科学在概念的"逻辑性格"上不同于自然科学。卡西尔认为,自然科学倾向于以"事物的概念"和"法则的概念"确证事物和"性质的恒常性"与"法则的恒常性"以使事物的现象在经验中能够被认识;而文化科学倾向于以"形式概念"和"风格概念"确证文化符号"意义的恒常性",以使文化符号得以诠释,使创造符号的生命得以理解,在这一过程中文化的保存和再生得以可能。③

---

① 恩斯特·卡西尔:《人文科学的逻辑》,关子尹译,上海译文出版社,2004,第41页。
② 恩斯特·卡西尔:《人文科学的逻辑》,关子尹译,上海译文出版社,2004,第63~64页。
③ 恩斯特·卡西尔:《人文科学的逻辑》,关子尹译,上海译文出版社,2004,第122~123页。

最后，在提问方式上，文化科学不同于自然科学。卡西尔认为，人对世界的理解涉及两种主要的提问方式，一种涉及"世界是什么"的"存在"问题，另一种涉及世界"从何而来"的"变化"问题。第一种提问方式涉及"形式"概念，第二种提问方式涉及"原因"概念。[①] 虽然形式问题和原因问题不可分割，但也不能模糊二者的界限。自然科学更倾向于从变化的角度提问题，因而，自然科学更加重视对事物背后的因果关系的探究；而文化科学更倾向于从存在的角度提问题，更加注重文化符号的形式及其功能问题。

文化哲学的科学自觉一方面突出强调了文化科学的意义及独特规定，为文化科学的产生和发展奠定了基础；另一方面，由于在这一过程中，文化科学自身成为哲学反思的对象，这使文化哲学的哲学自觉成为可能。

（二）文化哲学的哲学性

在与自然科学对立的意义上，文化科学不同于自然科学，在这一点上，文化哲学与文化科学具有一致性。然而，文化哲学毕竟不能等同于文化科学，只有当哲学把文化科学作为反思的对象，并进而把整个的人类文化符号作为反思对象时，文化哲学才真正诞生。

首先，在卡西尔看来，文化哲学不同于文化科学，前者是对文化科学的逻辑前提进行的批判。

文化科学在对象、感性基础、逻辑性格和提问方式上的差异，使得文化科学一方面具有不同于自然科学的独特规定，另一方面这些独特规定并不妨碍文化科学之为科学。在与自然科学相对的意义上，哲学与语言学、神话学、美学和宗教具有相似性，但并不能因此把文化哲学等同于文化科学——毋宁说，文化哲学是对文化科学的逻辑前提进行的批判。正如狄尔泰对精神科学的哲学基础进行批判、文德尔班对历史科学的方法论基础进行反思、李凯尔特对文化科学的认识论前提进行追问一样，卡西尔也秉承了康德批判哲学的

---

① 恩斯特·卡西尔：《人文科学的逻辑》，关子尹译，上海译文出版社，2004，第139页。

哲学传统，对文化科学的逻辑前提进行了反思。对文化科学逻辑前提的追问和反思进一步厘清了文化科学和自然科学的界限，为文化科学的发展提供了广阔的空间。但这一追问的意义不止于此，这一追问的意义还在于追问活动本身意味着文化哲学的诞生，正是面对文化和文化科学，文化哲学才是可能的。所以，在卡西尔考察"文化科学的逻辑"的时候，并没有把哲学本身作为考察对象，而是站在文化科学的角度去反思文化科学的可能性。

其次，文化哲学不仅仅是文化科学的哲学，还是对包括自然科学和文化科学在内的所有的文化符号形式进行的前提批判。

卡西尔之所以提出文化哲学的构想，一个重要原因在于，在自然科学和文化科学得到了分门别类的发展并各自为自身的合法性争论不休的情境下，近代西方文化失去了内在的统一性，而且更为重要的是"哲学既不足以维持这一种统一性，又不足以制止分裂瓦解之继续"，[1] 连自身也受到影响而出现了自然主义和历史主义的分裂。那么，该如何处理哲学与自然科学、人文科学的关系，以防止和克服自然科学和人文科学的发展和争执给哲学带来的消极影响呢？在文化哲学的纲领性文章《符号形式哲学总论》中，卡西尔对此做出了论断。卡西尔认为，在诸文化形式的斗争愈演愈烈的情况下，哲学必须以作为"统一性的权威和委托者"对诸文化形式的争执做出"最终的判决"。过去独断论的形而上学体系并没有真正完成这一使命，因为它们并没有摆正自己的位置。它们并没有"高高在上"，通过对文化的整体审视在"深度和广度"上"将冲突本身全部包摄和调解"，而是"通常处于斗争之中"，"只是支持冲突的某一方"，结果割断了与具体文化形式的整体性关联，在逻辑、审美或宗教的形而上学假设中封闭和迷失了自己。[2] "只有当哲学思维找到了一个既在这些形式之上而又不在这些形式之外的观点时，它才有可能避免这种封闭的危险；因为只有这种观点能使哲学思维一览无余地统观所有这

---

[1] 恩斯特·卡西尔：《人文科学的逻辑》，关子尹译，上海译文出版社，2004，第55页。
[2] 恩斯特·卡西尔：《语言与神话》，于晓等译，生活·读书·新知三联书店，1988，第214页。

些形式,力求洞察所有这些形式间纯粹内在的关系,而不是诸形式与任何外在的、'超验的'存在或原则的关系。那时,我们就会有一种系统的人类文化哲学。"[1]可见,只有既能站在自然科学、人文科学诸文化形式之上,又能保持与自然科学、人文科学相关联的文化哲学才能保证哲学的深度和广度,防止和克服其他文化形式对哲学的侵蚀和束缚。文化哲学的哲学性体现在对自然科学和文化科学及其关系的整体反思和批判活动中。

文化哲学的哲学性不仅体现在对自然科学和文化科学的逻辑反思上,文化哲学还是对人类精神劳作及其成果的所有文化形式的反思。在卡西尔看来,文化的源泉和标志在于人类精神的符号化活动,因此文化哲学所指向的人类所有的文化符号形式,不仅包括自然科学和文化科学,还包括语言、历史、国家等众多的符号形式。康德及新康德主义的"批判的唯心主义"在实体本体论和认识的真理性的意义上不能被看作文化哲学,但就其对自然科学、道德、宗教、艺术和历史等文化科学的认识论基础进行反思而言,批判的唯心主义就是文化哲学。卡西尔认为,"康德的课题并不限定在对逻辑的、科学的、伦理的、美学的思想的具体形式所作的考察上。在不改变它本性的条件下,我们可以把它运用于所有其他的思维、判断、认知、理解的形式上,甚至可以用于人类心灵用以把握整体之宇宙的情感上"。[2]而神话、宗教、语言、艺术以及科学等文化形式就是人用以把握世界的方式。"假如我们以这种方式去理解问题,那么,毋庸置疑,所有包容在语言、艺术、科学以及神话的或宗教的思维中的纷纭繁复的符号体系,不仅可以与哲学相互沟通,而且还迫切要求这种哲学分析。"[3]卡西尔把文化哲学的对象锁定在诸符号形式上,并在《人论》和《国家的神话》中,对这些文化形式进行了系统的分析和批判,这些分析和批判已经在很大程度上超越了自然科学和文化科学的对象范围。在

---

[1] 恩斯特·卡西尔:《语言与神话》,于晓等译,生活·读书·新知三联书店,1988,第214~215页。
[2] 恩斯特·卡西尔:《符号·神话·文化》,李小兵译,东方出版社,1998,第22页。
[3] 恩斯特·卡西尔:《符号·神话·文化》,李小兵译,东方出版社,1998,第23页。

卡西尔看来，文化符号是人类精神的劳作及其成果，文化的核心是人类的自由和创造。文化哲学对文化符号的逻辑思考旨在展现人类自由和解放的方式、途径和进程，使人类的文化世界和文化形式在哲学的反思过程中既能保持其异质性，又能具有功能的统一性和可理解性。

虽然文化哲学是在与自然科学和文化科学的对话、融合中产生的，但这并不意味着哲学可以陷入诸文化样式之中，或者能够被其中的一些形式取代。文化哲学不是文化学，也不是文化科学。文化哲学探索的是"文化科学的逻辑"，是"符号形式的哲学"。

从卡西尔的文化哲学观可以看出，文化哲学既包含着文化自觉又包含着哲学自觉。文化哲学的文化自觉是对功能性思维方式的自觉，这使文化哲学超越了本体论哲学和认识论哲学；同时，文化哲学的文化自觉是对人作为文化存在的人类学自觉，这使文化哲学超越了理性主义的人类学框架，获得了现实的人类学基础；文化哲学的哲学自觉是文化哲学在与自然科学和文化科学等文化样式的对话和冲突中对哲学的重新定位，文化哲学的哲学性使文化哲学区别于自然科学和文化科学，文化哲学是对文化符号的前提性思考。

对文化哲学的文化自觉和哲学自觉的强调在目前的文化哲学研究中尤为重要，因为目前众多的文化哲学研究中仍然缺乏这种自觉。在文化哲学研究中仍然渗透着本体论哲学和认识论哲学的实体性的思维方式，众多打着文化哲学旗号的理论研究并没有明确的哲学意识，这使很多文化学研究、文化科学研究被等同于文化哲学研究，这在很大程度上阻碍了文化哲学的发展。

胡塞尔的生活世界学说
——对欧洲科学危机问题的思考

张 彤[*]

众所周知,胡塞尔在其最后一部未竟之作《欧洲科学的危机与超越论的现象学》中系统地阐述了他对近代科学的看法,并提出了"生活世界"这个概念。正如伽达默尔所说,生活世界是"由哲学家提出并在日常语言中取得成功的少数几个新词之一"。[①]胡塞尔在晚年发现,科学奠基于生活世界,而且每一个人都有自己的生活世界,无论是中国的农民还是刚果的黑人,都有自身特定的与众不同的生活世界,而且他们的真理也各不相同,差距很大。他认为,尽管生活世界具有因人而异的相对性特征,但是"所有相对的存在者都与之关联的这种普遍结构本身,并不是相对的"[②]。理论是实践的一个结果,或者说,理论也是一种实践,只不过是一种更高级的实践——理论实践,在理论中建立的真理也仍然可以回溯到生活世界之中,并且属于生活世界。而正是西方近代科学的发展遗忘了生活世界,才导致了19世纪末20世纪初实证主义、相对主义和怀疑论泛滥的无真理的混乱状态,因而应该反思欧洲科学危机产生的根源及其实质。

---

[*] 张彤,黑龙江大学哲学学院教授,主要从事文化哲学以及现象学研究。
[①] 伽达默尔:《伽达默尔集》,上海远东出版社,2003,第377页。
[②] 胡塞尔:《欧洲科学的危机和超越论的现象学》,商务印书馆,2001,第168页。

一 生活世界：被近代科学遗忘之基础

首先的问题是 20 世纪西方科学的危机到底是一个什么样的危机？它是怎样造成的，这种危机为什么会在世界文明的发源地欧洲发生？它与欧洲理性文化的关系怎样？它又导致怎样的后果？并且，需要什么办法、通过什么途径才能解决或挽救这个危机？

胡塞尔认为，在前科学的历史视界中，没有人认识到一种无限的任务，人们的目的与活动，人们的交往与阅历，这一切都运行在一个周围世界中，其有限的活动余地一览无余，没有人知道由观念构成的世界，以及这个观念世界的整体拥有的一种本质的无限性。但是"随着希腊哲学的出现，随着它第一次通过对新的无限性含义的完全观念化来确定地表述自身，从这种观点来看就发生了一种进步的转变。这一转变最终把属于有限领域的一切观念和人类的整个精神文化都纳入自己的轨道"。[①] 在胡塞尔看来，其他世界各地的人们只是具有一种实践的兴趣，在有限的范围之内活动，而唯有在希腊人那里，他才发现一种无限的观念化的纯粹"理论性的"态度的形式，这在本质上具有创新性。"人被观察与认识世界的热情勾住了。这种热情由一切实践的兴趣转向它自己认识活动的封闭圈子，在那个时代专门从事这种研究，建设并且只希望建设纯粹的 theoria。换句话说，人成了世界的公平的旁观者与监护人，他成了一个哲学家。"[②]

正是因为希腊人，这场文化的革命才得以发生，这场革命不仅影响到作为文化创造者的人的整个存在方式，而且使无限的观念进入人类的思维中。然而，西方社会自 17 世纪以来，物理学、数学、天文学、生物学等自然科学纷纷从哲学的母体中脱离出来，而近代科学是一种用数学的方法进行抽象化的客观真理体系，它通过推理与证明等方法严格保证实验结果的精密性与准

---

① 胡塞尔：《胡塞尔选集》（上），生活·读书·新知三联书店，1997，第 952 页。
② 胡塞尔：《胡塞尔选集》（上），生活·读书·新知三联书店，1997，第 959 页。

确性。在经典物理学的视野下，自然是一个外在于人、与人无关的严格按着规律运行的客观物质领域，世界是一个服从机械的规律性可以用数学计算的量化世界。这种发展的极致状况就是：科学的技术发展形式势必会造成对社会的全面控制，从而使人文精神被放逐到了边缘，人的价值、审美与生命的意义等因为不能量化而从科学的殿堂中被清除了出去。

从17世纪的启蒙运动到19世纪的科学发展状况来看，哲学越来越让位于科学，从希腊哲学的土壤中孕育出的科学一路高歌猛进，科学作为一种控制社会生活的方法正改变着我们时代的面貌。对知识的巨大热情和对未来的文明信念都建立在科学的坚实基础之上，科学越来越成为我们日常生活实践决定性的因素。正如加达默尔所说："只要问题涉及避免疾病及改善生活条件，我们就寄希望于科学。社会依赖于对科学专业技能的盲目服从，精心计划和顺畅运作的管理理想支配着生活的每一个领域，甚至达到了塑造公众意见的程度。"[1] 这表明：尽管科学起源于哲学，但是近代的哲学观却是以近代的科学观为基础的，而科学表现为一种脱离人的控制从而走向自律的技术化趋势。当科学取代哲学而成为社会管理与个人生活的决定性因素时，哲学还有存在的必要吗？这正是20世纪初传统哲学所遇到的尴尬境地。

胡塞尔在总结欧洲科学的危机根源时认为：理性本身并没有什么谬误，而"片面化的合理性会成为一种罪过"。胡塞尔认为到19世纪，理性主义的发展已经存在偏差，即对精神的自然主义理解和对自然的客观主义理解，"这种客观主义或者对世界作出的这种心理—物理学的解释尽管看起来是自明的，但无论如何是一种朴素的片面性"，[2] 这是因为，客观主义者们在建构科学的主题结构中却把直观的周围世界这一纯粹主观领域给忘却了，因而建构活动的主体也被遗忘了，科学家本身并没有得到研究。而欧洲科学的危机的实质却在于哲学与科学的分裂，哲学表现为人的主观精神的普遍观念，而科学本来是来源于哲学，现在却表现为客观存在的与人性、与人的价值不相关

---

[1] 伽达默尔：《伽达默尔集》，远东出版社，2003，第297页。
[2] 胡塞尔：《胡塞尔选集》（上），生活·读书·新知三联书店，1997，第971页。

的东西。人们无法指出怎样得到客观性的科学，哲学又无法解决主观与客观的二元分立，即"主观性与客观性的世界之谜"，因此"哲学的危机就意味着作为哲学的多方面性的诸环节的一切近代科学的危机，这是一种最初是潜伏的，但后来就越来越显露出来的欧洲人性本身在其文化生活的整个意义方面，在其整个'实存'方面的危机"。① 一言以蔽之，这是一种文化的危机和人性的危机。

正是在直面和应对这种文化危机的过程中，胡塞尔提出了生活世界学说。胡塞尔认为，自然的数学化和理念化的过程在伽利略那里有其根源，伽利略从几何和数学化的观点出发考虑世界和自然的时候，把世界和自然理念化了，把本来是一种纯粹的方法变成了一种实实在在的东西，这样就抽象掉了感性上的具体表现和历史文化的意义构成，抽象掉了一切精神上的东西和人的实践中的一切文化属性，同时也抽象掉了生活世界的丰富意义和文化内涵，从而将多姿多彩的生活世界变成了纯粹思想的理念世界。伽利略建构起了一个数学化和客观化的科学世界，却遗忘了作为人的生动而丰富的生活世界。胡塞尔告诉人们，生活世界才是我们原初的、非课题的、始终在先给予的奠基性的世界，生活世界才是人的目的、意义和价值的来源，奠基于生活世界的实践之上，理论、科学及其他的观念化成果才得以可能，而只有生活世界才能彻底解决西方科学的危机，研究生活世界应该成为哲学家的任务，而真正的哲学应该包括人与具体鲜活的生活世界。因此，胡塞尔的生活世界学说就具有了特殊的意义。

二 维护科学或批判科学：超越论的现象学的深层动机

胡塞尔一方面深刻批判了近代科学所走的道路，另一方面却丝毫没有贬低伽利略这样的科学家，反而是高度赞扬了以伽利略为代表的欧洲近代的科

---

① 胡塞尔：《欧洲科学的危机和超越论的现象学》，商务印书馆，2001，第23页。

学家们。胡塞尔饱含着深情写道："我当然是十分真诚地将伽利略的名字列在近代最伟大的发现者之首，而且以后也将是这样。同样，我当然也是十分真诚地赞叹古典物理学和古典物理学以后的伟大的发现者，以及他们的决不仅是纯粹机械的，实际上是非常令人惊异的思想成就。"①近代科学家们没有发现蕴含在这些科学的前提中的东西无可厚非，而揭示科学的意义中包含着的超越性内容，这本该是哲学家的任务。但是，近代哲学家们，从笛卡儿至康德的哲学工作并不尽如人意，他们对科学的反思不够彻底，反而受那个时代理智生活中的科学主导因素所影响，因此，近代哲学家对欧洲科学的危机难辞其咎："没有一种客观的科学，没有一种的确想成为有关主观东西的心理学，没有一种哲学，曾经将这种主观东西的领域当成主题，并因而真正发现这个主观领域。"②

在近代哲学家中，胡塞尔比较欣赏的是休谟，因为休谟极大地动摇了独断的客观主义，他以怀疑论的唯我论告终，但同时又是迈向超越论的哲学的决定性准备步骤，"对我来说，正是下面一点是休谟怀疑论中重要的东西，是这个前后一贯的感觉论的主观主义中重要的东西，即尽管其中没有一个命题是能从科学上支持的，但它却是一种直观主义的和内在的哲学，因此是唯一真正的直观主义哲学的，即现象学的预备形式"。③

胡塞尔认为通过本质直观的现象学就可以解决近代主观性与客观性的二元对立的"世界之谜"，而通过现象学还原，胡塞尔就走上了超越论的现象学的哲学之路。胡塞尔自20世纪20年代起一再思考现象学还原的两方面问题，一方面是指现象学心理学的还原，另一方面指现象学的先验还原。二者的不同在于现象学心理学还原把心理主体性作为研究对象，这只是相对的无兴趣性，它不是对世界的彻底排斥，世界信仰仍然在暗中起作用，最终还是建立在普遍的世界信仰的基础上；先验还原把先验主体性作为研究对象，是一种

---

① 胡塞尔：《欧洲科学的危机和超越论的现象学》，商务印书馆，2001，第69页。
② 胡塞尔：《欧洲科学的危机和超越论的现象学》，商务印书馆，2001，第136页。
③ 胡塞尔：《第一哲学》上卷，商务印书馆，2006，第241页。

绝对的并且彻底的无兴趣性，因此，先验还原不仅开辟了一条通向一个特定领域的道路，它还意味着一种新的习性的形成以及对这个习性的坚持。这种被胡塞尔称为新的习性的观点是一种构造的观点，即世界万物都是在意识中被构造出来的，也就是说，现象学心理学只是对对象的客体性置而不论，并把目光集中在主体性上，但是现象学先验还原则是将客体解释成一种在先验主体性中构造的产物。胡塞尔晚年越来越看重现象学的先验还原，他表示，对于还原适当的说明还没有制定出来，我们只是现象学极其广阔领域的初学者，在给茵加登的一封信中他说这不仅是在现象学中，而且是在一切哲学中最困难的事情。欧根·芬克也说对于一个尚未完成还原的人来说，要对还原加以描述是不可能的，《现象学运动》的作者施皮格伯格说实际上胡塞尔几乎把他的还原提到宗教皈依的地位。[①]

生活世界本来是一个我们经验上直观的周围世界，而通过胡塞尔的现象学还原，通过把一切超越之物的独立存在的信念悬置起来（放入括号中），就回到绝对无前提的、绝对内在的和绝对属于自身的自我意识的被给予性，最后得到的是生活世界的先天的本质结构。这里必须要强调指出，胡塞尔先验还原并没有否定生活世界的"自然态度"这层含义，胡塞尔只是要说明，这种对生活世界的自然态度，是尚待说明的问题，它只有在先验的还原的基础之上才能获得最终的意义根基和合法的基础。也就是说，还原后的生活世界对还原前的生活世界并不构成威胁，反而是它的有益的和必要的补充，即我们的周围世界依然在那里，现象学还原并未使自然态度的生活世界损失丝毫，现象学还原是要为我们所有不假思索就接受下来的解释和假定提供一个最终的意义来源。

因此，对于生活世界的考察，就变成了对于自己本身在外部表现出来的主观性的系统的纯粹内在的考察。胡塞尔说，正是这些意识的被给予方式成为人们未曾言明的前提，甚至康德也没有发现它，但是"只要我们意识到这

[①] 施皮格伯格：《现象学运动》，商务印书馆，1995，第185页。

些不言而喻的东西是'前提条件',并认为它们是值得给以特殊的普遍的和理论的关心的,一个新的维度的无限多越来越新的现象,就会向我们展示出来,不断地使我们感到惊异"。① 尽管生活世界具有其全部主观的相对性,但是仍有其普遍的结构,这种普遍的结构本身并不是相对的,生活世界在前科学的状态中已经有客观科学将其当作前提的相同的结构了,而作为先验的结构前提,在先验的科学中加以系统地阐明生活世界的先验性,正是胡塞尔晚年反复思考的主要问题之一。

胡塞尔超越论的现象学,最后正是奠基于本质内在直观的理性基础之上。尽管胡塞尔认为科学来源于生活世界,生活世界可以成为解决欧洲科学危机问题的一个方案,但是胡塞尔在《欧洲科学的危机与超越论的现象学》中,最后把落脚点仍然放在他毕生付出的心血——超越论的现象学上,而且从此著作的篇幅上来看也是这样,前面论述近代科学与生活世界的问题的部分不及最后论述他的先验悬搁与还原的超越论的现象学部分的二分之一。那么,是否可以这样理解:尽管胡塞尔发现了生活世界的重要性,但是如果坚持将生活世界的方案彻底进行下去,那么必将导致其整个理论体系的土崩瓦解,因而他总是在生活世界与先验自我之间摇摆不定。但是最后,由于他宗教般的理论虔诚,以及为先验现象学的哲学理论而付出的将近一生的智力求索,他不愿意放弃他毕生坚持的先验立场,而宁愿做一个前后一贯的古希腊意义上的先验哲学家,仍然希望恢复古希腊所开辟的理性真理的神圣与崇高地位:"自最初的开端起,哲学便要求成为严格的科学,而且是这样的一门科学,它可以满足最高的理论需求,并且在伦理—宗教方面可以使一种受纯粹理性规范支配的生活成为可能。"②

作为严格科学的哲学的神圣使命激励着胡塞尔毕生为之奋斗,因而与其说他提出生活世界是为了批判近代科学的发展,不如说是通过这种批判又回到原来的主题,即矫正近代科学的片面化发展,使科学成为人创造的科学,

---

① 胡塞尔:《欧洲科学的危机和超越论的现象学》,商务印书馆,2001,第136页。
② 胡塞尔:《哲学作为严格的科学》,商务印书馆,1999,第1页。

成为人的意义赋予活动结成的观念化作用之产物。在这个意义上是一种哲学的科学，而且同时，使哲学成为严格意义上的科学，成为普遍性和必然性的永恒的真理体系，它不仅可以使人追求一种纯粹理论性的精神创造活动，而且可以使人实践一种受理性支配的伦理生活，因此胡塞尔到底是批判科学，还是维护科学的深层意图已经一目了然了。

三 结语

胡塞尔一生都致力于重建理性，寻求哲学的真正的阿基米德点，从而使哲学第一次建立在严格科学的和绝对可靠的基础之上。他毕生都在寻求哲学的无前提性，他用赫拉克利特的河流来隐喻和形容人的内在时间意识不断发展变化的现象，而正如施太格缪勒所说，"但是用赫拉克利特的关于河流的譬喻来表示那个应该为哲学提供一种绝对根本的基础的东西，不是最不合适的吗？人们现在比以往更加倾向于把那种寻找一个一切科学和哲学都以之为基础的牢不可破的磐石的努力看作幻影"。[①] 胡塞尔晚年尽管看到了未来哲学的点点微光，但是他仍然囿于先验自我的意识哲学的范围之内，未能走出先验哲学立场，生活世界只是通往他的超越论的现象学的一条通道。然而，正如胡塞尔以后的哲学实际发展所显示的，"生活世界"并不把哲学的任务仅限于为科学奠定基础，而且可以延伸到日常经验的广阔领域，因此，生活世界已成为胡塞尔告别笛卡儿主义的代名词。正是奠基于生活世界这个坚实的根基之上，才可以展开人的生存、实践、语言、文化、历史、社会等多种活动的可能性。并且，胡塞尔开辟的"生活世界"学说已经成为未来哲学发展的一片沃土，也正是因为哲学开始关注生活世界，开始走向生活世界，哲学才不再成为形而上的空想和玄思，而开始走向大众，走向日常生活，哲学将在形而上与形而下的临界点上萌芽，在理论理性与实践理性

[①] 施太格缪勒：《当代哲学主流》（上），商务印书馆，1986，第128页。

的交汇处成长，生活世界也因此而成为文学、历史学、社会学、人类学、文化学、教育学、法学、经济学、政治学等多个学科共同关注的主题。正如施皮格伯格所说，生活世界毫无疑问是胡塞尔现象学以后的发展最有创造力的思想。

哈贝马斯的"生活世界范式"

张 彤[*]

哈贝马斯早年致力于"市民社会"和"公共领域"的研究，公共领域与私人领域相对应，是通过公开发表议论与交谈获得真理的领域，在欧洲有着很长的历史。哈贝马斯重点考察的是资产阶级的公共领域，特别是在18~19世纪初英、法、德三国生成的资产阶级公共领域。随着资本主义商品生产与贸易的广泛开展，市民社会作为政府的对应物而出现，市民社会一方面明确划定了公共领域是一个私人领域而不受公共权力的管辖，另一方面在社会生活过程中又跨越了个人家庭的局限，关注公共事务，使自身成为一个公众可以对其进行合理批判的领域。因而，资产阶级公共领域是一个由私人集合而成的公众的领域，最早在文学沙龙、咖啡馆、艺术杂志与道德周刊等场合出现了文学公共领域，而随着国家与社会的分离，在国家与社会之间的紧张地带，真正的公共领域——政治公共领域才得以产生，这表现了资产阶级知识分子作为一个成熟的文化力量登上了历史舞台，并以公众舆论为媒介对国家与社会的需求加以调节。

哈贝马斯是在一种复杂的历史背景中来阐明他的"公共领域的结构转型"的。所谓结构转型是指在资本主义商品经济的历史发展过程中，一开始经历了国家与社会不断分离的模式，而随着资本主义生产方式的贯彻与现代国家官僚体制的形成，在19世纪末开始又出现了逆转的趋势，即国家与社会的相互融合。[①] 国

---

[*] 张彤，黑龙江大学哲学学院教授，主要从事文化哲学以及现象学研究。

[①] 哈贝马斯:《公共领域的结构转型》，学林出版社，1999，序言第11页。

家的社会化与社会的国家化使公共领域又一次出现了转型,大众传媒影响了公共领域的结构,又统领了公共领域,公共领域不再是一个公众自由畅通地发表自己观点的平台,而且被削弱了公共性原则的批判性功能。因而,哈贝马斯希望把研究继续推进到更加深入的层面即文化的层面,从而把社会批判理论的规范基础建立得更加牢固。正是在这个意义上,哈贝马斯提出了"生活世界"的概念,生活世界蕴藏着人们日常交往实践中所包含的大量的理性潜能,它能够再生出不受货币操纵下的经济体制与权力操纵下的管理体制控制的公共交往,同时也为重建批判的社会科学铺平了道路。

一 哲学观的下移与"生活世界范式"

哲学产生于古希腊,是一门关于理性的学问,哲学试图从整体上来解释世界,在复杂多变的各种现象之间寻找同一性与终极原因,即一种关于本体论的哲学。然而,随着韦伯所说的宗教—形而上学世界观的去魅与现代社会生活的理性化,哲学已经从形而上学的桂冠上滑落,哲学不再是科学的科学,而是成为一个清扫道路的小工——清除一些知识道路上的垃圾,[1] 而真正的知识是由科学家通过实验和观察的方法来获得的,科学越来越成为我们社会生活的决定性因素。因而,"哲学思想在放弃了总体性关怀的同时,似乎也失去了其自足性"。[2] 哲学越来越离不开现代经验科学理论,无论是哲学的思辨的逻辑,还是它的基础主义假设,都需要科学在经验分析的基础上进行检验或者做出全面的解释,现代科学具有普遍特征与规范意义,这就使得科学不仅限于一种认知理论,在道德实践理性与审美实践方面也完全适用。

另外,人们开始在日常生活经验的基础之上来建构理论,人们的日常行为与常识思维本身似乎就包含着合理性,而人与人之间的日常交往与现实互动对社会化过程、社会整合与文化再生产的重要意义也越来越受到学者的重

---

[1] 彼得·温奇:《社会科学的观念及其与哲学的关系》,上海人民出版社,2004,第4页。
[2] 哈贝马斯:《交往行为理论》第一卷,上海人民出版社,2004,第2页。

视。哲学日益成为虚无缥缈的海市蜃楼和不切实际的冥想之类的东西,政治学、经济学分别将政治、经济作为社会的一个子系统来专门研究,法学把社会看作一个用法律规范加以整合的共同体,政治经济学则把关注的中心从经济领域转移到社会层面,它考虑的问题是经济系统是如何对整个社会产生作用的,而唯有社会学"它所关注的首要问题是传统社会制度的消亡和现代社会制度形成过程中的失范方面……社会学是唯一一门坚持关注整个社会问题的社会科学"。①

现代社会是一个多元的不断分化的社会,以往的社会依靠政治系统或者经济系统来整合社会的方式现在正在发生改变,社会分化让人们承担了新的角色,使人们背上了许多新的协作的重任。在这里,哈贝马斯受到了皮亚杰的深刻影响,认为世界观的合理性是通过学习过程而得以实现的:"把宗教世界观的发展理解为一种学习过程。在这一点上,我将使用一种皮亚杰用以阐释意识结构个体发生学的学习概念。"②可以说,人的一生都面临学习问题,学习过程不仅适用于从儿童到成人的成长过程,而且对于人的道德发展、经验积累以及社会化都起着重要作用,人活在世上不仅要认识事物,还要学会如何生活、学会如何与人相处,人与人之间进行的互动与交往使人们不断获得新的智慧的规范系统,因而调节人际关系的规范系统与道德智识的学习与培养几乎终其一生。

而随着社会分化的不断加剧,经济、政治等起着功能作用的子系统越来越具有自主性,受到货币主宰的经济子系统与受到权力控制的政治子系统都雄心勃勃地想要整合整个社会。而从微观上看,人的世界也面临更加分化复杂的情境,人不但要面对自然界与物质实体的客观世界,要面对与他人达成理解与共识的社会世界,还要面对自身内部精神与心理的主观世界,由于各个世界面对的问题不同,很难将这些统合起来,因而社会行为理论与意义理论也遇到了相似的基本难题。正是在这种背景之下,哈贝马斯认为传统的意

---

① 哈贝马斯:《交往行为理论》第一卷,上海人民出版社,2004,第4~5页。
② 哈贝马斯:《交往行为理论》第一卷,上海人民出版社,2004,第67页。

识哲学已经开始范式转型，并在新的基地——生活世界之上来建构它的批判的社会理论。

"生活世界"一词来自现象学家胡塞尔，胡塞尔提出"生活世界"的概念是为了批判现代自然科学一味追求客观主义的理想化而造成自我遗忘："针对理想化的测量、因果假定、数学以及其中实际的技术化倾向，胡塞尔坚持认为，生活世界是现实领域，能够发挥原始的作用。"[①]胡塞尔强调生活世界的经验是所有意义的来源与真正基础。在胡塞尔之后，阿尔弗雷德·许茨把日常生活世界的社会特性与文化内涵突出地展示出来，许茨认为社会特性是生活世界内在固有的，社会世界主体间关系的不同造成了生活世界具有不同的意义结构，即互动的参与立场与观察的理论立场的差异，而要想理解同伴，就必须动用历史积累下来的知识储备，"状况的解释是以知识储存为依据的，这些知识储存，一个行动者在他的生活世界中已经总是支配的……许茨和卢克曼认为，行动者根据他的知识储存的基本因素，构思了他在其中生活的世界"。[②]

生活世界不仅是人的生存需要活动的基础，而且任何一种沟通活动也都是在生活世界之中进行的，行为人"把各种需要整合的语境与他们自身所处的明确的生活世界协调起来"，[③]生活世界是客观世界、社会世界与主观世界三个世界井然有序分化的背景，同时也为这三个世界重新统合提供了新的可能。生活世界里储存着前人所做的解释的努力，储存着历史遗留下来的文化知识，文化传统不仅包含着科学、道德、法律、音乐、艺术与文学等文化亚系统，而且与自身保持着一种反思与批判的关系，这就为哈贝马斯在更大的视野下、在更深的层面中来建构其社会理论提供了新的范式："而生活世界的结构又是其他功能更加特殊、在一定意义上分化得更加厉害的亚系统的基础……这里，我只想强调一点，研究社会共同体和文化不像研

---

① 哈贝马斯：《后形而上学思想》，译林出版社，2001，第75页。
② 哈贝马斯：《交往行动理论》第二卷，重庆出版社，1994，第176~177页。
③ 哈贝马斯：《交往行为理论》第一卷，上海人民出版社，2004，第69页。

究经济制度和政治制度那样可以完全甩开社会科学基础问题以及生活世界范式。"①

二 形式语用学之下的"生活世界"概念

20世纪哲学的一个重要特征就是语言学转向与语言哲学的兴起，罗素与维特根斯坦把世界还原为原子事实，就如同语言还原为原子命题一样，实际上他们是想用语言的逻辑规则为世界定性，从而为哲学找到一个解释世界的新的尺度。然而，维特根斯坦的初衷也许注定是无法实现的，当维特根斯坦后期发现语言游戏是一种生活形式时，他不仅放弃了初始的哲学研究范式，也为语言学哲学的新转向吹响了前进的号角。牛津学派的赖尔沿着日常语言研究的思路，实际上是从英语语词的含义与搭配所具有的思维方式中所包含的哲学意蕴来验证维特根斯坦的想法；奥斯汀、塞尔则是从语用学的视角展开研究，语言并非任凭人们随意拿来使用的工具，语言具有独立于使用者之外的自身规则，人与语言的关系是一种进入关系，交际者在很大程度上受到语言规范的制约。

维特根斯坦对哈贝马斯的影响并不是直接的，而是经过了彼得·温奇著作的中介。②温奇的《社会科学的观念及其与哲学的关系》一经出版，就在西方哲学社会科学界引起了一场不小的争论。温奇不仅接受了维特根斯坦的观点——人们生活在一个由既定的语言、概念与文化构成的世界中，而且认为理解在具有人类社会特征的活动中起中心作用，人们的理解活动是与他们所掌握的概念直接相关的，概念的逻辑结构是组织知觉经验发生的条件。因而，先有语言与表达，先有概念与范畴，而后形成关于生活形式的图画，对语言和基本的知性范畴的把握正是哲学的任务，不要高估对经验的探究，也不要低估对概念的探究："对先天的东西的低估肯定会损害哲学。这种低估是把对

---

① 哈贝马斯：《交往行为理论》第一卷，上海人民出版社，2004，第6页。
② 张庆熊：《社会科学的哲学》，复旦大学出版社，2010，第142页。

什么是有意义的东西的概念探究混同为必须等待经验来决定其解答的经验的探究。"① 哈贝马斯之所以多次提及温奇的观点，不仅在于温奇提出了语言就是"语言所构成的世界观以及相应的生活方式"的文化的观点，而且在于温奇重建哲学与社会科学关系的新尝试，为哈贝马斯重建现代性的自我理解的普遍性要求提供了理论背景资料。

另外，哈贝马斯接受了维特根斯坦和奥斯汀的语言具有集命题与行事于一身的双重结构，语言学研究促进了哲学的研究，使其从主体哲学向主体间性理论转变，主体间性理论更加复杂，是因为它用一种与传统哲学完全不同的概念进行阐述："这个理论模式的目的不是要转嫁观念，而是要就（一般来讲是有争议的）内容达成共识。"② 哈贝马斯进而认为，如果我们不懂得如何运用语言表达的意义来与别人达成共识，也就无法理解语言表达意义的真正内涵。塞尔不仅指出了语言具有一种以言行事的能力，而且阐明了任何一种言语行为都同时表达了言语者的一种意向、一种事态和一种人际关系，这就把语言表达所同时涉及的正确性、真诚性与真实性等多种有效性要求展示了出来，"塞尔是第一个准确把握了言语行为结构的人"。③

语言问题必须用意义理论来阐明，而以往的意义理论专注于语言表达的真实性，这在哈贝马斯看来是不足以理解语言表达的本质的，哈贝马斯认为意义不是由说话人同外部客观世界的联系决定的，而是取决于说话人与对话人之间的关系，意义在本质上是关乎主体间的，说一句有意义的话或者与他人进行交谈在本质上就是提出一种有效性主张，因而与其说是真实性，不如说是有效性构成了意义理论的基本概念。真实性只是有效性的一种，它针对的是客观世界，有效性主张中还有正当性和真诚性等，正当性针对社会世界，这里不是对错的问题，而是是否符合规范、是否合适的问题，真诚性针对主观世界的内在表达。因而，人们之间为达成共识而提出的理由才是各种有效

---

① 彼得·温奇：《社会科学的观念及其与哲学的关系》，上海人民出版社，2004，第16页。
② 哈贝马斯：《后形而上学思想》，译林出版社，2001，第121页。
③ 哈贝马斯：《后形而上学思想》，译林出版社，2001，第132页。

性主张的基础,行为、言语、命题在本质上是公共的、共享的,生活世界是人们各种交往活动赖以存在和展开的基础:"日常交往实践中所言说的大部分内容都是没有问题的,都没有受到批判经验的批判或意外的压力,因为它们所依靠的是得到有效性预先认可的生活世界的明确性。"[1]

哈贝马斯的生活世界概念正是人们以语言为中介进行交往的整体性的知识背景,人们可以随时从生活世界中提取想要的东西,但是生活世界作为一个整体却不能同时主题化,"它是一种深层的非主题知识,是一直都处于表层的视界知识和语境知识的基础"。[2]哈贝马斯跟随胡塞尔与加达默尔,把生活世界看作一种人类活动的视界,视界是统一的整体性的,但是有局限性,它只能看到事物的一个侧面,而不是对事物各个方面一览无遗。生活世界是非主题化的,它的作用是隐藏的,但是它依然可以发挥共享的知识背景的作用和达成共识的功能。"他们的生活世界是由诸多背景观念构成的,这些背景观念或多或少存在着不同,但永远不会存在什么疑难。这样一种生活世界背景是明确参与者设定其处境的源泉。"[3]

生活世界中的任何变化都是极其微小的,但是任何渐进式的变动,都可能带来生活世界根本的彻底的变革,因为生活世界是人们共享与认可的各种观念和价值预设的基础。当交往行为取得成功时,人们之间所达成的共识就会反馈到生活世界的基地之中,并且作为新鲜血液注入生活世界的库存之中,而一旦人们之间发生分歧、争议和误解,生活世界就成为防止分裂发生的共享意义的防护堤。生活世界从根基上支撑了交往行为,而交往行为则为生活世界提供了生机活力与无尽的主题。生活世界的大坝防止了行为冲突的爆发与意义的分裂,而且生活世界还是从更大范围内建构起批判性的社会理论的丰裕的现实土壤。生活世界是延续文化传统的载体,文化再生产、社会象征、社会秩序都得穿过人们进行交往与商谈的生活世界的批判透镜,生活世界不

---

[1] 哈贝马斯:《后形而上学思想》,译林出版社,2001,第76页。
[2] 哈贝马斯:《后形而上学思想》,译林出版社,2001,第77页。
[3] 哈贝马斯:《交往行为理论》第一卷,上海人民出版社,2004,第69页。

仅是科学、技术、实践、道德等各方面知识传承与发展的中介,而且是符号与合法的社会制度形成的发源地。

三　以系统与生活世界二元架构为基础的交往行动理论

哈贝马斯的社会理论的基本问题是社会秩序是如何可能的?"交往行为概念应当用社会学行为理论来加以证明。社会学行为理论所要阐明的是社会秩序如何成为可能的问题。"[1] 他认为在现代世俗社会中,社会秩序主要是依靠交往行为与商谈伦理建立和维持社会的完整性的。交往行为不同于工具行为,工具行为是为了达到既定的目标而事先谋划,通过运用各种手段而对客观世界进行干预,而交往行为则是以语言为中介旨在使他人接受并承认有效性要求。哈贝马斯认为当采用一种观察者的身份时,我们只能推断行为者的意图,而唯有从参与者的视角出发,通过语言与他人交流,才能真正把握对方的意图。这表明言语者与听者之间是作为具有主体间性结构的生活世界的成员通过共同的语言而相互照面的,我与你的遭遇只能用理解的概念才能解释清楚,而工具行为是无法满足言语行为的合理性条件的。言语行为具有独立性,言语行为中的交往理性是要说明言语本身包含着一种非强制的共识,而工具行为的目的理性则是从因果的角度来干预外在的客观世界,因而交往行为与目的行为是两个基本的行为类型。

在理想的交往行为中,并不存在一方制约、强加给另一方,而是通过语言的力量把双方的行为协调起来,交往行为旨在达成共识,即互动参与者在充分注意对方的观点与双方的分歧的基础上,就言语行为所揭示的有效性达成一致。言语行为能够自我解释,也就是说言语本身就具有一种反思的结构,参与者双方都可以批判检验各种主张,并以主体间相互承认为基础达成共识。语言不仅能够表达一个真实性的命题,当我们学会一种语言,就意味

---

[1] 哈贝马斯:《后形而上学思想》,译林出版社,2001,第64页。

着我们懂得如何使用语言与他人协调、达成共识，以及如何说服对方相信自己，因而言语行为同时包含着命题真实性、规范正确性、主体真诚性等多种有效性要求。不同的语言来自不同的世界，每一种文化都用它的语言与世界建立起一种现实的联系，语言就是语言所构成的世界观以及相应的生活方式，理解一种语言，就意味着理解一种与某种语言联系在一起的特定的生活世界。人们之间的互动与交往揭示了以文化共同体为单位的生活世界的背景层面，这样就为哈贝马斯下一步从宏观与微观两个层面展开他的社会理论确立了条件。

霍布斯对西方社会理论影响巨大。霍布斯认为人本质上是自私的，在现实生活中人与人之间的关系像狼，他把社会看作单个理性的人的集合体，每个人都在考虑实现自己利益的最佳途径，这种对社会的原子主义与工具主义的理解，在哈贝马斯看来是肤浅而片面的，因为它忽略了人们的交往在促成行为人之间形成的社会纽带中所起的关键作用，忽视了交往对于社会整合的巨大作用。

建立在理性选择基础之上的工具行为的现代社会，已经充分发展了两种交往媒介，即货币与权力，这两种工具行为类型分别形成了晚期资本主义的经济子系统与政治子系统，对资本主义的社会物质生产与国家行政管理实行控制。而由于工具理性行为的目标大多是预定的，而非系统内的行为人的自主选择，这就使行为人的目标同理解与共识相脱节。这一方面造成系统掩盖了行为人的真实目的，使人丧失了自由选择与决定权，另一方面由于系统将许多外在的约束条件强加于行为人，因而系统就成了一个人所无法控制的具有自主逻辑的独立实体，人类对此无法负责也不必负责，这就破坏了系统与生活世界之间脆弱的平衡性。工具性行为侵入生活世界之中，造成了公共伦理的丧失、道德良知的泯灭、团结忠诚的涣散以及民主法律制度的失效，使生活世界的透明性蒙上阴影，而生活世界出现"社会病理"会使整个社会出现病态，即生活世界的"殖民化"也会导致系统的动荡与危机。

因而，哈贝马斯构建的新的社会理论将重塑系统与生活世界的脆弱平衡，生活世界才是自足自律而独立的媒介，系统则不是："由于系统内嵌于生活世界之中，实际上又是寄生于生活世界之上，所以生活世界享有优先权。"① 系统的运行只能在生活世界的基础之上获取意义资源与生长养料，生活世界蕴藏着各种类型的交往行为，系统包含了各种工具行为，生活世界优先于系统，所以交往行为优先于工具行为。"交往行为也是包含在生活世界当中的，而生活世界主要是通过吸收风险，回过头来去揭示大量的背景共识。交往行为者的理解行为是在共同信念范围内活动的；由已经得到认可的解释模式、忠诚以及技巧等构筑起来的大堤高高耸立，牢不可摧，经验和批判所带来的不安看起来则是在不停地拍打大堤，激发出思想的火花。"②

通过交往行为，言语者不仅与言语者本人、与听者、与世界建立了三重世界的关系，而且通过与他人就某事达成理解与共识，语言的表达功能与表现功能也一同参与其中，因而，协调与共识的行为在生活世界之中具有范例的意义。在我们的日常生活中总是具有偶然性与新鲜的经验，异议的出现正是为了下一步达成共识提供了营养，因而交往行为对于生活世界的延续与再生起着重要的基础性作用。从整体来看，人们的日常交往活动不仅保存和发展了文化传统，建立了各种道德法律制度，并且培育和维护了个人的认同。生活世界正是在人们的交往活动的展开之中积淀了解释模式，浓缩了价值观点，构造了制度机制，促发了文化传统，塑造了各种性格结构，交往行动又源源不断地汲取生活世界潜在的资源。生活世界就像一个灌木丛，在那里不同的要素混杂在一起，而只有以一个交往行为者的身份，才会发现生活世界结构中所储存的丰厚内涵，在交往行为不断循环往复进行的过程中，"行为者不再是始作俑者，而是自身传统的产物，是所属协同群体的产物，是被抛入的社会化过程和学习过程的产物"。③

生活世界的结构要素，文化、社会与个性在人们的日常交往实践活动的

---

① 詹姆斯·戈登·芬利森：《哈贝马斯》，译林出版社，2010，第54页。
② 哈贝马斯：《后形而上学思想》，译林出版社，2001，第73页。
③ 哈贝马斯：《后形而上学思想》，译林出版社，2001，第81页。

舞台上结合到了一起，交往行为构成了文化、社会与个性结构形成与再生的媒介。而同时，人正是在文化的知识之光的照耀之下，在社会的价值与制度的规范之中，在不断学习与成长的磨砺中走向成熟的，生活世界也成为人的交往行为不断再生的媒介，生活世界同时成为人们交往行为的现实前提。通过日常语言的媒介，交往实践与生活世界的总体性保持着联系，因而，生活世界的概念不仅可以回答社会秩序如何可能的问题，而且可以回答个体与社会之间的关系问题，还可以对文化再生产、社会象征、社会整合与个体社会化过程等做出合理的解释。因而，生活世界的概念与交往行为的概念一同构成了哈贝马斯批判的社会理论的理论实质与核心。

结　语

综上，哈贝马斯批判的社会理论是对西方晚期资本主义社会所承受的失范、异化与社会分裂等社会现象进行剖析，从而得出一种创新的与更加深刻的病理性的解释。尽管哈贝马斯新的社会理论具有过于理想化的缺点：出于历史、宗教、利益与权力等方面的考虑，在现实生活中人们之间的分歧有可能激化，而达成共识或许只是一厢情愿，而且哈贝马斯最后把商谈原则诉诸道德，他并没有说清楚他的规范性理想在何种程度上具有经验的性质，以及在经验上具有怎样现实的可操作性，因而这招来了对他的各种各样的批评。但是，哈贝马斯认为行为人之所以不能依靠自身的能力来理解行为的意义并对该行为负责，是因为落入了预先设计好的工具理性模式之中，而生活世界是对抗系统的压制的解放性力量，因而，他的生活世界概念具有一种批判性的力量。具体来讲，该理论有以下三个特点。

第一，理论来源的多重性。生活世界的概念来自现象学家胡塞尔，但是哈贝马斯并不是直接传承了胡塞尔后期关于生活世界的思想，而是经过了许茨的中介。正是许茨对于生活世界概念出色的现象学分析，使这个由常识经验构成的世界的社会特性与文化特性突出地展示出来，诸如类型化与现有的知识储备、韦伯社会行动的意义的起源、主体间互动的理解与社会科学家外在的观察的理解之间的差异等问题，使哈贝马斯受到了很大启发。同时，哈贝马斯还受到了维特根斯坦的影响，维特根斯坦一方面经由温奇的著作，另一方面通过奥斯汀、塞尔的语言哲学思想，对哈贝马斯建构一种以语言为媒介的主体间交往互动的生活世界理论起到了至关重要的作用。哈贝马斯生活世界的观点的内涵还远不止这些，皮亚杰认知心理学的个体不断学习的机制、涂尔干与帕斯森社会统一与整合的观点、米德的个体社会化思想、韦伯的社会合理化理论、马克思的社会批判与西方马克思主义物化批判等都成为哈贝马斯生活世界理论的重要理论资源，限于篇幅，这里无法一一展开。

第二，理论建构的深层性。哈贝马斯建构的系统与生活世界双重架构的交往行动理论，是要解决晚期资本主义社会的系统不断侵蚀造成生活世界殖民化的现实问题，从而在更高的层面上来推进社会理论的研究，即哈贝马斯是在文化的层面上展开研究的。文化并不是与经济、政治相并列和平行的领域，文化内在于人们的经济活动与政治活动之中，文化是深层的、稳定的而又难以把握的，因而文化研究更加复杂，也更加模糊不好界定。哈贝马斯的生活世界是一个更高层面的事物，即文化层面的事物，因而它包含着更多的内容，不仅包括文化传统、习俗规范、文化模式、合法制度、道德价值观、生活方式与世界观，还包括语言、理性、个性的反思结构这样先天的事物。也就是说，生活世界是先天知识与后天知识相混杂未分化的一片"灌木丛"，而通过旨在与他人就世界中的事物达成理解与共识的交往行为，不仅完成了个体的社会化，完成了生活世界的再生产，而且人们之间循环往复的交往活动为在更大规模上实现文化传承与社会整合奠定了基础，因而如果说人们之间的交往与商谈是一种社会黏合剂，那么生活世界则成为一种取之不尽、用之不竭的文化原料与精神素材。

第三，凸显了一种新的范式。通过把生活世界引入交往理论之中，哈贝马斯就实现了一种哲学范式上的革命。意识哲学或主体哲学，认为主体是某种心智的东西，而主体的对象是外在的事物，世界则成为由思维与外在客观事物组成的整体，这种思维方式是无法理解文化、社会与生活世界等问题的本质的。现实生活中人与人之间的相处并非为了认识世界的本质或一方强制占有另一方，而是要就某一事项达成共识，因而意义、理解、互动、交往、规则、秩序在我们的社会生活中处于核心地位。我们生活在社会中，社会也在我们之中，社会并非一个对个别部分加以包容的容器，毋宁说社会是我们栖息于其中的一种介质。同样，生活世界并非一个对象，我们在生活世界之中是指我们是依靠生活世界的资源在经验和感觉、在思考和行动的，文化传统和语言是我们须臾不可分离的存在的媒介，生活世界是由诸多的背景观念构成的，它不仅安排了我们生活的基本形式，也通过概念的逻辑重新组织了经验知觉，因而生活世界打破了传统意识哲学的思维方式，建立了一种新的"生活世界范式"。

韦伯关于德国文化问题研究的启示

姜 华[*]

在全球化的境遇下,中国文化如何在当代西方各种强势文化的影响下进行自我定位和自我构想,如何让日常生活世界的连续性按照中国文化自身的逻辑展开,而不是被强行纳入一种以西方文明为主流的话语和价值系统中,这实际上是在全球化下不同文化和不同价值体系之间的相互冲突和相互竞争中,争取中国文化的自主性,积极主动参与界定世界文化的问题。

一 文化自觉、文化认同问题与现代性

何谓文化自觉?中国著名社会学家费孝通认为,文化自觉就是指生活在一定文化历史圈子的人对其文化有自知之明,并对其发展历程和未来有充分的认识。换言之,是文化的自我觉醒、自我反省和自我创建。"文化认同就是对人们之间或个人群体之间的共同文化的确认。"[①] 文化认同的核心就是对自我的身份以及自我身份的合法性、正当性,对自己生活世界的必然性,对特定的文化理念、思维模式和行为准则等的价值认同和价值观认同。文化认同随着人自身的社会属性和自然属性的变化会发生相应的变化,这就使文化认

---

[*] 姜华,黑龙江大学哲学学院教授,主要从事文化哲学与国外马克思主义研究。
[①] 崔新建:《文化认同及其根源》,《北京师范大学学报》(社会科学版) 2004 年第 4 期,第 104 页。

同在一定意义上具有选择性,即选择特定的文化理念、道德理想、审美想象、生活方式或行为规范等。

文化自觉与文化认同问题始于近代以来现代性的发展和扩张。所谓"现代性是指启蒙运动以来的资本主义历史时代及其基本原则"。① 广义的现代性也包括同资本主义精神紧密相关的资本主义政治、经济、文化和整个社会制度,以及人的思考、行为模式和生活方式。现代性对传统的否定,带来了新的生产方式、社会关系、政治体制、生活方式和价值观念等,使传统的文化发生了巨大的变化,这在一定意义和程度上造成了文化断裂的同时,现代性也要对文化传统和传统文化进行批判和否定,这种批判和否定必然影响人们对民族文化传统和传统文化的认同,导致文化认同危机。自19世纪末以来,中国等非西方世界国家逐步输入西方现代的技术、制度与价值观念,开始了漫长而艰难的现代化进程,与之相伴的是对文化自觉与文化认同的普遍诉求。由于资本主义生产的现代化,现代西方在经济、技术、组织管理、社会发展、文化生产、形式创新、人的自由发展等诸多领域里的巨大、压倒性的优势,使伴随现代性而来的强势文化扩张和文化霸权造成了对后发现代性国家的冲击、对民族文化秩序的破坏进而导致失衡。强势文化对主流话语的垄断,对弱势文化的挤压以及强势文化与弱势文化的不平等关系,都使原有的文化格局发生变化,被迫重组,人们的文化认同特别是基于弱势文化的认同,遭遇前所未有的挑战。

二 文化认同与西方文化的普遍性

西方世界文化观念的形成,从启蒙运动开始,经历了现代性的高峰期,在当前全球化和后现代时期获得了前所未有的合法性的西方的文化概念是一个把自己和世界等同起来的文化概念,把世界视为自身内部的经济、政治、

---

① 高宣扬:《后现代性论》,中国人民大学出版社,2005,第100页。

法律和价值观念体系，这种文化概念企图涵盖和扬弃一切历史上独立发展、自成一体的文明体系，对所有现存的社会形态和文化主体意识提出了挑战，是非西方世界国家产生文化认同危机的根源。

（1）普遍性与特殊性的辩证法。黑格尔在《历史析学》和《法析学》中，"把近代西方的伦理世界极为普遍的东西设立为绝对，而把它自身世界历史的道路上所遇到的一切他人都视为特殊的东西，进而以普遍的名义，不但把这些特殊的东西克服掉，而且把这种克服视为西方主体在相区别的东西中回到自身，也就是说，视为普遍性的实现"。①因此，普遍的东西是在特殊的东西超越自己、克服自己的过程中被呈现的，它是一种现实的力量，是普遍性对特殊性的"承认"，是"承认"与"被承认"的过程。普遍与特殊的辩证法，在具体的现实关系中表现为一种文化哲学意义上的集体性的自我意识，普遍性的文化意义上的对应物，就是西方的现代性，也就是自由、民主等。正是基于这种普遍性的逻辑，黑格尔把西方世界对非西方世界的扩张等同于现代性对前现代性的征服。因此，近代西方资本主义国家的兴起，包含着一种将价值、利益和意义领域里的特殊性作为客观历史领域里的普遍性强加给非西方世界和后发现代性的国家的文化的过程。

（2）韦伯确立了西方资本主义文化的普遍性。韦伯在《新教伦理与资本主义精神》这本书里提出了为什么资本主义这种普遍的生产方式唯独在欧洲出现的问题，韦伯的结论是，资本主义并不是普遍的东西，而是一种只有西方才有的特殊的理性化社会生产组织系统。这就是说，只有在西方社会的、文化的、价值因素和心理结构中才能孕育和产生出资本主义。资本主义的外在形式是可以被别人采用的，因为它是一种理性化组织，但资本主义的精神或灵魂，就其根本的文化属性来讲，是西方的，只有西方人才能具有。这样，韦伯为资本主义和现代性内部注入了一种普遍性和特殊性的冲突。"同马克思相比他是用文化的特殊论来对抗马克思的经济的普遍论；用价值世界的主观

---

① 张旭东：《全球化时代的文化认同》，北京大学出版社，2005，第5页。

性对抗马克思的物质世界的客观性;马克思主义唯物史观以生产方式的革命和阶级斗争为动力,是一种世界历史的普遍性论述。而在韦伯这里,历史总体却无法逃脱价值多元的冲突,在内部分裂为不同的文化世界,永远有自我与他人的辩证法。"①

韦伯的理论标志着西方思想试图从资本主义内在文化资源中为资本主义发展做出解释,再用资本主义的物质力量将它特殊的内在文化和价值属性合法化、普遍化。韦伯认为只有西方的精神生活才能内在地通向资本主义,因为西方的价值世界本身包含了这样的精神因素,才使西方能适应新的世界性的变动,并把变化的世界内化在这个过程中。所有非西方世界的国家的历史、文化、价值体系都被现代性的扩张打碎了,它们不管愿不愿意,都必须按照资本主义理性化逻辑所规定的方式走上现代化的道路,把自己变成现代人,否则就是落后的、野蛮的、不文明的。但西方自身的发展历史是不可能断裂的,"资本主义正是西方内在精神世界和文化世界的一个产物。因为西方社会不用改变宗教信仰,而且正因为西方社会的宗教信仰,这个世界才有了资本主义"。②这样与西方自身对现代世界史的内在化相比,非西方世界就从整体上被外在化了。因而使得西方在文化上的自我认识和自我表述得以自然地把现代西方主体性的历史融入资本主义历史的发展进程之中。由此,韦伯在合理性的基础上,把西方文化提升为等同于世界历史规律的普遍性。受韦伯这一思想的影响,大多西方知识分子存在抽象地谈论资本主义文化的普遍性的倾向,他们否定和无视美国或西方世界以外的生活世界的主体性,拒绝承认非西方社会可以或应该具有自己独立的价值观并具备捍卫这种价值观的集体意志的表现和能力。

(3)全球化时代文化的普遍性与特殊性。全球化时代的文化认同问题也体现了这种普遍性与特殊性的逻辑。张旭东认为,在这个世界上存在的每一种文化,在其原初的自我认识上,都是普遍性文化,是就人与自然、人与人、

---

① 张旭东:《全球化时代的文化认同》,北京大学出版社,2005,第45页。
② 张旭东:《全球化时代的文化认同》,北京大学出版社,2005,第45页。

人与世界、人与神、人与时间等基本生存维度所做的思考和安排，文化的这种普遍性是内在的，"任何文化和文化意识，任何一个集体性的社会存在，任何一个生活世界及其自我认识，都必须建立在一个超越了自身抽象的普遍性幻觉的基础上——在具体的历史现实关系中，将自己作为一种普遍的东西一再表述出来。不然的话，这种文化或生活世界最根本的自我期许和自我定义就只能作为一种特殊性和局部的东西，臣属于其他文化或生活世界的更为强大的自我期许、自我认识和自我表述"。[1] 在世界历史和现实发展中，如果"放弃了对普遍性的界定权，就是放弃了一种特殊的具体存在的文化，就是放弃为自己的作为文化和生活世界的正当性或合法性作辩护"。[2] 因此，每一种文化和价值体系在其原初的自我理解上都是普遍性的，但资本主义现代性的发展和扩张把这种基于原初的自在的普遍性表述通通变成了特殊、局部的东西了。现代西方依据这种文化自我认识和自我表述去改造整个世界，改造一切非西方世界及其固有的文化、社会制度、习俗、信仰和观念，并在全球化时代使西方文化的普遍主义价值观获得了前所未有的合法性和正当性，也使非西方世界的国家保持自己文化的自主性和文化的自我认同愈加困难。

三 韦伯对德国文化问题研究的启示

韦伯对德国文化问题的研究是基于其自身的市民阶级立场和拯救德国文化的使命感。德国作为后发现代性国家，在由英、法、美等主导的现代性面前，面对如何确立德国文化的主体性和存在的必然性的问题。

在韦伯看来，当时的德国正面临最危险的时刻。这是因为德国的经济、技术发展起来了，但在政治上却没有一个成熟的阶级来领导这个国家，也没有一个成熟稳重、勇于坚持自己独特价值立场的文化。相对于英法，德国既缺乏政治上的成熟，也缺乏文化上的成熟，德国在文化和政治上是一个落后

---

[1] 张旭东:《全球化时代的文化认同》，北京大学出版社，2005，第5页。
[2] 张旭东:《全球化时代的文化认同》，北京大学出版社，2005，第6页。

国家。韦伯提出,德国要建立在一个文化、政治和价值的自我认同的基础之上,强调民族理想和国家意志,强调一种伟大人格,强调对市民阶级的政治文化、阶级意识和价值观的培养。韦伯的这一思想主要体现在他的《民族国家与经济政策》这篇演讲稿里。在这篇著名的就职演讲里,韦伯从德国东部边界的问题和经济政策的问题引出了德国民族生存竞争的问题,提出了德国该怎么办的问题。韦伯指出,德国不能把自己定位在一个只图小康安逸的国家的位置上,而是要作为一个有世界历史抱负的大国求生存、求发展。在韦伯看来,德国国家和德国政治经济的命运和前景,就是德国文化的命运和前景。其思想主要体现在以下几个方面。

(1)确立市民阶级的普遍性。韦伯认为,一个成熟的领导阶级要把民族的整体利益和长远利益置于一己私利之上,把本阶层的利益等同于全民族的长远利益。在韦伯看来,德国的问题在于开始掌握经济权力的阶级,也就是德国的市民阶级,远没有达到足够的政治成熟程度却要掌权国家的航向。德国的有产阶级主要是大资产阶级,鼠目寸光,不知道自己的利益和整个民族利益有什么关系,不知道海外扩张的重要性,也不知道国内阶级调和的重要性。所以德国的统一只是一个民族的外部统一和形式上的统一,而民族的内在统一,即价值上、文化上的政治性认同,却还没有成形。这样,德国在同英、法、美的竞争中就会处于下风。韦伯的目标就是和英法竞争,将德国确立为一个有世界历史抱负,并有能力实现这种抱负的民族国家。韦伯认为,只有德国市民阶级能够胜任这项民族使命;德国市民阶级注定要成为德意志民族的领导阶级;德国市民阶级要担负和胜任这个使命就必须克服自己的内在弱点,即去政治化和中立化的倾向,使自己有资格、有能力、有勇气、有远见和有责任感。同时,也一定要把本阶级的根本利益和德国集体生存的根本利益有意识地等同起来。

(2)强调民族的自我教育。韦伯认为,德国虽然在形式上统一了,但缺乏全民的政治教育和政治意识。因此,他强调要进行全民族的政治教育,以保证国民在追求个人幸福和自由的同时,知道民族国家是自己生活的最终保障，进而积极投入国家的政治生活。

面对德国市民阶级的庸俗、软弱、短视、保守、自满，韦伯强调，德国的市民阶级必须在政治上、价值上和文化上成熟起来，把民族国家的重任担在肩上。因此，韦伯非常重视国民的政治教育问题。他认为，像英国这样发达的、成熟的政治民族，国家并不需要每天提醒国民，教育他们国民经济的成功如何依赖于国家政治权力的国际地位。他认为，英国和美国这两个国家的民族都有一种政治上的成熟，即英美资产阶级对自己的阶级利益有清楚的意识，在长期的生产活动和政治斗争中形成了一整套丰富的政治经验，有一批杰出的、富于献身精神的政治家，有高度发达的政治动员技术和语言技巧，有发达的、相对自由的新闻媒体和政治教育机制。因此，韦伯强调要重建德国市民阶级的政治理想和行动意志，就必须对其进行政治意识和价值观的教育和培养，使之具有价值的决断、政治责任感和行动能力，能从自己的具体情况出发，勇于坚持自己的立场和价值，维护自己的利益和生活世界的完整。此外，要培养德意志民族伟大的人格。韦伯认为，"如果一个民族留给后代大量的物质财富，但却没有在他们身上培养起一种伟大的人格，或因为它今天的所作所为极大地限制、束缚、扭曲了这种伟大人格的发展，那么这个民族在这一代人身上就没有完成他的历史使命"。[①] 只有具有了伟大的人格，德意志民族才能保持一种历史感和道德勇气，才能够坚持自己的存在的理由和文化的必然性，为自己的价值实现去斗争。因此，他强调，"我们决不能沉溺于乐观主义的期望之中，以为只要我们能使经济达到最高发展程度就算完成了我们这一代的使命"，"我们能传给子孙后代的并不是和平及人间乐园，而是为了保存和提高我们民族的族类素质的永恒斗争"。[②] 只有这样，面对英美这些先进国家所制定的世界秩序，面对他们所标榜的普遍主义价值和他们所推行的自由主义、世界主义文化，德国才能坚持自己的意志、勇气和政治上的

[①] 张旭东：《全球化时代的文化认同》，北京大学出版社，2005，第264页。
[②] 马克斯·韦伯：《民族国家与经济政策》，甘阳等译，生活·读书·新知三联书店，1997，第92页。

行动能力，追求德国文化的主体性和作为德国人自己的未来。

（3）坚持价值认同和文化主体性。韦伯认为，一个国家，特别是它的精英阶层，在最高价值的层面上必须有意愿和能力为自己的文明的存在辩护，说明其正当性，并能在相互竞争的价值世界中阐明自己存在的必然性；在关键时刻，有勇气和有意愿肯定自己的价值体系，担当捍卫自己文明的责任。为此，他一再强调，德国市民阶级要保持一种历史感和道德勇气，为德国的存在的理由和文化的必然性，为德国的价值的实现去斗争。

在韦伯看来，德国作为后发现代性国家，面临如何在一个比其发达的资本主义形式和资产阶级社会所支配的世界上占有一席之地的问题。"德意志精神别无选择，只能克服现代性本身。德国如果要现代，必须超越现代，也就是说，德国的逻辑是，如果我们要有一种真正的德国文化，我们就必须创造出一种真正的世界文化；如果要法国人或英国人接受真正的德国文化，德国文化就必须超越当代大众社会的文化。"[①] 也就是说，德国在产生真正的文化形态之前，必然处于英法等国的影响、压制和排斥的阴影下。只有德国文化达到自立和自足，才能在文化和价值上实现对英法等国家所代表的现代性的普遍形式的超越，即一种现代性的超越。如果竞争失败就意味着德国将来不得不放弃自己的大国地位，放弃自己自我价值世界和生活世界的完整性，失去参与界定新的普遍文化的资格和权利。这样，韦伯将德国问题看作德国民族和德国文化的存在和发展问题，他将本民族的文化存在和生活世界本身理解为德国存在的终极价值。

一方面，韦伯既要承受传统价值观和生活世界的瓦解带来的精神痛苦，还要面对英、法、美等国家对德国民族国家的主体性的种种限制、压制和排斥；另一方面，他在客观性层面上看到了现代性的黯淡前景，但在主观性的层面上坚持现代性的普遍性，既要西方的理性化和自由民主，又要德国文化的主体性，这是其理论内在的不可克服的矛盾。虽然如此，韦伯关于德国文

---

① 张旭东：《全球化时代的文化认同》，北京大学出版社，2005，第49页。

化问题的研究对我们仍具有重要意义，其启示在于，在一个由理性化的社会组织和世界主义意识形态占主导地位的现代西方世界里，对于一个后发现代性的国家而言，如果只是一味地信奉别人说出来的真理，就只能在别人创造出来的世界里，按照别人的规则行事，这样其作为一个独立的生活世界和价值系统的自由和文化主体性就永远不能真正实现。尤其是在当今的全球化背景下，同样作为后发现代性的国家，中国今天所遭遇到的文化认同危机与韦伯时代相较而言更加复杂化了，但韦伯对德国文化存在必然性和发展问题的研究和分析，对于我们今天看待和思考中国的文化自觉与文化认同问题，应对西方文化的普遍的挑战仍具有一定的理论启示和借鉴意义。因为在新的全球性经济秩序空前一体化和均质化的时代，传统意义上的文化竞争不是减弱了，而是加剧了，不同的人类群体维护和捍卫自己存在的权利和自己文化价值的斗争，和韦伯时代相比，不是容易了，而是变得更困难了。在这种背景下，我们怎样认识当代中国文化存在的历史必然性，把中国文化理解为一种既普遍又特殊的东西，捍卫我们自己的价值和生活世界的完整性，是中国文化自觉与文化认同所应解决的问题。

四　中国文化自觉、文化认同的主要问题

近代以来中国人对现代化的追求，也使中国的社会形态、生活世界逐步被世界市场吸纳，从而变成世界市场的一部分，使原先居于中国传统文化基础之上的人和人之间的关系、伦理道德、文化审美、想象、创造性、对自我的理解等都发生了巨大的变化，中国遭遇了复杂的前所未有的文化认同危机。基于这种历史状况，中国文化建设应着力解决以下几个方面的问题。

（1）确立文化自觉与文化认同的前提。文化自觉与文化认同的前提是对社会主义文化的认同，包括对中国特色的社会主义体制、社会主义道路和社会主义理论体系的认同。没有政治认同的文化认同没有文化意义。爱国家归根结底是一种政治之爱，所以，文化自觉与文化认同不能不带有强烈的政治

性。政治认同为文化认同提供了保障，文化认同有助于实现民众对国家在价值上的、文化上的政治认同。随着中国特色社会主义在经济、政治、文化和社会发展建设上所取得的巨大的成就，中国特色社会主义的合法性已经是不容置疑的，中国特色社会主义发展道路在世界上愈来愈发挥重大的影响，使中国特色社会主义发展道路获得了民众的广泛认同，中华民族的凝聚力和自豪感日益增强。因此，立足于中国特色社会主义经济和社会发展现实，塑造政治认同，在人民与国家之间的认同之上凝聚民族的政治意志，坚持正确的文化立场，树立高度的文化自觉和自信，实现对社会主义的价值上的、文化上的广泛认同，建设社会主义的文化强国，这是实现文化自觉与文化认同的现实前提。

（2）确立文化自觉与文化认同的基础。中国特色社会主义现代性的发展，走出了一条不同于西方资本主义市民社会宪政体制的历史框架的具有中国特色的社会主义道路。中国特色社会主义的发展历程不只是一个生产力发展壮大的过程，也是一个继承、弘扬、汲取、创造史无前例的中华文明与中华民族文化的过程。因此，如何把中国这种特殊的历史经验经过系统地理论化和系统的反思，形成当代中国文化和社会存在的历史性的自我理解，成为当代中国人的价值自我肯定、自我确证的依据，成为社会主义文化存在和发展的必然性的依据，是实现中国文化自觉与文化认同的理论基础。

中国特色社会主义文化的构建应是多种文化来源的融合，不可能构建在文化的真空中，它必然是以传统文化和西方文化中的优秀元素作为构建的资源。中国特色社会主义文化必将是中西方文化的创造性的转化和融合，经过一个由传统的转化到现代的，由西方的转化到中国的历程。

（3）确立文化自觉与文化认同的旨归。文化自觉与文化认同的旨归就是培养认同社会主义文化、肯定社会主义核心价值观的人，塑造、捍卫社会主义文化存在和发展的主体和承担者。一方面要注重对民众进行广泛的文化认同教育，对民众进行价值观和政治意识的教育，提升民众整体文化素质，使民众树立高度的文化自觉和文化自信，积极追求社会主义文化的认同。另一方面要克服和超越现代性所导致的社会与人自身的普遍物化，培养和塑造具有伟大人格的人。文化的物化与技术化，不仅无法解决文化认同的问题，而且加剧了人们自我认同的困惑，失去了在文化上和价值上的自我认同感。

总之，中国文化的自觉与文化认同，必须同维护建设中国特色社会主义国家的社会和政治理想所做的努力结合起来，在不断地自我更新、自我创造、自我奋斗的过程中，在不断地生成和不断地自我肯定的过程中，实现社会主义文化强国的理想，缔造社会主义文化的大发展、大繁荣。文化自觉与文化认同是一个艰巨的过程，只有在认识自己的文化、理解并接触到多种文化的基础上，才有条件在这个正在形成的、全球化的多元文化的世界里确立自己的文化定位和文化理解，然后经过自主的适应，和其他文化一起取长补短，共同建立一个有共同认可的基本秩序和一套多种文化都能和平共处、各抒所长、联手发展的共处原则，即"各美其美，美人之美，美美与共，天下大同"。

海德格尔现象学：一种文化哲学的反思

李金辉[*]

一

文化哲学是对文化现象的本体论研究。本体论研究自从巴门尼德以来主要是对"存在者存在"的研究，后来演变为认识论研究。认识论是对存在"是什么"进行探讨的对象性研究，促进了实证科学的发展。但这种研究后来受到了海德格尔的批判，海德格尔提出了"为什么在者在而无反倒不在"的本体论的现象学追问，为我们提供了一条新的本体论研究思路。但受到传统本体论和近代认识论研究的习惯性强制，这种本体论的现象学追问方式还没有成为有意识的思维习惯，在文化哲学的研究中尤其明显。当前的文化研究主要局限于传统的本体论和近代认识论研究方式，主要将"文化存在"当作各种"文化在者"进行研究，发展出了各种关于"文化是什么"的文化理论和关于一般文化的科学认识论和方法论，但唯独对"文化存在"本身没有追问。因此文化哲学需要一种海德格尔式的现象学方法，海德格尔的现象学可以做文化哲学的解读。文化哲学和海德格尔的现象学可以相互释义、交互解读。

文化哲学作为文化本体论研究可以归属于文化现象学。文化现象学是文化哲学的应有之义。文化哲学作为阐释人的生命存在意义和文化存在意义的

---

[*] 李金辉，黑龙江大学哲学学院教授，主要从事马克思主义哲学研究。

研究需要一种现象学的方法。现象学方法可以"成为阐述人的生命存在的、有普遍意义的方法，因而也就是文化哲学的方法"。文化哲学需要现象学的追问方式，即面向"文化世界存在"这一"文化事实"本身，文化现象学将"文化世界"本身作为"存在"来追问。总之，文化哲学本质上是一种文化现象学的沉思，文化现象学是文化哲学的本真形态。

文化现象学即对文化存在如何显现、文化存在的意义是什么的本体追问。文化存在的意义只能通过人这种"文化此在"来解释学地"理解"和现象学地"显现"。作为通过"文化"而在此存在的存在者，人总是有着某种文化的"前理解"。人是具有"文化"的存在者，是能够对自身的文化存在意义进行追问的"此在"，是一种"文化存在"的现象。人是通过"文"化形成的，人恰恰是通过文化才"成为"人的，此即"人文化成"之意。人在本质上是被文化打上"文身"的"文"人。文化作为人的存在的"生存论结构"总是规定着人的存在方式，文化规定着人的"在世"存在。

人作为文化的"此在"总是筹划着（"操持"和"牵挂"）自己的文化的存在意义。在"操持""牵挂"文化存在意义的过程中，人不断形成自己的"生存论结构"——各种实际的文化模式和可能的文化存在方式。这些文化模式作为文化的特定形式还不是作为人的整体存在结构即"文化存在"本身，它们还仅仅是作为"在者"形态的文化。它们仅仅提供了人的特定理解和某种现实性，而人本身是对文化存在意义不断筹划的不确定的"可能性"。因而，不同的文化模式还要面向文化存在本身获得它的"存在"意义。这些文化模式仅仅是趋向文化存在的时间性过程中的不同历史阶段和文化本身的不同"绽出"方式。这些模式只有通过人这一"文化此在"的"操持"和"牵挂"才具有了可理解的"存在"意义。因此，人作为文化存在和各种不同文化存在者之间的"文化此在"，具有为不同存在者寻求"存在意义"的功能，是存在和存在者之间的"释义者"和解释者。他的筹划活动解释了不同存在者的"存在意义"，也把"存在"的意义通过"此在"这一文化现象赋予了其他存在者。因此，文化此在（人）、文化存在者和文化存在处于一种由人的生存筹划造成的"解释学循环"中和人的生存整体结构中。脱离这种"循环",对人、围绕在人的周围的各种文化存在者以及文化本身的理解都是抽象的。

总之,人作为"文化此在",一方面,它是包含"存在"意义的特定"存在者",是包含指向存在的"意向性"的存在者,它总是"关于存在"或者说与存在相关的、"作为存在的相关项"的"存在者"。另一方面,它又是通过特定存在者("此在")表现出来的"存在"或存在的现象,人作为"文化此在"、作为特殊的存在者,是文化存在的一种"基本存在"形态,他担负着理解和追问"存在"的天命。文化存在的意义正是通过文化此在(人)的生存筹划实践解释学、现象学地展示出来。

二

海德格尔的现象学主要是对存在意义本身的追问,是一种新的基本本体论和"此在的现象学"。以往的形而上学总是对"存在者"进行探讨,将存在当作存在者探讨"存在是什么",海德格尔认为这错失了存在。在这种情况下,"我们还并不具备而且恰恰不具备对存在的追问"。[①] 海德格尔认为存在不是"什么",存在没有认识论规定,存在"这种无规定性特征可以以现象学方式得到领会"。[②] 这种领会表现为一种对存在的"前理解","我们总是已经亲历于一种对'是(存在)'的理解之中,但却不能确切地说出,这个'是(存在)'原本所意味的是什么"。[③] 存在作为可能性,作为问题是无规定的、不能说明的。存在作为问题具有特定的问题结构,这个结构包括"问之所求"(存在的意义)、"问之所问"(存在者的存在)和"问之所涉"(存在者本身)三个方面,这三个方面是纠缠在一起的。在这三个方面中,存在者本身作为"此在"具有基础和中心地位。对存在的意义本身的探求需要一个对存在有所

[①] 马丁·海德格尔:《时间概念史导论》,区东明译,商务印书馆,2009,第175页。
[②] 马丁·海德格尔:《时间概念史导论》,区东明译,商务印书馆,2009,第194页。
[③] 马丁·海德格尔:《时间概念史导论》,区东明译,商务印书馆,2009,第194页。

理解的"存在者"——此在，因此对存在问题的提问"就成了一种此在的现象学"。①对存在的理解离不开对"此在"的解释，而此在早已卷入存在之中，作为对存在的"发问者"而存在。

此在作为"意向性的"存在者早已处在"存在的急迫"中，此在是对存在有所领悟的特殊存在者。它与其他的存在者不同，它有对"存在"的疑问，它是存在之问的"问之所涉"。它的存在处在具有"问之所问"的"问题结构"中，"问之所问"的最终目的要获得"问之所求"——存在的意义（对存在的概念化）。此在作为特殊的存在者首先表现为人的存在。人不仅仅是一个生物学意义上的存在者，更是一种能追问"自己存在"和"存在意义"的文化学意义上的存在者。人是能对自己和存在进行意义追问的"自身释义者"。人是一种"符号化、概念化、寻求意义的动物"。人是一种文化动物，具有和生物学需要同样迫切的文化需要。"努力从（文化）经验中获得意义，并赋予其形式的秩序，这种努力明显地与我们更熟悉的生物学需要一样是真实而又迫切的。"②人面临文化"存在的急迫"，人需要解释自己存在的文化意义。人具有自己存在的独特生存论结构，它表现为一定的文化模式。人在其现实性上受特定"文化模式"支配。"不受人的文化模式——有组织、有意义的符号象征体系——指引的人的行为最终不可驾驭，成为一个纯粹的无意义的行动和突发性情感的混乱物，他的经验最终也会成为无形的。文化，这类模式的集大成者，不只是一个人存在的装饰品，而是——就其特性的主要基础而言——人存在的基本条件。"③人的行为具有"文化意向性"，这种意向性就决定了人是一种特定文化模式中的存在者。这种文化模式决定了人的存在是有"文化意义"的存在，文化是人的存在的基本条件和"前理解"。"文化将我们塑造成一个单一的物种——而且毫无疑问还在继续塑造成我们——从而使

---

① 马丁·海德格尔：《时间概念史导论》，区东明译，商务印书馆，2009，第201页。
② 克利福德·格尔茨：《文化的解释》，韩莉译，译林出版社，1999，第172页。
③ 克利福德·格尔茨：《文化的解释》，韩莉译，译林出版社，1999，第58页。

我们成为不同的个人。"[1] 文化使我们作为一个特殊的物种而在此"存在",也使我们作为不同的个人而存在。文化作为存在的意义是最终的追问,是人的"问之所求"。文化作为物种的存在、作为人这个特殊存在者的存在,是人的"问之所问"。文化作为不同的个人的存在,是人的"问之所涉",三种文化处于一个解释学循环中。文化可以分为三个层次,存在层次、此在层次和存在者自身层次。这三个层次共处一个存在者存在(此在)的文化的"牵挂结构"中。人的文化意向性只有从这个此在的文化结构才能得到理解,这个结构是"一种原本的现象",它是"由意向性所表示的那种东西"。[2] 文化作为人这一特殊存在者的整体结构,使我们成为与其他存在者不同的"此在",对此在的分析表现为对人的文化结构的分析。此在是具有"之中-在"的文化结构的存在,这些结构不是可有可无的属性,不是此在偶然具有的某种属性,这些文化结构规定着此在本身。"只要此在在根本上存在着,那么它就秉有之中-在这一存在方式。"[3] 此在的"之中-在"的存在方式就是此在的文化存在方式,就是人的存在方式。海德格尔的"此在现象学"可以被解读成一种对人的存在进行文化分析的"文化现象学"。文化哲学可以从海德格尔的此在现象学分析中得到有益的启发。

海德格尔认为此在具有"在-世界-中-存在"的整体结构。此在作为"之中-在"不是孤独的个体,而是与其他此在(常人)"共在"同一个"世界"中存在。此在的分析与世界的分析、常人的分析纠缠在一起。"关于世界与常人的专门解释一直都只是对在-世界-中-存在这一结构整体的一种特定开掘",[4] 是此在的一种特定存在方式。这种解释还不是对此在作为"之中-在"的原初解释。海德格尔由此推进到"此在的存在结构",这个结构是"意向性的"存在结构。海德格尔称这一结构为"牵挂"的结构。这个"牵挂"

---

[1] 克利福德·格尔茨:《文化的解释》,韩莉译,译林出版社,1999,第66页。
[2] 马丁·海德格尔:《时间概念史导论》,区东明译,商务印书馆,2009,第423页。
[3] 马丁·海德格尔:《时间概念史导论》,区东明译,商务印书馆,2009,第216页。
[4] 马丁·海德格尔:《时间概念史导论》,区东明译,商务印书馆,2009,第349页。

具有双重意义:"作为操持的对于某物的牵挂,即沉浸于世界之中,以及投身(存在)意义上的牵挂。"① 总之,海德格尔认为此在处在"之中-在"的结构中,处在世界的结构之中和存在的结构之中,这些结构都根植在"牵挂"中,这些结构只有根据"牵挂"才能得到理解。牵挂是此在的"存在枢机的源本的整体"。"作为这一整体,它总是秉有它的这一或那一确定的可能存在之方式。在此在的每一存在方式中,这一存在整体本身都是整个地当下在此的。"② 此在的整体存在本身是不可能对象化的,此在只有通过时间才能成为它的整体。"此在(即先行于-自身-存在)能够由之而能够原本地成为它的整体的那种存在,就是时间。"③ 时间就是使此在的"牵挂"整体结构得以可能的东西,时间是此在整体结构存在的视域。海德格尔对此在的整体结构的分析,对此在的"之中-在"即人在"文化之中"的存在的分析表现为对时间的分析。简言之,人的"文化结构"是一种"时间之中"的绽出的整体"结构",此在的时间性分析就是对人的文化性的分析。

三

海德格尔的《存在与时间》中的对此在的时间性结构的分析对理解人的文化存在尤其具有启发意义。海德格尔认为,此在在世界之中、在实际性和沉沦中向自己的"本真能在""操心"。"操心"是一种存在的基本现象。这种现象有着"曾在、将在和当前化"的时间性结构。每一种结构都揭示了一种"源始的"时间性的"时机"的"到来"("到时")。"源始的"时间性揭示了此在的基本生存结构的整体性,揭示了此在具有"曾在-现在-将在"的时间性的历史性的、整体性的存在结构。此在作为"在世界中之存在"具有"操心"的源头和"时间性"的烙印。海德格尔将"时间性现象"作为一种比

---

① 马丁·海德格尔:《时间概念史导论》,区东明译,商务印书馆,2009,第422页。
② 马丁·海德格尔:《时间概念史导论》,区东明译,商务印书馆,2009,第427页。
③ 马丁·海德格尔:《时间概念史导论》,区东明译,商务印书馆,2009,第447页。

"操心"（"牵挂"）更"源始"的现象，"这种更源始的现象从存在论上担负着操心的多样性结构的统一与整体性"。①操心作为此在的"能在整体"具有时间性"绽出"的结构。此在的"操心结构"作为时间性的本真存在于非本真的时间样态中，即曾在（过去）、当前化（现在）和将来的现象中，这些现象仅仅是此在的"时间性的绽出"和"到时"。"时间性的本质即是在诸种绽出的统一中到时。"②从这种时间性的"到时"中我们可以对此在进行生存论分析，既包括"本真"的分析也包括"非本真的"分析，二者无法分开。二者都是"时间性绽出"的"时机"。因而，此在的时间性是各种非本真时间的来源，时间性既可以按照"本真"时间"到时"，也可以按照"非本真"的时间"到时"。时间性是"本真"时间和"非本真"时间的"源泉"。"时间性可以在种种不同的可能性中以种种不同的方式到（其）时（机）。此在的本真状态与非本真状态这两种基本的生存可能性在存在论上根据于时间性的诸种可能的到时。"③在海德格尔看来，此在的一切存在结构（本真的和非本真的）都可以理解为"时间性的""到时"，理解为"时间性"各种不同"到时"样式。

通过对此在的"时间性"分析，海德格尔揭示了"此在"的整体结构，即"本真状态"和"非本真状态"的统一，二者统一于"源始"的时间性。"此在"的"非本真状态"即"此在"所筹划的"上手"的"器具整体"和"常人世界"。海德格尔认为"常人"生存的文化世界即人类学的和工具论的世界，是现代科学技术所"座架"和"促逼"的"异化"的世界，它使人"沉沦"其中，陷入"非本真"的"匿名"状态。人表现为没有任何"本己结构"的、可以彼此替换的"常人"。这种"常人"只是个名称，"常人"作为存在者"徒有其名"。"常人"，这种存在者缺乏"存在的论基础"这一"实"；

---

① 海德格尔:《存在与时间》，陈嘉映、王庆节译，生活·读书·新知三联书店，2000，第227页。
② 海德格尔:《存在与时间》，陈嘉映、王庆节译，生活·读书·新知三联书店，2000，第375页。
③ 海德格尔:《存在与时间》，陈嘉映、王庆节译，生活·读书·新知三联书店，2000，第347页。

"常人","这一存在者的命名不是着眼于它的存在,而是就组成它的东西而言的"。① "常人"并不作为人的"本真状态"存在,仅仅作为"非本真状态"的存在者才存在。

人的"本真"存在(人的"实")表现为担负存在意义的"此在","常人"和文化世界仅仅是"此在"存在的"实际性"结构而不是"此在"的"可能性","此在"具有"能为自己的本真存在""操心"的"时间性"结构。人就处在"曾在-现在-将在"的"操心"的整体结构中和"过去-现在-将来"的时间性演变方式中。人的"本真"存在是一个为此在的存在"操心"的"时间性"存在。人是一个面向存在而不断"筹划"自己的"本真存在"意义的可能性存在,是处在"源始时间性"中的"能在"。

海德格尔认为此在作为整体既是沉沦"在世"的"在世界中存在"以及与他人"共在",又是面向自己"本真存在"的"能在"。此在作为"在世"存在,"这种在世为最本己的能在本身而'寓世'存在和共他人存在"。② 海德格尔虽然强调了"常人"组成的日常文化世界是此在的生存论结构,但他认为它们是"此在"的"非本真"状态,应该通过"此在"的面向存在的生存筹划活动加以批判。海德格尔对人和文化的理解是时间性的和历史性的,他将人和文化理解为"此在"的生存筹划的"可能性",这种人才是"本真的人"、这种文化才是具有历史"实行意义"的"本真的文化"。人和文化都要通过"此在"的生存筹划来得到解释和理解,并通过"此在"的筹划活动来得到改变。海德格尔的现象学表现为对"常人"文化世界(现代科技文化)进行批判的文化现象学和以"此在"(本真)的生存筹划活动为基础的"实际性的解释学"。

综上,海德格尔对存在的现象学追问、对此在的生存论结构的描述和对

---

① 海德格尔:《存在与时间》,陈嘉映、王庆节译,生活·读书·新知三联书店,2000,第229页。
② 海德格尔:《存在与时间》,陈嘉映、王庆节译,生活·读书·新知三联书店,2000,第210页。

此在的"源始时间性"结构的分析,都为我们将现象学理解为文化哲学提供了范例。文化哲学作为对文化存在的本体论研究需要一种现象学的追问方式,需要对作为"文化此在"的人的生存论结构和人的"时间性"进行现象学的描述和分析。由此,我们可以将人理解为一种文化现象,人具有先在的"文化结构"和不断通过自己的生存实践解释自己的存在意义的"时间性"结构。文化、人和时间都处在这种时间性整体结构中,只有通过并进入这个结构,人自身、人的文化存在意义(主要是历史"实行意义")才能得以说明。

海德格尔的现象学强调了以"此在"的生活筹划为基础的文化的历史"实行意义"。"这种实行的意义则通过我们的生活密切联系勾连出了文化的意味。"[1] 通过强调文化的"实行意义",海德格尔把人(文化此在)的"生活理解为文化的源头"。[2] 由此,海德格尔的现象学可以被理解为"普遍的文化现象学存在论,它是从文化此在的解释学出发的,而文化此在的解释学作为生存的分析工作则把一切文化哲学发问的主导线索的端点固定在这种发问所从之出且向之归的地方(文化存在的意义)上了"。[3] 海德格尔将文化存在意义的理解与人的此在生存筹划联系起来,这对克服对文化的科学主义的、认识论的静态理解来说无疑是一种进步,也决定了海德格尔与实证主义文化观和新康德主义文化价值学派的本质区别,海德格尔开始与卡尔纳普和卡西尔"分道而行"。[4] 后者将文化哲学理解为关于文化的科学理论研究和静态认识论探讨,忽略了文化的"实践"维度和历史"实行意义"。不过,海德格尔似乎过于强调文化的"可能性"和历史性"实行意义",将现实的文化尤其是

---

[1] 鲁道夫·阿·马克雷尔:《狄尔泰、海德格尔和历史的实行意义》,载阿尔弗雷德·登克尔等编《海德格尔与其思想的开端》(《海德格尔年鉴》第一卷),靳希平等译,商务印书馆,2009,第341页。

[2] 鲁道夫·阿·马克雷尔:《狄尔泰、海德格尔和历史的实行意义》,载阿尔弗雷德·登克尔等编《海德格尔与其思想的开端》(《海德格尔年鉴》第一卷),靳希平等译,商务印书馆,2009,第341页。

[3] 海德格尔:《存在与时间》,陈嘉映、王庆节译,生活·读书·新知三联书店,2000,第492~493页。

[4] 迈克尔·弗里德曼:《分道而行——卡尔纳普、卡西尔和海德格尔》,张卜天译,北京大学出版社,2010。

现代科技文化当成"非本真形态"的文化，这不能不说是一个理论缺憾。海德格尔对现代科技文化的批判并没有为我们指出一条可能的出路，他关于此在的"本真存在"状态始终晦暗不明。在"本真文化"的理解上，他始终强调"可能性高于现实性"，而不告诉我们可能性是什么。这在某种程度上，使他的文化观带有某种虚无主义的神秘色彩。

勒维纳斯他者伦理学对西方哲学的批判性变革

孙庆斌[*]

"他者"是勒维纳斯学术思想的一个核心范畴,勒维纳斯通过"他者"传递了一种强烈的伦理精神。在他看来,作为第一哲学的形而上学在本质上应该是伦理的。他要论证伦理学作为第一哲学的形而上学,而不是探讨具体的道德规范。勒维纳斯说:"我的任务不是要建构伦理学;我只是想努力发现伦理的意义。勒维纳斯首先要扫除伦理学成为第一哲学的障碍,即批判西方传统的本体论哲学立场,进而在强调"他者"绝对差异性的同时将对他者的责任赋予人,明确自我与他者伦理关系的优先性,确立伦理学的形而上性质。

一 勒维纳斯他者伦理学的批判指向:西方哲学的本体论传统

按照亚里士多德的解释,本体之学的目标是寻找"万物始所从来,与其终所从入者,其属性变化不已,而本体常如"的东西。在西方哲学史上有着各种各样的本体论,柏拉图的理念论、亚里士多德的实体论、康德的物自体学说、黑格尔的逻辑学、海德格尔的基础本体论等,追根溯源,在巴门尼德第一次提出"存在是一"的希腊哲学奠基时代便已确立了本体论哲学的这种基本特征及走向。

---

[*] 孙庆斌,黑龙江大学哲学学院教授,主要从事高等教育、哲学和伦理学研究。

把西方哲学的历史概括为本体论哲学的历史,是勒维纳斯的常识性判断,也是他哲学批判奠基性的一步。在他看来,西方文化的危机,从总的根源上说,是哲学立场观点和方法的危机,即本体论所造成的同一性思维方式的危机。勒维纳斯认为,"本体论"在追求同一性的过程中遗失了超越性的维度,本体论是"一种普遍综合的企图",是彻头彻尾的同一性哲学。正是在这个意义上,勒维纳斯质疑了本体论:"在知识的分支中本体论的首要性难道是最明显确证的吗?"勒维纳斯对西方哲学本体论传统的批判主要从以下几个方面展开。

(1)对同一性哲学的批判。在《总体与无限》中,勒维纳斯把从巴门尼德到海德格尔的西方哲学称为同一性哲学。在他看来,"把他者还原为同一的本体论"代表了西方哲学的努力方向。他形象地把这一趋势称为"传达给我们的哲学建立在相当数量的同一之上"。这种本体论追求同一性,以占有、消融乃至泯灭他者的他性为己任。

"同一性"起源于经院哲学晚期的拉丁词 Identitas,其含义为不因时间的流变性所改变的"同一"(the same)和不为空间的多重性所改变的"一"(the one)。对于"同一性"而言,不存在具有差异性的"他者",不存在林林总总的"多样性"。"同一性"迎合了本体论哲学的兴奋点,营造了哲学的同一性主旋律。其结果正如勒维纳斯所说,那就是"西方哲学最为经常地是一种本体论:通过中介或中项的介入把他者还原为同一以保证存在的包容性",这种同一性的传统一直在继续,即使到了近代,从笛卡尔到黑格尔和海德格尔,他们所代表的哲学强调的都是同一性。勒维纳斯批评这种同一性哲学为"消化性的哲学"、存在的"增锅"、炼丹术、对他者进行转变的场所。在同一性哲学中,自我的自由得到了确证,自我的自由就是保证没有任何他者阻挡我进行同一的自由,他者要么作为同一的对象被同化,要么作为同一的障碍被征服,在同化和征服的过程中关于自我的真理获得了胜利。因此,勒维纳斯通过自我与他者的矛盾批判了传统本体论。

(2)对总体性哲学的批判。勒维纳斯指出,西方的本体论传统追求的是

"总体性",是一种包含所有存在的总体。这种批判的倾向在《总体与无限》一书的书名中就能体现出来。《总体与无限》阐发了勒维纳斯与代表"总体性"的本体论传统决裂而走向"无限"的思想取向。勒维纳斯认为,本体论的立论前提是认为在现象世界的背后有一个统一性和绝对性的终极存在,本体论的目的就是要追求这个具有最高统一性、绝对一元化的存在,这就是本体论的总体化倾向。总体性的本体具有无限的统摄性,它包罗一切,涵盖万有。这种总体性意味着一种"封闭的状态",即把经验现实封闭在一个完满的思维王国中,并以此作为整个宇宙、人类社会和人的生存的基本模式。勒维纳斯经常用尤里西斯回到故乡的故事隐喻对总体性的依恋与追求,用亚伯拉罕远走他乡的故事隐喻向无限性的敞开与对总体性的逃离。他不喜欢尤里西斯这个黑格尔式的英雄、封闭型的循环者和怀乡流浪者,这其中暗示了他对希腊哲学所具有的总体性精神的不满。因为在勒维纳斯看来,为了完成这个封闭经验的回归,就一定要设立一个中心,使一切东西都能围绕着它运转起来,这个中心就是西方本体论哲学追求的基点——"逻各斯",在逻各斯的光照之下,这种追求总体性的本体论哲学,把一切异在的、他性的东西都纳入总体的操控之中,整合、消化、吸收,使之丧失了全部的他异性和外在性,这就是"总体性"的弊端所在。因此,勒维纳斯通过无限和逻各斯的矛盾批判了传统本体论。

(3)对权力哲学的批判。勒维纳斯对本体论批判的更深层意义是指出了本体论的哲学传统将导致一种消灭他者的强力和非正义的哲学——权力哲学,他说:"作为第一哲学的本体论是一种权力哲学。"勒维纳斯认为权力哲学是战争,他所说的战争不仅仅是军事冲突——军事冲突只是战争的一种极端表现形式,勒维纳斯还看到了"各种隐蔽的战争,各种利己主义彼此之间会突然发生不流血的战争,这就是商业领域里的战争"。勒维纳斯看到战争给人类带来一种无法逃避的秩序——专制。"战争为生活带来一种任何人也无法逃脱的秩序。这种秩序'支配'每一个人和每一样事物,它指派给每一个人和每种事物在它的系统中的地位。这就意味着,作为全面动员的结果,个人只是相对于他在这整体中的地位和功能才具有他的意义。这还意味着,个人生活现在的价值仅只依赖于这个整体,整体的未来才是真正具有决定性的东西。"在权力哲学的支配下,对于他者中立化理解的现实境遇就是,不能与他者和平共处,处处要压制或占有他者。"'我思'变成了'我可以'——一种对是什么的占有,一种对实在的剥削。"勒维纳斯认为西方本体论哲学醉心于权力要求,它的自我之学就是自我授权,我们同他者的关系自始至终都带着暴力结构的烙印,暴力贯穿于整个西方哲学的历史中。事实上,勒维纳斯以"为他人"为核心的伦理学是在表述他在第二次世界大战中所经历的痛苦事实。

总之,勒维纳斯认为,西方传统哲学中本体论成为第一哲学而伦理学成为附庸,置于存在论之下的伦理关系只是存在关系的引申。勒维纳斯指出,伦理意义在认知意义之外、在世界之外,"伦理学并非从自然本体论中推导出来的,它恰恰是与之对立的东西"。勒维纳斯要改变这种状态,建立作为第一哲学的伦理学。对本体论的克服意味着哲学新的可能性,意味着西方历史和文化的新纪元,勒维纳斯的本体论批判和伦理学构建为的就是这种新的可能性。

二 勒维纳斯他者伦理学的建构方向

伦理学作为第一哲学,勒维纳斯对于伦理学的界定是:"我们把这种由他人的在场而对我的自发性提出的质疑称为伦理学。"传统伦理学以自我的自主性为出发点,并以此界定自己的行为准则和与他人的关系。但是,自我的自主性不能成为伦理的中心,勒维纳斯把他人置于首位,并认为他人对于自我的限制才是伦理的真正起源。

首先,勒维纳斯明确了为他者的责任是自我的伦理精神。勒维纳斯关于他者的伦理学主要是通过对"我—他"之间的关系来深入阐释的,他用"面对面"这一直观的比喻来解释这种关系。勒维纳斯认为,他者的面孔呈现在我面前之际,我必须做出回应。"回应"(response)和"责任"(responsibility)的词根是相同的,"责任"一词从词源上由"回应"演变而来,"回应"这个词本身就蕴含着"责任"的意思。我对他者面孔做出回应,这是由他者面孔的命令性决定的,我在回应中就担负起了对他者的责任。这样,他者呈现于我的面孔,从一种命令行为转化为我实实在在的责任,这一面对面的关系赋予主体以伦理的内涵。勒维纳斯提倡为他者的精神,但也没有否定主体的存在,而且他在"为他者"的伦理境遇下,更强调主体存在的伦理意义与价值。勒维纳斯不否认主体的存在,他认为应该加以批判的是同一的暴力的主体而不是伦理的主体。所以说,勒维纳斯通过强调他者实际上是赋予了主体以伦理性。勒维纳斯经常援引陀思妥耶夫斯基《卡拉马佐夫兄弟》中的一段话:"我们每个人在每个人面前要负起责任,而我要比其他人负得更多……我永远负着责任,每一个我都是不可交换的。我做的事情,没有任何人能够代替我的位置,特殊性的核心就是责任。都在我的位置上代劳。"这段话正是勒维纳斯赋予主体一种伦理责任的生动体现。通过他者的召唤,勒维纳斯将对他者的责任赋予了主体,这是对西方哲学传统的变革,也是对自文艺复兴以来西方社会过分追求自由解放的个体性至上精神的猛烈抨击,更是勒维纳斯建构他者伦理学的方向。

其次,勒维纳斯提出了自我与他者的伦理关系的优先性。勒维纳斯认为,人在世界中的存在是一种道德存在,我们和他人的关系先于一切认识关系。他人的面孔就是一种命令,我们不能抓住他者以便统治他,而只能对他者的面孔做出反应,做出回答,这一点先于任何自我意识而存在。勒维纳斯认为,真正的伦理关系是承认我与他者的关系是一种不对等关系,我始终是为了他者,我是为他者服务的,我不求获得任何回报,这实际上是一种奉献而非占有的关系。勒维纳斯指出,我对他者负有的责任是艰险和无限的:代他者受苦,代他者受过,甚至代他者受死。由此我们认识到他者的出现让我们意识到我与他人的伦理关系,我对于他人负有责任,他者对我的自主性、我的自由提出疑问。勒维纳斯的伦理观点试图提供一种既没有传统的原则做基础又不以普遍性为指向的伦理,伦理是人与人之间的基本生存条件,我对他人的责任和义务是绝对的,这一伦理关系优先于其他任何关系。

最后，勒维纳斯赋予伦理学以优先于本体论的地位。他把伦理学放在本体论之前，他一再表示："那存在问题之外的不是什么真理，而只是善的问题。"他对柏拉图"善超越存在"的观点极为赞赏；对康德的"人的意义不再根据本体论衡量，而始终应由伦理学衡量"的这一思想也推崇备至。勒维纳斯进一步提出，道德不是哲学的分支，而是第一哲学。他要以伦理学的首要性代替本体论的首要性，真正的伦理学是与本体论相异并高于本体论，存在论哲学应奠基于伦理学基础之上。[①] 勒维纳斯指出，存在论哲学是在存在的视阈中理解存在者，但是"对一般存在的理解不能支配同他人（the Other）的关系"。相反，在勒维纳斯看来，不仅同他人的关系不能在对一般存在的视阈中进行，更重要的是，如果没有同他人的关系，存在论哲学就是不可能的。就是说，同他人的关系是存在论哲学的条件，伦理学是比存在论更"原始的"。

三 勒维纳斯他者伦理学的当代意义：中国文化现代化的伦理取向

纵观20世纪的西方社会，以理性精神为主导的西方文化及其现代性后果，并不如人们希望的那样带给人们物质的富裕和精神的满足，理性精神的致命缺陷终于酿成苦果：经济危机、法西斯主义、世界大战成为人类文明永远无法抚平的伤痛。勒维纳斯的哲学思想就是要对经历了第二次世界大战以及对犹太人大屠杀之后的欧洲文化危机思想根源进行剖析，这个根源在他看来就是西方哲学过分追求本体论而忽视了伦理学。勒维纳斯看到了伦理道德在西方文化中被边缘化的命运，致使人生的价值取向、价值标准和价值实现方式发生选择上的错位，导致价值理想虚无、理想信念缺失、道德操守失衡，造成个人主义、拜金主义和享乐主义泛滥，人与人、人与自然、人与社会的关系急剧恶化。在本体论同一性的思维模式下，伦理学失去了超越的维度，致使他者失去"他性"，人的伦理意义丧失了，人与人之间的关系也变为暴

---

① 参见朱刚《伦理学作为第一哲学如何可能》，《南京大学学报》2006年第6期；孙向晨：《论一种伦理形而上学的可能性》，《云南大学学报》，2002年第2期。

力的关系。勒维纳斯重申形而上的伦理观，是要把人的伦理本性重新赋予人，使人不断地追寻伦理的责任，不断地超越、提升自己，从而摆脱现代西方人与人漠不关心的道德危机。可见，勒维纳斯哲学对于批判当代西方社会具有重大现实意义，这也是他的哲学备受关注的原因。

中国正处于文化转型的关键时期，在西方发达工业社会所具有的高度发达的理性精神和主体意识已经日益呈现矛盾与困境时，中国主导性的具有现代意义的理性文化精神还没有真正地生成，公民的主体意识还不具备。中国文化精神的建构是继续寻求还是回避在西方已经呈现危机的理性精神和主体意识，这是我们必须做出的抉择。笔者认为，勒维纳斯为了他人的伦理精神可以为我们在矛盾的抉择面前提供一种参照。

一方面，塑造中国主流文化精神应该突出伦理优先的原则。任何一个时代的伦理学，实际上都是那个时代关于人的生存意义的理论表现，都是对人的生存、发展和精神完善化的理论反思。人的存在、发展及其精神完善化乃是伦理学的主题，换句话说，伦理学的一切问题就是围绕人的生存和发展这个方面展开的。实践证明，西方理性精神在西方历史的发展过程中起到过积极的推动作用，后来之所以陷入了危机，主要原因是伦理学的积极作用被同一性思维方式的暴力关系埋没了，伦理学超越性意义的丧失直接导致了人之本性的失位，间接地促成了理性精神的毁灭。因此，可以得出结论，当代中国文化的建设绝不能忽视伦理文化的建设。

另一方面，塑造中国主流文化精神应以伦理主体为核心构建他人优先的主体意识。"个体的主体性和自我意识的生成或走向自觉，是现代性的本质规定性之一。"主体意识的生成是中国文化建设的题中应有之义。在当代，主体性在西方简直成了过街老鼠，无论是现代的还是后现代的，无论是结构的还是解构的，无论是马克思主义的还是非马克思主义的，无论是大陆哲学还是英美哲学，在对现代西方危机进行批判之时，几乎都把主体性作为一个重要的批判对象。这种人人喊打的局面势必给我们造成疑惑和矛盾心理，如果强调人的主体性，那我们是否会再一次陷入西方的困境；如果回避主体性，我们还没有在真正的意义上形成过主体意识，这样做是不是杞人忧天呢？勒维纳斯的他者伦理学构建"为他人"的伦理主体，这个纲领式的主张明确了他人不是我的认识的对象、同一的对象，而是我要承担责任的对象、承担义务的对象，自我是为了他人而存在的伦理主体。勒维纳斯要给自我或者主体性重新定位：所谓人的存在，就是为他者而在的存在，他人的存在优先于我的存在。"人类的人性——真正的生活——是缺失的。在历史的和客观的存在中保有人性，凭借着警觉和领悟，真正突破主观的藩篱……这才是摆脱了自身存在条件限制的存在：进入无我状态。"确认他人优先的原则就是承认他人不同于我，他人超越于我，我是为了他人而存在的。可以说，勒维纳斯倡导的这种新的主体性不仅不会造成人与人的紧张状态，反而有利于解决现代社会中的道德冷漠问题。

同时，这种他人优先的设定还可以引申到人与自然的关系中。在现代化建设的今天，真正的他人优先原则不仅要体现在人与人的主体间关系中，还要体现在人与自然的关系中，这是全球化时代人类给自身设定的新问题。他人优先的主体性原则应用于人与自然之间的关系上，就是要明确作为自然的他者优先。将人与自然的和谐发展与人的伦理品行联系起来考察，人与自然的关系就被纳入伦理学的学术视野中，从而拓展了传统伦理学的研究领域，而这也正是当今环境伦理学的基本价值取向。

勒维纳斯创立了一个以他者为核心的哲学伦理学体系，这种强烈的"为他人精神"批判了西方文化将伦理价值边缘化的现象，明确了"从他人的责任中诞生的、旨在创造道德存在的伦理学"在西方文化中的重要性，对当代中国的文化建设不无借鉴价值。

实在、符号与文化
——许茨的现象学社会学理论

张 彤[*]

胡塞尔在晚年提出了"生活世界"这一概念,然而,由于胡塞尔几乎毕生都在追求实现先验哲学的理想,因而"生活世界"在胡塞尔的哲学中地位有限,关于生活世界的研究只被"看作通向超验现象学的两条新道路之一"。[①] 而正是他的学生,阿尔弗雷德·许茨,注意到了胡塞尔"生活世界"所包含的日常生活的内容和社会文化的意义。许茨紧紧围绕着日常生活的世界而将研究逐步展开,通过对日常生活的最高实在与主体间性的社会世界的分析,揭示生活世界从根本上是包含着多重实在的类型和各种社会符号的文化世界,从而颇具创造性地发展了非常新颖且令人激动的现象学的社会学理论。

一 多重实在与最高实在

对实在的探讨一直是哲学研究的一个恒久主题。对于"什么是实在""人怎样把握实在"以及"实在是一种还是多种"等问题,许茨也有过深刻的思考。这里,许茨借鉴了威廉·詹姆斯的观点,威廉·詹姆斯认为:存在几种或无数种实在,每一种实在都具有其特殊的和独立的存在风格,这个世界可

---

[*] 张彤,黑龙江大学哲学学院教授,主要从事文化哲学以及现象学研究。
[①] 施皮格伯格:《现象学运动》,商务印书馆,1995,第215页。

分为各种自然事物的世界、科学的世界、各种理想关系的世界、宗教的世界、艺术的世界以及幻想的世界、梦的世界等,"实在仅仅意味着与我们的感情生活和主动生活的关系"。① "实在"的概念起源于人的主观意识,当一个世界被人们注意的时候,就是真实的,就是一种实在,而实在是随着注意的消逝而消逝的。我们还可以举出许多例子:小孩子的游戏世界是他的实在,科学家在进行科学研究时面对的是科学的实在,在我们睡着进入梦乡的时候,梦到的东西绝对属于梦中的实在,当我们在剧院中看到舞台幕布徐徐拉开的时候,当我们聆听一首美丽的歌曲,当我们伫立在一幅艺术作品之前,我们都经历了一种实在的转换。

正如威廉·詹姆斯的许多思想给予了胡塞尔灵感一样,詹姆斯的这一思想无疑深深启发了许茨。许茨把我们各种经验的意义称为实在,并认为以下这些世界:梦的世界、想象和幻想的世界、艺术的世界、宗教的世界、科学家的世界、儿童游戏的世界以及精神病患者的世界,都具有独特的认识风格,这些独特的认识风格构成了一种有限的意义域,在某一个独特的有限意义域之内,特定的全部经验之间相互并不矛盾,因此,每一种有限意义域,都具有一种特殊的实在特征,都可以称为一种实在。

但是,就这种特定的认识风格而言,这些经验的一致性与相容性,只有在它们所从属的这种特殊意义域的界限之内才能有效。这种有限意义域意味着我们不能通过引进一种转化公式,把一个意义域中的一个意义归结为另一种意义域,这些意义域的关系是断裂的、非连续的,"只有通过一种跳跃,我们才能从一种意义域向另一种意义域过渡"。② 而这种跳跃是通过主体对一种经验的"震动"(shock)而表现出来的,这种震动是在我们意识中发生的一种根本修正,即意识处于不同的张力程度中,梦中意识张力程度最低,而日

---

① Alfred Schutz, *Collected Papers I, the Problem of Social Reality*, Martinus Nijhoff/ The Hague, 1973, p.207.
② Alfred Schutz, *Collected Papers I, the Problem of Social Reality*, Martinus Nijhoff/ The Hague, 1973, p.232.

常生活中的行动意识张力程度最高,因为行动表现了对满足实在及其各种要求的最大兴趣,梦则是完全缺乏兴趣的。"因此,注意生活,是我们意识生活的基本调节原则。它界定了与我们相关的世界的范围,它连接我们那不断流动的思想之流……"①

许茨认为,现实中之所以会出现许多争论和悖论,都是由于把一个有限意义域中的东西与另一个有限意义域中的东西混淆,在一个有限意义域中的概念和观念,在其他领域如果不经历彻底的修正,就会变得毫无意义,就像一个国家的货币一旦跨出国界,它就不再是法定货币一样。当我们注意的时候看来是一种实在的东西,如果用另一种标准来衡量,那么很可能就是非实在的,而没有任何意义。因而我们生活的这个世界是一个多重实在的世界,每一个实在都会产生属于自己的独特意义。

许茨把日常生活的世界看作最高实在,不仅因为在日常生活的世界之中,人完全地注意生活,而且因为日常生活的世界也是一个工作世界,在工作世界之中,人是精明成熟的,意识张力程度也最高。因此,工作世界作为这种最高实在的特征最为明显:"它是我的各种运动和各种身体操作的领域,它提供要求我努力去克服的各种抵抗,它把各种任务摆在我面前,允许我把我的计划进行到底,使我试图达到我的目的从而导致成功或者失败。"②在工作之中,我们总是利用我们的身体参与它、接触它、改变它,世界首先不是一种我们思想的客体,而是一个我们支配的领域,许茨把单纯的思考行为与那些身体运动区别开来,并称后者为工作。我们对世界首先并不具有理论的兴趣,而是具有突出的实用的兴趣,而这种兴趣是由满足我们生活的基本需要所决定的。而且,只有在这个工作世界的最高实在之中理解他人,并与他人沟通才成为可能并变得有效,这是许茨把日常生活的世界看作最高实在的一个决

---

① Alfred Schutz, *Collected Papers I, the Problem of Social Reality*, Martinus Nijhoff/ The Hague, 1973, p.212.
② Alfred Schutz, *Collected Papers I, the Problem of Social Reality*, Martinus Nijhoff/ The Hague, 1973, p.227.

定性因素,"沟通却只有在这种纯粹理论领域之外,在这个工作世界之中才是可能的"。①

我们不仅在日常生活的世界之中行动,而且与他人保持着交往与互动,而根据韦伯的定义,社会行动必须是"关联着别人的举止,并在行为的过程中以此为取向"。②因此,我与他人的互动构成了真正的社会行动;而根据胡塞尔现象学,行动从来都不是孤立的,而是与其他行动相互联系的,行动根植于日常生活的常识世界的各种类型化,这些类型化构成了人在社会中生存的前提,胡塞尔曾经将其称为"我可以再做一次"的理想化。因此,无论是公开的行动还是隐蔽的行动(指意识活动),所有行动都具有与社会相联系的视界,这就把我们引入许茨对有关社会实在的问题的探讨,这也是许茨关于社会世界的现象学的独创性所在。

二 符号与社会

许茨认为,我们关于他人心灵的知识是建立在各种接近呈现参照的基础之上的。"接近呈现"(appresentation)一词来源于胡塞尔,胡塞尔在《逻辑研究》《观念》,以及晚年的《笛卡儿的沉思》《经验与判断》中都有过论述。在《逻辑研究》中,他指出了符号意向与直观意向的差别,例如,当我们看一个物体正面的时候,它的其他侧面都是以一种类比统觉的形式接近呈现的;③在《观念》中,他又认为:物超越了人对物的知觉,人在体验物时,实际上融入了人的意识的"接近呈现"的统握与综合作用,所有有意义的关系都是以这种类比统觉的形式"接近呈现"给我们的,通过"接近呈现",我们才把某种东西当作有意义的东西来直觉经验。④在晚年的《经验与判断》中,胡

---

① Alfred Schutz, *Collected Papers I, the Problem of Social Reality*, Martinus Nijhoff/ The Hague, 1973, p.256.
② 韦伯:《经济与社会》,商务印书馆,1997,第 40 页。
③ 胡塞尔:《逻辑研究》第二卷,上海译文出版社,2006,第 58~68 页。
④ 胡塞尔:《纯粹现象学通论》,商务印书馆,1996,第 116~121 页。

塞尔更是认为，配对的被动综合在实际的知觉与回忆之间，在知觉和幻想之间也可以存在，它在实际的经验与潜在的经验之间、在人们对事实的理解和对可能性的理解之间也可以存在。①其实，"接近呈现"是一种联想的被动综合作用，我们对接近呈现关系中的接近呈现的一方的理解唤起了被接近呈现的一方的理解，而一切主动的记忆过程都以一种曾经发生过的被动联想觉醒为基础。

因而，一个客体、事件不是被当作它们本身来经验，而是被当作代表另一个没有通过直接呈现给经验主体的东西来经验，进行接近呈现的成员唤醒了被接近呈现的成员，而后者是一个自然事件还是一个事实，又或是一个理想客体这都无关紧要，关键在于后者不是经验主体可以直接觉察到的东西，它是一种精神存在物。由此可见，接近呈现是一个符号，它引向了属于它的另一种意义："这一点是通过创造更高一级的接近呈现参照来实现的，为了与我们迄今为止使用的术语'记号'、'指示'、'指号'相对照，我们应该把这些接近呈现参照称为符号。"②因此，它超越了当初使用它的原始情境，而与这个情境之外的事物联系了起来。

既然说接近呈现是一种符号，那么这种符号对于我们的日常生活有什么影响和作用呢？为什么说我们的社会生活需要这种符号来引导呢？在许茨看来，日常生活的常识思维是有限的，而自然界在时间和空间两个方面都超越了我的生平情境，超越了我的日常生活。同时，我生活在与他人共处的社会世界之中，而社会世界也以同样的方式超越了我的日常生活："我出生于一个经过预先组织，并在我死后仍将继续存在的社会世界之中，这是一个从一开始就由我和那些被组织成群体的同伴共享的世界，是一个在时间方面、空间方面以及在社会学家称之为社会距离的方面都具有特殊的开放视域的世

---

① 胡塞尔：《经验与判断》，生活·读书·新知三联书店，1999，第 212~215、255~256、278~280 页。

② Alfred Schutz, *Collected Papers I, the Problem of Social Reality*, Martinus Nijhoff/ The Hague, 1973, p.331.

界。"①这样，我就感受着双重的超越——自然界的超越和社会的超越，我必须认为它们是理所当然的，因为我在任何时刻都处在它们之中，自然界与社会永远是我的生平情境的共同构造成分，是我无法摆脱的经验。

为了在这个世界上生存，我们就必须与各种超越的经验达成协议，许茨思想的独创性就在于：他指出了自然界与社会的秩序我们是怎样认识的，日常生活的有限思维只能认识眼前的一切，而无法认识超越这些现象的自然界与社会的各种秩序，而正是我们在社会文化环境之中发现的各种从社会角度得到认可的符号系统，为我们认识这些超越经验提供了可能。为了理解那些与日常生活世界中所熟悉的现象相类似而超越了日常生活世界的现象，人们发展了各种符号作为手段，以便使社会生活变得游刃有余。

"人类社会并不像一种自然现象那样，仅仅是存在于有待观察者研究的外部世界之中的一种事实或者一个事件……它是被人们通过一种详尽的符号论，通过各种各样的致密性和分化程度——从典礼仪式，通过神话，一直到理论——来具体说明的，在符号使这样一种对于人类实存的奥秘来说的宇宙状态的内部结构，使它的成员以及成员群体之间的关系，以及使它作为一个整体的实存变得清晰明澈的范围内，这种符号论是用意义来具体说明它的。社会通过符号进行自我说明，这是社会实在的一个不可缺少的组成部分，而且人们甚至可以说，是它的根本组成部分，因为通过这样的符号化，一个社会的成员就不再把它仅仅当作一种偶然事件或者一种便利来经验，他们把它当作有关他们的人类本质的东西来经验。相反，这些符号表达这样的经验，即人由于参与一个超越他的特殊实存的整体才完全成为人。"②

以上这一大段文字是埃里克·沃格林（Eric Voegelin）在《新政治学》中的论述，许茨非常重视这段话正是因为：如果说是我们的各种经验的意义构

---

① Alfred Schutz, *Collected Papers I, the Problem of Social Reality*, Martinus Nijhoff/ The Hague, 1973, pp.329-330.
② Alfred Schutz, *Collected Papers I, the Problem of Social Reality*, Martinus Nijhoff/ The Hague, 1973, pp.336-337.

成了实在，那么，正是符号的意义构成了社会实在。因而，人们通过符号的作用，就超越了他们有限的日常生活，而进入了社会世界的广阔领域，正是通过符号的意义，人们才能理解社会实在问题。在许茨看来，意义的问题也是文化的问题，"日常生活的世界之所以是一个文化世界，是因为对于我们来说，它一开始就是一个有意义的宇宙，即它是一种意义结构"，[①] 这就凸显了文化的问题。

三 意义与文化

要回答"意义是如何产生的"这一问题，从根本上说要依赖于胡塞尔的现象学。许茨在年轻的时候受到胡塞尔现象学的启发，写出了《社会世界的现象学》一书，胡塞尔看完此书后，对许茨大加赞赏，称许茨为"触及我的生活著作之意义核心的极少数人中的一个"。[②] 此书主要阐明的是社会世界的意义是如何产生的，即社会世界的意义构造。其核心观点为：行动与意义都是发生在内在时间意识之中的事件，行动是一系列连续不断的经验，而唯有当我们进行反思时，行动的意义才会出现。而韦伯没有注意到或没来得及分清处于正在进行的行动和作为行动已完成的结果的行为的区别，导致了他的行动概念的不确定性。通过阐明行动与意义的问题，我们才能理解包括各种亲疏程度的复杂的社会结构。

既然意义是发生在我的内在时间意识之中的事件，那么，它原则上只能是主观的，即我唯有通过反思的注意行为，从我过去的意识流中抽出或挑选出某些行动进行解释，赋予这种行动以某种意义，所以意义原则上只限于个体的自我解释，并且这个个体需要经历过有待被解释的经验，这些都发生在个体独特

---

① Alfred Schutz, *Collected Papers I, the Problem of Social Reality*, Martinus Nijhoff/ The Hague. 1973, p.10.

② Alfred Schutz, *Collected Papers I, the Problem of Social Reality*, Martinus Nijhoff/ The Hague. 1973, preface Ⅹ.

的意识流之内，这种意识流其他人绝对不可能触及，它对其他人是不开放的。那么，在日常生活中的我与他人的互动过程中的意义是如何产生的呢？

许茨重点分析了面对面的"我们关系"。在这种面对面的"我们关系"中，所有我和你的各种不同接触都被组织在多重的意义脉络之内，我不只注意我对你的经验，我还注意你的实际意识经验。当我注视你时，我会看到你也取向我，当我搜寻你的言谈、你的行动，和你心中所想的意义的时候，你也在找寻我的言谈、我的行动，以及我心中所想的主观意义，而这会影响到我对你的意向，以及我如何针对你而行为。因而，我和你这种视线的交错，正是改变所有这一切的关键所在。我和你共享一种"生动的现在"，正是基于和仿照这种面对面的"我们关系"，我与同时代人的关系、我与前人的关系、我与后人的关系才得以建立，社会世界之中或者亲密或者陌生、或者现实或者抽象、或者明显或者隐蔽的各种关系才得以形成。

而且，在这种"我们关系"中，我对自我经验的说明与解释发生在我自己经验的整体框架内，这个整体框架是由我的意义脉络所构成的，而我的意义脉络又源自我过去的经验。但是，你的意义来自你的经验的整体框架之内，你的经验流也是一种连续带，而我只能掌握到这其中非连续的片段。我和你的不同，不仅在于我们彼此只能观察到对方的经验的片段，而且在于我认识你的经验片段时，事实上是我在自己的意义脉络内来重新组织我所看到的，而你也在你的意义脉络内组织你自己的经验。因而，我赋予在你的经验上的意义，绝对不会和你自己解释自己经验时的意义丝毫不差。

因此，我理解他人，实际上永远参照了一个我的行为和经验。对他人的行为的解释其实就是解释我自己的经验，我把它们安插在我自己的经验的意义脉络之中，这种理解只是说明我自己的经验的意义，因此理解指的就是一种意义关联。那么，我理解的这种意义是什么意义呢？它既可以指一种主观意义，也可以指客观意义，所谓主观意义就是通过移情而追溯到意义的产生者当时的心理状态或者说内在意识的构成状态，而所谓客观意义是一种一般的意义，或者说是一种普遍的意义，是一种如果别人进行理解也会得出的同样的意义。正如胡塞尔在《逻辑研究》的语义学理论中所指出的，各种记号、符号不仅指使用这些记号、符号的人当时表达的主观经验，而且指这些符号本身，还指这些符号代表的事物，这些符号代表的事物是一些不变的、客观存在的观念。①

"客观意义就是记号的意义，也是核心意义；主观意义是属于周缘的，是来自记号使用者心中的主观脉络。"②这说明了思想和意义并不是一下子就得到的，它经历了一个意义建立和意义解释的过程。而我一方面可以集中注意他所说的客观意义，这既可以指真实的事件，也可以指理念的内容，它们与听者无关；另一方面我也可注意到说者在说话的时候心中所想的。因而，客观意义是不变的，它具有胡塞尔所说的"诸如此类和我能再作一次的理想化"的性质，并在某种程度上独立于制造者当初的环境，这个意义是从每个意识中抽离出来的；而主观意义涉及他作为一个特殊的个人的意义脉络，涉及他以前的所有生活的历史，以及此时此刻他的愿望、动机和期盼，因此，我们只能通过仿照我的意义脉络而假定他的主观意义是什么，至于他的全部主观精神状态，总有一部分内容对于我来说是隐匿的，是我无法知觉的。

因此，无论是主观意义还是客观意义，实际上都是建立在我自己的经验的基础之上的，客观意义是基于一种理想型的解释模式而包含着我自己对客体的经验，而对于主观意义，则是直接指涉他人的意识构成行为，这意味着我在心中同步或准同步地进行构成他人的经验的多元行为。无论要理解何种意义，我们都必须通过建立一种理想型的行动模式、动机类型和人格类型来理解，"我们把一整套假定的支配其行动的不变动机赋予那些或多或少有些匿名的行动者。这一整套假定的动机本身就是某种有关他人行为的类型期望的构想……这样一种行为模式越制度化、越标准化，也即它以一种从社会上得到法律、规则、风俗、习惯等认可的方式越类型化，我自己的自我类型化行

---

① 胡塞尔：《逻辑研究》第二卷，上海译文出版社，2006，第113~114页。
② 许茨：《社会世界的现象学》，台湾久大文化股份公司，1991，第143页。

为将会带来的所要造就的事态的概率就越大"。①

综上所述，意义是我与他人直接互动的过程与结果，它来源于人的意识所特有的反思和解释性活动。而文化正是在我们各种经验的意义基础之上的更高层次的一般化、概括和抽象，文化其实就是在建立意义和解释意义过程中的一种历史性积淀，文化具有一种历史性，通过回溯这种历史性，我们就指向了人类产生文化的各种意义活动。在这种历史性积淀基础之上，可以形成特定人群的用来认识事物和理解事物的文化形式和文化模式。我们生于斯、长于斯的这个日常生活的世界不仅是一个吃喝住穿、生老病死的世界，还是一个文化世界。这样，许茨就把自然领域与文化领域区别开来了，像人类的各种工具、语言、文字与符号系统，各种绘画、音乐与雕像等艺术作品，以及更加抽象的各种社会制度、法与国家等，其实都是人以往文化保留下来的产物，它们起源于人类主体的一种意义活动，指向一种意义产生与意义解释的过程，而通过理解文化，就把我们带入了延伸到遥远过去的传统、惯例和习俗之中。因而，日常生活世界也是一个文化世界，是一个从历史的角度给定的意义世界，是以往人类精神成就的历史积淀的总和，这里是意义的唯一出生地。

这样，许茨就把对生活世界的探讨与意义和文化的问题联结了起来。许茨不仅把生活世界作为最高实在的日常生活的世界来看待，而且将其作为一种社会世界和文化世界来加以研究。在他看来，"我的日常生活世界绝不是我个人的世界，而且从一开始就是一个主体间性的世界，是一个我与我的同伴共享的世界，是一个也由其他人经验和解释的世界，简言之，它对于我们所有人来说是一个共同的世界。我在我存在的任何时刻都发现自己处于这个世界之中所依据的独特的生平情境，只有一小部分是由我自己创造的。我发现我自己总是处于一个历史性的给定的世界之中，它作为一个自然世界，同样也作为一个社会文化世界，在我出生以前就存在，在我死后仍将继续存

---

① Alfred Schutz, *Collected Papers I, the Problem of Social Reality*, Martinus Nijhoff/ The Hague, 1973, pp.25-26.

在"。① 许茨不仅把日常生活世界作为一个我与他人进行交往、互动与共同作用的舞台，而且把生活世界看作总体性的文化世界，正是在这一点上，很多世界级的大哲学家，如哈贝马斯、吉登斯等人都从他那里得到了创立学说的启示与灵感。

---

① Alfred Schutz, *Collected Papers I, the Problem of Social Reality*, Martinus Nijhoff/ The Hague, 1973, pp.312-313.

马尔库什的文化批判理论[*]

孙建茵[**]

人类历史是一个时空交错的坐标系,站在新纪元的时间维度里回顾刚刚走过的20世纪,呈现在我们眼前的是一幅生动壮阔但又复杂交错的图景。在物质世界里,人类通过不懈的努力,进一步按照自己的愿望改造外部环境,建立了一个合乎人类需要的自然,但是面临日益严峻的资源短缺、生态恶化等环境问题。在精神世界里,人类的智慧与文明得到了空前的发展与提升,这种文明不仅体现为科学技术的进步,更体现为人类自我反思精神的不断深刻,但同时价值失范、空虚迷惘又成为困扰现代人心灵的危机。正是由于这个原因,面对现代社会的生存状态,人类不仅为主体能力的实现而欢呼雀跃,也为现代化进程所带来的负面影响而唏嘘感叹。人类对现实感悟的种种哲思包含着感性与理性的角度、认同与拒斥的态度、赞颂与批判的立场,这些激烈碰撞的思想绘写了20世纪质感丰盈、钩深致远的理论画卷。抱着一种时代感和责任心,对现代性的批判逐渐发展成为一种"显学",其中越来越多的理论家开始从文化层面上剖析现代化进程的精神底蕴,试图通过对现代性进行一种文化批判而找到解决现代性危机的路径。值得一提的是,在众多理论流派和思想家之中,东欧新马克思主义学者乔治·马尔库什(György Márkus)在最近30年左右的时间

---

[*] 本文发表于《文艺评论》2011年第3期。
[**] 孙建茵,黑龙江大学马克思主义学院教授,主要从事国外马克思主义研究。

里，将研究的视点主要集中到现代性文化（culture of modernity）的问题上，建立了逻辑清晰、思想鲜明、体系相对完整的现代性文化批判理论。

一 文化悖论的起源

文化是一个内涵丰富的概念。正如人类学家泰勒所说："文化……是包括全部的知识、信仰、艺术、道德、法律、风俗以及作为社会成员的人所掌握和接受的任何其他的才能和习惯的复合体。"[①] 正是由于涵盖范围的广阔，文化成为一个时代潜在精神特质的外在体现。在马尔库什看来，我们今天所谈论的"文化"就是现代性的产物，它集中地表征了现代性的内在机制。"只有在现代性的条件下，人们在这个世界上的生活和行为方式，以及他们理解这个世界的方法才被他们理解为是一种文化形式，也就是说，不是作为简单的自然的或上天注定的，而是与人力创造的和可变化的标准和目标相符合的，某种人为的和可再造的事物。"[②] 因此，对现代性文化的研究成为马尔库什现代性研究的切入点。

马尔库什明确地指出，现代性文化最重要的特征就是它的"悖论性"。这首先就体现在文化概念所具有的两种清晰可辨的意义上。一方面，文化具有一种广义的、人类学（anthropological）的意义。在这种意义上，"文化指的是社会实践活动以及它们产生的结果所能渗透到的所有方面：在它的当代理解中，是意义承载和传播的维度，是所有社会的表意系统"。[③] 另一方面，文化具有一种狭义的，价值标定的（value-marked）意义。它们指的是一系列实践活动和它们的文化对象化产物，如艺术、科学、哲学、文学等。在现代性条件下，它们被理解为自主的、本身具有一定价值的活动。马尔库什指出，

[①] 爱德华·泰勒:《原始文化》，连树声译，广西师范大学出版社，2005，第1页。
[②] Gyorgy Markus, "A Society of Culture: the Constitution of Moernity," *Rethinking Imagination*, London, Routledge, 1994, p.15.
[③] Gyorgy Markus, "Marxism and Theories of Culture," *Thesis Eleven* 25 (1990), p.91.

这两种悖论的含义之所以能够融合在"文化"的概念之下，根本原因在于文化的现代性起源。

　　首先，广义的、人类学的文化概念起源于作为批判的、否定的启蒙计划。在马尔库什看来，正是在启蒙对传统否定性的批判过程中，一种全新思维方式的人类学的文化得以产生。众所周知，启蒙运动的根本目的就是要打破传统对生命的限制，把人类的生存命运从传统的束缚中解放出来，建立一种全新的自由的理性。它力图实现"在观念的废墟上建立起理性大厦"的宏伟目标。因此，启蒙对传统的批判主要就是针对崇尚宗教力量的"迷信"与从传统中继承的"偏见"。"要有勇气运用你自己的理智！"[①]康德呐喊出的这句名言就是号召人类脱离"自我招致的不成熟"，把自我从其他人的引导中解放出来，从而理性而自由的前进。因此，启蒙就是要在其无情的摧毁被视为时代弊病的非理性"迷信"中，实现一种对理性的弘扬。马尔库什指出，正是在启蒙这种对传统批判的进程中，人们按照自己对实际生存的需要建立了对传统、对当代的自我认识方式，这种讲求创新的、对传统文化重新整合的思维方式，也就形成了人类学意义上的文化。

　　然而，这种人类学的文化概念只是启蒙运动在理性地批判传统这一计划中的产物。马尔库什指出，它出现的同时，深深地纠缠着另一种不同的文化概念，这个文化概念是启蒙计划另一个方面的产物，也就是肯定性的、建构的启蒙所产生的价值标定的文化。启蒙取代了对传统的效仿，换之以彻底革新的需要，它视其自身为一个新时代的先驱和开创者，一种人类潜能前所未有的扩展者，一种稳步完善的预言者。在马尔库什看来，用批判的破坏性力量开路之后，为历史改变的过程施加一种统一的方向，用理性标示控制未来的行程，这就是肯定性的启蒙计划。毫无疑问，这种计划需要一种适当的力量作为保证。而为了达到这样的一个目的，国家本身需要一种精神力量去引导整个社会沿着进步的路径前进，以推动它不断地抵制由于自身的惰性和自

[①] 詹姆斯·施密特编《启蒙运动与现代性：18 世纪与 20 世纪的对话》，徐向东、卢华萍译，上海人民出版社，2005，第 61 页。

我利益而产生的停滞和萧条的倾向。在这样的一种情形下，启蒙便创造了价值标定的文化概念，并赋予它们真正的、无与伦比的意义，作为一个社会精神追求的象征和标准。

由此，马尔库什在启蒙运动的伟大计划中找到了两种文化概念的历史和逻辑根源。正如门德尔松所言："启蒙与文化相联系，就像理论与实践相联系，知识与伦理相联系，批评与艺术鉴别力相联系。就其本身来客观上加以看待，它们都处于最密切的联系之中……"[①] 可以说，文化概念就孕育在启蒙之中，人类学的文化概念与价值标定的文化概念反映了同一个启蒙计划的两个方面。因此，现代性文化的悖论就是其最根本的特征表现，并且渗透和体现在不同的文化领域之中。

二 科学与艺术的悖论

马尔库什在人类学与价值标定的文化概念之间发现了悖论的根源，不仅如此，价值标定的、狭义的高级文化内部同样存在各种悖论的关系。对此，马尔库什集中探讨了科学与艺术之间的悖论。

哈贝马斯曾经明确指出，现代性的文化中包含着科学、艺术和道德。马尔库什十分认同这样一种范围划定，他把高级文化划分为艺术、科学以及介于它们中间的人文学科（humanities）。在马尔库什看来，高级文化的内在悖论正是由艺术和科学这两极的对立所构成的。在现代性文化均质化的过程中，这两种原本存在诸多相对关系的实践活动被整合到同一个"文化"概念之下，但是这并不能消除它们之间的种种对立，总的来说，差异和对立无处不在："在科学和艺术中，理性对立于感性的想象；非个人的和去个性化的客观性对立于个人主观性不可替代的自我表达；制度上受限制的交往形式对立于无限定的和文化上开放的形式；超越自身传统并使之无效的新发现对立于仅

[①] 詹姆斯·施密特编《启蒙运动与现代性：18世纪与20世纪的对话》，徐向东、卢华萍译，上海人民出版社，2005，第57页。

仅是对传统的丰富和扩展，赋予它以新的意义和全新相关性的原创作品；等等。"① 马尔库什在"作者-作品-受者"的概念框架之下具体分析了科学与艺术之间的悖论与矛盾。

马尔库什对艺术的分析可以概括为三个方面：作者意识和受者品位的"主观化"（subjectivization）、两者之间的距离所造成的艺术"未来化"（Futurization）以及艺术更新的"短效"与艺术传统扩展的方式。

在审美领域里，作品与作者之间的关系体现为作者意向的表达。艺术作品的意义是作者原创的、不可比拟的创造主体性的证明。也就是说，"主观性最直接的联系着使某物成为艺术作品的内容。因为，被如此设想的对象化必须具有原创的和独一无二的意义，它无法通过任何形式来完全和充分地表述。因为这种意义不是一种抽象的、概念上的理解，它只能被想象地体验和感受"。② 审美领域的主观化不仅体现在作者与作品这一方面，还体现在作品与受众的关系之中，也就是受者品位的主观性问题。正是作者与受者各自主观化的审美体验，使两者之间存在一定的落差和错位。作者的主观意识凝结在作品中却不一定符合接受者的期望。在现代性的发展中，这种不平衡的发展越来越明显，其中最明显的例证就是艺术中"先锋派"的诞生。正如卡林内斯库所说的那样，先锋派有意识地走在时代前面。③ 西班牙哲学家何塞·奥尔特加·伊·加塞特也敏锐地注意到大众对先锋派的抗拒和先锋派对大众的拒绝。"'从社会学观点来看'，现代艺术的典型特征是把大众分为两个类型，一类人理解它，另一类人则不能……新艺术并不像浪漫主义那样是面向一切人的，而是面向有特殊天赋的少数人。这在民众中引起了愤慨……"④ 马尔库什当然也注意到了艺术接受与创作之间的矛盾，在他看来，这种现象产生的

---

① Markus, "Antinomies of Culture Series: Discussions (Separate Brochure)," *CollegiumBudapest21*, (1997), p.13.
② Markus, "The Paradoxical Unity of Culture: The Arts and the Sciences," *Thesis Eleven*75 (2003), p.12.
③ 马泰·卡林内斯库：《现代性的五副面孔》，顾爱彬、李瑞华译，商务印书馆，2002，第112页。
④ 福柯等：《激进的美学锋芒》，周宪译，中国人民大学出版社，2003，第136页。

原因是艺术作品呈现的"未来化"特征所造成的。他指出:"……合适的接受行为现在延伸到了未来。今天所创作的作品实际上是未来的艺术作品,只能接受'时间检验'的合法评判。艺术实践的'未来化'是艺术历史构成的一个方面。"① 艺术历史构成的另一个方面就是艺术更新的不断加速丰富扩展了鲜活有效的艺术传统。马尔库什指出,艺术的传统对于艺术实践活动具有重要意义。如果没有这样一个传统作为依照,艺术的创新也就无从谈起。全部艺术遗产不但对于接受行为来说是具有影响力的,对于一种想象的资源的实践行为来说也具有意义。艺术创作对创新要求的不断提升也是一个不断打破和消解艺术界限的过程,与此同时,这个过程使艺术传统的范围越来越广阔。

由此,马尔库什用"作者-作品-受者"的文化关系分析了艺术领域的特征,与此相对,他发现在同样的文化关系框架下,科学领域却呈现了不同的状态。在马尔库什的分析中,所研究的科学文化主要指的是自然科学的实验。马尔库什对科学特征的研究可以概括为作者的"去个性化"(depersonalization)、作者与受者的"可互换性"(interchangeability)和"进化"(evolving)的传统特征。

首先,马尔库什认为,在科学中作者的意向就是把物质的、社会的和认知的活动进行合理融合和组织,转化成一种科学相关的实验过程。因此,作者的声音被要求是去个性化的。作为科学作品的实验报告必须真实记录实验的整个过程,也就是说,科学作品的文化意义主要在于真实和客观,它不需要作者的个人发挥和想象,并且也没有给作者的主观想象以发挥的空间。科学作品去个性化的特征决定了作者在作品中只是编辑方法的执行者、实验结果的记录者和数据的解释者。作者在这个过程中的作用和地位并没有与接受者有什么更大的差异,因此,这也就是马尔库什所提到的作者与受者之间的可互换性。但是,应该注意的是,这种可互换性有一个重要的前提条件,那就是受者狭小的范围。科学作品的受众在某种意义上说就是相关的学术团体

---

① Markus, "The Paradoxical Unity of Culture: The Arts and the Sciences," *Thesis Eleven* 75 (2003), p.12.

成员。这样的身份也决定了作者与受者之间的可互换性。此外，与审美传统积累丰富的发展机制不同，自然科学的传统是一个进化的过程。马尔库什指出，科学的发展机制关键之处不是不断的变化，而是它的进步。每一个新的研究的诞生都在过去与现在之间划定了一条界线。因此，科学不仅仅是一个不断变化的过程，它是一个朝向客观真理前进的过程。在这个过程中，传统对于科学实践来说并不能提供更加有效的资源。因为随着科学的进步，实验的设备和仪器很可能已经过时而从实验室中消失，曾经实验所得出的结果应该已经不能符合当代的精确标准。类似的现象说明，科学的历史知识对于科学家来说只是他所需要掌握的学科知识，然而并不属于他进行科学实践的必需条件。由此，马尔库什将科学传统进化的机制又称为"固有的淘汰性"。[1]

三 文化悖论的补偿与批判功能

围绕着高级文化中科学与艺术的巨大悖论和分歧，一直以来存在试图调和这种裂缝和矛盾的理论尝试，分别是进步的文化科学化（scientisation）以及浪漫的审美化（aesthetisation）。这两种文化计划所提出的方案是非此即彼的，反映了决然对立的文化斗争。斗争的结果便是要达到对另一方的根本排斥，因此这是一种霸权的争斗，旨在使对方成为自身副属性的补充。马尔库什指出，这样的两种计划其实反映了现代性进程中一直存在的两种文化观念的对抗，那就是启蒙主义与浪漫主义。马尔库什批判了两种计划所构建的幻想，尖锐地剖析了两种理想失败的原因。由此，他认为文化悖论式的存在体现了文化补偿性的功能，并从积极的意义上肯定了现代性的文化悖论所提供的批判视角，正是两种力量的对抗和竞争为现代性的进程提供了根本的动力。

马尔库什首先分析了启蒙与浪漫主义各自的目标和方向，对于它们之中存在的幻觉给予了批判。马尔库什指出，发展到今天，两种理论计划在某种

---

[1] Markus, "The Paradoxical Unity of Culture: The Arts and the Sciences," *Thesis Eleven* 75 (2003), p.16.

程度上走向了极端,似乎变成了一种对"科学的救世主"和"艺术的宗教"的极其简单的追求。用一种批判的眼光来看,今天的启蒙似乎在对社会的变革中主要依靠一种科学的实践和方法,它最终的目标就是要实现一种民主的社会,这个社会中具有自主性的个人能够掌控自己的生活并且平等地参与到对社会事务的决策之中。科学为这样一个理想社会提供了可能性,随着科学的发展和技术的进步,民主社会的实质性条件正在逐渐建立。当然,这并不是说,这样的社会要使每一个人成为专家学者。只是,启蒙主义认为,科学的发展为每一个人提供了合理的日常思维和交流模式,这些使他们能够理性地设想和规划自己的人生。另外,对于浪漫主义来说,单独的艺术便可以成为理想变革的文化媒介和载体。在马尔库什看来,浪漫主义的计划就是要重建丢失的传统的有机社会。只有在这样的社会中,每一个个体成员才能过上一种自我实现的生活。为了重返这样最原初的社会,艺术可以为我们创造一种新的传统来重现确实有效的人类价值和追求目标。同样,这种浪漫主义也并不是要使每一个人成为艺术家,而是要使日常生活和行为变成审美状态。浪漫主义认为,通过创造一种"新的神话",艺术的这种丰富的想象力和激动人心的感染力将有效地促成这一目标的实现。

然而不得不说,事实证明,启蒙主义和浪漫主义所构建的都是理想的社会形态,是对科学和艺术各自价值的片面性的强调。正如越来越多的学者和理论家已经对启蒙和浪漫主义所引发的科学化和审美化的趋势展开了批判,马尔库什也指出了两种计划存在的问题:"它们所承诺和试图实现的——合乎科学设计的、理性的社会的观念与想象的亲密共同体的审美化实现的观念——与其说是遥远的乌托邦,不如说是反乌托邦的(distopias)和危险的。"[1] 马尔库什认为,想要用一种一致的、不变的理念来规划一个社会是不可想象的,不管是启蒙主义还是浪漫主义,它们都是复杂的思想的集合,它们本身都不可能单独的代表进步或反动、民主或精英的思想。因此,想要用一

---

[1] Markus, "Antinomies of Culture Series: Discussions (Separate Brochure)," *CollegiumBudapest* 21 (1997), p.14.

种理念取代另一种理念的做法都只能是徒劳的和不可想象的。因为这种做法忽视了文化内部悖论式的存在结构。马尔库什强调，正是文化的悖论，确切地说，是艺术与科学的悖论存在构成了现代性文化长达一个世纪的稳定结构，正是对两种文化诉求的发展，也就是启蒙计划和浪漫主义的争论与对抗为现代性提供了一种动力学的基础。由此，文化中科学与艺术的悖论具有一种补偿性的功能，它们在对彼此反思的过程中，提供了一种批判的视角，也发挥了文化积极的作用。

四 现代性文化的多元选择

对现代性文化的探讨是马尔库什文化批判理论基础性、统领性的议题。通过对文化概念、文化悖论特征的界定以及对文化悖论的补偿和批判功能的论述，马尔库什从总体上全面地展示了他对现代性文化的基本理解和价值判断。通过肯定悖论的积极意义将批判的矛头指向了导致现代性文化危机的普遍化、一体化、僵化的倾向，并由此为现代性文化的发展指明了一种多元化的出路。

马尔库什认为，现代性文化悖论存在最重要的意义就是悖论双方的斗争与对抗提供了文化批判和自省的视角，这也是文化悖论为现代性发展提供的动力因素。正像刘易斯·亨齐曼所言："用康德的话说，人们通过为自己的思想、决定和行为负责而变得成熟；这样的人完全可以具备当代哲学家谈论的那种自主性。简言之，现代自主性……在解除迷信和传统的武装的同时，帮助人们塑造一种独立、反思的精神状态。"[1]在马尔库什看来，现代性文化悖论的批判力量，无疑使这种人类的潜能得到了极好的激发。正如马尔库什所言，文化中不同思潮所提供的观念"为驱动社会团结起来寻找危机的实际解决办法提供了资源。通过间断性和不同程度的胜利，批判的文化有助于个人联合

---

[1] 詹姆斯·施密特编《启蒙运动与现代性：18世纪与20世纪的对话》，徐向东、卢华萍译，上海人民出版社，2005，第492页。

起来主张自己的自主性来对抗现代社会自我控制体系自主性的自发后果"。①悖论式的文化所具有的张力也是人类认识现代性矛盾的最佳视角，正如鲍曼所言："文化观念具有内在的矛盾性，这种矛盾性如实地反映了该观念所力图把握并叙述的历史状况的模糊性，这一点恰恰使得该观念成为一种富有成效并持久的认知和思想工具。"②因此，在不断批判和反思的矫正之下，现代性才不断获得新的力量发展至今。而这也正是马尔库什反对消除文化悖论，强调现代性文化在当代所具有的积极意义所在。

在这种价值判断的基础上，马尔库什从这种文化机制中，为如何克服和解决现代性危机指明了一条出路，那就是利用文化所提供的批判视角对各种现代性文化现象中存在的问题予以尖锐批判，对各种文化中积极合理的质素予以保留，从而为现代性文化不断发展提供永久的动力。因此，马尔库什的这种批判理念的根本指向就是保留和维护多样性文化，从而反对普遍化、总体化、单一化的文化思维方式，最终避免现代性走向危机。的确，现代性所高扬的理性主义精神的无限发展，对唯一目标的不断追求衍生了现代社会的各种危机。从法西斯主义的集权到斯大林主义的教条，从科技理性的标准化到大众文化的同一，这些现代性文化思维的根源就是对多样性、多元化的消解。正如霍克海默指出的："就我们现在的处境而言，似乎在任何一种思维上都有一种抵押，一种自我施加的义务，以便获得一个令人愉快的结论。"③为了履行这样的义务，就一定要在对立或矛盾中做出一种明确的取舍。正是这样的思维习惯为现代性文化的发展蒙上了一层普遍化、模式化的阴影。因此，为了保证文化批判的活力，马尔库什的理论的根本宗旨就是不断地对现代性文化领域中存在的不良倾向做出批判，从而避免现代性走向一体化的危机。

的确，现代性是一个未竟的事业，现代性对于社会的进步、科技的发展、

---

① Markus, "The Paradoxical Unity of Culture: The Arts and the Sciences," *Thesis Eleven* 75 (2003), p.24.
② 齐格蒙特·鲍曼：《作为实践的文化》，郑莉译，北京大学出版社，2009，第11页。
③ 詹姆斯·施密特编《启蒙运动与现代性：18世纪与20世纪的对话》，徐向东、卢华萍译，上海人民出版社，2005，第374页。

文化的交流等各个方面所做出的贡献是不容忽视的，是人类智慧与文明发展的最高阶段，是我们当下的生存景观。作为现代性的外在表现和内在的凝结，现代性文化是我们认识世界、反观自我、继续前行的内在力量。没有悲观和绝望，没有轻率和冲动，马尔库什对现代性文化采取了一种扬弃的态度，用批判来矫正现代性文化的失误，在对话与交流中找到自身崛起的力量。这种立场和价值取向体现了马尔库什郑重、成熟的哲学眼光，也为我们理性地、辩证地、冷静地认识现代性文化、发展现代性事业提供了重要启示。

布达佩斯学派对文化的现代性解读

杜红艳[*]

布达佩斯学派是20世纪五六十年代东欧"非斯大林化"的过程中在匈牙利兴起的一支社会批判力量，由卢卡奇的一些学生和他们的志同道合者组成，主要代表人物有阿格妮丝·赫勒、费伦茨·费赫尔、乔治·马尔库什、米哈伊·瓦伊达等。20世纪60年代，在卢卡奇的"马克思主义的文艺复兴"这一口号的影响下，布达佩斯学派从政治经济学、社会学、哲学等角度运用马克思主义的方法批判地分析了东欧现实存在的社会主义，形成了"布达佩斯小组"，集中于异化和人道主义问题的研究。20世纪七八十年代，布达佩斯学派思想比较活跃，但由于政治环境的影响，其成员屡遭迫害，一部分人流亡国外，理论阵营被打乱。虽然这个时期布达佩斯学派的成员们在不同的学科领域从事理论研究，但是他们仍旧持有一些相似的文化观点，主要集中在对东欧现实存在的社会主义进行批判性反思、对卢卡奇思想进行重新评价等问题上。也正是在这个时期，布达佩斯学派思想与西方思潮发生了碰撞，相互交融，思想进一步升华，逐渐脱离了早期的"社会主义人道化"的理论追求。20世纪80年代末，以赫勒与费赫尔移民纽约为标志，布达佩斯学派的理论也基本融入了西方哲学思想的大潮。作为一个具有国际影响力的学术团体，布达佩斯学派为20世纪新马克思主义文化批判理论的发展做出了重要的贡献，

---

[*] 杜红艳，黑龙江大学马克思主义学院副教授，主要从事国外马克思主义研究。

在当代社会批判理论中占有重要的位置。

布达佩斯学派在现代性条件下对文化进行了全新的解读。一方面，将现代性作为现代社会的文化模式，解读了现代性的文化危机；另一方面，以文化作为研究范式思考现代性问题，对现代性进行了深层次的思索。可以说，文化是一个时代的精神实质，特别是现代社会文化已经深入社会生活的各个层面并发挥着重要的作用。所以，从文化出发对现代性进行反思和批判能够从根本上理解现代性问题，也只有基于现代性才能从根本上理解文化在现代社会中的作用。布达佩斯学派把文化反思与现代性批判结合了起来，从文化层面对现代性进行反思，基于现代性理解文化。

一 基于现代性的文化界定

文化一直是布达佩斯学派关心的问题和倾向于批判社会现实的视角，其对文化的一般界定与基本理解与其对现代性问题的阐述、对现代性危机的批判是同时进行的。在对文化的一般界定与基本理解中包含了其对现代性的理解，对现代性的批判中也包含了对文化危机的批判。马尔库什说："在过去的20~25年来，我的兴趣基本上转向了文化问题，它既是现代性这一计划的内在张力和矛盾及其在西方社会现实化的一种表达，同时也是这一过程的促成者。"[①] 可见，布达佩斯学派是在现代性的历史境遇中对文化进行思索的。

1. 文化的概念

在布达佩斯学派看来，文化是典型的现代概念，文化是伴随着现代性产生的。

马尔库什毕生从事着文化问题的研究，文化现代性理论是其理论后期的关注点，也可以用"文化现代性"来概括马尔库什的整个理论。马尔库什认为起源于启蒙的设计的文化有两种明晰的意义。"一方面，'文化'指的是某些社

---

① 乔治·马尔库什：《现代性高级文化的困境》，孙建茵译，载《中外文化与文论》2011年第20辑，第158页。

会实践活动以及它们产生的结果所能渗透到的所有方面：在当代的理解中，它是意义承载和传播的维度，是所有社会的表意系统（signifying system）（广义的、人类学（anthropological）意义上的文化）。另一方面，它指的是一系列限定的、特殊的实践活动——像艺术、科学等——它们在西方现代性的条件下成为自主的，也就是自身被社会地设定为有价值的，并且具有自己原生-内在的规范和评价标准的活动（狭义-部分的、'价值标示的'（value-marked）文化概念）。"[1] 首先，文化的意义在于与动物不同的存在方式，文化包含在社会活动当中，与自然现象的无意义相比，人类在物质和精神层面的对象化过程中承载着意义，文化的出现打破了自然的迷信和偏见；其次，文化是在现代性条件下作为掌握知识的权力和实用工具而存在的，文化为了制造规范和重塑价值而被创造出来，为人类实践创造了一种新的规范。可见，文化是现代性的产物，在现代性的历史条件下，一方面承载着意义，另一方面制造着规范和标准。"可以说，文化概念就孕育在启蒙之中，人类学的文化概念与价值标示的文化概念反映了同一个启蒙计划的两个方面。一方面，批判性、否定性的启蒙要推翻传统'迷信'和'偏见'的迷魅，建立一种全新的思考和行为方式，另一方面建设性、肯定性的启蒙要为理性支配的未来寻找一种精神力量。由此，在语义上似乎存在'混乱'的两个文化概念，虽然完全不同，却可以共存于同一个词语之下，原因正是由于启蒙这一计划的两个方面最终必然的融合。"[2]

　　文化问题也是赫勒始终关注的问题，在《文艺复兴的人》《日常生活》《人的本能》《羞愧的力量》《历史理论》等作品中，赫勒都涉及了文化的问题，这种对文化的关切在《现代性理论》中被集中阐释了出来。赫勒在马尔库什的基础上，也提出文化不是一种独立的现代性逻辑，认为有三种文化的概念：作为"高级文化"的文化、作为"文化话语"的文化和人类学的文化。

---

[1] 乔治·马尔库什：《马克思主义和文化问题》，载乔治·马尔库什《马克思主义与人类学》，李斌玉、孙建茵译，黑龙江大学出版社，2011，"附录"第103页。

[2] 孙建茵：《文化悖论与现代性批判——马尔库什文化批判理论研究》，黑龙江大学出版社，2011，第63页。

"文化的三种概念（我即将谈到）包含、讨论并描述了——有时是辩护性的，有时是批判性的——几种被认为是属于文化的相互关联的现象。"① 但是，无论是马尔库什总结的两种文化概念，还是赫勒在此基础上提出的文化的三种概念都表达了现代性的存在，都是对文化现代性的研究，都是现代性在文化层面的表现。

2. 现代性文化的悖论性存在

由于现代性本身就是悖论的存在，文化在现代社会也以悖论的形式存在。

（1）人类学的文化概念

人类学的文化概念在马尔库什的理论中又被称为"人类学意义上的文化概念"，这两个概念在理论实质上是一致的，即对现代性理解的经验性层面。人类学的文化概念是现代化的产物，马尔库什认为，这种文化概念保证了社会成员共同享有文化，这种共享可以使他们在一个通常意义的世界中以互相理解的方式行动。"人类学的文化概念基于一种一体化的社会形象（integrative image of society）：文化是一个社会的全体成员共享的东西，对文化的参与可以使他们在一个通常意义的世界中以互相理解的方式行动。此外，它也是那些共享的意义，在这些意义的基础上，个体形成了共有的一致性，其时间上的持久又确保了社会持续的统一。"② 赫勒认为这种文化概念是现代化的产物，是在现代社会格局出现后产生的。"在人类学概念的意义上，所有的人类社会都是文化，因为它们向它们的居民提供规范、法则、叙事、形象、宗教等。"③ 这种文化承认所有文化的价值，其前提是每一个民族都有自己的生存方式，都有自己的文化，且每一种文化的价值都是同等的，没有谁比谁更高级。然而，这种文化概念也强调差异，差异意味着"要形成一个

---

① 阿格尼丝·赫勒：《现代性理论》，李瑞华译，商务印书馆，2005，第163页。
② 乔治·马尔库什：《马克思主义和文化问题》，载乔治·马尔库什《马克思主义与人类学》，李斌玉、孙建茵译，黑龙江大学出版社，2011，"附录"第103~104页。
③ 阿格尼丝·赫勒：《现代性理论》，李瑞华译，商务印书馆，2005，第188页。

特殊的社会单位，就必须形成使之与其他社会单位区分开来的那些特征的复合体"。① 也就是说，人类学的文化概念强调各种文化之间的平等的前提是对各种文化的区分，认为各种文化是存在差异的。这样，人类学的文化概念就既强调普遍性又强调差异性，表现出了悖论性的存在。

赫勒也陈述了这一悖论，"由于人类学的概念并不知道有高级/低级的两极对立，而是通过经验——以及非规范性——普遍来运作的，悖论将会通过对立两极（普遍/差异）的主题化（thematization）而出现"。② 当人们运用人类学概念的文化时就会感觉到张力的存在，因为如果承认了每一种文化都具有同等的价值，就必须要承认没有一种文化比其他文化更高级，最后差别就会变成无差别的多元主义。"因此，人类学的文化概念——它把文化的概念扩展为作为差异的经验普遍性——也使之变狭窄了，因为它排除了规范普遍性的方法以及差异之间的标准区分。"③ 但是这还不是悖论，因为人类学的文化概念承认所有文化的同等价值，是彻底的、现代的，所有的前现代文化都可以看作种族中心主义的，然而"只有那些承认所有文化都有权要求得到承认的文化才可能是种族中心主义的"，④ 欧洲人正是通过构造人类学意义上的文化先使自己相对化，再把自己变为可以接受的作为规范的普遍经验。赫勒认为这才是人类学的文化概念的悖论，从反对绝对到走向绝对，结果是"极端主义的理性主义启蒙（作为普遍进步的现代性概念的全球化）和极端主义的浪漫主义（欧洲文化的相对化）一起出现"。⑤

（2）价值标示的文化概念

马尔库什将现代性基础上存在的第二种文化概念称为"狭义-部分的、'价值标示'的文化概念"，这种文化概念与人类学的文化概念的广义性不同，

---

① John Grumley, "Exploring the Options in Nno-Man's Land: Heller and Markus on the Antinomies of Modern Culture," in *Thesis Eleven* 75 (2003): 25-38.
② 阿格尼丝·赫勒：《现代性理论》，李瑞华译，商务印书馆，2005，第190页。
③ 阿格尼丝·赫勒：《现代性理论》，李瑞华译，商务印书馆，2005，第193页。
④ 阿格尼丝·赫勒：《现代性理论》，李瑞华译，商务印书馆，2005，第194页。
⑤ 阿格尼丝·赫勒：《现代性理论》，李瑞华译，商务印书馆，2005，第194页。

是狭义性的存在。这种文化概念被赫勒称为"作为'高级文化'的文化概念"。无论是什么名称，都是在一种狭义上的理解，都具有价值标尺的作用，本文在这里把二人对这种文化概念的理解统称为"价值标示的文化概念"，有时在与低级文化区别的意义上也将其称为"高级文化"。

价值标示的文化概念也是现代性的存在，虽然与人类学的文化概念的悖论不同，然而价值标示的文化概念也具有理论上的困境。这种困境就表现为这种文化概念包含二分的特征，最后把文化推向了高级文化的领域，产生了高级文化与低级文化之间的悖论。"如果'高级'文化概念本来代表了启蒙这一充满希望的计划，那么随即跟随着它的一种流行的、'低级'意义上的文化则用它启迪'民众'的无力，宣布了它的落空和幻灭。"[①]价值标示的文化概念在现代已经变成了分裂性的存在，导致现代性在创造了高级文化的同时，也创造了摧毁高级文化价值的低级文化。现代性的发展，使艺术品成为商品，而商品化所提供的趣味选择使低级文化侵入了高级文化的领域。

在马尔库什看来，高级文化"是指那些其结果被设定为普遍有效的社会实践，而这些活动本身被认为本质上是自律的。也就是说，它们的发展基本上是由这些实践本身内在的规范和标准来指导的"[②]。然而，高级文化又是矛盾的概念，因为其包含的科学和艺术领域既是对立的又是互补的。启蒙与浪漫主义就是现代性之初产生的既对立又冲突的包含在高级文化概念之下的领域。高级文化应该是自律性的，然而现代科学内在的社会结构却无法保证其自律性，因为现代科学的发展受投资的限制，只有经济和政治权力的国家才能为科学发展提供长期巨大的资金，所以科学已经变成他律的了，并且科学技术越发达，越可能制造出摧毁整个人类文明的武器。同样，艺术也存在困境。高级艺术在现代性中最早是与低级艺术一起出现的。"高级艺术品，是完

[①] Gyorgy Markus, *Culture, Science, Society: The Constitution of Cultural Modernity*, Leiden, The Netherland; Boston; Brill, 2011, p.645.

[②] 乔治·马尔库斯：《现代性高级文化的困境》，孙建茵译，载《中外文化与文论》2011年第20辑，第159页。

全与工具性目的无关的一种愉悦的资源,同时这种愉悦能净化并提升接受者,准备好去代表更高级的、非功利的目的。"[1]然而,高级艺术的发展使艺术品最后完全变成自我指涉的了,不考虑接受者了。这样,高级艺术所具有的赋予每个人生活以意义的功能就消失了,高级艺术现在只能引起一个相对小众接受者群体的兴趣。马尔库什认为,现代性的文化关系既是赋予权力的又是抑制性的,所以是悖论的。

赫勒在马尔库什的基础上得出结论,价值标示的文化概念作为高级文化的文化概念"包括心灵、双手以及想象力的创造物"[2]。在这种意义上,价值标示的文化概念即黑格尔意义上的绝对精神:有代表性的艺术作品、神学、哲学和科学。高级文化不是在任何情况下都成立的,这种文化的存在需要两个条件:"(a)拥有'高级文化'需要有现代性的动力,(b)需要有能够(允许)向其同化的、作为一种相对开放的生活方式范例的'他者',以培养进入这种被认为较高级的(但一开始是相异的)生活方式的意愿。"[3]可见,高级文化的产生首先需要现代性作为背景,在此基础上还需要现代世界的文化融合,需要人运用文化判断力去区分高级文化和低级文化。赫勒认为,现代世界符合这两个条件,所以现代世界存在高级文化,而前现代世界由于不符合这两个条件,不存在作为"高级文化"的文化概念。赫勒对高级文化的悖论进行了阐释,但是这种阐释是从趣味的概念上进行的。她认为,既然存在高级,肯定就要有低级的存在。那么高级文化和低级文化区分的标准是什么呢?在前现代时期,通过有趣味和没有趣味来区分文化的高级和低级;而到了现代时期,"重要的不是'有趣味'或'没有趣味',而是有'好'趣味或有'坏'趣味"。[4]那么又是谁决定了文化趣味的好坏呢?休谟对这一问题进行了回答,认为是文化精英的趣味决定了文化的好坏,反之,只要有好的趣味就是

---

[1] 乔治·马尔库斯:《现代性高级文化的困境》,孙建茵译,载《中外文化与文论》2011年第20辑,第160页。
[2] 阿格尼丝·赫勒:《现代性理论》,李瑞华译,商务印书馆,2005,第164页。
[3] 阿格尼丝·赫勒:《现代性理论》,李瑞华译,商务印书馆,2005,第167页。
[4] 阿格尼丝·赫勒:《现代性理论》,李瑞华译,商务印书馆,2005,第169页。

文化精英。然而，赫勒认为休谟的这种论断是存在悖论的，"休谟式的趣味标准观念本来就是悖论性的，但人们能够带着这种悖论生活。而民主化使得这种悖论越来越不可忍受，而且它将会受到更严重的挑战"。[1] 现代性的民主导致了趣味标准的悖论，因为民主化不能区分好坏。所以，趣味标准最后会走向悖论。但是如果不存在趣味标准，那么高级艺术和低级艺术就不能区别了，那样作为"高级文化"的文化概念就又不成立了。所以文化的悖论必然存在，它既是现代性的结果，又是现代性的前提。所以说现代性带来了民主，也带来了文化的悖论。社会格局的转变影响了高低文化之间的区分，在前现代社会，高级的人是有高级文化的，人们依据自己的社会位置划分高级和低级；而现代社会，"就新的文化精英而言，是他们所行使的职能（善于培养和运用好趣味的标准）使他们在预先判断（prejudgment）上处于相对较高的地位，尽管并不必然在收入和社会等级上也处于较高地位"。[2] 可见，现代性的产生使文化有了高低之分，同样是现代性使这种区分走向悖论。

人类学的文化的悖论与高级文化的悖论一样，都可以看作现代性的基本悖论的表现形式，都是对现代性的反映，但是又有区别：人类学的文化概念是经验性的，包括实际存在的一切事物；价值标示的文化概念是规范性的，提供标尺。这两种文化概念最后都会导致文化的悖论，然而其悖论本身就是现代性的存在机制。

二　克服现代性文化危机的努力

马尔库什与赫勒都提出了人类学的文化概念和价值标示的文化概念，并断言这两种文化概念在现代社会都是以悖论的形式存在的，悖论是这两种文化的基本存在方式，也是现代性在文化层面的一种表现。虽然二人的角度存在差异，但是二人的理论宗旨都是对现代性的反思及对现代性文化危机出路的探寻。

---

[1] 阿格尼丝·赫勒:《现代性理论》，李瑞华译，商务印书馆，2005，第171页。
[2] 阿格尼丝·赫勒:《现代性理论》，李瑞华译，商务印书馆，2005，第175页。

1. 保护文化悖论，免受同一性的威胁

马尔库什认为，人类学的文化概念和价值标示的文化概念与现代性的产生一样源于启蒙，悖论是这两种文化概念的根本存在方式，是不可避免的，文化悖论的根源正是现代性的历史和逻辑，现代性产生了文化悖论，文化悖论也代表了现代性的存在状态。悖论也是现代性的基本存在方式，悖论包含了正、反两面，正、反两面的矛盾斗争是推动现代性发展的内在动力，在这种矛盾冲突中现代性才能够得到发展，所以文化悖论是推动现代性发展的动力因素。恰恰是文化悖论中包含的矛盾性使得批判和反思成为可能，能够推动现代性向前发展，文化悖论正是克服现代性危机的力量。然而，现代性正在试图抹平这种悖论，以同一性的原则改变文化的这种悖论性的存在。在马尔库什看来，在前现代社会，宗教的作用是为人的存在提供意义和价值，在现代社会中宗教的这种作用丧失了，宗教在理性面前失去了权威的地位，而理性在成为全新的权威后并没能接替宗教赋予人的存在以价值和意义的职能。现代社会中，文化接替宗教完成着传递价值和意义的职能，而文化这种作用的发挥要通过文化内部悖论的相互斗争，使人能够进行反思和批判，在这种反思和批判中获得意义。

文化悖论是现代性的存在方式，它提供矛盾、反思的方式，是推进现代化前进的力量，然而现代社会文化悖论的存在受到了威胁。这种威胁来自同一性原则、技术逻辑的扩张，这种对文化悖论的摧毁使文化作为价值与意义的作用得不到发挥，产生了现代性文化的危机。事实上，正是通过悖论这种存在方式，文化才具有批判的功能，如果文化的悖论性存在方式受到威胁，那么文化将会丧失批判的维度，丧失作为人存在的意义与价值贮藏地的作用。马尔库什总结了现代化进程中调和文化悖论的两种理论尝试，即启蒙主义和浪漫主义，并对这两种理论进行了批判。启蒙主义和浪漫主义都试图用一致的、不变的理念来统一社会、规划社会，这对于社会来说是危险的，因为这只能导致社会的停滞不前。取缔文化的任何一面，无论是高级、低级，还是普遍、特殊，都会引发片面性的危险，取缔任何一面都会使文化丧失批判的

力量。

2. 克服文化悖论，走向合理的乌托邦

赫勒在马尔库什的基础上，继续从文化入手对现代性进行批判，提出了作为"文化话语"的文化概念，正是这种文化概念能够作为抵御现代性危机的力量。通过对文化悖论的剖析，以及对"文化话语"所具有的乌托邦力量的挖掘，赫勒剖析了现代化进程的精神底蕴，试图从文化精神出发找寻解决现代性危机的路径。赫勒虽然也承认现代社会文化的悖论性存在，但是与马尔库什不同，赫勒试图避免这种悖论。赫勒认为，文化肩负的是意义的使命，一个人可以借助于技术而不是文化生产自身，然而给现代人提供一个世界的是文化，负载并传递指向技术想象之外的历史意识的也是文化。所以，对于现代人来说，文化的作用是防止技术的滥用侵蚀人存在的意义与价值的领域，然而现代性遏制了文化的作用的发挥。所以，需要弄清文化的作用是如何被限制的、是如何被销毁的，文化在现代性中是如何存在的，只有厘清文化在现代性中的作用—作用的消失这一过程，才能在根本上找到问题的症结所在，进而找寻到解决危机的方法。

赫勒非常确定地把普遍性归因于每种文化概念。"经验的文化概念在包围每件事的意义上是普遍的，高级文化概念在设定标准的意义上是普遍的，而文化话语的文化概念是因为提供了'机会均等'，所以也是普遍的。"[1]现代社会的发展，使文化变得越来越无所不包了。赫勒看到了"无所不包的文化"对人的威胁：以权威左右人的趣味，控制文化工业，导致文化产品的同质化，消解了质的差别，结果就是高级文化的消失。这在赫勒看来就是一种"文化的枯竭"。然而这还不是最严重的，最严重的是文化合理化和职业化导致的文化交流的碎片化，文化交流的参加者的范围已经缩小到只是从事这种行业的人了。结果文化交流碎片化为小型的、孤立的、偶然的、流动的微型讨论，不但没有讨论的标准，也没有交流的共同文化经

---

[1] John Grumley, "Exploring the Options in Nno-Man's Land: Heller and Markus on the Antinomies of Modern Culture," in *Thesis Eleven* 75 (2003): 25-38.

历,即家园的缺失。在这种情况下,赫勒重新提出了"文化话语"的文化概念,她认为,"没有文化交流人也能生存,但是没有文化交流却不能过上好的现代生活"。① 这种文化概念提倡沟通与理解,尊重差异性,通过对多样性与差异性的强调,在多样性共存的情况下,推动现代社会的发展和进步。

现代社会是理性的世界,但是文化的三种概念和文明的各种概念是否符合理性仍然悬而未决。在价值标示的文化概念下,理性和无理性的区分没有意义。根据人类学的文化概念,要么所有文化都是理性的,要么所有文化都不是理性的。现代世界的合理性的特征只在特殊意义上符合作为"文化话语"的文化概念,"话语"采取的形式并不重要,重要的是辩论的公开性。文化讨论的参与者要牢记自由不仅是理性的条件,而且是理性的限制。赫勒认为现代文化有两种合理性:理性的合理性和智力的合理性。二者必须在某种程度上相互适应,"现代性非常需要这两种合理性之间的家庭式争吵,就正像它需要这两种合理性一样。这只不过是以另一种说法表明,现代性需要让自身保持在刻板和混乱这两个极端之间"。② 赫勒从启蒙计划的历史发展中,找到了作为"高级文化"的文化和人类学意义上的文化的悖论产生的逻辑根源,正是现代性导致了文化悖论,赫勒在此基础上提出了作为"文化话语"的文化这一乌托邦力量,她把这种文化看作抵御现代性的原则,是现代同一性、量化、工具主义这些现代性问题的解药。

布达佩斯学派对人类学的文化概念和价值标示的文化概念都进行了解读,揭示了这两种文化概念的悖论性存在。马尔库什认为文化的悖论性存在保存了文化的反思和批判功能,这正是现代社会发展的动力因素。然而,现代社会文化的悖论性存在受到了威胁,现代性的一体化进程已经深入社会的各个层面,最终进入了文化层面,力图用现代性的原则和规则来统一文化所包含

---

① John Grumley, "Exploring the Options in Nno-Man's Land: Heller and Markus on the Antinomies of Modern Culture," in *Thesis Eleven* 75 (2003): 25-38.
② 阿格尼丝·赫勒:《现代性理论》,李瑞华译,商务印书馆,2005,第 239 页。

的彼此矛盾的方面。这种做法使文化丧失了反思和批判的功能,使其作为人的意义和价值的载体的意义失效了,所以文化在现代社会的存在受到了威胁。赫勒在这一理论前提下,提出了作为"文化话语"的文化概念。她虽然也承认文化悖论的存在,但是她的观点比马尔库什要乐观许多:虽然伴随着作为"高级文化"的文化和人类学的文化概念产生的悖论作为现代性的基本存在方式不可能消除,但仍可以尝试使之变得迟钝,避免它。在赫勒看来,正是"文化话语"提供了理论上克服现代性悖论的方法。赫勒认为,"文化话语"的文化与作为"高级文化"的文化概念紧密相连,高级文化概念是由文化话语概念产生的,但是文化话语概念不能合并到高级文化概念当中。在这种作为"文化话语"的文化中,通过交谈真正体现了机会均等的观念。在"文化话语"的意义上,文化悖论是可以避免的。但是赫勒同时也提出了自己的忧虑,即"文化话语"的文化"看起来非常有吸引力。但这个概念也有其令人沮丧的一面。由于交谈以自身为目的,并且一切都可以成为反思的交谈的话题,文化交谈可以转变成'闲话',转变成闲聊。进而言之,以讨论自身为目的的讨论是一种对别人不负责任或只负很小责任的实践"。[1] 所以赫勒最后得出结论:在避免了自由和真理的悖论的同时,作为文化话语的文化概念无法避免陈腐或琐碎的指责。因为,这种文化交谈属于任意性的活动,这种商谈伦理学需要悬置人的兴趣。虽然话语交谈也有其弊端,但是对于生活来说还是必要的。"对赫勒来说,文化是精神生存的来源,没有文化交谈也可以生活,但没有它却不可能有'好'的生活。"[2] 在赫勒与马尔库什对文化概念的解读中,我们看到作为"文化话语"的文化是乐观的,它提供了平等参与文化讨论的机会。然而这种文化的交谈需要一定的历史前提,即批判的讨论已经植根于日常生活,并承担其批判的功能,但是现代社会的这种历史前提还未形成。

---

[1] 阿格尼丝·赫勒:《现代性理论》,李瑞华译,商务印书馆,2005,第188页。
[2] John Grumley, "Exploring the Options in Nno-Man's Land: Heller and Markus on the Antinomies of Modern Culture," in *Thesis Eleven* 75 (2003): 25-38.

三 现代性的危机与重建

布达佩斯学派从文化出发对现代性进行了反思。在布达佩斯学派看来，虽然现代性是一种时空概念，但同时也可以作为一种文化理解方式、体验方式，进而作为一种文化模式而存在，可以标志现代这一时段的本质特征。现代性作为现代社会的文化模式已经在实质上深深渗透进社会生活的各个层面，在各个层面上发挥着主导性作用，搭建着现代社会的堡垒。布达佩斯学派正是看到了现代性作为一种文化模式对人类社会生活产生的巨大影响，以及现代性原则的广泛运用带来的一系列威胁人的生存的危机：世界性的战争灾难、道德规范的丢失、精神家园的缺失、异化的普遍化和深化等，深刻感受到了现代性的列车并未像其当初允诺的那样载着乘客驶向幸福的终点站，反而驶向了奥斯威辛、古拉格群岛这样的车站。正是基于这样的理论前提，布达佩斯学派开始了现代性批判和现代性重建的旅途。

1. 现代性危机的表现

（1）人存在的意义与价值的失落

在价值层面，赫勒认为现代性以同质化和差异化原则摧毁了一切文化的差异，碾碎了价值的独特性。赫勒把现代性比作压路机，她这样形容现代性的特征："如果有什么给每一种生活方式都施加沉重的压力的话，这就是经济压路机。"[1]现代性的压路机采取同质化和普遍化的原则，特别是通过经济方式以不可抵挡之势摧毁了一切差异，消除了一切与现代性不一致的事物，把一切统合到理性化的进程当中。在现代化的历史进程中，理性取得了权威性的地位，渗透到社会生活的各个层面发挥作用，使各个领域都走向同一化的历史进程，现代性成为现代化进程中的内在推动力量。但是，现代性在推进社会发展的过程中，使人存在的价值与意义丧失了，价值虚无主义成为主导性

---

[1] 阿格尼丝·赫勒：《现代性理论》，李瑞华译，商务印书馆，2005，第82页。

原则。格鲁姆雷说:"现代化的进程威胁并削弱了文化为人的生存提供意义和方向的传统作用,现代世界,即使是最高的价值观念——自由也不能够重新点亮希望,文化充当了无以计数的人类意义的不可或缺的载体。这样赫勒进入了现代性的核心,触及了价值、真实、意义、时空感、完善和幸福等基本问题。"[1]可见,赫勒认为,文化成为现代化过程中唯一能传递意义和价值的载体,因而现代性的重建需要在文化的层面上进行。文化在现代性中肩负的是意义的使命,一个人可以借助于技术而不是文化生产自身,然而,给现代人提供一个世界的是文化,负载并传递指向技术想象之外的历史意识的也是文化。所以,对于现代人来说文化的作用是防止技术的滥用侵蚀人存在的意义与价值的领域。

在现代社会人存在的意义与价值缺失的情况下,赫勒提出了保护文化记忆的问题。"文化记忆是构建和维持特性。只要一群人维持和培养一个共同的文化记忆,这个群体就能够持续存在。"[2]文化记忆存在于三个方面:首先,包含在对象化中,以集中的方式储藏文化,意义被共享;其次,包含在有规律的重复和可重复的实践中,如节日、典礼和仪式;最后,文化记忆如个人记忆一样,与地点相连,即有意义的或重大的实践发生的地方,或是重大事件重复上演的地方。在这种意义上,可以说文化代表了人的生存与动物的不同之处,也是保证人的生活质量的基础。而在现代化过程中,市民社会与政治国家分离,政治国家夺取了作为文化记忆载体的功能,导致市民社会失去了建立和维持文化记忆的功能。市民社会只能部分地选择性地呈现从某种文化记忆中继承的碎片,用以建造自己的文化记忆。文化记忆对于市民社会来说又是十分重要的,所以赫勒提倡在现代性条件下市民社会要重拾文化记忆。现代科学成为现代社会的统治性的解释方法,缺乏文化记忆,而宗教和艺术

---

[1] John Grumley, *Agnes Heller: A Moralist in the Vortex of History*, London: Pluto Press, 2005, p.244.

[2] Agnes Heller, "A Tentative Answer to the Queston: Has Civil Society Cultural Memory?" *Social Research*, Vol.68, No.4, 2001.

活动在现代社会所发挥的作用与启蒙之前的科学所发挥的作用是一致的,即一种批判的功能。所以,现代社会文化记忆的建立和维持要依靠宗教和艺术活动。

赫勒还论述了在现代性的背景下,同意义和价值的缺失相伴随的"家园的缺失"。现代人不再能感受到家园提供给人的安全感。家园应该具有空间和时间的双重维度,然而全球化背景下现代人生活在同样的时间、同样的历史中,时间维度单独掌控了家的经验,家园的空间维度的重要性被弱化了。这样就使家园丧失了因为是经验的/感觉的所以产生的那种情感的愉悦。现代人完全处于一种偶然性的存在状态,能够自由地选择自己的生存状态,然而"现代人在建构自己和自己的世界的过程中,很容易失去提供意义的中心,导致意义的丧失和家园的迷失"。① 人的偶然性的确定使人与其他人的联系及与历史之间的联系都被切断了,然而缺少了与他人的联系、没有了历史,我们就不能生存。赫勒在《我们的家园在哪?》这篇文章中分析了两种类型的现代家园:一种人没有离开自己出生的地方,生活在具有熟悉感、安全感的空间家园中,他虽然知道其他世界,但是他不能了解其他世界,他是生活在被指定的、被限制的家园中,所以不能够发挥自己的偶然性存在,这种家园不是现代性的家园。还有一种人来往于世界各地,各地对他来说都是熟悉的,但是没有一个中心,这是世界性的家园,他四处为家但四处都不是他的家。现代性在使人获得了自由的同时,也使人丧失了空间感觉的家,丧失了对共有经验和感觉的分享,丧失了历史。所以,赫勒想要在现代找到能够成为世界的中心、能够弥补绝对的现在的意义缺失的状态的地方,即现代人的家园。她认为,能够作为现代人的家园的有两种:一种是"绝对精神"或欧洲的高级文化,另一种是北美的民主。然而北美的民主作为一种体制在欧洲不适用。所以,只有"文化"和"文化的讨论"能为现代人提供一个"自然家园"。

---

① Maria R. Markus, "In Search of a Home in Honour of Agnes Heller on Her 75$_{th}$ Birthday," *Critical Horizons* 1 (2004): 391-400.

（2）文化多样性与丰富性的丧失

在文化层面，马尔库什将现代性与现代文化联系在一起来考察。从文化层面来考察现代性，现代文化呈现的是悖论性的特征，文化既强调普遍又强调差异，既是高级文化又是低级文化，造成了从反对绝对走向绝对、从反对同一到走向同一。马尔库什提出了起源于启蒙的文化的两种概念，即关于人类学的文化概念和狭义 - 部分的、"价值标示的"文化概念，悖论是这两种文化概念的根本存在方式，是不可避免的。因为文化悖论的根源正是现代性的历史和逻辑。现代性产生了文化悖论，文化悖论也是推动现代性发展的动力因素，二者互为因果。恰恰是文化悖论中包含的矛盾性使得批判和反思成为可能，推动了现代性的发展，也正是文化悖论能够作为克服现代性危机的力量。这种克服并不是指抛弃和消除文化悖论的存在，恰恰相反，马尔库什的文化批判是要对那些试图消除文化悖论、统一现代文化的做法进行批判，因为统一现代文化最终必然导致社会理性的极度膨胀和文化危机的普遍化。他这样形容道："启蒙运动的宏大哲学把理性视为人类个体的内在属性或内在能力，致力于在理性之中寻求一种同等可靠的基础，从而把意义和价值赋予我们的活动。它们试图用一种理性上统一的、可以找到的世俗'文化'（这个概念就是启蒙运动发明的）来取代宗教的意义创造功能以及因此而具备的社会整合功能，并将某种单一的人类完满方向强加给某个充满生机的社会中所发生的一切变化过程。"[①] 这种统一现代文化的做法才是其要批判的对象。能够打破现代文化同一性，就能克服现代文化的危机，而打破同一性的力量是文化悖论，因为文化悖论的存在能够维护文化的多样性。赫勒在马尔库什基础上提出的作为"文化话语"的文化概念，也正是要通过沟通和交流维护文化的多样性。虽然二人在对待文化悖论的态度上存在分歧，但是最终的目的都是对文化多样性的强调。因为现代性，文化霸权得以形成。由于启蒙运动源自西方，欧洲成为最发达的地区，现代性的成就在这里体现得最为明显，然而

---

① 乔治·马尔库什：《语言与生产》，李大强、李斌玉译，黑龙江大学出版社，2011，"英文版前言"第 2 页。

也恰恰因为这样，欧洲文化总是试图确立其特殊的地位，将这种文化强加到其他文化上。布达佩斯学派要抵御的正是理性同一性对文化多样性的威胁。

总的来说，在布达佩斯学派的现代性批判中，现代性危机产生的主要原因是现代性的扩张，现代性已经深入社会生活的各个层面企图发挥统治作用。现代性的扩张产生了两个后果：首先是多样性的丧失，同一性吞并了人存在的多样性与丰富性的位置；其次是平等、自由这些人类价值核心维度的丧失，现代性吞并人存在的价值与意义领域。这些都是现代性的危机及其体现，要弄清现代性危机的原因及解决路径，我们必须对现代性进行追本溯源，挖掘现代性是如何发挥作用的。

2. 现代性的动力与现代性的社会格局

现代性的动力和现代性的社会格局是现代性的两种成分，二者的关联就是现代性的本质。首先，现代性的动力促使现代社会格局得以形成，是现代社会格局的助产士。现代性的动力是非辩证法的辩证法，可以被理解为启蒙，既是毁灭性的，也是自我毁灭性的，能够摧毁一切并在这之后毁灭自己。如果要遏制这种毁灭，就需要在现代性的动力之外寻找阻遏的力量。启蒙的虚无主义产生了现代性的所有悖论——自由和真理的悖论，自由和真理的悖论产生了其他所有悖论。经过反思的后现代人往往不是躲避悖论，而是直面悖论，正是这种悖论产生了现代社会格局。其次，一旦现代性的社会格局形成，不管有没有现代性的动力，都会扩张，都会被输出。社会格局指的是社会地位的分配、劳动的社会分工等。前现代社会格局与现代社会格局的差异主要表现在社会地位分配方式、劳动社会分工方式的不同，"在前现代社会格局中，人们所执行的社会功能多数是由社会分层等级体系在他们出生时所分配给他们的社会地位决定的。相反，在现代社会格局中，人们在分层等级体系中最终占据的地位是他们自己争取的，靠的是他们的工作以及在特定制度中运用他们的能力去实现特定的功能"。[①] 在现代社会格局中，使现代社会格

---

① 阿格尼丝·赫勒:《现代性理论》，李瑞华译，商务印书馆，2005，第76~77页。

局得以发展的力量是现代性辩证法,即动态正义。如果没有动态正义,现代社会格局就会走向僵化。动态正义作为一种现代性动力,在社会内很好地运转。然而,这样也产生了问题:动态正义越是发展,破坏性的虚无主义也就越为严重。现代社会格局形成之后,现代性运用压路机的方法以普遍性、同质化消除了一切与现代社会格局不一致的事物。尽管赫勒不同意马克思对于经济基础的论述,但是赫勒依然认为马克思把握了现代性压路机的主要特征。马克思在《共产党宣言》中就表达了对资本主义的这种理解:"迫使一切民族——如果它们不想灭亡的话——采用资产阶级的生产方式;它迫使它们在自己那里推行所谓的文明,即变成资产者。一句话,它按照自己的面貌为自己创造出一个世界。"① 马克思阐释的是资本主义生产方式对其他文明的同化,赫勒进一步将这种生产方式、经济方式理解为一种现代性原则。

赫勒通过对现代性的动力和现代社会格局的关系的阐释,揭示了现代性的本质特征。在此基础上,赫勒从两个方面区分了现代社会格局与前现代格局。

一方面,作为社会化的工具,现代社会格局把遗传先验和社会先验结合了起来。我们前面说过,人的生存方式由两种先验构成,这基于人是偶然性的存在,人在社会化过程中,其遗传禀赋是"遗传先验",被抛入的具体世界是"社会先验",两种先验的结合构成了人的社会化过程。遗传先验和社会先验之间总是存在某种张力,然而张力的存在并不意味着两种先验之间不能相适应,这种张力可以被解释、处理和协调。这种张力其实是历史内在的张力,其存在是人和社会得以存在和发展的基础,是文化的根源。如果遗传先验和社会先验完全吻合,二者之间的张力消失了,那么就会产生人类存在的危机。② 在前现代社会格局中,遗传先验起主导作用。赫勒比喻说前现代社会"遗传先验被放进信封里,信封被寄往等级制社会的一座城堡"③。被抛入等级制度社会中的一个确切位置的个人行使的职能是被指派的,已经被刻进其前

---

① 《马克思恩格斯文集》第 2 卷,人民出版社,2009,第 35~36 页。
② 参见 Agnes Heller, *General Ethics*, Oxford: Basil Blackwell Ltd., 1988, pp.21-22。
③ 阿格尼丝·赫勒:《现代性理论》,李瑞华译,商务印书馆,2005,第 84 页。

现代社会格局中了,个人所做的一切都是社会格局规定的。而现代社会格局,情况发生了变化,"遗传先验仍然被放在一个信封里,并且被扔进一个邮箱。但信封上没有写地址——它仍然是空白"①。这样社会先验起了主要作用,人要通过自己的活动将偶然性转换成自己的命运,这是现代状况的典型写照。

另一方面,作为社会结构,现代社会格局是对称相互关系系统。赫勒把前现代社会格局比作金字塔,每个人在社会等级中都有自己的位置,在金字塔的各层及其居民之间存在相互关系,这种关系是不对称的;而现代社会格局是对称相互关系系统。根据对称相互关系,赫勒描述了前现代社会格局和现代社会格局日常生活的变化。前现代社会格局中,日常生活与制度化生活之间的差别是模糊的,日常生活与非日常生活之间的区别是现实世界与真实世界的区分,非日常的世界对日常生活进行完全的合理化。"在这里,男人和女人们所要做的一切都可以在单一的世界里被学习、吸收和创造,这个世界是男人和女人们与他们的环境、他们的对等者和他们的不对等者所共有的。从经验中,也从故事和神话中,他们学到他们要懂得的东西和要做的事情。"②而在现代社会格局中,日常生活被裁截了,仅仅包括家庭内部和邻里之间的生活,而在赫勒看来这又根本不是生活。只有当人在家庭之外占据位置时生活才开始,生活意味着放弃日常生活提供的安全感,去适应功能性的劳动分工。"生活意味着承担一项要活下去就必须承担的功能,而这开启了竞争、成功和失败的领域。"③现代社会是机构的网络,而不是日常生活建立起的社会等级,建立起不对称的相互关系。所以,现代社会人们可以通过改变自己的职能改变自己的阶层。

现代性的动力借助于"人人生而平等"的口号,摧毁了前现代社会格局的"自然骗局",通过赋予每个人以自由和平等,彻底摧毁了前现代社会格局每个人生而具有不同的阶层和位置的骗局。自由和机会均等组成了现代社会

---

① 阿格尼丝·赫勒:《现代性理论》,李瑞华译,商务印书馆,2005,第84~85页。
② 阿格尼丝·赫勒:《现代性理论》,李瑞华译,商务印书馆,2005,第87页。
③ 阿格尼丝·赫勒:《现代性理论》,李瑞华译,商务印书馆,2005,第88页。

格局的模型。然而，自由和机会均等又永远不可能实现，"一个人越是适当地（有效地或合乎道德地）运用他的理性，保证起点平等或保证对起点不平等进行补偿的制度越是合理，他就越是能够更好地利用同等机会以最终到达不平等等级秩序的顶点"。① 可见，现代社会格局中自由是一种悖论性的存在。现代社会格局是一种异质的、相对独立的领域，存在各种相对独立的趋势，它们相互支持、相互交叉，甚至相互冲突。而且现代性的本质，即现代性的动力与现代社会的格局之间的关系，在现代性的三种逻辑中也会呈现不同的样态。现代性得以存在就是在诸多异质中维持了一种平衡。

3. 现代性的逻辑与想象机制

自由虽然是现代社会格局不能称为基础的基础，然而自由在现代社会中是以悖论的形式存在的。自由的悖论产生了其他所有悖论。自由的悖论打断了所有的现代想象，自由一方面意味着所有的界限都应该被超越，另一方面像生命这样的问题没有界限意味着死亡。自由这一问题体现了现代想象的双重约束。

（1）现代想象② 机制的双重约束

现代性的想象机制由技术想象和历史想象构成：技术想象是"现代科学的主要想象机制和真理的现代概念的载体，真理的现代概念把真理与真知识（与真理对应的理论），与知识、技术和科学的无限进步相等同"，"历史的现象在提出历史的真理/非真理的过程中，通过解释的方式为现存世界提供意义"。③ 技术想象以未来为定向，在这种想象机制的作用下，最后的、最晚近的才是最好的；而历史想象与技术想象的方向相反，以过去为定向，在历史想象机制作用下，事物越是古老越珍贵。"投射和怀旧是两个极端，但它们是

---

① 阿格尼丝·赫勒：《现代性理论》，李瑞华译，商务印书馆，2005，第93页。
② 赫勒对现代性的想象机制的论述集中于《现代性理论》一书，在《现代性理论》中统一用"想像"这个词语，根据想象的现代语言用法，本文在运用中和引文中统一将"想像"改为"想象"。
③ Agnes Heller, "The Three Logics of Modernity and the Double Bind of the Modern Imagination," in *Thesis Eleven*, 81 (2005): 63–79.

一体的，因为现在是靠（最近的）未来和（最近的）过去来滋养的。"① 赫勒把技术想象机制等同于理性主义启蒙，而把历史想象机制等同于浪漫主义启蒙，启蒙的这两种理路恰巧在现代性的两种想象机制中得到了体现。现代性并非单一的想象机制作用的结果，单凭技术想象并不能使现代性得以存在，还需要历史的想象，使我们的文化最终能变为无所不包也是历史想象的成果，"正像无所不包的文化继续从不受限制的阐释中得到滋养一样，最初使得过去向阐释开放的历史想象也变得含混，或者说相当的自我反思"。② 技术的逻辑主要与技术想象相对应，而其他两种逻辑有时与技术想象相连，有时与历史想象相连。传统的工具的战争来源于技术想象，而现代战争由于更加意识形态了，又因为意识形态更多与历史想象相连，所以现代性不能抛弃两种想象中的任何一种。

（2）现代性的逻辑

现代许多思想家在探讨现代性的成就的同时，也看到了现代性的罪行，因而总结出了现代性的双重逻辑，即建设性与破坏性的共存。布达佩斯学派通过对现代性的三种逻辑的分析既展现了建设性与破坏性的现代性逻辑，又体现了如何通过三种逻辑间的平衡来使现代性能够继续存在，防止破坏性的扩张。

赫勒与费赫尔在《阶级、民主、现代性》《被冻结的革命》《现代性能够幸存吗？》《现代性理论》中，都阐述了现代性的三种逻辑。在《现代性理论》中，赫勒把现代性的三种逻辑提炼为：技术的逻辑、社会地位的功能性分配的逻辑以及政治权力的逻辑（统治与支配的制度），扩大了她前期所阐释的现代性的三种逻辑的范围。赫勒说："我重新定义了它们，不是因为我改变了主意，而是因为我听到人们很多时候都在说苏联社会不是现代的，而是生产的亚洲模型。我认为它们都是现代社会，所以我需要发展现代性理论将

---

① 阿格尼丝·赫勒：《现代性理论》，李瑞华译，商务印书馆，2005，第201页。
② 阿格尼丝·赫勒：《现代性理论》，李瑞华译，商务印书馆，2005，第202页。

苏联社会也囊括进去。"①赫勒根据这三种逻辑对现代性进行了解读,她采取了视角主义的方法,从三个不同的视角对现代性进行解读。之所以采取视角主义的立场,是因为赫勒认为"现代性不应被视为一个同质化和总体化的整体,而应被视为一个有着某些开放但并非无限制的可能性的片段化世界"。②三种逻辑可以说明现代世界的异质性。三种逻辑不仅是相互支持的,而且是相互限制的,甚至是相互冲突的,只有三种逻辑达到一种平衡,现代性才能够存活。

第一,技术的逻辑在现代性中占支配地位,技术在本质上不是技术性的,存在于技术想象中。赫勒认为,现代性的逻辑扎根于现代性的想象之中,现代人以双重的方式受到框范,现代性的两种想象机制即技术想象机制与历史想象机制并不契合,二者在一种持续不断的相互作用中并生。所以,由于现代性的想象机制的作用,现代性的三种逻辑才处于平衡状态。"支配性的技术想象机制不可能完全支配政治或社会—功能的领域。至少是到目前为止,政治的逻辑和社会地位功能划分的逻辑并没有完全被科学或一般性的技术想象所支配。"③技术想象以知识的积累为特征,其目标在于解决问题。而历史想象则是用意义呈现代替知识,用解释代替解决问题。现在,技术想象却侵蚀了历史性的领域。同样,历史性也已经侵入了科学。

第二,现代性的第二种逻辑是现代性的核心,其各种制度本身是异质的,它们把分配地位、功能和资源的制度推向或拉向不同的方向,是否正义或合理在很大程度上取决于评议者。这种逻辑具有独立性,如果其独立性在现代性中受阻,那么在所有层面都会出现功能丧失。第二种逻辑越是自由地发展,压制和支配的力量就会越多地从政治领域转移到社会领域。人受到双重的约束,既受到技术想象的约束,也受到历史想象的约束。现代性的第一种逻辑

---

① Agnes Heller and Simon Tormey, "Recent Intellectual Development," in Simon Tormey Interviews with Agnes Heller (1998), 2005, http://homepage.ntlworld.com/simon.tormey/articles/hellerinterview.html.
② 阿格尼丝·赫勒:《现代性理论》,李瑞华译,商务印书馆,2005,第96页。
③ 阿格尼丝·赫勒:《现代性理论》,李瑞华译,商务印书馆,2005,第105页。

和第二种逻辑本身不需要历史想象，不需要作为"历史想象"的历史想象，需要的是作为"技能"的历史想象。然而，其通过个人历史意识侵入了按功能划分的制度性等级体系中。"双重约束是自由的，因为一个人并不是被单独一种排他的表意想象机制所约束，因为一个人同两者都保持着一段距离，而且可以服从于两者。这是作为自律的自由，但这也是一种缺乏自由的自由，因为它是对双重约束的自由接受。正是通过双重约束，自由的各种悖论显现出来，作为有关现代人的自由的悖论性的真理而显现出来。"①

第三，政治权力的逻辑，这一概念是从社会的立场，特别是从经济的立场思考国家的。政治权力的逻辑应该相对地限制第二种逻辑，政治权力的干预不能危及第二种逻辑的相对独立性。政治权力小了，社会平衡就会被打乱，独裁就会取代民主政权；政治权力大了，社会就会停滞不前。赫勒认为，第三种逻辑需要历史想象，这种历史想象既不能从现实中演绎，也不能由合理性来解释，务必使之不受到技术想象的框范，这样第三种逻辑才能行之有效。

赫勒认为，现代性有三种逻辑：技术的逻辑、社会地位的功能性分配的逻辑和政治权力的逻辑。这三种逻辑之间本该相互影响、相互制约，只有三种逻辑间的相互制约才能使现代性持续存在，如果三种逻辑间出现了不平衡，自然会导致现代性的危机。"当两种或三种现代发展逻辑或这些逻辑内的构成成分发生冲突时——这是现代性的牌戏中不断会碰到的可能性——就会最终达到一种界限。没有这些限制以及行动者对这些限制的意识，现代性很快就会摧毁其自身。"② 而现代社会恰恰表现出了这种失衡。

4. 后现代政治状况下的文化反抗

布达佩斯学派在对现代性的批判过程中，得出现代性的危机表现在两个方面：一是多样性的丧失，二是人存在的价值与意义维度的丧失。同样，本文也得出现代性危机只有在文化当中才能够被克服的结论。那么在克服现代性的过程中，要如何对待现代性？是完全抛弃现代性走向后现代，还是要进

---

① 阿格尼丝·赫勒：《现代性理论》，李瑞华译，商务印书馆，2005，第137页。
② 阿格尼丝·赫勒：《现代性理论》，李瑞华译，商务印书馆，2005，第96页。

行现代性的重建？布达佩斯学派认为，应该在现代性中克服现代性的危机。他们既肯定现代性的价值与意义，同时又认为应该结合后现代的政治状况，使之成为适应后现代政治状况的多元主义。所以，布达佩斯学派对现代性的批判不是要抛弃现代性，而是要对现代性进行重建，是在后现代政治状况中的重建。

布达佩斯学派从哲学层面解读了后现代，把后现代看作在现代性中孕育出来的，是现代性的完成。费赫尔说："后现代既不是一个历史时期也不是一个特征清晰的趋势。后现代被那些对现代性心存疑虑或质疑现代性的人（和审美现代主义）、那些想要把它当任务的人和那些发现了现代性的成就及其未解难题的人描绘为更广阔的现代时空内的私人-公共时空（private-collective time and space）。选择居住于后现代的人仍然居住于现代和前现代中间。因为后现代建立在空间和时间的多元性基础之上。它是一个异质的中间地带的网络，既不是一个时代也不是一场同质化运动。至少它是一个独特的（生活方式或艺术的）风格。"[①] 后现代不是现代性到来之后的一个阶段，而是由于对现代性的忧虑而产生的，是现代性的延续，是对现代性的反思，后现代是现代性以苏格拉底认识自己的方式反思自己的结果，它的理论核心就是反对现代性的宏大叙事，张扬生活方式的多元化。布达佩斯学派认为，后现代的政治状况就是以文化的多元化和对话的多元性为理论前提的。

布达佩斯学派对现代性问题的思索虽然已经步入了后现代主义的理论视域，但又不同于后现代主义，因为在他们看来后现代也存在误区，一味地高扬后现代贬低现代，会导致一种极端相对主义的形成。早在《个性伦理学》中，赫勒在提到其视角主义思想时就指出，视角主义并非相对主义。视角主义属于后现代理论视域中的多元，但是多元并不等于相对，赫勒对文化多元化的理解并未满足于不同文化包含不同的价值这种相对主义观点，而是要达到更为综合的、吸收更多价值的多元文化的境界。布达佩斯学派认为，在重

---

① Ferenc Feher, "The Status of Postmodernity," *Philosophy Social Criticism* 13 (1987): 195.

建现代性的过程中，既要避免现代性的宏大叙事，也要避免后现代极端的相对主义的误区，最好的办法就是找到一个连接点，在后现代政治状况允许的程度上重建现代性的统一。"我们探索'后现代政治状况'的主要推动力不仅在于登记现代性中呈现的新兴异质，一个几乎无法，或只能强制的，被继续存在的，满是缺陷的'宏大叙事'同化的异质。相反，我们开始着手寻找那个仍然能够把我们的世界联结在一起的纽带，寻找一个据我们猜测也许已经熬过分裂过程的思潮，一个能成为绝对相对主义的玩世不恭的解药的思潮。总之，我们试图弄清甚至在后现代政治状况中还有多少普世主义保持不变。"[1]费赫尔提出了关注后现代的三个方面："我们不是生活在现在而是之后""对具有差异性的我们的偶然存在的重新发现""解释学文化得到凸显"。[2]后现代政治状况并不是一个新的政治时期，因为在后现代，宏大叙事被解构了，没有能够作为普遍的、包罗万象的解释原则，文化是多元的，对话是这一时期的重要问题。在后现代政治状况下，重建现代性的统一是重要的历史任务。总之，布达佩斯学派的现代性批判的理论宗旨不是抛弃现代性，而是要进行现代性的重建。这种重建又不是回到现代，而是在后现代政治状况的全新历史条件下进行重建。

---

[1] 阿格妮丝·赫勒、费伦茨·费赫尔：《后现代政治状况》，王海洋译，黑龙江大学出版社，2011，第14~15页。

[2] Ferenc Feher, "The Status of Postmodernity," *Philosophy Social Criticism* (13) 1987: 195.

文化哲学与中国哲学

论近代"道德革命"在辛亥革命时期的深入[*]

张锡勤 [**]

中国近代的"道德革命"发端于戊戌变法时期,而其声势、影响的扩大则是在辛亥革命时期。之所以如此,从深层来说,是因为这一时期中国的社会结构开始出现比较明显的变化。自 1901 年清朝政府实施"新政"以来,弱小的中国民族资本主义经济有了初步发展,新兴的中国资产阶级已开始以一种独立政治力量的姿态活跃于历史舞台。自废除科举、兴办学堂以来,中国社会又出现了一个迅速壮大的学生群体,成为一股新的引领社会潮流的力量。这种经济、政治的新变化,势必使观念变革、文化革新更趋深入。更直接的原因则是以下两点其一,这时革命派取代维新派,成为引领中国社会变革的主导力量,他们以推翻封建帝制、建立民主共和为奋斗目标,这一目标被越来越多的中国人所认可、拥护,这必然使人们对以君权为核心的"三纲"做更猛烈的批判。其二,从 20 世纪初开始,中国出现了一股赴日留学的热潮。一批数量可观的留日学生通过日文书刊,更广泛地接触了西方近代的各种学说、理论,并及时向国内传播,而犹如雨后春笋的各种报刊更是扩大了这些新思想对国人的影响。在人们不断接受新思想、新观念后,那种要求冲决网罗的愿望自然更加自觉、急切。这种新形势、新变化势必使发端于戊戌的道德革命更加深入,影响更大。

---

[*] 本文发表于《伦理学研究》2011 年第 5 期。
[**] 张锡勤,黑龙江大学哲学学院教授,主要从事中国哲学史、中国伦理思想史、中国近代哲学与文化研究。

一

近代道德革命在辛亥革命时期的深入，首先表现为这时人们明确提出了"三纲革命""纲纪革命"的口号。① 当1902年梁启超初次提出"道德革命"时，他只是要求对那时的社会道德做损益调整，"发明"一种符合时代精神的新道德，具体目标是不甚明确的。虽然，在此之前康有为、谭嗣同、何启、胡礼垣业已猛烈抨击"三纲"，但均未做如此旗帜鲜明的概括。革命派公开打出"三纲革命"的旗帜，就使近代道德革命的斗争目标更加具体、明确。

对以"三纲"为核心的旧道德、旧礼教的本质，革命派宣传家也做了较前人更为深入、准确的揭示。他们指出，"中国伦理政治，皆以压制为要义"②，"定上下贵贱之分，言杀言等"乃是中国旧礼教的根本宗旨③，它所维护的乃是不平等的等级制度，因此它所提出的义务、要求都是单方面的。这便是所谓："君可不敬，臣不可不忠；父可不慈，子不可不孝；夫虽不贤，妻不可不贞。"这种片面义务就使臣、子、妻、卑、幼始终处于受制的卑屈、附属地位。更有人说，由"三纲"引出的三种基本道德，实际上是"顺民奴隶以为忠，割股埋儿以为孝，焚身殉葬以为节"④，具有明显反人道的野蛮性、残忍性。据此，一些革命派成员公然宣称，以"三纲"为核心的旧道德、旧礼教乃是不合人道的"伪道德""野蛮道德"，这就彻底否定了它的真理性、合道义性，使"三纲"的神圣性遭到严重亵渎。

对于以"三纲"为核心的旧道德、旧礼教在中国历史上所造成的严重消

---

① 李石曾：《三纲革命》，载张枬、王忍之编《辛亥革命前十年间时论选集》第2卷，生活·读书·新知三联书店，1978，第1015、1019页。

② 柳亚子：《哀女界》，载张枬、王忍之编《辛亥革命前十年间时论选集》第1卷，生活·读书·新知三联书店，1978，第934页。

③ 《权利篇》，载张枬、王忍之编《辛亥革命前十年间时论选集》第1卷，生活·读书·新知三联书店，1978，第481页。

④ 《广解老篇》，载张枬、王忍之编《辛亥革命前十年间时论选集》第1卷，生活·读书·新知三联书店，1978，第430页。

极影响，他们也做了更为深刻的揭露。他们指出，由于封建统治者及其思想家的长期提倡、灌输，旧道德、旧礼教业已"深锢于人心而牢不可破"，成为套在中国民众身上的一副沉重的且难以挣脱的精神枷锁。人皆以此作为评判是非善恶的神圣标准，"顺此者为纯正循良，背之者为悖乱恶逆"。人们已从内心自觉接受并服从它，自觉安于被压制的卑屈地位，甘心忍受苦难，甚至死而无怨。在它的束缚、禁锢下，人们"一任昏暴者之蹂躏鱼肉、宰割、烹醢"，甚至"鞭扑敲笞之余，血肉狼藉之后，呼吸弥留，犹牢守'臣罪当诛，天王圣明'之一念，以留臣节于天壤，传青史于后人"。①他们的结论是"名教之杀人于无形"，它"酷于申韩"，其害"甚于洪水猛兽"，②必须把它推翻。这些揭露显然比此前谭嗣同"三纲之慑人，足以破其胆而杀其灵魂"③更为深入、透彻。

对中国而言，20世纪头十年既是西方近代社会政治思想空前大输入的时代，也是国人观念变革空前加速的时代。因此，革命派对"三纲""三权"的批判较前更加深入，涉及面更广。由于这时帝制、君权已成被推翻的对象，君主则成为人们心目中的"专制恶魔"，这时对君为臣纲和君权的批判更加尖锐、激烈。这类文字为人们所熟知，兹不赘述。须作说明的是这时对夫权和夫为妻纲、男尊女卑的批判。这时，革命派宣传家已不再泛泛提倡男女平等、同情女性的悲惨处境，而是把矛头指向压制、束缚女性的种种"妇德""妇道""女诫""女训"。诸多文章先后指出：

  曰三从四德也，培养奴隶之教育也……曰女子无才便是德，防范奴隶之苛律也。④

---

① 《铁厓·名说》，载张枬、王忍之编《辛亥革命前十年间时论选集》第3卷，生活·读书·新知三联书店，1977，第494、495页。
② 愤民：《论道德》，载张枬、王忍之编《辛亥革命前十年间时论选集》第3卷，生活·读书·新知三联书店，1977，第852页。
③ 《谭嗣同·仁学》，载《谭嗣同全集》（下），中华书局，1982，第348页。
④ 《黄公·大魂篇》，载张枬、王忍之编《辛亥革命前十年间时论选集》第2卷，生活·读书·新知三联书店，1978，第843页。

女诫、女训，千条万理，无非为破坏其自立计。①

所谓女德、妇道者，不过使女子放弃权利，贬损人格，跧伏于男子万重压制之下，稍有逾越，即刑戮随之矣。②

进而，一些革命派成员又提出了兴女权的口号，呼吁进行"女权革命""家庭革命"。他们认为，只有兴女权，才能摆脱夫权，实现女性自立。一篇文章认为，"女权愈振之国，其国愈文明；女权愈衰之国，其国愈衰弱"③，这就把兴女权与振兴中华直接联系起来，提到了相当的高度。在这一时期，他们兴办了一批批判男尊女卑、夫为妻纲，鼓吹男女平等、女性解放的女性刊物，其种类之多在中国近现代史上堪称空前绝后。这些刊物的出现，进一步扩大了女权运动的声势影响，使兴女权受到社会的普遍关注。而一批杰出女性投身革命、投身社会改造事业，更是凸显了这一时期女性解放的实绩。

值得我们重视的是这一时期对父为子纲和父权的批判。和其他两纲相比，父为子纲有其特殊性。因为父子关系是一种血缘关系，它不属于"人合"而为"天合"，因此人们对父为子纲是"卷舌而不敢议"（谭嗣同语）的。在戊戌时期，康有为、谭嗣同等人虽也呼吁父子平等，但均未做深论。这一局面直到辛亥革命时期开始才被突破，一些革命派成员开始对父为子纲和父权做公开批判。革命派中的无政府主义者李石曾指出，在中国古代，"暴父之待其子也，当其幼时，不知导之以理，而动用威权"，"及其壮也，婚配不自由，惟听父母之所择"，"及其父母死，而复以繁文缛节以累之"，"总之，为子者自幼及长，不能脱于迷信与强权之范围"。他认为，"就科学言之，父之生子，惟一生理之问题，一先生、一后生而已，故有长幼之遗传，而无尊卑之义理。

---

① 《论三从》，载张枬、王忍之编《辛亥革命前十年间时论选集》第3卷，生活·读书·新知三联书店，1977，第487页。
② 愤民:《论道德》，载张枬、王忍之编《辛亥革命前十年间时论选集》第3卷，生活·读书·新知三联书店，1977，第851页。
③ 竹庄:《论中国女学不兴之害》，载张枬、王忍之编《辛亥革命前十年间时论选集》第1卷，生活·读书·新知三联书店，1978，第924页。

就社会言之，人各自由，非他人之属物"，因此父子间应是一种平等的关系，父为子纲乃不合理的强权。他又从正面角度指出，正当合理的父母与子女的关系，应该是各有其权利，各有其义务，"子幼不能自立，父母养之，此乃父母之义务，子女之权利。父母衰而不能动作，子女养之，此亦子女之义务，父母之权利。故父母、子女之义务平，权利等"①。

应该说，辛亥革命时期对"三纲"的揭露、抨击，所产生的客观影响是明显而巨大的。概言之，经由革命派的批判，特别是革命派所发动的反清革命的冲击，"三纲"的神圣权威被明显削弱了。下面的例子是很有说服力的。1907年，江苏常熟、昭文二县公立高等小学堂举行修身课考试。教师所出的试题之一为："'三纲'之说能完全无缺否？"显然，这一考题本身便具有明显的挑战性，而学生们的回答则更为出格。一张卷子认为："君为臣纲，夫为妻纲，其理甚谬。"一张卷子认为："'三纲'之中，君为臣纲尤谬，盖非我祖、父，与我并无关系也。"有几张考卷直斥夫为妻纲，认为"三从四德有碍女子权利"。而一张试卷的回答最为干脆，公然宣称："三纲之谬，彰彰明矣。"②这些"狂言"，不是出于革命党人的报刊，而是见诸清朝政府公办学堂的试卷，实属惊人。它表明，还在清朝未亡之时，三纲即已明显崩坏。待武昌起义成功，帝制被推翻，遂出现了"三纲五常之条教，世人遂目为恶魔，其权威乃尽失"③的局面。

二

中国近代道德革命在辛亥革命时期的深入，又表现为在这一时期不少革命派人士将自由、平等、博爱定为他们所要建立的新道德的基本精神、原则。

在戊戌时期，几位维新派思想家虽对以"三纲"为核心的旧道德做了猛

---

① 李石曾：《三纲革命》，载张枬、王忍之编《辛亥革命前十年间时论选集》第2卷，生活·读书·新知三联书店，1978，第1017、1018页。
② 丁守和：《辛亥革命时期期刊介绍》第2卷，人民出版社，1982，第306、307页。
③ 方南岗：《予之国民道德救济策》，《东方杂志》2010年第7期。

烈抨击，但他们对所要建立的新道德缺乏明晰、完整的表述。曾有学者说，那时严复强调的是自由，谭嗣同提倡的是平等，而康有为则鼓吹博爱。可见，他们各有侧重，未将三者视为一体。1902年，梁启超在谈道德革命时，虽曾提出要"斟酌古今中外，发明一种新道德"①，但新道德是什么？他并未做说明。而到了辛亥革命时期，革命派对此做了正面回答。

起初，革命派是将来自近代西方的自由、平等、博爱作为自己的政治原则、理想来提倡的。1905年，孙中山等同盟会领导人所制定的《军政府宣言》这样宣示，他们所领导的革命"虽经纬万端，要其一贯之精神则为自由、平等、博爱"②。显然，这里主要是从政治角度来说的。不久，一些革命派人士先后将其视为新的道德精神、原则。比如，1907年李石曾认为，"此自由、平等、博爱之实行"，乃"人道幸福之进化也"③；1908年，吴稚晖说，"博爱、平等、自由"乃"真理、公道所包之道德"④。如果说上面的表述尚不很明晰，那么，1911年一位革命党人则对此做了十分明确的对比说明。他说：

> 有天然之道德，有人为之道德。天然之道德根于心理，自由、平等、博爱是也。人为之道德源于习惯，纲常名教是也。天然之道德，真道德也；人为之道德，伪道德也。

他一再强调，以"三纲"为核心的旧道德乃"矫揉造作之道德"，而自由、平等、博爱才是根于"人之天性，非由外铄"的"良知良能"。因此，今天必须大力"昌明自由、平等、博爱之真道德"⑤。

---

① 梁启超：《新民说·论公德》，载《饮冰室合集》专集四，中华书局，1989，第14页。
② 《中国同盟会革命方略》，载《孙中山全集》第1卷，中华书局，2006，第296页。
③ 李石曾：《三纲革命》，载张枬、王忍之编《辛亥革命前十年间时论选集》第2卷，生活·读书·新知三联书店，1978，第1019页。
④ 吴稚晖：《无政府主义以教育为革命说》，载张枬、王忍之编《辛亥革命前十年间时论选集》第3卷，生活·读书·新知三联书店，1977，第219页。
⑤ 愤民：《论道德》，载张枬、王忍之编《辛亥革命前十年间时论选集》第3卷，生活·读书·新知三联书店，1977，第847、852页。

1912年中华民国成立后,担任南京临时政府教育总长的蔡元培在阐述他的教育方针时,明确将此三者定为"公民道德"的"要旨"。他说:

> 何谓公民道德?曰法兰西之革命也,所揭示者曰自由、平等、亲爱(博爱),道德之要旨,尽于是矣……三者诚一切道德之根原,而公民道德教育之所有事者也。①

这是最为明确的表述。同年,自认为是社会主义者的孙中山也曾说:"社会主义者,人道主义也。人道主义主张博爱、平等、自由,社会主义之真髓亦不外此三者,实为人类之福音。"②这些都说明,自由、平等、博爱既是那时革命派的政治原则、理想,也是他们的伦理道德原则和理想。这一精神原则的确立,就为近代道德革命进一步明确了奋斗目标,也为批判旧道德提供了理论武器。在社会变革的进程中,"破"与"立"始终是相互促进、相互推动的。在辛亥革命时期,"三纲"之所以不断被削弱,最终走向崩溃,显然同自由、平等、博爱观念的流行有直接关系。

然而,当中国资产阶级思想家将自由、平等、博爱当作自己的政治、道德原则的时候,西方资本主义制度的固有矛盾和弊端早已充分暴露。因此,他们在赞美、提倡这一精神、原则的同时,又清醒地看到自由、平等、博爱在西方社会并未真正实现的冷酷现实。革命派中的无政府主义者愤愤地指出,在西方"自由者富者之自由也,平等者富者之平等也,而贫民困苦如故,自由平等于贫民乎何有"③。站在失望、否定的立场,他们主张"另筹革命之方",以无政府主义做根本解决。相比之下,态度积极、力图补救的是蔡元培、孙中山等革命派的领袖人

---

① 蔡元培:《对于教育方针之意见》,载《蔡元培全集》第2卷,浙江教育出版社,1997,第10页。
② 孙中山:《在上海中国社会党的演说》,载《孙中山全集》第2卷,中华书局,2006,第510页。
③ 民:《伸论民族民权社会三主义之异同再答来书论新世纪发刊之趣旨》,载张枬、王忍之编《辛亥革命前十年间时论选集》第2卷,生活·读书·新知三联书店,1978,第1007页。

物。蔡元培认为，自由、平等之难以实现，是人的能力生来不平等决定的。由于人人生来"自卫力不平等"，就造成了强弱之差；由于人人生来"自存力不平等"，就形成了贫富悬殊。在现实生活中，由于"生禀之不齐"，不少人往往是"企自由而不遂，求与人平等而不能"。如何解决这一问题？他主张发扬"亲爱"（即博爱）精神。他认为，西方的"亲爱"精神就是儒家所倡导的仁、恕。一旦人人都自觉发扬仁爱之心，以恕道待人，就能逐步实现自由、平等。

而影响更大的则是后来孙中山所做的较为系统的论述。孙中山认为，人类社会存在两种不平等，一种是"人为的"，另一种是"天生的"。所谓"人为的不平等"，系指专制、等级制度下人们社会政治地位的尊卑之殊，而"天生的不平等"则是指人们先天资质的差异、高下。他认为，人为的不平等是可以打破也是必须打破的，革命党人之所以发动革命，提倡民权，便是要打破人为的不平等，以实现人人"政治地位的平等"；可是，那种天生的不平等则是无法打破的。所以，在政治地位的平等实现之后，人们的实际处境依然不能平等。对此，革命党自然不能置之不顾，任其存在、滋长。那么，如何解决呢？孙中山主张人人都自觉发扬博爱精神，树立"替众人服务"的道德心。具体来说，"聪明才力愈大者，当尽其能力而服千万人之务，造千万人之福。聪明才力略小者，当尽其能力以服十百人之务，造十百人之福"，"至于全无聪明才力者，亦当尽一己之能力，以服一人之务，造一人之福"，"照此做去"就能逐步实现实际的平等，"这就是平等之精义"。[①] 他认为，"这种替众人服务的新道德，就是世界道德的新潮流"。[②] 无疑，蔡元培、孙中山先后提出的这些主张是十分积极、可贵的。

从革命派逐步将自由、平等、博爱确立为新道德的精神原则，再到他们力图克服、矫正西方社会生活中往往"企自由而不遂，求平等而不能"的现实，进而孙中山提出"替众人服务"的新道德，都表明了近代道德革命的深化。

[①] 孙中山：《三民主义·民权主义：第三讲》，载《孙中山全集》第9卷，中华书局，2006，第299页。

[②] 孙中山：《在广州岭南大学黄花岗纪念会的演说》，载《孙中山全集》第10卷，中华书局，2006，第156页。

三

近代道德革命在辛亥革命时期的深化，还表现为这一时期一些革命派人士开始对那时流行的利己主义所做的矫正。

自道德革命开展，不论是维新派还是革命派大都提倡利己主义，而革命派报刊对利己主义赞扬的言论尤多。比较典型的说法是："盖私之一念，由天赋而非人为者也。故凡可入人类界中者，则无论为番、为蛮、为苗、为瑶，自其生时，已罔不有自私自利之心存。"[1]"有人而后有世界，人人有利己之心而后有世界。"[2]与之相联系，又有人主张"贵我"，认为"天下皆轻我为重"。对于这类颇为极端的言论，要放到当时的历史环境中做具体分析。这类大体相同的议论反映了那时一些资产阶级代表人物要求摆脱封建压制、实现个人独立、实现个体价值和个人权益的愿望。此外，这类言论还含有这样的深意，即通过实现个人利益来激发个体活力，进而激发群体活力，实现民族振兴。有人便以为，从私于我、私于我家始，层层推扩，则能私我乡、私我邑、私我省以至私我国，由此则能激发爱国主义。还有人认为，因利己方能引发竞争，由竞争方能推动社会发展进步。这类议论在当时虽有其积极意义，但它在理论上的偏颇是明显的。虽然，他们并不主张通过损害他人、群体来利己，但他们所做的理论概括无疑可能产生负面的影响。

值得注意的是，某些革命派的报刊也陆续发出一些不同的声音。有人赞扬墨子的"摩顶放踵以利天下"，大力提倡"牺牲一身以救众生"的精神，对"自私主义""自利主义"予以谴责，认为"墨子之学说，在我国今日，岂非

---

[1]《公私篇》，载张枬、王忍之编《辛亥革命前十年间时论选集》第1卷，生活·读书·新知三联书店，1978，第494页。
[2]《教育泛论》，载张枬、王忍之编《辛亥革命前十年间时论选集》第1卷，生活·读书·新知三联书店，1978，第402页。

起死回生之妙药哉"①；有人明确肯定群体利益高于个人利益，主张人们"一举一动宜为群计"，"宁为己损，勿为群害"。② 更多的人则是在肯定个人权益、提倡权利观念的同时大力呼吁增强义务观念和社会责任感。革命派中的无政府主义者所信奉的是克鲁泡特金的互助论，因此，他们对利己主义反对尤甚。激烈一时的无政府主义者刘师培虽承认人有利己心，但他指出，人除利己心外，尚有"羞忌心"与"良善心"，因此，"利己心不是该心体之全"，视利己为人的本性是错误的。他又指出，由于利己主义盛行，中国"民竞趋利"，故"自利之说为中国人心之大患害"③，必须消除其影响。对利己主义做坚决否定的是孙中山。1913年初，他在对留日学生的演讲中明确认为：

> 古来学说，只求一人之利益，不顾大家之利益。今日世界日进文明，此种学理都成野蛮时代之陈谈，不能适用于今日。

他鼓励在日本的中国留学生"必须存牺牲自己个人之幸福，以求国家之幸福的心志"，不"为一人求幸福"，而"为中华民族求幸福"。④ 晚年，他又强烈谴责那种"每每出于害人亦有所不惜"的利己主义，而提倡"每每至到牺牲自己亦乐为之"的利人主义。⑤ 进而，他又大力提倡发扬"公共心"和上文讲到的那种"替众人服务"的新道德。

上述这些议论对于那时正在流行的利己主义无疑起到了遏制、矫正的作用，对中国近代的道德革命向正确、健康的方向发展起了引领作用，其积极意义值得重视。

---

① 觉佛：《墨翟之学说》，载张枬、王忍之编《辛亥革命前十年间时论选集》第1卷，生活·读书·新知三联书店，1978，第868、869页。
②《云南杂志发刊词》，载张枬、王忍之编《辛亥革命前十年间时论选集》第2卷，生活·读书·新知三联书店，1978，第561页。
③ 刘师培：《利害平等论》，《民报》13号。
④ 孙中山：《在东京中国留学生欢迎会的演说》，载《孙中山全集》第3卷，中华书局，2006，第24、25页。
⑤ 孙中山：《三民主义·民权主义：第三讲》，载《孙中山全集》第9卷，中华书局，2006，第298页。

论中国近代的"国民性"改造[*]

张锡勤[**]

要求对中国的"国民性"进行改造,是中国近代思想领域的一件大事,它曾受到几代中国改革者的持续关注。何谓"国民性"?使用这一概念的中国近代思想家们均未对此做出定义性的明确说明,而当代的研究者们则众说纷纭,认识很不统一。显然,欲求对此取得共识尚须时日。不过,对这一问题的暂时搁置并不影响我们对近代的"国民性改造"问题做进一步的认识、探讨。这是因为从这一问题提出之日起,提出者们所说的"国民性"乃是指中国"民性""积习"中的"劣根性",亦即当时中国民众在心理、精神、观念、行为习惯各个方面所存在的带有普遍性的缺点、劣点;所要解决的乃是如何提高国民素质、振奋民族精神、实现人的近代化(现代化)、进而实现社会近代化(现代化)的问题。故就此而言,"国民性"及其"改造"的含义和所要解决的问题又是很明确的。限于篇幅,本文只就中国近代思想家们所说的"国民性"和"国民性改造"做一论述。

一

在中国,"国民性"一词出现于20世纪初,比如1908年5月13日《舆论

---

[*] 本文发表于《哲学研究》2007年第6期。
[**] 张锡勤,黑龙江大学哲学学院教授,主要从事中国哲学史、中国伦理思想史、中国近代哲学与文化研究。

日报》的一篇文章标题便为"论中国之国民性"。而在这一问题提出之初，人们多以"民性""积习"等词来表述。揭示中国民性、积习中的种种"劣点"并不始于中国人，而是始于在华的西方人。例如，甲午战争结束后，主办《万国公报》的美国传教士林乐知便在该刊上发表议论，认为当时"中国缺憾之处不在于迹象，而在于灵明"；中国的根本问题在于中国民众"无象之血气心知""不足恃"。他将"华人之积习"归为"骄傲""愚蠢""怯怯""欺诞""贪私""因循""游情"七个方面，并一一做了描述。他认为，由于中国人在精神、品德上存在这些问题，于是一切有形的物质设施便成了摆设，发挥不了应有的作用。故甲午之败"非日本之能败中国也，中国自败之也"；中国欲图振兴，中国人就应自觉地"除旧习而迪新机"，对精神"灵明"进行自觉改造。(《险语对》上)

中国人自己开始自觉地揭示、清算自身的弱点、劣点，是受了严复所介绍的斯宾塞的社会有机体说的刺激和启示。为了贯彻实施自己的政治主张，1895 年严复刚刚从海军界闯入思想界，便在《原强》这篇名文中介绍了社会有机体说。后来，他又翻译了斯宾塞的社会学著作《群学肄言》，对社会有机体说做了更为系统的介绍。按严复的理解，社会有机体说乃是"用生学（生物学）之理以谈群学（社会学）"（《天演论》论十五按语），即以生物学解释社会，把社会看作一个生物有机体。严复认为，"一群之成，其体用功能无异生物之一体。"（《原强》）社会成员与社会的关系，如同细胞与生物体的关系。既然生物体的性质、特征取决于组成它的细胞，那么，一国一群的面貌特征便取决于社会成员的状况。在严译的《群学肄言》中有这样的话：

> 凡群者皆一之积也，所以为群之德，自其一之德而已定。群者谓之拓都（Aggregate），一者谓之么匿（unit）。拓都之性情形制，么匿为之。（《喻术》）
>
> 群者，人之拓都也；而人者，群之么匿也。拓都之性情变化，积么匿之性情变化以为之。（《宪生》）

在这本译著的序言、后记、译者注以及这一时期的其他论著中，严复着力宣传了这些思想，反复强调社会国家的面貌取决于民众的素质。他一再说："国之强弱、贫富、治乱者，其民力、民智、民德三者之征验也。"（《原强》）西方之所以富强，是由于其民德、智、体三者皆优；中国之所以贫弱，则是因为中国"民力已茶，民智已卑，民德已薄"，三者皆劣。因此，中国欲求富强振兴，就应立即着手提高全民的基本素质。对于中国的变革、振兴而言，使民众实现德、智、体三强乃是根本，是必不可少的基础建设，否则必将导致或"淮橘成枳"或"人亡政息"的严重后果。正是严复的这些议论，引发了那时改革者、新学家们对国民性改造的普遍关注。

对严复所介绍的社会有机体说大加发挥并大力宣传的则是梁启超。为了突出提高国民素质的极端重要性和紧迫性，20 世纪初，梁启超在《新民说》中对国家、政府与人民素质的关系做了更多论述：

国也者，积民而成……（《叙论》）

政府何自成？官吏何自出？斯岂非来自民间耶？……聚群盲不能成一离娄，聚群聋不能成一师旷，聚群怯不能成一乌获。以若是之民得若是之政府官吏，正所谓种瓜得瓜、种豆得豆，其又奚尤？（《论新民为今日中国第一急务》）

这些议论把人民对国家、政府的决定关系更加绝对化。由于《新民说》是轰动一时的名文，经由《新民说》的鼓吹，国民性改造问题更加引人关注，成为当时的热门话题。

在 20 世纪初，鼓吹国民性改造的不只是梁启超等维新派人士，还有继之而起的革命党人。两派的政见虽然针锋相对，但在这一问题上的基本认识并无分歧。值得注意的是，在那时，不仅梁启超主办的《新民丛报》以及革命派主办的一些刊物在提倡国民性改造，偏重探讨学术问题的《东方杂志》也刊登了不少论国民性和国民性改造的文字。《东方杂志》的这类文字多系转载，所转的文章来自《申报》《舆论日报》《时报》等诸多报纸。而且，由于《东方杂志》发行量较大，它所造成的影响也更大。经由这番宣传，"民质而优则其国必昌，民质而劣则其国必亡"（《论社会改革》）的认识被越来越多的中国人所认同。1915年新文化运动兴起后，要求改造国民性的呼声更高。作为新文化运动开场锣鼓的陈独秀的《敬告青年》一文，其主旨便是要使中国人从"浅化之民"变为"日新求进之民"。由于在新文化运动初期，陈独秀等人更强调国家的强弱兴衰取决于国民素质，将改造国民性视为改造中国的根本，他们对国民性改造更加重视，论述也更多。

  在中国近代，国民性改造问题的提出引发了国人对人自身的近代化的关注，使人们认识到不论是破坏旧世界还是建设新世界，都要靠觉醒中的一代新人；离开人自身的近代化，社会的近代化就没有坚实的基础。正是基于这些认识，近代的改革者、新学家们不仅要求实现人的解放，同时又呼吁实现人的重塑。从此，提高全民的基本素质、振奋民族精神、造就一代新人的任务提上了日程，改革者们对近代化有了更加全面的理解和规划。

  因急于谋求中国的振兴，从戊戌变法开始，速成论曾在中国有不小的影响。比如，康有为便认为，中国只要变法维新，则"三年而宏规成，五年而条理备，八年而成效举，十年而霸图定矣。"（《进呈日本明治变政考序》）显然，这种以为中国的振兴可以在最短期间内实现的想法是对改造、振兴中国的斗争的长期性、复杂性认识不足的表现，势必给现实斗争带来负面影响。国民性改造问题的提出对消除这种速成论的影响也具有积极意义。

二

  要想改造国民性，第一步工作无疑是梳理、揭示那时中国人身上的种种"劣下之根性"。最早从事这一工作的是梁启超。1901年，在《中国积弱溯源论》这篇长文中，梁启超将中国人"人心风俗"上的劣点归结为"奴性""愚昧""为我""好伪""怯懦""无动"六个方面。次年，在《新民说》中他又做了较细的剖析。他认为，"我祖国民性之缺点不下十百"，主要表现为缺乏公德观念、无国家思想、无进取冒险性质、无自尊性质、权利与义务观念薄弱等。在新文化运动时期，陈独秀、李大钊等人又在一系列文章中对中国人的各种缺点、劣点做了更全面也更尖锐的揭示，所列举的有"好利无耻""老大病夫""不洁如豕""黄金崇拜""工于诈伪""不诚无信""缺乏同情心"等。陈独秀竟认为，当时"中华民族种种腐败堕落"，业已"到人类普遍资格之水平线以下"，令人"惭愧、悲愤、哀伤"（《中国式的无政府主义》），其措辞既极端尖锐也极其沉痛。值得提起的是，鲁迅在"五四"前后所创作的小说，对病态的中国社会的各色中国人的种种缺陷、弱点做了入木三分的生动刻画，比一些理论文章影响更深。

中国近代的改革者、新学家们进而揭示，中国人的弱点、劣点虽有诸多表现，但最根本的则是奴隶性。因此，从20世纪初开始，新学家们对国民劣根性的清算又集中表现为对奴隶性的清算。最早从事这一揭露、批判的是梁启超、麦孟华等维新派思想家；继起的革命派思想家、宣传家也发表了大量剖析、批判奴隶性的文章。对于奴隶性的种种丑恶表现，他们先后做了惟妙惟肖的描绘：

> 奴隶则既无自治之力，亦无独立之心。……言主人之言，事主人之事。依赖之外无思想，服从之外无性质，谀媚之外无笑语，奔走之外无事业，伺候之外无精神。呼之不敢不来，麾之不敢不去，命之生不敢不生，命之死亦不敢不死。得主人之一盼、博主人之一笑，则如获异宝，如膺九锡，如登天堂，嚣然夸耀于侪辈为荣宠。及婴主人之怒，则俯首屈膝，气下股栗，虽极其凌蹴践踏，不敢有分毫抵忤之色，不敢生分毫愤奋之心。（《说奴隶》）

从上述描绘可知，20世纪初中国新学家们所说的奴隶性，乃是指长期封建专制统治所造成的人们安分、顺从、依附、卑怯的顺民性格，以及一些人安于奴隶地位的奴才意识。正是这种奴隶性使人自轻自贱,丧失独立自主的精神,养成依附、依赖等积习,使中国人"如群盲偕行,甲扶乙肩,乙牵丙袂"(《十种德行相反相成义》),全无自主、自择能力。更可怕的是,奴隶性所造成的顺民性格使人偷安苟活,安于被压迫、被统治的屈辱地位:"牛之马不以为苦,奴之妾之不以为辱","驯伏数千年专制政体下,相率而不敢动"。(《箴奴隶》)

他们又指出,这种奴隶性在中国社会各阶级、阶层中是普遍存在的,在那等级森严的庞大金字塔中,下一层者即上一层者的奴隶。中国"举国之大,竟无一人不被人视为奴隶者,亦无一人不自居奴隶者"(《中国积弱溯源论》)。而且,"我中国人之乐为奴隶,不自今日始也","中国之所谓二十四朝之史,实一部大奴隶史也"(《革命军》)。奴隶性在中国不仅普遍存在,而且根深蒂固,于是那时的中国遂成为一个"醉生梦死,行尸走肉,不痛不痒,麻木不仁之世界"(《二十世纪之中国》)。这些读之使人心酸、沉痛的文字,在当时曾使国人深受刺激,有力地激发了民族精神的振奋。

在20世纪初,改革者、新学家们一致认为,普遍存在于国人之中的奴隶性,乃是中国社会变革、社会进步、民族振兴的巨大障碍。他们的结论是,国内的专制统治并不足畏,国外的列强侵凌也不足畏,"所可畏者,国民之奴隶根性耳"(《露西亚虚无党》)。因此,要想实现近代化,要想改造中国并实现人的解放,就必须清除奴隶性。

中国近代对奴隶性的清算,从戊戌变法开始一直持续到新文化运动。在《敬告青年》一文中,陈独秀向中国青年"敬陈六义",其中第一义便是"自主的而非奴隶的"。他期望中国青年"脱离奴隶之羁绊,以充其自主、自由之人格"。由于在前两个时期业已对奴隶性的种种表现和严重危害做了全面揭露,因此,新文化运动的倡导者们更多的是论如何破除奴隶性的问题。新文化运动始终反对盲从、迷信,反对依附、依赖,猛烈抨击由"三纲"所造成的"奴隶道德",提倡"我有口舌,自陈好恶;我有心思,自崇所信"的自主理性(《敬告青年》),鼓吹个人本位主义,矛头所向正是奴隶性，正是为了清除奴隶性。对于清除奴隶性而言，这些理论工作的意义、影响更大。

在中国近代，几代改革者、新学家们将中国人的弱点、劣点概括、归结为奴隶性，是正确而深刻的。这一概括、归纳使这场民族大反省不只是揭示"丑陋的中国人"的种种琐细的"丑陋"，不只是痛陈中国人"丑陋"的种种表象，而且准确抓住了要害、本质。

三

十分可贵的是，中国近代的新学家们不仅揭示了奴隶性的种种表现，而且揭示了之所以如此的历史根源。他们认为，从根源上说，奴隶性等乃是长期的封建专制制度造成的。正如严复所说："夫上既以奴虏待民，则民亦以奴虏自待。"（《原强》）民众既处于奴隶地位，自然不可能有自觉的政治热情、权利和义务观念，势必对一切皆冷漠视之。此外，为封建专制统治服务的学术、教化、伦理纲常也都按统治者的要求陶铸、培养民众的奴隶性。新学家们认为，中国古代的学术教化"专以柔顺为教"，势必养成人们的"卑屈之风，服从之性"（《权利篇》，《二十世纪之中国》）。中国古代的圣贤一再教人"犯而不校""百忍成金""唾面自干"，使人"无骨、无血、无气"，于是中国民众的"奴隶之性，日深一日"（《新民说·论权利思想》）。而且，奴隶性一旦形成，许多人不仅"自居奴隶而已"，而且"见他人之不奴隶者反从而非笑之"（《爱国论》），这种习非为是的大环境、大氛围更使奴隶性"如疫症之播染"，遍及于国人之中。这些分析从根本上否定了中华民族天生是劣等民族的谬说，同时也说明，存在于国人之中的"劣根性"是可以改造的。

不过，让人遗憾的是，这种对根源的正确分析在那时并未引导人们找到改造国民性的正确途径。按照上述分析做逻辑推导，结论理应是欲消除国人的奴隶性，就必须使民众摆脱奴隶地位，从封建专制制度的压制下解放出来；

欲改造中国的国民性，就必须进行社会制度的变革。可是，依据社会有机体说，他们并未循着上述逻辑做出上述结论，而是循着"一"（个体）之性决定群之性的逻辑，只强调国民个体的自我改造、完善。

严复从一开始便反复向国人灌输这样的思想："凶狡之民，不得廉公之吏；偷懦之众，不兴神武之君。"所以，只有"智仁勇之民兴"，"而后其国乃一富而不可贫，一强而不可弱也"（《天演论》）。只有在中国民众素质普遍提高之后，中国方才能实现民主富强。在20世纪初，梁启超又把这种决定作用推向极端。他的简单逻辑是：政府由官吏所组成，而官吏都是来自民间，所以，政府的良否完全取决于民众的素质。素质低劣的民众必然造成恶劣的政府，要想出现良政府就必须先有良国民。他的结论是"苟有新民，何患无新制度、无新政府、新国家"，故"新民为今日中国第一急务"，"舍此一事，别无善图"（《新民说·论新民为今日中国第一急务》）。而所谓新民，即"吾民之各自新而已"。因此，当时中国的唯一出路是，人人皆自觉清除"责人不责己，望人不望己之恶习"，把矛头指向自身，由"自责""自省"而"自新"，努力改过迁善、刷新思想、增进道德，做一个新民。

把国民性的改造以至中国的民主富强归之于民众的自新，这无疑是一种天真幼稚的想法。可是，由于社会有机体说在那时的中国思想界拥有巨大的影响，这种极端简单化的天真想法一直延续到新文化运动的前期。直到新文化运动开始，人们的思路依然是：因为"有不良之国民，斯有不良之政府"（《告学生》）。所以，在1916年，陈独秀曾满腔热忱地向国人呼吁：从这新的一年开始，人人"从头忏悔，改过自新"。"从前种种事，至一九一六年死；以后种种事，自一九一六年生。吾人当一新其心血，以新人格"，由此进而"以新国家，以新社会"使"民族更新"（《一九一六年》）。这番呼吁无疑是真诚而急切的，但显然又是苍白无力、不可能解决什么问题的。几个月后，李大钊也向中国青年发出了自觉再造自我的呼吁。他对青年提出了这样的期望：

>   悟儒家日新之旨，持佛门忏悔之功，遵耶教复活之义，以革我之面，洗我之心，而先再造其我。弃罪恶之我，迎光明之我；弃陈腐之我，迎活泼之我……（《民彝与政治》）

从梁启超到陈独秀、李大钊，他们所发出的呼吁、所提出的希望，都带有一种人们一朝悔悟即新人的意味。这样，在他们那里，国民性的改造就简单化为一个社会成员人人洗心革面的问题，似乎只要人人痛下决心、悔悟自新、告别旧我，即可成为一代新人。这种简单化模式使国民性改造一时走入了一条死胡同。在中国近代，受到人们普遍关注的国民性改造问题之所以会走到这一步，还得从严复所介绍的社会有机体说的复杂影响说起，从那里寻找根源。概言之，这一学说只强调个体对群体、个人对社会的决定作用，所主张的是一种单向决定论。这种单向决定论虽引发了中国人对国民性改造、国民素质提高的关注，产生过积极影响，可是当国民性改造提上日程、进而要解决如何改造国民性的问题时，其理论偏差与消极影响便充分暴露。

个体与群体、个人与社会、人的近代化与社会的近代化，原本是一种双向影响、双向互动的关系。可是，依据这种"一"之性决定群之性的理论，从严复、梁启超直到前期的陈独秀、李大钊，则始终只强调前者对后者的决定影响，而且把它绝对化。这种以为只要人人成为新民、新我，新的社会制度就一定会到来的说法，势必使人轻忽、推延甚至放弃对社会制度的改造、变革。更严重的是，一旦脱离社会变革的实践而孤立地谈个体人的自新，那么国民性改造也就成了孤立的个人行为；这种孤立的个人行为势必落入传统儒家、理学家们修身论的老套，这样国民性改造也就沦为一种空谈，难以取得实效。

早在梁启超的《新民说》发表之时，一位革命党人便批评《新民说》的基本结论"不免有倒果为因之弊"（《近时二大学说之评论》）。稍后，另一位革命党人更明确指出，"么匿"固然影响"拓都"，但"拓都"同样影响"么匿"，社会不改造，个人是难以改造的，故"凡欲改良一己者，必先改良社会"（《私心说》）。他认为，个体人的改造离不开社会改造，社会改造更具优先性。应该说，这些议论是正确的。不过，由于那时革命党人所关注的是反清武装斗争，对这一问题并未做深入探讨与说明，所以，个别人的正确议论并未对这种单向决定论带来大的冲击，削弱其影响。而辛亥革命后国号虽改但专制制度未变，而且社会更加黑暗的现实，更使人觉得严复、梁启超的单向决定论是正确的，于是，在国民性改造更受人们关注的同时，这种单向决定论的影响也更大。

可喜的是，随着新文化运动的深入开展，随着其倡导者接触到更多新的理论以及实践教训的启发，他们先后否定了这种单向决定论，开始走出了戊戌变法以来的理论误区。1917年陈独秀在一篇文章中申言："人民程度与政治之进化，乃互为因果，未可徒责一方者也。"（《四答常乃德》）此话语虽不多，却是对单向决定论的明确否定。而做更明确否定并做展开论述的则是胡适。1919年2月，他在题为"不朽"的那篇名文中，对个人与社会、个人与历史的关系做了辩证的理解与说明。他认为：

> 从纵剖面看来，社会的历史是不断的，前人影响后人，后人又影响更后人。……总而言之，个人造成历史，历史造成个人。从横截面看来，社会的生活是交叉影响的，个人造成社会，社会造成个人。……个人的生活，无论如何不同，都脱不了社会的影响。

后来，在另一篇文章中他又强调"个人是社会上种种势力的结果"，"'我'是社会上无数势力所造成的"（《非个人主义的新生活》）。这就是说，抛开特定的社会历史环境，就说不清国民性，中国的国民"劣根性"是由中国特定的社会历史环境造成的，故欲改造它就必须改造社会。因此，他断然反对"把'改造个人'与'改造社会'分作两截"的想法与做法，反对那种"把个人看作一个可以提到社会外去改造的东西"的错误认识。他指出，那种以为"改造社会要从改造个人做起"的认识,"还是脱不了旧思想的影响",是错误、不可取的。他认为,从根本上、整体上说,改造个人当在改造社会的过程中实现,"改造社会即是改造个人",社会"那些势力改良了,人也改良了"。所以,他对独善其身主义取否定态度。虽然胡适所主张的社会改造是一点一滴的改良,但他坚定认为个人与社会双向影响、个人改造与社会改造双向互动,并将社会改造置于优先地位,这无疑是有价值的。而当李大钊初步接受马克思主义之后,他对双向互动、双向改造也做了明确的说明,这便是:"不改造经济组织,单求改造人类精神,必致没有效果;不改造人类精神,单求改造经济组织,也怕不能成功。我们主张物心两面的改造,灵肉一致的改造。"(《我的马克思主义观》)

在个人与社会、"人民与政府"、人的近代化与社会的近代化的关系上,从单向决定论转变到双向影响、双向互动论;从孤立地谈个体人的自新转变到在改造社会的过程中改造个人,这无疑是认识上的巨大进步。经由十多年的探索,到新文化运动后期,中国近代的思想家们终于对中国民众的"劣根性"以及如何改造的途径做了比较正确的理解、说明和规划。今天,在构建社会主义和谐社会的过程中,如何提高全民的基本素质、实现人的现代化、造就社会主义的一代新人,依然是一项艰巨的历史任务和基础建设。在此过程中,重温近代国民性改造的曲折历程,汲取前人积极的理论成果,无疑是具有借鉴意义的。

论中国近代"道德革命"中的理性精神，道德与文明[*]

张锡勤[**]

论及中国近代的道德革命，人们每每批评其过激、狂热，指责它对中国传统道德做了全盘否定。诚然，在中国近代道德革命的过程中，一些人的断语确实偏激，但是如果对中国近代道德革命做一番全面考察便可发现，这场运动的倡导者们对重大问题是做了清醒的理性思考与选择的，其主导精神是理性的。因此，他们既未对中国传统道德做全盘否定，也没有完全按西方模式来建立新道德。

一

在当代各种述及中国近代道德革命的论著中，通常说道德革命的倡导者对"三纲五常"展开了批判，这种说法是不确切的。诚然，长期以来人们将"三纲"与"五常"并列而称，尤其是在近代，多数人继续将纲常并称并有"纲常革命"之说，但是在中国近代道德革命的进程中，批判的矛头始终指向"三纲"，并未正面触及"五常"。20 世纪初，革命派的一篇文章直称这场道德革命为"三纲革命"[①]，这是准确的表述。只批"三纲"而不批"五常"，正

---

[*] 本文发表于《道德与文明》2011 年第 1 期。
[**] 张锡勤，黑龙江大学哲学学院教授，主要从事中国哲学史、中国伦理思想史、中国近代哲学与文化研究。
[①] 真:《三纲革命》，载《辛亥革命前十年间时论选集》第 2 卷（下册），生活·读书·新知三联书店，1978，第 1015 页。

表明了批判者们的理性精神。

在戊戌变法时期，对旧礼教做最猛烈抨击的是谭嗣同，而他所做的批判，正是集中于"三纲"，所揭露的乃是"三纲"所造成的种种"惨祸烈毒"。这一时期猛烈批判旧道德的尚有何启、胡礼垣，而他们所做的批判，同样直指"三纲"。他们不仅宣称"三纲者，不通之论也"，而且认为，中国自古以来，"勇威怯、众暴寡、贵凌贱、富欺贫，莫不从三纲之说而推。是化中国为蛮貊者，三纲之说也"。[①] 到20世纪初，革命派成员不仅提出"三纲革命"的口号，还有人做《罪纲篇》专批"三纲"。在这一时期，"三纲"受到更广泛的批判。近代道德革命的高潮是新文化运动，而新文化运动集中批判的正是"三纲"以及由"三纲"直接派生的忠、孝、节三德。陈独秀的著名论断是：在中国，"率天下之男女，为臣、为子、为妻，而不见有一独立自主之人者，三纲之说为之也"。由"三纲"派生的道德，"曰忠，曰孝，曰节，皆非推己及人之主人道德，而为以己属人之奴隶道德也"。[②] 概言之，中国近代的道德革命，从始至终，矛头一直指向"三纲"。

至于"五常"，在近代道德革命中它不仅没有受到冲击，相反被不少人提倡，并使之成为新道德的组成部分。

在"五常"中，最受重视的是仁。众所周知，谭嗣同的代表作即名为《仁学》。为弘扬仁，谭嗣同将仁置于"天地万物之源"的地位，宣称"天地间亦仁而已矣"。当然，谭嗣同所提倡的仁，含义与儒家传统之仁有别。按谭的说法，"仁以通为第一义"，而"通之象为平等"。[③] 以平等释仁，固然不尽合仁的原意，但他毕竟是以位列"五常"之首的仁来表述他所追求、向往的平等。至于"五常"中其余的义、礼、智、信，谭嗣同虽将它们或归之于仁，认为乃是仁的不同表现；或认为它们"出于固然"，不必单列，降低了它们的地位，但对它们依然是持肯定态度的。

[①] 何启、胡礼垣：《新政真诠：何启 胡礼垣集》，辽宁人民出版社，1994，第354页。
[②] 陈独秀：《一九一六年》，载《独秀文存》，安徽人民出版社，1996，第34页。
[③] 谭嗣同：《仁学界说》，载《谭嗣同全集》，中华书局，1990，第291页。

康有为在批判"三纲"的同时大讲"人皆有不忍人之心",宣称这不忍人之心为"一切根""一切源"。被康有为视为世界本原的"不忍人之心"就是仁。在《大同书》中,康有为又宣称,在未来的大同世界,仁乃最高的道德,凡有功德者皆授以各级"仁人"称号。小功德者为"仁人",大功德者为"上仁人",特大功德者为"至仁人"。显然,在康有为的心目中,仁是一种具有永恒性的道德。

至于孙中山,他不仅提倡儒家的"三达德"——智、仁、勇,更大力提倡"忠、孝、仁、爱、信、义、和、平"八德。一望便知,这些德目基本上源于"五常"。再说陈独秀,他虽对以"三纲"为核心的旧道德、旧礼教做了猛烈抨击,但是为了改造国民性、提高中国的民德,他又大力提倡"勤、俭、廉、洁、诚、信"等传统道德,认为普及上述美德乃"救国之要道",是一种"持续的治本的真正爱国之行为"。① 这更能说明,在中国近代的道德革命中,倡导者们虽对"三纲"做了猛烈批判、彻底否定,但对诸多传统道德规范不仅没有一概否定,而且在赋予新意后大加提倡。

自从"三纲五常"在汉代出现以后,人们就一直将它们并列而称。无疑,在中国古代的伦理道德体系中,"三纲"与"五常"确为一体。其中,"三纲"是基本原则,"五常"是主要规范。总体而言,"五常"是从属于"三纲"的。不过,若细加辨析,"五常"与"三纲"又是有区别的。固然,"三纲"与"五常"所维护的都是封建等级制度、等级秩序,但是"三纲"所直接维护的是君权、父权、夫权,并越来越强调这三权的神圣与绝对,具有至为鲜明的时代性、阶级性。随着封建社会的崩溃,它遭到否定、抛弃是历史的必然。至于"五常",它不只是解决君臣、父子、夫妻三种人际关系的准则规范,更是协调一切人际关系的准则规范,它包含了不少"人之所以为人""社会之所以为社会"的"古今共由"之理。因此,它除了不可避免的时代性、阶级性外,又具有程度不同的超越性、普世性和永恒价值。比如,仁的最基本要求

---

① 陈独秀:《我之爱国主义》,载《独秀文存》,安徽人民出版社,1996,第66页。

是爱人，它要求人们"泛爱众""爱人类""以爱己之心爱人"。由此又引出了"己所不欲，勿施于人""己欲立而立人，己欲达而达人"的忠恕之道。义的通行定义是"宜"，它要求人们面对一事采取最恰当、合理的反应、行为。礼虽明显维护封建等级秩序，但作为"五常"之一的礼亦即狭义的礼，其基本要求是恭敬、谦让、文明礼貌。智的基本要求是明辨是非，正确地知人并自知。至于信，则是人际交往的最基本准则。显然，这些道德要求不仅在当代，而且在将来均有其普世、永恒价值。

在中国近代，道德革命的发动者们只批"三纲"而不触及"五常"，且对"五常"做程度不同的肯定、提倡，这说明他们认识到了"五常"与"三纲"的区别。他们虽对旧礼教、旧道德做了言辞激烈的猛烈抨击，但并未否定一切，而是进行有所选择的取舍。他们批所当批，存所当存，所遵循的是取其精华、弃其糟粕的原则。孙中山曾说，对于中华民族"固有的东西，如果是好的，当然要保存，不好的才可以放弃"。[①] 应该说，在近代道德革命中，多数人遵循了这一原则，这无疑是一种理性精神。

二

在中国近代道德革命中，受到批判的还有儒家的公私观、义利观、理欲观。对这些传统观念的批判，在时间上还早于对"三纲"的抨击，在"道德革命"的口号提出之前即已展开。而这方面的批判，同样体现了理性精神，并没有否定一切，做简单化的颠覆。

随着商品经济的发展，特别是新兴的资本主义经济的出现，随着富国强兵、追求现实功利日益成为紧迫的时代需要，后儒轻薄功利，"讳言利""耻言利"的义利观自然要受到人们的质疑、否定。值得我们重视的是，在中国近代，新学家们虽然越来越鲜明地肯定求利的正当性，越来越尖锐地批判后

---

① 孙中山:《三民主义·民族主义》第六讲，载《孙中山选集》，人民出版社，1981，第680页。

儒义利观讳言利的偏颇，但是他们并没有离义而言利、舍义而求利，更没有鼓动人们不择手段地去求利。他们一方面肯定求利的正当性，另一方面强调求利有道，所肯定的乃是符合于义的利。一些思想家还从理论上论证了义利的统一，先后指出"惟有利而后能立义，亦惟有义而后可以获利"[1]，"义者利之因，利者义之果。必能和义，而后为无害之利；必能得利，而后非孑孑之义。义利者，一合而不可稍离者也"[2]。他们深刻地指出，由于社会成员的利益相互矛盾、冲突，因此必须"提出一义字"来规范、协调人们相互之间复杂的利益关系，"以剂天下之平"。只有人人皆按道义的要求，在道义允许的范围内求利，人的正当利益才能得到合理满足。因此，他们对儒家"见利思义""义而后取"等一类古训都是赞同的，他们所否定的只是后儒讳言利、不谋利、不计功等一类偏说，而不是儒家义利观的全部。

随着冲决网罗、个性解放的呼声日益高涨，宋明理学"去人欲，存天理"的理欲观自然要遭到人们的抨击。早在 1886 年康有为就指出："凡有血气之伦必有欲"，"若无欲，则惟死耳"[3]。在戊戌变法时期，谭嗣同对宋明理学的"去人欲，存天理"说做了更尖锐的批判。他说："世俗小儒，以天理为善，以人欲为恶，不知无人欲尚安得有天理？"[4] 其公开指责提倡"去人欲"的宋明理学家是"世俗小儒"。到新文化运动时期，这一批判进一步深入。《新青年》的一些文章先后指出："自我欲求所以资其生也，设无欲求则一切活动立时灭绝，岂复有生存之必要。"[5] 因此，那种去欲说实在是"大谬不然"。但值得我们注意的是，道德革命的倡导者们虽对"欲"做了充分肯定，但他们从未主张无节制地纵欲。他们先后强调，人类满足欲望的活动绝非动物式的冲动，而是理性的。接着又指出，生活于社会群体中的人，各自的欲望追求往往是

---

[1] 陈炽：《续富国策·分建学堂说》，载《陈炽集》，中华书局，1987，第 273 页。
[2] 蛤笑：《论中国儒学之误点》，载《东方杂志》，上海商务印书馆，1907，第 6 页。
[3] 康有为：《内外篇·不忍篇》，载《康有为全集》第 1 卷，上海古籍出版社，1987，第 180 页。
[4] 谭嗣同：《仁学》，载《谭嗣同全集》，中华书局，1990，第 301 页。
[5] 李一民：《人生唯一之目的》，《青年杂志》1915 年第 2 期。

相互冲突的。如果人人皆不顾他人、不顾群体而一味放纵自己的欲望，势必"争夺无餍"。只有人人皆按社会通行的道德准则合理节欲，才能"各得其分，各得其乐，而不相侵"。① 在他们看来，判别贤愚不肖的重要标准之一，便是看他是否能自觉、合理地节欲。在理欲关系上，近代道德革命倡导者们的态度同样是理性的。

三

中国近代道德革命的基本方向是学习西方，以自由、平等、博爱为原则来建立新道德。但是几代改革者们并未全盘照搬西方，完全按西方模式来建立新道德。在这方面，更鲜明地体现了他们的理性精神。

首先，一些人指出，在当时的道德建设中，固然要学习、借鉴西方，但同时也应珍视中国传统道德的遗产，重视对中国"固有道德"的继承、改造。对此，孙中山有较多论述。他认为，就精神文明而言，中国比之西方"不如彼者"固然不少，但"能与彼颉颃者"也不少，"即胜彼者亦间有之"，② 因此断不可妄自菲薄，事事屈己从人。而单就道德文明来说，中国则高于西方。比如，"中国所讲的信义，比外国要进步得多"，中国"和平的道德，更是驾乎外国人"③，这些都应珍视，予以发扬。

其次，近代不少新学家对那时西方的社会道德状况并不满意，清醒地看到它所存在的种种问题。康有为在《大同书》中对西方社会的丑恶多有揭露。蔡元培虽主张以西方的自由、平等、博爱为基本原则建立中国的"公民道德"，但他又指出，西方虽提出了这三大原则，可是在那时的西方社会，实际上往往是"企自由而不遂，求与人平等而不能"。基于"俱分进化"的历史

---

① 康有为:《礼运注》, 中华书局, 1987, 第266页。
② 孙中山:《孙文学说》, 载《孙中山选集》, 人民出版社, 1981, 第140页。
③ 孙中山:《三民主义·民族主义》第六讲, 载《孙中山选集》, 人民出版社, 1981, 第683~684页。

观，章太炎一方面承认西方近代道德较之古代确有进步，但又指出，西方近代社会的种种丑恶也更甚于古代。至于革命派中的无政府主义者，他们基于对资本主义制度的否定，因而对西方社会的道德状况指责尤多。总之，在近代多数新学家们的心目中，那时的西方并不尽是一个处处值得学习的文明世界。

此外，一些人又进而认为，西方的某些政治、道德观念也并非无弊。陈独秀在代表《新青年》全体成员所发表的宣言中曾说："我们相信，世界各国政治上、道德上、经济上因袭的旧观念中，有许多阻碍进化而且不合情理的部分。"[①] 这里的各国，自然包括西方各国，而且这篇宣言所表述的乃是《新青年》"全体社员的公共意见"，这说明这一断语并不是陈独秀的个人看法，而是他和他的战友的共同认识。

基于上述原因，道德革命的倡导者们对西方的伦理学说、伦理道德观念是有所选择、有所取舍的。而且他们很敏锐地注意到并吸取了那时一些西方反思资本主义弊端、反思现代化负面影响的某些理论成果，并按中国的国情和需要做了发挥。这就使他们所欲建立的新道德具有一些新内容，更符合那时中国的社会变革、民族振兴的时代需要。

近代改革者们批判旧道德、提倡新道德的理论出发点是从西方传入的幸福论，即认为追求快乐、逃避痛苦是人类的天性。但是对于求乐，他们始终没有只限于现时的感性之乐、个体之乐，而更重视长远的根本之乐、精神之乐，并强调实现社会群体之乐。他们一再反对人们为满足自身之乐而损害社会群体之乐，主张"个人求自己之满足，同时不可不求社会全体之满足"，"追求个人自身之快乐，不可不兼顾社会公众之快乐"。[②]

近代改革者所欲建立的新道德，其核心自然是利己主义。因此，从戊戌变法到五四运动时期，几代新学家大力提倡利己，认为利己乃是人类共同的天性，人类的生活、行为、追求、选择都是以利己为轴心而展开的，故"利己主义为人类生活唯一之基础"。而且"不谋一己之利益即无由致社会之发

[①] 陈独秀：《新青年宣言》，载《独秀文存》，安徽人民出版社，1996，第244页。
[②] 李一民：《人生唯一之目的》，《青年杂志》1915年第2期。

达"①，利己又是推动社会进步的原动力。不过，他们虽认为利己是人类的天性却并未鼓吹那种极端的、纯粹的利己主义，而是选择、采纳了那时一些西方思想家所提倡的"合理利己主义"。因此，他们在鼓吹利己的同时又主张"自利利他""利己而不偏私"，希望实现人我、群己、公私"两利"。有的人还主张，为了个人长远的根本利益，必要时人们还应牺牲个人利益以维护公益，做到"绌身伸群""捐小我而卫大我"。他们曾一再告诫人们应深深懂得"群己相维"之理，认识到个人利益与群体利益的一致性。为此，他们又提倡爱他、爱国、利群，发扬同情心、互助心、"公共心"。这些都反映了他们试图更好地处理群己、公私、人我关系，建立一种更合理的社会秩序的愿望。

鼓吹利己自然要提倡个人主义，同时他们在提倡个人主义时及时注意到了那时某些西方思想家反思个人主义负面影响的议论。胡适引用他的老师杜威的话，将那种只知自私自利的个人主义称为"假个人主义"，而主张建立一种"真正的个人主义"。这种"真正的个人主义"，胡适称之为"健全的个人主义"。胡适提倡个人主义虽然要强调个性，但发展个性"须有两个条件"，其一是自由意志，其二则"须使个人担干系、负责任"。就是说，健全的个性应以自觉的社会责任心为前提。胡适讲个人主义，自然要强调个人的地位、价值，但是他主要是从个人对社会的影响（即"个人造成社会"）来说明个人的重要性。因此，这种个人主义更重视个人的社会责任。基于这种重视社会责任的健全的个人主义，胡适还曾批判了那时颇有影响的"独善的个人主义"，认为它较之赤裸裸的自私自利危害更大。

概言之，从理性地对待苦乐，到提倡"合理利己主义""健全的个人主义"，我们都可以看到中国近代道德革命的倡导者们对社会群体利益和社会责任的关注、重视，这是十分可贵的。

陈独秀曾说："近几百年，西洋物质的科学进步很快，而道德的进步却跟他不上……我们希望道德革新，正是因为中国和西洋的旧道德观念都不彻底，

---

① 高一涵：《共和国家与青年之自觉》，《青年杂志》1915年第1期。

不但不彻底,而且有助长人类本能上不道德的黑暗方面的部分……我们主张的新道德,正是要彻底发达人类本能上光明方面,彻底消灭本能上黑暗方面,来救济社会悲惨不安的状态。"[1]这清楚地表明,以陈独秀为代表的近代改革者之所以发动道德革命,不只是出于对以"三纲"为核心的中国旧道德、旧礼教的憎恶,也是出于对西方资本主义社会道德状况的不满。他们虽然学习西方,但对西方又有所反省、批判。他们所要建立的新道德并非完全照搬西方,而是试图实现对西方的超越。

---

[1] 陈独秀:《调和论与旧道德》,载《独秀文存》,安徽人民出版社,1996,第564~565页。

严复中国传统文化观的转折
——以中国传统道德观为重心[*]

柴文华[**]

中国传统文化观是指对中国传统文化的基本观点和看法。在中国近现代思想史上存在一种"启蒙自我循环"的现象，即从呼唤现代性到批判现代性，从批判传统文化到回归传统文化。梁启超、章太炎等都很典型，严复也是这样，"以光绪三十一年（1905年）为限，以前为严复的前期，而以后则为严复的后期"。[①] 前期的严复是杰出的启蒙思想家，后期的严复具有鲜明的回归传统的倾向，正是"启蒙自我循环"现象的突出代表。严复以中国传统道德观为重心的中国传统文化观在前后期有着明显的转折，总体上表现为以批判为主转向以弘扬为主。其转折的原因与他个人的生活经历、世界大战的刺激、早期思想的引导以及对中国传统文化的自信等有着密切的关系。

一 对中国传统道德的态度

严复前期对中国传统道德主要持批判态度，后期则以弘扬为主。
其一，严复前期对中国传统道德的批评主要体现在孝和女性伦理方面。

---

[*] 本文发表于《哲学动态》2011年第1期。
[**] 柴文华，黑龙江大学哲学学院教授，主要从事中国现代哲学、中国伦理思想史与中西哲学比较研究。
[①] 默明哲：《严复》，载《中国近代著名哲学家评传》（上），齐鲁书社，1982，第460页。

在严复看来，作为宗教"必有事天事神及一切生前死后幽杳难知之事"①，就此而言，儒家不能与其他宗教如道教、佛教、回教（伊斯兰教）、景教（基督教）等并称宗教，但这并不是说中国没有宗教，中国真正的宗教就是"孝"，"孝"是人们一切言行的源泉，远可以事君谓之忠，近可以事长谓之佛，还可以享帝配天。可以说："孝则中国之真教也。中国真教，拾孝之一言，固元所属矣。"② 这里明确指出了"孝"在中国历史上的重要性。严复从中西比较的角度指出了"孝"的缺失："西之教平等，故以公治众而贵自由。自由，故贵信果。东之教立纲，故以孝治天下而首尊亲。尊亲，故薄信果。然其流弊至极，至于怀诈相欺，上下相遁，则忠孝之所存，转不若贵信果者之多也。"③ 他认为，以孝治天下首要的是尊亲，尊亲就会导致轻视信用，以致产生种种流弊。

严复揭露了在男性中心主义氛围下女性所遭到的歧视和压制，认为中国的女性并非天生不如男子，而是人为所致。自从有了《烈女传》《女诫》等女性规范以来，人们把女性当作奴隶、盗贼一样来看待和对待，遂使妇女也不以人自待，这与西方的女性相去甚远："泰西妇女皆能远涉重洋，自去自来，故能与男子平权。我国则苦于政教之不明，虽有天资，无能为役。盖妇人之不见天日者久矣。"④ 中国妇女在"政教不明"和传统女性道德的压制下，被当作奴隶也以奴隶自居，长期不见天日，这与西方女性和男子的平权有很大的不同。严复赞成西方男女平权的思想，认为妇女自立自强是国家政治的根本，而要实现这一点，必须破除缠足、媒妁之道、买妾等陋俗，还要立学堂、兴女学。⑤ 严复主张女性应该参与社交和自由婚恋，指出"妇女之出门晋接，与自行择配二事，实为天理之所宜，而又为将来必至之俗。然则此俗又何以行乎？仍不外向所言，读书阅世二者而已。大家妇人非不知书，而所以不能与

---

① 严复：《支那教案论》，载《严复集》第4册，中华书局，1986，第850页。
② 严复：《支那教案论》，载《严复集》第4册，中华书局，1986，第850页。
③ 严复：《原强修订稿》，载《严复集》第1册，中华书局，1986，第31页。
④ 严复：《论沪上创兴女学堂事》，载《严复集》第2册，中华书局，1986，第468~469页。
⑤ 严复：《论沪上创兴女学堂事》，载《严复集》第2册，中华书局，1986，第469页。

男子等者，不阅世也。娼家之女，日事宴游，而行事又若此其狼藉者，不读书也。二者兼全，则知天下之变，观古今之通，有美俗而无流弊矣"，①认为读书阅世是女性自立自强的重要途径。

其二，严复后期对中国传统道德主要持肯定态度，重点弘扬了忠、孝、节、义等传统价值理念。

在严复看来，政治制度可以变，但人伦纲常不可以变，如他所说："治制虽变，纲纪则同，今之中国，已成所谓共和，然而隆古教化，所谓君仁臣忠，父慈子孝，兄友弟敬，夫义妇贞，国人以信诸成训，岂遂可以违反，而有他道之从？…是故今日之事，自我观之，所谓人伦，固无所异，必言其异，不过所谓君者，以抽象之全国易具体之一家。"②他认为当时中国的政治制度有所变化，但从人伦纲常来看，没有他道，必须"隆古教化"，坚守"君仁臣忠，父慈子孝，兄友弟敬，夫义妇贞"等传统道德。从历史的角度来看，仁义教化有因革损益，"至于大经大法，不可畔也。此不独中国为然，乃至五洲殊俗，其能久安而长治者，必于吾法有阴合也"。③

严复指出，道德有关于国性、国基，有了道德，"即使时运危险，风雨飘摇，亦将自拔于艰难困苦之中，蔚为强国"。④而严复所说的道德主要指忠、孝、节、义等中国传统道德。严复认为"今者幸此四端，久为吾国先民所倡导，流传久远，而为普通夫妇所与知。公等以为吾国处今，以建立民彝为最亟，诚宜视忠、孝、节、义四者为中华民族之特性。而即以此为立国之精神，导扬渐渍，务使深入人心，常成习惯。"⑤他把忠、孝、节、义看作"中华民族之特性""立国之精神"，认为应该大力提倡。严复还具体阐释了忠、孝、节、义，指出："盖忠之为说，所包甚广，自人类之有交际，上下左右，皆所必施，而于事国之天职为尤重。……孝者，隆于报本，得此而后家庭蒙养乃

---

① 严复：《论沪上创兴女学堂事》，载《严复集》第 2 册，中华书局，1986，第 470 页。
② 严复：《读经当积极提倡》，载《严复集》第 2 册，中华书局，1986，第 332~333 页。
③ 严复：《太保陈公七十寿序》，载《严复集》第 2 册，中华书局，1986，第 350 页。
④ 严复：《导扬中华民国立国精神议》，载《严复集》第 2 册，中华书局，1986，第 342 页。
⑤ 严复：《导扬中华民国立国精神议》，载《严复集》第 2 册，中华书局，1986，第 344 页。

有所施，国民道德发端于此，且为爱国之义所由导源。人未有不重其亲而能爱其祖国者。节者，主于不挠，主于有制，故民必有此，而后不滥用自由，而可与结合团体。耻诡随，尚廉耻，不靡不蝶，而有以奋发于艰难。至于义，则百行之宜，所以为人格标准，而国民程度之高下视之。但使义之所在，则性命财产皆其所轻。故蹈义之民，视死犹归，百折不回，前仆后继，而又檐定从容，审处熟思，绝非感情之用事。"①这里他指出了忠、孝、节、义的基本内容以及现实意义。

为了把忠、孝、节、义落到实处，严复提出了种种具体办法，比如"标举群经圣哲垂训，采取史书传记所记忠、孝、节、义之事，择译外国名人言行，是以感发兴起合群爱国观念者，编入师范生及小学堂课本中，以为讲诵传习之具；历数忠、孝、节、义事实，择其中正逼真者，制为通俗歌曲，或编成戏剧，制为图画，俾合人民演唱观览；各地方之忠孝节义祠堂坊表，一律修理整齐，以为公众游观之所旧有传记说部，或今人新编，西籍撰等，其有关于忠、孝、节、义事实者，宜加编译刊布，以广流传"。②通过宣传教育等多种形式，忠、孝、节、义的道德理念广泛传播。

此外，严复前期主张男女平权，婚恋自由，后期则有所收敛，强调了古代礼法的重要。如他所说："中国数千年，敬重女贞，男子娶妻，于旧法有至重之名义，乃所以承祭祀、事二亲，而延嗣续。而用今人之义，则舍爱情肉欲而外，羌无目的之存，今试问二者之中，何法为近于禽兽，则将悚然而知古礼之不可轻议矣。"③他认为古代礼法比单纯追求爱情肉欲更远于禽兽，更能体现人性。严复还说："西人言自由结婚固矣，而男女之缔合者，年必甚长。常法男逾三十，女逾二十，各已长成，知自为计。今中国沿早婚之敝俗，当其为合，不特男不识所以为夫与父，女不知所以为妇与母也。甚且舍祖父余荫，食税衣租

---

① 严复：《导扬中华民国立国精神议》，载《严复集》第 2 册，中华书局，1986，第 343~344 页。
② 严复：《导扬中华民国立国精神议》，载《严复集》第 2 册，中华书局，1986，第 344~345 页。
③ 严复：《与熊纯如书》，载《严复集》第 3 册，中华书局，1986，第 679~680 页。

而外，毫无能事足以自存。如此而曰自由结婚，不待父母之命，庸有当乎？庸有当乎？"①他认为在早婚的习俗中不待父母之命自由结婚是欠妥当的。

二 中西比较的视域

严复的中国传统道德观是在中西比较的视域中展开的，早期以西学为重，晚期对西学多有批判。

在中西文化的关系上，严复早期主张体用一致，积极学习西学，并从中西比较的视域探讨了中国传统文化尤其是传统道德的特点。严复反对"中体西用"说，主张"体用一致"论。他说："体用者，即一物而言之也。有牛之体，则有负重之用；有马之体，则有致远之用。未闻以牛为体，以马为用者也。中西学之为异也，如其种人之面目然，不可强谓似也。故中学有中学之体用，西学有西学之体用，分之则并立，合之则两亡。议者必欲合之而以为一物。且一体而一用之，斯其文义违外，固已名之不可言矣，乌望言之而可行乎？"②这种体用一致论表明了严复对洋务派"中体西用"说的不满，并揭示了其"名之不可言""言之不能行"的错误。

严复批判"中体西用"论是为了强调西学的重要性，拓展学习西学的空间。他说："今日国家诏设之学堂，乃以求其所本元，非以急其所旧有。中国所本无者，西学也，则西学为当务之急明矣。且既治西学，自必用西文西语，而后得其真，若夫吾旧有之经籍典章未尝废也。"③他强调学习西学是当务之急，同时保存传统经籍典章。"严复对西学的提倡是全面的。他不仅对西方近代的哲学与社会科学做了比较全面的介绍，同时又一再强调西方近代自然科学的重要。"④

---

① 严复：《法意》，载《严复集》第4册，中华书局，1986，第1008页。
② 严复：《与〈外交报〉主人书》，载《严复集》第3册，中华书局，1986，第558~559页。
③ 严复：《与〈外交报〉主人书》，载《严复集》第3册，中华书局，1986，第562~563页。
④ 张锡勤：《中国近代文化思想史稿》下卷，黑龙江教育出版社，2004，第421页。

在中西比较的视域中，严复概括了中国传统文化尤其是传统道德的特色。他说："中国最重三纲，而西人首明平等；中国亲亲，而西人尚贤；中国以孝治天下，而西人以公治天下；中国尊主，而西人隆民；中国贵一道而同风，而西人喜党居而州处；中国多忌讳，而西人众讥评。其于财用也，中国重节流，而西人重开源；中国追淳朴，而西人求欢虞。其接物也，中国美谦屈，而西人务发舒；中国尚节文，而西人乐简易。其于为学也，中国夸多识，而西人尊新知。其于祸灾也，中国委天数，而西人恃人力。"① 这段话谈到了传统道德的核心内容——"三纲"，与西方重平等相对应，意味着"三纲"不平等；谈到了"以孝治天下"，与西方"以公治天下"相对应，意味着"孝治"的不公；谈到了待人接物方面的"美谦屈"，与西方"务发舒"对应，意味着谦忍的拘谨；等等。这些都在概括中国传统道德特点的同时，在与西方文化的对照中找到了差距。

严复晚期较多地关注到西方文化的负面。他说："今所云西人之学说，其广者，曰平等，曰自由；其狭者，曰权利，曰爱国。之四者，岂必无幸福之可言？顾使由之趋于极端，其祸过于为我兼爱与一切古所辟者，殆可决也。欧逻巴之战，仅三年矣，种民肝脑涂地、身葬海鱼以亿兆计，而犹未已。横暴残酷，于古无闻。"② 他认为西方文化的平等、自由或权利、爱国，如果趋于极端，也会给人类社会带来重大灾难。严复引用罗兰夫人的话说："'自由，自由，几多罪恶假汝而行。'甚至'爱国'二字，其于今世最为神圣矣。然英儒约翰孙有言：''爱国'二字有时为穷凶极恶之铁炮台。'可知谈理论人，一人死法，便无是处。"③ 严复的结论是："彼族三百年之进化，只做到'利己杀人，寡廉鲜耻'八个字。回观孔孟之道，真量同天地，泽被寰区。"④ 这反映了严复受世界大战的刺激转而对西方近代文化进行反省，尖锐指出其负面作用，从而回归于孔孟。严复的议论与后来贺麟的观点多有类似，贺麟说："吃人的东

---

① 严复：《论世变之亟》，载《严复集》第 1 册，中华书局，1986，第 3 页。
② 严复：《太保陈公七十寿序》，载《严复集》第 2 册，中华书局，1986，第 350~351 页。
③ 严复：《与熊纯如书》，载《严复集》第 3 册，中华书局，1986，第 648 页。
④ 严复：《与熊纯如书》，载《严复集》第 3 册，中华书局，1986，第 692 页。

西多着呢！自由平等等观念何尝不吃人？许多宗教上的信仰，政治上的主义或学说，何尝不吃人？"①这亦是对西方启蒙理念的深刻反省。

三 中国传统文化的语境

中国传统道德观是中国传统文化观的组成部分，严复中国传统道德观的转折与他整个中国传统文化观的转折是一致的。严复前期对中国传统文化主要持批判态度，晚期则大力提倡尊孔读经。

其一，前期的严复对中国传统的政治、学术进行了深刻批判。

在传统政治方面，严复指出："盖自秦以降，为治虽有宽苛之异，而大抵皆以奴虏待吾民。虽有原省（省察——引者注），原省此奴虏而已矣；虽有懊琳（关心——引者注），懊琳此奴虏而已矣。夫上既以奴虏待民，则民亦以奴虏自待。"②他认为君主专制制度下的皇帝把民众当作奴隶，民众也以奴隶自待。严复写了《辟韩》一文，反对韩愈的一些政治主张，指出"为中国之君者，皆其尤强梗者也，最能欺夺者也"③，揭露了君主欺夺天下的历史事实。

严复批判的矛头直指"六经五子"，认为"四千年文物，九万里中原，所以至于斯极者，其教化学术非也。不徒嬴政、李斯千秋祸首，若充类至义言之，则六经五子亦皆责有难辞。嬴、李以小人而陵轹苍生，六经五子以君子而束缚天下，后世其用意虽有公私之分，而崇尚我法，劫持天下，使天下必从己而无或敢为异同者则均也。因其劫持，遂生作伪；以其作伪，而是非淆、廉耻丧，天下之敝乃至不可复振也"④。他认为，传统的教化学术、六经五子"以君子而束缚天下"，导致了"天下之敝不可复振"，对中国的衰弱负有不可推卸的责任。

---

① 贺麟：《五伦观念的新检讨》，载《贺麟选集》，吉林人民出版社，2005，第141页。
② 严复：《原强修订稿》，载《严复集》第1册，中华书局，1986，第31页。
③ 严复：《辟韩》，载《严复集》第1册，中华书局，1986，第34页。
④ 严复：《救亡决论》，载《严复集》第1册，中华书局，1986，第53~54页。

对于陆王之学，严复明确指出他们"师心自用""闭门造车"的错误。如他所云："夫陆王之学，质而言之，则直师心自用而已。自以为不出户可以知天下，而天下事与其所谓知者，果相合否？不径庭否？不复问也。自以为闭门造车，出而合辙，而门外之辙与其所造之车，果相合否？不龃龉否？又不察也。向壁虚造，顺非而泽，持之似有故，言之若成理。……陆学……其为祸也，始于学术，终于国家。"[1] "率天下而祸实学者，岂非王氏之言欤？"[2] 这是对陆王学尖锐的批判，指出了陆王学脱离事功、脱离实际的主观主义色彩。

严复还对清代的"汉学"和"宋学"进行了批判，他说："诸如此伦，不可殚述。然吾得一言以蔽之，曰：无用。非真无用也，凡此皆富强而后物阜民康，以为怡情遣日之用，而非今日救弱救贫之切用也。……夫如是，吾又得一言以蔽之，曰：无实。非果无实也，救死不赡，宏愿长胎。所托愈高，去实滋远。徒多伪道，何梅民生也哉！故由后而言，其高过于西学而无实；由前而言，其事繁于西学而无用。均之无救危亡而已矣。"认为"汉学"乃无用之学，"宋学"乃无实之学，对于救弱救贫和民生没有实际价值。[3]

严复对中国传统文化的反省和批判无疑是尖锐的，对于人们深入认识中国传统文化的负面、推进近代的思想文化变革具有重要意义。但前期严复也不是一概否认中国传统文化，如他认为孔教有一个发展变化的过程。虽然从有据可考的历史来看，不少朝代都尊奉孔教以为国教；但两千多年以来，孔教发生了很大变化，在不同时代有着不同的面相，"西汉之孔教，异于周季之孔教；东汉后之孔教，异于西汉之孔教；宋后之孔教，异于宋前之孔教"[4]。严复认为孔教有其高明之处，这就是远鬼神而明人事，不蹈空虚而平实易行。同时他还指出孔教是不可破坏的。[5] 虽然宋明理学有它的问题，但像周敦颐、二程、朱熹、张载、王阳明、刘蕺山等如果生于今世，对社会也是有益的，因

---

[1] 严复：《救亡决论》，载《严复集》第1册，中华书局，1986，第44~45页。
[2] 严复：《救亡决论》，载《严复集》第1册，中华书局，1986，第46页。
[3] 严复：《救亡决论》，载《严复集》第1册，中华书局，1986，第44页。
[4] 严复：《保教余义》，载《严复集》第1册，中华书局，1986，第83~84页。
[5] 严复：《保教余义》，载《严复集》第1册，中华书局，1986，第84页。

为他们忠于国家、厚德爱人、气节刚烈、恬淡寡欲,如果当今知识分子都能如此的话,国家必然昌盛富强。① 严复对这些大思想家的人格给予了高度评价。

其二,严复晚期对中国传统文化尤其是儒家经典和传统道德明显持肯定态度。如他所说:"鄙人年将七十,暮年观道,……以为吾国旧法断断不可厚非……即他日中国果存,其所以存,亦恃数千年旧有之教化,决不在今日之新机,此言日后可印证也。"② 他认为我国数千年之教化有着持久的生命力,它决定着中国未来的命运。因此,"无论国粹、国文,为吾人所当保守者矣。……经史词章,国律伦理,皆不可废"③。

在中国旧学中,谈人伦道德的比较多,这些东西不可违背而且具有恒常价值。"行己与人之大法,五伦之中,孔孟所言,无一可背。"④ 从进化论的角度来看,万事万物都在日新之中,但万变之中也有不变者,这些恒常不变者就是中国的人伦教化。"所谓君仁臣忠,父慈子孝,兄友弟敬,夫义妇贞,国人以信诸成训,岂遂可以违反,而有他道之从?"⑤ 由于政治制度变化,君主没有了,代之以国家,但人伦教化不可改变。严复认为,当下道德教育的内容不能变,但教育方法可以随着时代的变化而有所改变。比如中国传统道德中所说的"言必有信""见利思义"等,指的是人道之当然,但没有说明"其所以必然之故",所以应该从"自然公例"的角度去阐明它,像"饿死事小,失节事大"等论证也应如此。⑥

中国传统道德的载体是儒家的经典,所以严复晚期大力提倡尊孔读经。他的核心观点是"《六经》正所以扶立纪纲,协和亿兆"⑦,其现实意义相当重大,

---

① 严复:《道学外传余义》,载《严复集》第 2 册,中华书局,1986,第 486 页。
② 严复:《与熊纯如书》,载《严复集》第 3 册,中华书局,1986,第 661~662 页。
③ 严复:《论今日教育应以物理科学为当务之急》,载《严复集》第 2 册,中华书局,1986,第 284 页。
④ 严复:《论教育与国家之关系》,载《严复集》第 1 册,中华书局,1986,第 168 页。
⑤ 严复:《读经当积极提倡》,载《严复集》第 2 册,中华书局,1986,第 332 页。
⑥ 严复:《论今日教育应以物理科学为当务之急》,载《严复集》第 2 册,中华书局,1986,第 284~285 页。
⑦ 严复:《读经当积极提倡》,载《严复集》第 2 册,中华书局,1986,第 333 页。

故应大力提倡。"耐久无弊，尚是孔子之书。四子五经，故（固）是最富矿藏，惟须改用新式机器发掘淘炼而已。"① 严复还从国性的高度肯定了孔子和经典的重要性。他认为一个国家存立的基础是国性，国性是在长期的积累中逐步形成和显现的。如果这个国性能够长期存在的话，即使被其他民族用武力征服，也不算真正的灭亡，这在中国历史上曾经发生过。② 严复指出，中国的国性"恃孔子之教化为之"③。"中国之所以为中国者，以经为之本原。吾人求诸《六经》，则大抵皆圣人所早发者。显而征之，则有如君子喻义，小人喻利，欲立立人，欲达达人，见义不为无勇，终身可为惟恕。又如孟子之称性善，严义利，与所以为大丈夫之必要，凡皆服膺一言，即为人最贵。今之科学，自是以诚成物之事，吾国欲求进步，固属不可抛荒。至于人之所以成人，国之所以为国，天下之所以为天下，则舍求群经之中，莫有合者。"④ 这里充分肯定了经典的重要价值。

针对当时反对读经的人的几种观点，严复一一加以反驳。第一种观点认为经典过于艰深，严复指出这不能一概而论，让儿童读经，并不要求他们都能够说清楚，先让这些代表国性的经典从小印入孩童大脑之中，长大之后自然能够逐渐领会。第二种观点认为经典浩博，上学期间难以穷尽，严复指出这种观点有一定道理，但不能因为经典浩博就废除读经，或者随意删选，这容易失去经典的精质。读经并非为人而是为己之事，如果"教育国民不如是，将无人格，转而他求，则亡国性。无人格谓之非人，无国性谓之非中国人，故曰经书不可不读也"⑤。第三种观点认为经典的宗旨与时代不合拍，严复认为这种观点站不住脚，天演进化有变和不变者，政治制度可以变，纲纪教化不能变。经典所代表的纲常名教具有恒常的价值，不存在是否与时代合拍的问题。⑥

---

① 严复：《与熊纯如书》，载《严复集》第3册，中华书局，1986，第668页。
② 严复：《读经当积极提倡》，载《严复集》第2册，中华书局，1986，第330页。
③ 严复：《读经当积极提倡》，载《严复集》第2册，中华书局，1986，第330页。
④ 严复：《读经当积极提倡》，载《严复集》第2册，中华书局，1986，第331页。
⑤ 严复：《读经当积极提倡》，载《严复集》第2册，中华书局，1986，第332页。
⑥ 严复：《读经当积极提倡》，载《严复集》第2册，中华书局，1986，第332~333页。

四　转折的主要原因

严复以中国传统道德观为重心的中国传统文化观在前后期的确发生了重要的转折，从推崇西方文化转向批判西方文化，从批判中国传统文化转向推崇中国传统文化，是"启蒙循环现象"的代表。那么，严复这种转变的主要原因是什么？这与他个人的生活经历、世界大战的刺激、早期思想的引导、对传统文化生命力的自信均有关系。

严复的一生几乎经历了中国近代社会的所有重大事件，如洋务运动、戊戌变法、辛亥革命等。他前后思想的变化与他自己的生活经历息息相关。严复13岁时就进入洋务派创立的福州船厂的船政学堂，5年间先后学习了英文、数学、化学、光学、天文学、地质学、航海术等多方面的知识，后来又被清政府派往英国海洋大学留学，在接触西方自然科学的同时，也接触到西方的社会科学，尤其是社会政治学说。这样的生活经历使他有机会接触到西学的方方面面，从而为他反思中国落后的根源、探寻中国的富强之路提供了开阔的视野和重要的新学资源。在甲午战争的刺激下，严复发表了《原强》《辟韩》《论世变之亟》《救亡决论》等论文，后来还翻译了《天演论》，发出了学习西方、变法维新的强烈呼吁，并为之提供进化论方面的理论支持，成为社会变革的理论家和一代启蒙思想家，对当时的中国产生了重大的、积极的影响。1905年时，严复在伦敦曾与孙中山会面，表现出明显的反对革命的思想倾向。至此之后，严复逐步与皇室和军阀为伍，尤其成为袁世凯的重要幕僚后，政治立场和思想立场受袁世凯所左右，从而由变法维新的积极分子转变为反对革命的保守分子，从一代启蒙思想家转变为反启蒙的思想家。

西方近代文化代表着工业文明的经典类型，为人类社会的发展做出了突出的贡献，至今仍有顽强的生命力。然而，西方近代文化也有它的负面元素，如过分强调技术理性导致的人的物化和价值的缺失等。当代美国学者艾恺指出:"东西方对现代化的批评从 19 世纪后半期持续到 20 世纪,事实上,一些思想史家已看出在大战前 20 世纪西方文明已经进入了严重的危机,修斯(H.StuartHughes)的名著《意识与社会》(1950)就描绘了 1890 到 1910 年代一群西欧杰出思想家所体现的对启蒙种种预设所生的信心危机。"[1]在国内,梁启超的《欧游心影录》较早对西方近代工业文明、科学万能论、西方近代思潮的缺失进行了多方面的批评,梁漱溟在《东西文化及其哲学》中也表达了类似的观点。如前所述,严复晚期较多地关注到西方文化的负面,认为西方文化的平等、自由或权利、爱国,如果趋于极端,也会给人类社会带来重大灾难。严复曾说:"西国文明,自今番欧战,扫地遂尽。往闻吾国腐儒议论谓:'孔子之道必有大行人类之时。'心窃以为妄语,乃今听欧美通人议论,渐复同此,彼中研究中土文化之学者,亦日益加众,学会书楼不一而足,其宝贵中国美术者,蚁聚蜂屯,价值千百时,即此可知天下潮流之所趋矣。"[2]由于世界大战的刺激,严复对西方文化几近绝望,转而回归到以孔子之道为核心的中国传统文化方面。

严复前后期思想的转折并非完全突发的,其前后在思想的脉络上存有一定的关联。早在 1895 年发表的《辟韩》一文中,严复就曾经指出:"然则及今而弃吾君臣,可乎?曰:是大不可。何则?其时未至,其俗未成,其民不足以自治也。"[3]在 1898 年连载的《中俄交谊论》中,严复说:"夫君权之重轻,与民智之浅深为比例。论者动言中国宜减君权、兴议院,唉乎!以今日民智未开之中国,而欲效泰西君民共主之美治,是大乱之道也。"[4]他认为当时中国的民智水平低不足以自治,故不能实行西方民主政治。有这种思想导引,严复晚期反对革命也就顺理成章了。

接下来的问题是,我们应该怎样评价严复的思想转折?严复思想的转折

---

[1] 艾恺:《世界范围内的反现代化思潮——论文化守成主义》,贵州人民出版社,1991,第 97 页。
[2] 严复:《与熊纯如书》,载《严复集》第 3 册,中华书局,1986,第 690 页。
[3] 严复:《辟韩》,载《严复集》第 1 册,中华书局,1986,第 34~35 页。
[4] 严复:《中俄交谊论》,载《严复集》第 2 册,中华书局,1986,第 475 页。

是由积极到消极还是由激进到成熟？这是一个相当复杂的问题。

如果从政治思想和政治实践来讲，严复的转折显然是由积极到消极、由进步到保守。但还有一个更深层的问题，严复的政治思想是本身变了还是历史情境变了？在对康有为思想转折的研究中，笔者认为康有为的经历很难构成"启蒙的自我循环"。"一方面，康有为虽然是个启蒙思想家，但他主张的是有限度的启蒙，他对传统思想的批判总是羞答答的，而且自始至终有着浓郁的保皇情结。另一方面，由有限度的启蒙到后来的看似反启蒙并不是康有为自身的变化，而是历史情境的变化。在戊戌变法时期，康有为的思想具有启蒙意义；但在戊戌变法之后，尤其是辛亥革命之后，康有为的思想基本还是那些思想，但已失去了启蒙意义，转而成为看似反启蒙的了。主要是由于康有为戊戌变法前后的思想本质上没有变化，有的只是历史情境的变化，那么，我们就不好硬说康有为是'启蒙自我循环'的代表。"① 严复思想的转折是否也有这样一个问题，大致相同的君主立宪思想在戊戌维新时期具有启蒙意义，但在戊戌变法尤其是辛亥革命之后，就失去了启蒙意义转而成为反启蒙的了。

如果从以中国传统道德为重心的中国传统文化的认知上来看，严复的思想转折可不可以看作由不成熟到成熟？这应该是一个双重问题：一方面，严复前期对中国传统文化尤其是陆王心学、清代汉学和宋学的批判包含情感因素、激进元素，不甚成熟，而严复晚期对以中国传统道德为重心的中国传统文化合理性的认知较为深入，相对成熟；另一方面，严复早期的批判在当时的历史情境中对于人们反省中国传统文化的负面元素、推进思想解放具有积极意义，而晚期对孔教和儒家经典的弘扬具有原教旨主义的色彩，这就不好说是由不成熟到成熟，如果和严复晚期的政治活动相关联，我们只能说严复的转折是由积极到消极、由进步到保守。②

---

① 参见拙文《康有为的保皇情结及伦理维度》，《中国哲学史》2008 年第 4 期。
② 魏义霞教授为该题的研究提供了重要资料，特此鸣谢。

论中国现代的文化观[*]

柴文华[**]

文化的本质是"人化",涵盖物质、制度、精神多个层面。文化观指对文化的基本观点,包含文化理念、中国文化观、西方文化观等。中国现代(1919~1949)是一个中国传统文化危机加深和探寻中国文化出路的时代,出现了自由主义、民族主义、中国马克思主义等不同的文化观。探讨中国现代的文化观,有助于推进当代中国的文化建设。

一 中国现代文化观产生的背景

中国现代的文化观尽管类型不同,但有着共同的时代背景,就是在中华民族和中国传统文化危机面前探寻中华民族和中国文化的出路。

19世纪,随着"西方文明"的不断输入,中华民族和传统文化陷入了空前的生存危机之中,从而凸显"中华民族和中国文化向何处去"的时代疑问,并同时引发了对这一疑问的种种解答,这是所有中国近现代学术思想产生的最深刻的历史根源,只要是一个有民族心和现实感的知识分子,其所学所见很难离开这个时代的问题轴心。

---

[*] 本文发表于《社会科学战线》2011年第10期。
[**] 柴文华,黑龙江大学哲学学院教授,主要从事中国现代哲学、中国伦理思想史与中西哲学比较研究。

中华民族在漫长的历史进程中，曾经创造了独特而丰厚的文化遗存。以汉民族为中心的中华文化虽然与异族文化屡次"遭遇"，但并没有产生真正的危机。印度佛教文化传入中国后，并非与中华文化完全"和平相处"，其间有着血与火的洗礼，但"仇必和而解"，佛教文化在与中华文化的长期抗争和对话中相互渗透，"你中有我，我中有你"，并最终"合二为一"。印度佛教文化的传入非但没有造成中华文化的危机，反而增加了中华文化的活力，构成中华文化的有机组成部分。中华文化之所以能够在与异族文化的长期接触中保持优势，关键是它拥有人类农业文明的最高成就，代表着前工业文明时代人类文化的先进性，所以尽管在与异族文化的交往中也出现过一些问题，但均由于强大的自我调适力和对外的同化力而得到化解。

然而，一种文化在遭遇到另一种比自己更有优势、更具先进性的文化时，它以前的优势便转为劣势，先进性便转为落后性，文化的生存危机便由此而生。中国近现代的百年历史就是中国传统文化被西方近代文化碰撞得"落花流水"的历史，这已经成为不争的事实。中国传统文化的危机是一种总体性的危机，以小农为主的经济形态、以皇权为轴心的专制体制、以"三纲五常"为基石的价值系统等都与西方近代文化体系存在内在的紧张，它们在本质上是两种文明类型的冲突，而落后的农业文明根本无法与先进的工业文明相抗衡，所以中国传统文化在近现代"山穷水尽""惨不忍睹"的命运在所难免。除了以倭仁为代表的极端保守派以外，中国近现代的所有思想家都能面对这个事实，但在对中国传统文化危机"程度"的判断上和对中国文化发展道路的选择上却很不一致，所以出现了自由主义、民族主义和中国的马克思主义。可以说，中华民族和中国传统文化的危机构成中国近现代所有思想、学说、思潮产生的事实前提和逻辑原点，文化观也概莫能外。

二 中国现代文化观的主要类型

方克立先生曾经多次提出，在中国"五四"以来的思想史上，始终存在三个既相互对立又相互推动的重要派别,即中国的马克思主义、自由主义的西化派、现代新儒家。这三个派别都主张中国要现代化,但各自选择的道路不同:"马克思主义者坚持走社会主义现代化的道路,并在实践探索中把'中国特色'放到了越来越重要的地位;自由主义者主张照搬照抄西方经验,走西方工业文明即西方资本主义国家发展的老路;现代新儒家则批判了'现代化即等于西化'的口号,向往一条东方式工业文明即'儒家资本主义'的道路。"① 方先生认为,这三派分别代表着当今世界上三种现代化模式的不同选择和冲突。"恐怕在整个社会主义初级阶段,在社会主义的优越性还没有充分显示出来以前,即使在国内,不仅'全盘西化'论总会有一定市场,希望中国走'儒家资本主义'道路的理论也总会有人欣赏。三大思潮并存和对峙的格局大概还会延长相当长一段时间。"②

对于中国现代思潮的三分法应该说是历史主义的和实事求是的,主题突出,线索明了。但有一些问题值得进一步思考,对各个学派也应该细化。

同是自由主义西化派思潮的代表人物,他们的文化观有着明显的差别。陈序经对中国文化全盘否定,胡适、吴稚晖都有所保留;陈序经是典型的全盘西化论者,胡适、吴稚晖是根本的西化论者;陈序经的西化论是目的性的,胡适的西化论则是策略性的;胡适、陈序经所主要宣传的是西方个人主义,吴稚晖侧重阐释的是感性主义。同是宣传个人主义的胡适、陈序经也有理论程度的不同,一个偏于温和,一个偏于激进。

同是中国马克思主义思潮的代表人物,他们的文化观也不尽相同。在对中国传统文化的态度上,早期的中国马克思主义者相对偏激,后来的中国马克思主义者则相对稳妥;在中国马克思主义文化观的建构上,毛泽东、李达相对而言具有更多的原创性。

与文化自由主义和中国的马克思主义相比,中国现代的文化民族主义阵营似乎学派更多,有集结在《东方杂志》周围的一批以东西文化论战为契机

---

① 方克立:《现代新儒学与中国现代化》,天津人民出版社,1997,第46页。
② 方克立:《现代新儒学与中国现代化》,天津人民出版社,1997,第69~70页。

进而倡言东方文化足以救西方文化之弊、主张弘扬和光大东方文化的"东方文化派",主要代表人物有杜亚泉、钱智修、陈嘉异、梁启超、章士钊等;有以《学衡》杂志为平台,由具有共同学术立场的知识分子群体构成的一个具有文化民族主义色彩的"学衡派",主要代表人物有梅光迪、吴宓、刘伯明、胡先骕、柳诒徵、缪凤林、景昌极等;有通过弘扬中国传统文化特别是儒学精粹,融合西方近代文化精神,以创建中国新文化为目标的"早期现代新儒家"或第一代现代新儒家,主要代表人物有梁漱溟、张君劢、马一潭、熊十力、冯友兰、贺麟、钱穆等。此外,"战国策派"是因其主办的《战国策》和《大公报·战国副刊》而得名的学派,主要代表人物有林同济、陈锤和雷海宗等。"战国策派"是目前尚难定性的一个学派,但人们已经倾向于把它从一个政治派别还原为文化派别。从其思想理论的目标是激励人们积极抗战和要建构中华民族的新文化、新精神从而振兴中华民族而言,可以把它看作文化民族主义派别;从其对大家族制、孝为百行先以及柔性人格等的批判而言,又有一些文化自由主义的色彩。但从总的方面来说,它应该是文化民族主义的。

三 自由主义文化观

中国现代的文化自由主义者以胡适、吴稚晖、陈序经为典型代表,他们文化观的主要内容就是对中国传统文化的激烈批评和对西方文化的高度赞赏,概而言之就是整体性反传统和整体性西方化。

胡适的文化观尽管有其"温和"之处,如主张"整理国故",在墨家、名家、清代学者的治学方法中寻求中国学术与西方近代文化的结合点等,但其主流是激进的反传统和总体性西化。胡适在《我们对于西洋文明的态度》《漫游的感想》《介绍我自己的思想》等文章中指出:中国传统文化的特点是"自暴自弃的不思不虑",主张"安分、安命、安贫、乐天、不争、认吃亏",一句话,"东方的文明的最大特色是知足"。因此,它"不求物质享受的提高""不注意真理的发现和技艺器械的发明""不想征服自然""不想改革制度"①等。"天旱了,只会求雨;河决了,只会拜金龙大王;风浪大了,只会祷告观音菩萨或天后娘娘;荒年了,只好逃荒去;瘟疫来了,只好闭门等死;病上身了,只好求神许愿;树砍完了,只好烧茅草;山都精光了,只好对着叹气。这样又愚又懒的民族,不能征服物质,便完全被压死在物质环境之下,成了一分像人九分像鬼的不长进民族。"②知足的文化造就了愚昧懒惰的民族,使我们今天"百事不如人","不但物质机械上不如人,不但政治制度不如人,并且道德不如人,知识不如人,文学不如人,音乐不如人,艺术不如人,身体不如人"③,这就是中国传统文化及其结果。而西洋的近代文明"建筑在'求人生幸福'的基础之上",替人类增进了不少物质上的享受。西方文化的最大特色是不知足,"物质上的不知足产生了今日钢铁世界,机械世界,电力世界。理智上的不知足产生了今日的科学世界。社会政治制度上的不知足产生了今日的民权世界,自由政体,男女平权的社会,劳工神圣的喊声,社会主义的运动。神圣的不知足是一切革新一切进化的动力"④,文化上的不知足造就了奋进不止的民族。所以胡适对资本主义世界极为崇拜,他说"美国是不会有社会革命的,因为美国天天在社会革命之中",在美国,"人人都可以做有产阶级,故阶级战争的煽动不发生效力"。还说,美国的劳工代表"站在大庭广众之中颂他的时代为人类有史以来最好的时代"等⑤。显然,胡适对中国传统文化是激烈批判的,对西方近代文化是热烈拥护的,其文化观的主流是自由主义的。

在吴稚晖看来,"中国在古代最特色处,实是一老实农民。他是安分守己,茹苦耐劳"⑥的,后来由于种种原因,便形成了如下这种状况:"这种民

---

① 《胡适文存》三集,黄山书社,1996,第5~10页。
② 《胡适文存》四集,黄山书社,1996,第458~459页。
③ 《胡适文存》四集,黄山书社,1996,第459页。
④ 《胡适文存》三集,黄山书社,1996,第10页。
⑤ 《胡适文存》三集,黄山书社,1996,第29~30页。
⑥ 吴稚晖:《一个新信仰的宇宙观及人生观》,《太平洋杂志》1923~1924年第4卷。下引该文不复注。

族的真相，还是只晓得擎了饭碗，歇工时讲讲闲话，完工后破被里一攒，一觉黄粱，揩揩眼眦再做工。……他们只是着衣也不曾着好，吃饭也不像吃饭，走路也不像走路，鼻涕眼泪乱迸，指甲里的污泥积叠。民族如此低劣，真要气破肚皮。"认为当时中国的国民素质低下，应该大力引进西方文化。吴稚晖设计了这样一个方案："穆姑娘治内，赛先生请他兴学理财，台先生请他经国惠民。""如此庶几全盘承受。如此，专心在第一路上（原出于梁漱溟的文化路向说，指意欲向前奋斗的西方文化——笔者注）向前进，开步走是为正理。何可折回半途（持中），哭哭啼啼，向老迈的孔螺爷爷（孔子，泛指中国传统文化——笔者注）讨索玲饭剩羹……强度鼻涕眼泪之岁月乎？"此处的"赛先生"指科学，"台先生"即"德先生"，指民主，"穆姑娘"指私德。科学和民主已经被迎入中国，与此同时，吴稚晖也主张把"穆姑娘"大张旗鼓地请进来，如此三位一体，才算得上全盘承受西方文化，才能使中国走上文明和富裕之路。可以看出吴稚晖对中国传统文化是持批判态度的，对西方文化是极力推崇的，与胡适自由主义文化观的思路大同小异。

与胡适和吴稚晖相比，陈序经在对中国文化的批判上有过之而无不及。

第一，中国的精神文化是一种简单物质生活的文化。所谓简单物质生活的文化，并非没有物质文化，而是否认物质生活的复杂和发达。"这种文化，是全由传统思想所垄断，而传统思想的代表最显明的，要算老子与孔子。老子的'五色令人目盲，五音令人耳聋，五味令人口爽'以及他的'小国寡民，使有什伯之器而不用，使民重死而不远涉，虽有舟舆，元所乘之，虽有甲兵，无所陈之，使民复结绳而用之……'均是这种精神文化的表示。孔子之所以赞赏颜回、夏禹，去食去兵而存信也是同样的表示。所谓饿死事小，失节事大，均是由这种文化推衍而来。以这样的物质简单生活的精神文化，而欲与物质发达的西祥文化熔于一炉，水火何异？"[①]

第二，中国传统文化是变动较小的文化，因此，中国文化的进步远不及

---

① 杨深：《走出东方——陈序经文化论著辑要》，中国广播电视出版社，1995，第100~101页。

欧洲的文化。有人把中国传统文化说成静的文化，其实静的文化就像死的文化，它是不存在的，是一些人用以自慰的精神鸦片。

第三，中国传统思想的特点就是复古。"复古是中国人的传统思想，而且是中国思想上的一个特点。这是读过中国历史的人，总要承认的。这种思想的承上启下的关键人物，当然要算孔夫子。孔夫子在他的言论里，处处都露出复古的彩色，这是读过孔夫子的书的人，总要承认的。……这样的极端的复古，放大起来就是一切的文化，就要依法前人。而依法前人，是愈古愈好。"[①] "复古的运动，总是与尊孔的运动相连带而来：所以尊孔就为复古，而复古也就是尊孔。"[②] 我们通常认为，春秋战国时期从经济政治上讲是一个过渡时代，从思想上讲是一个百家争鸣、百花齐放的自由时代，同时也是个性得到张扬的时代。但陈序经另有看法，他认为四百余年之久的春秋战国时代，除了思想上比较自由外，政治、社会、道德、礼法以及物质上的各种生活没有很大的变更。而且所谓思想比较自由，也不外是从量的方面说，"在质的方面，与其说是发展，不如说是退后。老家之返复自然，既是反对一切成就和达到的文化，孔家的复古，也是反对再做向前的发展，法家……虽主因时制宜，然而骨子里头也是觉得文化演化的历史事实是退化的"[③]。所以在陈序经看来，中国文化无论是在时间上还是在空间上都是死极的延长和放大，绝无改变和进步的可能性。所以他借黑格尔的话说："过去的中国，就是现在的中国，而现在的中国也就是过去的中国。"[④] 概括来讲，从文化的发展趋势上看，周秦比不上古代的希腊罗马，而中古的中国又比不上中古的欧洲。不但中古的欧洲是黑暗时代，中古的中国也是黑暗时代。中古欧洲的文化重心是基督教，中古中国的文化重心是孔家，孔家的专制和愚民政策，比之教皇的专制和愚民政策毫不逊色。

---

① 杨深：《走出东方——陈序经文化论著辑要》，中国广播电视出版社，1995，第107~108页。
② 杨深：《走出东方——陈序经文化论著辑要》，中国广播电视出版社，1995，第114页。
③ 杨深：《走出东方——陈序经文化论著辑要》，中国广播电视出版社，1995，第178页。
④ 杨深：《走出东方——陈序经文化论著辑要》，中国广播电视出版社，1995，第179页。

第四，中国文化从伦理道德方面讲，是一种压抑或束缚个性发展的文化，并且有着自身的种种原因。陈序经说："从欧洲的历史来看，中世纪与古希腊时代的文化，所以停滞不发展，都是因个性受了压迫，……同样中国文化所以这么单调，这么停滞，也是由于个性的束缚。个性之所以不能发达，大要有三：一为万物神造说；二为自然生长说；三为伟人天生说。万物神造说在中世纪最为流行。自然生长说在柏拉图及亚里士多德的著作中，可以找得出；老子所谓无为而无不为，也属于这一派。至于伟人天生说，差不多可以说是中国的传统思想，而且是孔子、孟子所主张最力的。这三种学说既为个性发展的窒碍，而个性不发展又为文化停滞的原因。"① 黑格尔处处为个性辩护，但他在《历史哲学》里，指出个性的沉没是中国文化没有发展的最大原因，认为中国只有家族、只有团体，没有个人、没有个性。反观中国两千年来的文化的停滞，也是因为个性太被束缚了。原因在于孔子的议论，孔子的议论是伟人天造的议论，是排除异己的议论，所以除了孔子，没有别的个性可以发展。有人认为中国的物质文明落后，但精神文明尤其是道德并不落后，陈序经不这样看，他指出，号称德治的国家的道德也比不上人家。中国的传统道德可以说是吃人的道德、野蛮的道德、虚伪的道德：明明是冤枉而死，还要说臣罪当诛，臣族该灭；男人能有三妻四妾，女人的信条却是饿死事小，失节事大；生男像韩非所说则相贺，生女则杀死。"老实说，公共道德，固不如人，个人私德，家庭美德，也不如人。要是中国以为最可自夸，最自负的是他们的道德，那么实在是自己欺骗自己罢了。"②

正是中国传统文化的束缚，才使得当时的中国样样不如人，又大大不如人，大体有食不如人、衣不如人、居不如人、玩不如人、文体不如人、行不如人、军政不如人、法律不如人、道德不如人、哲学不如人、文学不如人、科学不如人、教育不如人等（引者概括）。其结论是："非彻底和全盘西化，不足以言自存今日所要努力来解决的问题，并非中国是否应当西化，而是中

---

① 杨深：《走出东方——陈序经文化论著辑要》，中国广播电视出版社，1995，第132页。
② 杨深：《走出东方——陈序经文化论著辑要》，中国广播电视出版社，1995，第189~190页。

国能否赶紧去做彻底和全盘西化。"① 陈序经不仅确信全盘西化的必要性，也确信全盘西化的可能性。陈序经所持的是一种"大文化"的概念，认为每种文化的方方面面都是相互联结的，牵一发而动全身，"事实上每一层和每一种的文化的各方面，都是互有关系的，互相连带的。我们若是采纳人家的一方面，那么从这方面就会影响到他方面，结果是牵动了整个文化"②，所以只要吸收了西方文化的部分内容，那结果必然是全盘接受。陈序经认为全盘西化对于中国来说是十分必要的，"假使中国要做现代世界的一个国家，中国应当彻底采纳而且必须全盘适应这个现代世界的文化"③，"设使我们能自己赶紧全盘西化，再从而发展扩大，则不但我们自己占有世界文化的优越地位，就是我们祖宗所做过的成就和得到的光荣，也赖我们而益彰"④。全盘西化对于中国来说也是必然的，"中国之趋于全盘西化，不过是时间的长短问题，我们若不自己赶紧去全盘西化，则必为外人所胁迫而全盘西化"⑤。全盘西化是完全可能的，从洋务派到胡适，人们对西化的认识逐步深入，全盘西化是必然的结论，而且中国的西化在很多领域已经成为事实，星星之火必然燎原，所以全盘西化只是个时间问题。正因为陈序经主张整体性西化，所以他对文化保守主义进行了批评，认为他们只了解"文"，不了解"化"，没有把握文化的本质在于"化"，而"全盘西化的历程固是模仿的历程，也是创造的历程。有些人认为，全盘西化只是模仿不是创造，这是一种错误"⑥。实际上，"西化"这两个字的本身就包含"动性"，绝非仅仅是模仿。

在陈序经生活的时代，西方近代文明的弊端和负面效应已经受到了深入的批判，但他极力为其辩护，以伸张西方文明的优越性。他说："其实我们要是觉得中国的文化是不合时需，西洋文化是合用了；孔子之道是不好了，

---

① 杨深：《走出东方——陈序经文化论著辑要》，中国广播电视出版社，1995，第193~194页。
② 杨深：《走出东方——陈序经文化论著辑要》，中国广播电视出版社，1995，第200页。
③ 杨深：《走出东方——陈序经文化论著辑要》，中国广播电视出版社，1995，第176页。
④ 杨深：《走出东方——陈序经文化论著辑要》，中国广播电视出版社，1995，第195~196页。
⑤ 杨深：《走出东方——陈序经文化论著辑要》，中国广播电视出版社，1995，第195页。
⑥ 杨深：《走出东方——陈序经文化论著辑要》，中国广播电视出版社，1995，第406页。

'赛'先生是好了,那么要享'赛'先生所给予我们的利益和快乐,应当也要受受'赛'先生发脾气时所给予我们的多少痛苦和烦闷。比方若是我们觉得单轮的手车是太不合用,太跑得慢,太误大事,太无人道,而要坐火车,那么我们应当预备火车,也许跑得太快而出轨有生命的危险。要是我们要火车公司去担保绝对的没有半点危险,而且能像单轮子车一样的两脚时时能够贴地,火车公司一定是要劝告我们道:您最好是乘手车罢,不要来坐火车。世间既找不到绝对完全的利益和快乐,真的好汉也决不会只有快乐而就快乐,也决不愿只求利益而享利益,这是愚人的做梦,这是情人的空想。要是惰了,要是愚了,怎能得到利益,怎能享到快乐,怎能见透弊病,怎能避免痛苦。"[1] 这番话揭露了一些人既想享受科技文明又畏惧科技文明的矛盾心理,他认为这些人是"愚人""惰人",主张要一心一意、心甘情愿地学习西方,做一个"真的好汉"。

自由主义的文化观深入批判了以儒学为代表的传统文化的内在缺失和消极影响,弘扬了西方近代文化精神,为马克思主义在中国的传播开辟了道路。然而,自由主义文化观也存在各种缺失。第一,自由主义文化观代表人物们的思维方式是二元对立的,认为科学民主与中国传统文化绝对不能相容。他们对中国传统文化的批判虽然片面,但不可谓不深刻,的确是"片面的深刻"。然而,他们"倒洗澡水时连孩子一起倒掉了",从而导致了"深刻的片面"。第二,自由主义文化观用文化发展的点否定了文化发展的连续性,深深陷入民族文化虚无主义的泥潭而不愿自拔。实际上,过去了的不可能全都过去,传统文化中包含着许多现实化和未来化的因子,是现代思想进一步建构和跃升的重要资源,只要我们对中国传统文化进行认真的刮垢磨光,就有可能品尝到陈年老酒的醇香,从而获取丰富的滋养。第三,自由主义文化观反映的是一种无能的心态,即把现代社会的落后归罪于古人,让古人为今人埋单。实际上,中华民族在近现代的危机有着复杂的原因,不能全然归结为

---

[1] 陈序经:《东西文化观》,《岭南学报》第五卷第三四期合刊,1936年12月。

传统文化。当代的问题肯定与历史有关联，但主要应该在当代找原因，而不能总让古人负责。第四，自由主义文化观还存在一个重要的方法论根源，这就是杜维明所说的"弱人政策"，即以己之短比人之长，拿中国吸食鸦片、裹小脚、打麻将等恶俗与西方辉煌的物质文明相比，比较的结果自然会得出悲观的结论，从而走上整体性反传统的道路。第五，自由主义文化观的整体性西化从一开始就面临种种疑难，他们对于全盘西化必要性和可能性的回答很难令人信服。正如台湾文化自由主义大师殷海光分析的那样："在实际上，近代西方文化不是许多人士所想象的那样健全，也不是他们所想象的那样'卫生'，因此也就不是那样值得事事效法。"① "任何人不可能把他们代代相传的文化从后门完全赶出去，从前门把一个新文化像迎新娘子似的迎进来。我们不要想到实行一次'文化洗脑'，来欢迎西方文化，这既不可能，又无必要。"②

四 民族主义文化观

文化民族主义是具有世界性的文化现象，在中国现代表现得尤为突出，出现了众多学派或思潮，如东方文化派、学衡派、早期现代新儒家、战国策派等。他们的文化观主要包括反省式的中国文化观、开放式的西方文化观、中体西用的范式等。

1. 反省式的中国传统文化观

民族主义文化观对中国传统文化持一种分析的态度，既肯定中国传统文化的长处，又批判中国传统文化的缺陷。他们对中国自给自足的小农经济体制、君主专制的政治制度、个性严重萎缩的奴性人格等都不同程度地持批判态度，反映了他们对待中国传统文化的一种理性的审视态度，从而为向西方学习提供了一个逻辑性的前提。章士钊指出，对于中国传统文化"特欲流传

---

① 殷海光：《中国文化的展望》，上海三联书店，2002，第363页。
② 殷海光：《中国文化的展望》，上海三联书店，2002，第366页。

其适宜者耳,至其不适宜,当然改易"①,保留精华,改造不适合时代的部分。学衡派在政治上否定君主专制制度,支持民主共和。刘伯明在《共和国民之精神》中指出,"吾国政治,自古以来,崇尚专制,……生息于斯制之下者,乏直接参与政事之机会专制时代,一国政治,属之最少数人。此少数人,苟为贤能,则其治国,其余则漠不关心,所谓不在其位,不谋其政是也"。由于长期生活在专制制度之下,中国人缺乏共和精神,"盖共和精神非他,即自动的对于政治及社会生活负责任之谓也,共和政治,则为多数之治,人人利害与共,故不应漠然视之。……共和之实现,有待于共和之精神……然无共和之制度,则共和之精神,亦无由产生"②。梁漱溟虽然认为中国文化即将复兴,但他没有回避中国传统文化的缺失,认为中国文化与西方文化相比,在征服自然、科学技术、民主自由等方面都大为逊色。中国人没有征服自然的魄力,而是安于小木船上、煤油灯下的怡然自得。中国的学术是"不学无术",既无科学,方法也不发达;中国社会生活中崇尚独裁、专制,个人的个性未得到伸展。张君劢着重从社会政治、学术和宗教方面对中国传统文化的弊端进行了深刻的揭露。他认为政治上久处君主专制之下,人民缺少独立性,他们只知道听话,不知道自己的权利和义务;学术上过分注重支离破碎的考据,缺乏逻辑学的素养和伟大的思想系统;宗教信仰中夹杂着功利意识,缺乏真正的诚意和以身殉道之精神。其他如熊十力、冯友兰、贺麟、钱穆,包括马一浮都对中国传统文化有着或多或少、或深或浅的检讨和批评。战国策派批判了中国的大家族制度,批判了"孝为百行先"的价值理念。林同济在《大政治时代的伦理——一个关于忠孝问题的讨论》一文中说:"中国不但以孝为中心而组成一套思想系统,还凭此思想系统而组成一批'吃人'的礼法,掏出一个庞大的宗法社会,复杂的家庭制度。"③战国策派学人还批判了中国传统的

---

① 章士钊:《新时代之青年》,《东方杂志》1919年第16卷第11号。
② 刘伯明:《共和国民之精神》,《学衡》1922年第10期。
③ 温儒敏、丁晓萍编《时代之波——战国策派文化论著辑要》,中国广播电视出版社,1995,第173页。

官僚制度以及由此带来的一系列腐败现象,表达了对中国传统文化多方面的反省态度。

2. 开放式的西方文化观

民族主义文化观对西学持一种开放心态。杜亚泉主张中国文化应该融合西洋思想,钱智修也主张熔东西文化于一炉。学衡派的宗旨正像《学衡》杂志各期所标明的那样:"论究学术,阐求真理,昌明国粹,融化新知。以中正之眼光,行批评之职事。无偏无党,不激不随。"在中西文化的关系问题上,学衡派力主兼容,并主张以此为基础创建中国的新文化。梅光迪在《评提倡新文化者》中认为中国文化"必有可发扬光大,久远不可磨灭者在",而西方文化也是源远流长,"有足备吾人采择者",因此主张"改造旧有文化""吸取他人文化"。[①] 吴宓在《论新文化运动》中说:"今欲造成中国之新文化,自当兼取中西文明之精华,而熔铸之、贯通之。吾国古今之学术德教,文艺典章,亦当研究之、保存之、昌明之、发挥而光大之。而西洋之古今学术德教,文艺典章,亦当研究之、吸取之、译述之、了解而受用之。""中国之文化,以孔教为中枢,以佛教为辅翼,西洋之文化,以希腊罗马之文章哲理与耶教融合孕育而成,今欲造成新文化,则当先通知旧有之文化。""如是,则国粹不失,欧化亦成,所谓造成新文化,融合东西两大文明之奇功,或可企致。"[②] 对西学的开放心态和对现代化的追求构成现代新儒学"现代性"的重要支撑。早期现代新儒学对西方文化的吸收,对现代化的要求不是做表面文章,而是出自真诚。梁漱溟坦承西方文化的历史价值和对于中国当代社会的现实意义,大力倡导科学、民主、自由、个性发展等西方价值理念,用以救治中国物质文明不发达、科学落后、个性萎缩等弊病。贺麟虽然倡导"儒家思想的新开展",但认为其关键问题在于深刻把握西洋文化。儒家思想的新开展,不是建筑在排斥西洋文化上面,而是建筑在彻底把握西洋文化上面。张君劢对民主政治的向往、熊十力亲身参加辛亥革命、冯友兰对中国现代化必然性的确证、

[①] 梅光迪:《评提倡新文化者》,《学衡》1922 年第 1 期。
[②] 吴宓:《论新文化运动》,《学衡》1922 年第 1 期。

钱穆的"急撒的西方化"、马一浮年轻时代对西方文化的赞慕等，都反映了现代新儒家学者对西方文化的一种积极态度。战国策派学人也认为，对于西洋文化不妨尽量吸收，实际上也不得不吸收。

3. 中体西用的范式

民族主义文化观的基本立足点是民族的，尽管其中不少人有突破中体西用的愿望和努力，但很难做到，因为突破了中体西用，其文化立场就很难说是民族的了。因此，从一般意义上讲，只要是民族主义的文化观就跳不出中体西用的范式。东方文化派虽主张融合中西，但更倾向于"中学"。学衡派对中国传统文化也给予了较多关注。柳诒徵说："今人论中国近世腐败之病源，多归咎于孔子。""误以为反对孔子为革新中国之要途，一若焚经籍，毁孔庙，则中国即可勃然兴起，与列强并驱争先者。""余每见此等议论，辄为之哑然失笑，非笑其诋毁孔子也，笑其崇孔子太过，崇信中国人太过。"其实中国近世的病根，"在鸦片之病夫，在污秽之官吏，在无赖之军人，在托名革命之盗贼，在附会民治之名流政客，以造地痞流氓，而此诸人故皆不奉孔子之教"，"中国最大之病根，非奉行孔子之教，实在不行孔子之教"。① 柳诒徵还对五伦的价值进行了阐释，他说："人伦有五，亦曰达道。中庸曰：天下之达道五，君臣也，父子也，夫妇也，昆弟也，朋友也，谓之达道，即通衢大道之谊。犹之古之驿路今之铁道。"② 柳诒徵认为，西方经过大战后的反省所得出的互助结论早在中国五伦中就体现出来了，中国人"以为妇之助夫，天职也；夫之助妇，亦天职也；父母之助子女，更天职也。天职所在，不顾一身，虽苦不恤，虽劳不怨。于是此等仁厚之精神，充满于社会，流传至数千年。而国家亦日益扩大而悠久，此皆古昔圣哲立教垂训所赐。非欧美所可及也"③。早期现代新儒学尽管做了许多摆脱中体西用思维范式的努力，如对本位文化论的批判等，但终不可能完全跳出它的限定。这种思维范式在洋务派时代就已

---

① 柳诒徵：《论中国近世之病源》，《学衡》1922 年第 3 期。
② 柳诒徵：《明伦》，《学衡》1924 年第 26 期。
③ 柳诒徵：《明伦》，《学衡》1924 年第 26 期。

经确定,它在中学和西学的选择上明显地加重了中学的砝码,只要是称得上文化民族主义派别的,它的侧重点一定是在中学上。现代新儒学之所以为现代新儒学的依据就在于它立本于儒学,守护儒学的基本价值理念。梁漱溟学说的核心是中国文化复兴说,他致力于原始儒学特别是孔孟思想的现代提升,把直觉与孔子的仁、孟子的良知良能进行比附,认为直觉就是本能,这种本能主要是一种求善的本能,它与理智是对立的。要想让人们按直觉生活,必须提倡孔子的礼乐和孝佛,从而使社会上人人都有一个仁的生活。张君劢虽然在政治上是君主专制制度的批判者和民主制度的倡导者,但在思想文化上仍然对儒学特别是宋明理学宠爱有加。他在《再论人生观与科学并答丁在君》中,明确提出了"昌明宋明理学"的口号。在张君劢看来,宋明理学把心规定为实在,其"功不在禹下者焉",并从理论和实际两个方面肯定了复兴宋明理学的必要性。张君劢重点强调在当时中国的具体背景下,应该用儒家的基本价值理念加强道德建设,认为无道德背景的经济是有害的经济。他坚持认为中国重人伦的文化是对人类的很大贡献,我们自己应该知道珍惜。马一浮作为现代的经学大师对以"六艺"为核心的国学推崇备至。他认为国学立足于心性,博大精深,具有无比的优越性,即使世界上其他的文化都消失了,国学也不会消失,它的复兴势在必行。马一浮在国学中最重儒学,尤其是六艺,提出了"六艺该摄一切学术"的独特学术观念。他把六艺提到至高无上的地位,认为它是圣人成圣的依据,是圣人成教和学者所学的内容,是全部人类心灵的表现,与人类的生活息息相关。它放之四海而皆准,对于人类的未来发展具有重要意义。他提出六艺该摄一切学术,既该摄国学,也该摄西学的观点,认为世界上的一切学问,不论古今中外,不论东西南北,都可以归置于六艺之下,这显然是一种以六艺为根基的文化霸权论。熊十力的"新唯识论"参照西学而出入于佛儒,归宗于儒学。他以先儒天人合一、体用一源的理论为致思框架,提出本体主体融通为一的道德学理念。认为性是无漏纯善的,亦即儒家的仁,但它在显发为习时,却经常被习所障碍,这主要表现在人们向外追求而不知返性。虽然如此,但本性是每个人先天具足的,一经引发，人人都具有复性的可能。而复性的途径包括"强恕"和"操存涵养"等。这些观念显然是儒家的，与孟子、朱熹等大儒人性论的思路十分切近。冯友兰"新理学"的主要概念和观念来自儒家，是对"理""气""道体""无极""太极"等中国传统哲学范畴的重铸。冯友兰的人生境界说虽然承认自然境界和功利境界存在的合理性，但他对道德境界和天地境界更为推崇，道德境界充满了儒家"舍生取义""尽伦尽职""公而忘私"的内容，天地境界则定格于物我一体、内外挥融的天人合一状态，而这种理念则是儒家、道家等中国传统学术所共有的。贺麟显然极力反对中国文化本位说，但他的"儒家思想新开展"依然是以儒家思想为本，兼容其他学术。他的心物论、知行论、方法论、文化观等都深深地打上了中国传统学术的烙印。而他对儒家特别是宋儒伦理学说的新解释也展示了他对传统价值理念的关爱。钱穆虽然是"广泛的现代新儒学"的代表，对整个传统文化和中华历史抱有"温情和敬意"，但他也充分肯定了儒家对中国文化发展的重要影响，认为中华民族的"学术路径"和"思想态度"大体上是在先秦时代奠基的，最重要的就是孔子和他创立的儒家。可以说，中国古代的文化传统自然要产生孔子与儒家思想，而孔子与儒家思想的产生规定了以后的中国文化，强调了儒学对整个中国文化的重要意义。

4. 简要分析

中国现代的民族主义文化观有着自身的合理性和局限性。

民族主义文化观的深层是顽强的寻根意识，特别是当民族文化受到前所未有的冲击时，民族主义的文化观就会很自然地生长出来，并表现得相当顽强。自鸦片战争以来，中华民族受欺凌的屈辱史以及日渐抬头的民族自卑情绪和全盘西化论，都对民族主义文化观的产生起到了刺激、催化的作用。民族主义文化观固守在文化的民族性和多样性一边，强调着"越是民族的越是世界的"这一长期流行的文化信条。应当说，只要有不同民族文化的存在，任何民族主义文化观的存在都有它现实的合理性。

文化是连续性和非连续性的统一。一个民族的文化可能由于某种原因发生激烈的变化，但任何一种新的文化都不可能会莫名其妙地突然出现，它必然与先在的文化资源有千丝万缕的联系。文化的这种连续性为民族主义文化观提供了逻辑的合理性：既然我们承认文化的连续性，那么在文化上保守或者说承继一些东西就是天经地义的。民族主义文化观是对中国传统价值理念的积极维护，试图通过一种现代性的转换，接续中国文化传统的一线血脉。

西方近代文化暴露的种种危机，促使人们重新审视中国传统文化的价值，以寻求在中西文化相互结合的基础上创建中国新文化的现实道路。民族主义文化观对以儒学为代表的传统文化的重视和提升，为人们深入探讨修补新文化的途径开启了思路。尽管以儒学为代表的传统文化的基本精神与现代化精神是难以相容的，但这并不妨碍它的某些资源经过重建而转化为现代化精神的内在因素，这就为民族主义文化观的存在提供了自身的合理性。

20世纪中西文化的交流获得了长足的进展，它所蕴含和展示的是中国文化世界化、世界文化中国化的一种双向运动。21世纪的中国文化在人类社会发展和中国走向现代化的大背景下，必然会加快其世界化的步伐。从这样一个角度来看，民族主义文化观难以符合中国当代文化发展的大趋势，我们所需要的是更加积极地融入全球化的潮流中，而不是抱着文化上的"我族中心主义"而孤芳自赏。任何民族主义文化观一旦与文化的世界性相抗衡就会走向极端和狭隘，就不是"良性"的我族中心主义，而是"恶性"的，那么它所坚持的文化进步主义与文化连续主义就值得怀疑。

民族主义文化观在传统文化的现实和未来定位上充满了幻想的因素，其目的无疑是使以儒学为代表的传统文化夺回思想文化上的中心地位，统领中国新文化的建设。当中西文化开始碰撞之后，当工业革命的巨轮开始碾压小农经济的围栏时，尤其是在马克思主义中国化和物态化的历史场景下，试图把以儒学为代表的传统文化重新推为思想界的霸主，这是不切实际的。因此，我们应该丢掉幻想，面对现实，以更为宽阔的心怀塑造中华民族的现代性，在世界性的背景下重建新的民族文化。

五 中国马克思主义文化观

马克思主义在现代中国经历了一个由原型化到中国化、由理论化到物态化的过程。一批马克思主义思想家和实践家如李大钊、陈独秀、瞿秋白、李达、文思奇、毛泽东、刘少奇等,在运用马克思主义基本理论研究和解决中国实际问题的同时,提出了不同于自由主义和民族主义的文化观。他们的文化理念是历史唯物主义的,对外国文化和中国传统文化都持一种辩证的态度。

中国马克思主义的文化观首先是一种历史唯物主义的文化观。

李大钊在《我的马克思主义观》中说:"一切社会上政治的、法制的、伦理的、哲学的,简单说,凡是精神上的构造,都是随着经济的构造变化而变化。"[1] 这指出了精神文化对经济构造的依赖性。在《由经济上解释中国近代思想变动的原因》中,李大钊指出:"中国的大家族制度,就是中国的农业经济组织,就是中国二千年来社会的基础构造。一切政治、法度、伦理、道德、学术、思想、风俗、习惯,都建筑在大家族制度上作他的表层构造。"[2] 时代变了,"中国的农业经济,既因受了重大的压迫而生动摇,那么首先崩颓粉碎的,就是大家族制度了。中国的一切风俗、礼教、政法、伦理,都以大家族制度为基础,而以孔子主义为其全结晶体。大家族制度既入了崩颓粉碎的运命,孔子主义也不能不跟着崩颓粉碎了"[3]。认为当时中国思想文化变动的原因是农业经济受到重大挑战而发生了动摇。

陈独秀于1921年在《新教育是什么?——在广东南师的演讲词》中说:"孔子的学说思想所以发生在中国也绝非偶然之事,乃是中国的土地气候造成中国的产业状况,中国的产业状况造成中国的社会组织,中国的社会组织造成孔子以前及孔子的伦理观念。这完全是有中国的社会才产生孔子的学

---

[1]《李大钊全集》第三卷,河北教育出版社,1999,第242页。
[2]《李大钊全集》第三卷,河北教育出版社,1999,第434页。
[3]《李大钊全集》第三卷,河北教育出版社,1999,第488页。

说，决不是有孔子的学说才产生中国的社会。"①认为学说产生于社会，而不是相反。

瞿秋白说："经济生活，生产方法不变，一方面既不能有文化的要求，以进于概括而论的文明，另一方面更不能有阶级的觉悟，担负再造文物的重责。东方古文化国的文化何时才能重兴？"②指出了中华文化的复兴依赖于经济生活生产方法的变化。

李达在《女子解放论》中指出："一切生产关系财产关系，是社会制度的基础；一切社会宗教、哲学、法律、政治等组织，均依这经济的基础而定。"③

道德是精神文化的一个方面，艾思奇在《共产主义者与道德》中用历史唯物论的观点解释了道德与社会存在的关系，他说："共产主义者不从超时间，超社会的地方去找'天经地义'，不从绝对的'人性'，'良心'等精神的领域里去找道德的规律，而要从社会的物质经济的发展状况中去找道德的基础。"④把社会的物质经济的发展作为道德的基础。因此，随着社会经济状况的变化，道德也会不断地变化，"今天是好的意义上的道德行为，在另外的一种经济社会的条件之下，可以成为恶德，相反的也是一样，妇女的片面贞操在封建社会里是美德，就是直到今日，这种观念也还在中国落后的地方有着残遗，但大部分进步的地方，已经承认这是罪恶了"⑤。认为道德的变化，依赖于社会经济状况的变化。

毛泽东所说的文化即观念文化，认为文化是经济、政治的产物，其又反过来作用于政治和经济。他说："一定的文化（当作观念形态的文化）是一定社会的政治和经济的反映，又给予伟大影响和作用于一定社会的政治和经济；而经济是基础，政治则是经济的集中表现。这是我们对于文化和政治、经济的关系及政治和经济的关系的基本观点。那末，一定形态的政治和经济是首

---

① 《陈独秀文章选编》（中），生活·读书·新知三联书店，1984，第76页。
② 《瞿秋白作品精编》，漓江出版社，2004，第269页。
③ 《李达文集》第一卷，人民出版社，1980，第30页。
④ 《艾思奇文集》第一卷，人民出版社，1981，第412页。
⑤ 《文思奇文集》第一卷，人民出版社，1981，第413页。

先决定那一定形态的文化的；然后，那一定形态的文化又才给予影响和作用与一定形态的政治和经济。……问题是很清楚的，我们要革除的那种中华民族旧文化中的反动成分，它是不能离开中华民族的旧政治和旧经济的；而我们要建立这种中华民族的新文化，它也不能离开中华民族的新政治和新经济。中华民族的旧政治和旧经济，乃是中华民族的旧文化的根据；而中华民族新政治和新经济，乃是中华民族新文化的根据。"[1]意思很清楚，经济、政治和文化的关系是辩证的关系，一定社会的经济、政治决定社会的文化，一定社会的文化又反作用于一定社会的政治和经济，这是历史唯物主义基本观点的具体运用，也可以说是一种历史唯物主义的文化观点。

其次，中国马克思主义的文化目标是要建立一种反帝反封建的新民主主义文化，所以封建文化是文化革命的对象之一。毛泽东说："在中国，有帝国主义文化……又有半封建文化，这是反映半封建政治和半封建经济的东西，凡属主张尊孔读经、提倡旧礼教旧思想、反对新文化新思想的人们，都是这类文化的代表。……不把这种东西打倒，什么新文化都是建立不起来的。不破不立，不塞不流，不止不行，它们之间的斗争是生死的斗争。"[2]毛泽东认为新民主主义文化与帝国主义文化、半封建文化是不可调和的。

再次，中国马克思主义文化观还涉及对中外文化的态度问题，大都持一种分析的辩证态度。瞿秋白声言："'我'不是旧时代之孝子顺孙，而是'新时代'的活泼稚儿。……我自是小卒，我却编入世界的文化运动先锋队里，他将开全人类文化的新道路，亦即此足以光复四千余年文物灿烂的中国文化。"[3]表达了重建新文化的愿望。而新文化的基础就是融会东西方文化，但这两种文化"都有危害的病状，一病资产阶级的市侩主义，一病'东方式'的死寂"[4]。也就是既要吸收东西方文化的精华，也要看到东西方文化各自的问

---

[1]《新民主主义论》，载《毛泽东选集》第2卷，人民出版社，1991，第663~664页。
[2]《新民主主义论》，载《毛泽东选集》第2卷，人民出版社，1991，第694~695页。
[3]《瞿秋白作品精编》，漓江出版社，2004，第669页。
[4]《瞿秋白作品精编》，漓江出版社，2004，第669页。

题。这是对东西方文化总体的辩证的态度。

在谈到对待外国文化的态度时，毛泽东说："中国应该大量吸收外国的进步文化，作为自己文化食粮的原料，这种工作过去还做得很不够。这不但是当前的社会主义文化和新民主主义文化，还有外国的古代文化，例如各资本主义国家启蒙时代的文化，凡属我们今天用得着的东西，都应该吸收。但是一切外国的东西，如同我们对于食物一样，必须经过自己的口腔咀嚼和胃肠运动，送进唾液胃液肠液，把它分解为精华和糟粕两部分，然后排泄其糟粕，吸收其精华，才能对我们的身体有益，决不能生吞活剥地毫无批判地吸收。所谓'全盘西化'的主张，乃是一种错误的观点。"① 这是毛泽东提出的对待外国文化的基本态度：不拒绝，批判地吸收，为我所用。

在谈到对待中国传统文化的态度时，中国的马克思主义者多主张"取其精华，去其糟粕"。

艾思奇在《共产主义者与道德》中指出，中国的共产主义者同时也是革命的民族主义者，而且本来也就是中华民族的一部分优秀的子孙。"共产主义者必须而且已经在继承着和发扬着中国民族的优秀的传统，不论是一般文化方面的或单单道德方面的。"② 中国历史上许多宝贵的伦理思想，是可以在共产主义者身上获得发展的，无产阶级的新的道德，并不是简单地对旧道德的否定，而是对它的精华的提高和改造，是使旧道德中的优秀内容再得进步。譬如忠、孝、节、义，曾经是封建道德的重要的规范，而共产主义者对于这样的规范，并不绝对地抹杀，在共产主义者英勇斗争的行动当中，这些规范最好的内容事实上被发展了——自然，陈腐的部分是要除去了的。"对于君主的忠心，是绝对不要了的，然而共产主义者曾表现了对于国家民族的最大的忠心。……在民族社会的大事业的条件容许的限度内，共产主义者也主张对于父母的敬爱的。……共产主义者为民族事业斗争时的那种坚贞卓绝的节操，对民族利益而牺牲一切的义气，却也是节义的真精神的最高表现。这一切民

---

① 《新民主主义论》，载《毛泽东选集》第 2 卷，人民出版社，1991，第 706~707 页。
② 《艾思奇文集》第 1 卷，人民出版社，1981，第 418 页。

族道德的发扬,虽然不仅仅是共产主义者才能做到,然而它在共产主义者身上有着光辉的表现。"[1]

毛泽东说:"中国的长期封建社会中,创造了灿烂的古代文化。清理古代文化的发展过程,剔除其封建性的糟粕,吸收其民主性的精华,是发展民族新文化提高民族自信心的必要条件;但是决不能无批判地兼收并蓄。必须将古代封建统治阶级的一切腐朽的东西和古代优秀的人民文化即多少带有民主性和革命性的东西区别开来。……中国现时的新文化也是从古代的旧文化发展而来,因此,我们必须尊重自己的历史,决不能割断历史。但是这种尊重,是给历史以一定的科学的地位,是尊重历史的辩证法的发展,而不是颂古讽今,不是赞扬任何封建的毒素。"[2]毛泽东在这里把中国古代文化区分为封建统治者的腐朽的东西和代表人民文化的优秀的东西,主张对古代文化进行批判的吸收。毛泽东上述对待古今中外文化的态度或方法被称作"古今中外法",毛泽东的老师徐特立对此有过通俗和形象的解释,他说:"毛泽东同志提出的古今中外法,就是说我们古代的也要,现代的也要,外国的也要,中国的也要。把古代的变为自己的,和现代的结合起来;把外国的变为自己的,和中国的结合起来。"又说:"古今中外法,把古今结合,中外结合,变成我的。就像吃牛肉也好,吃狗肉也好,把他变成我的肉,这就对了,绝不是说吃了狗肉我就变成了狗肉。"[3] 这是一种"辩证的综合观",也可称之为综合创新法。

刘少奇对中国传统的价值观念也是持分析态度的,他在《论共产党员的修养》中多次提到中国传统文化资源,用以强调共产党员道德修养的重要性。如孟子说过,"在历史上担当'大任'起过作用的人物,都经过一个艰苦的锻炼过程,这就是:'必先苦其心志,劳其筋骨,饿其体肤,空乏其身,行拂乱其所为,所以动心忍性,增益其所不能。'共产党员是要担负历史上空前未有

---

[1]《艾思奇文集》第1卷,人民出版社,1981,第418~419页。
[2]《新民主主义论》,载《毛泽东选集》第2卷,人民出版社,1991,第707~708页。
[3] 转引自方克立《现代新儒学与中国现代化》,天津人民出版社,1997,第492页。

的改造世界的'大任'的,所以更必须注意在革命斗争中的锻炼和修养"①。刘少奇用孟子的思想激励共产党员担负起改造世界的"大任"。曾子说过"吾日三省吾身",这是说自我反省的问题。《诗经》上有这样著名的诗句:"如切如磋,如琢如磨。"这是说朋友之间要互相帮助,互相批评。"这一切都说明,一个人要求得进步,就必须下苦功夫,郑重其事地去进行自我修养。但是,古代许多人的所谓修养,大都是唯心的、形式的、抽象的,脱离社会实践的东西。他们片面夸大主观的作用,以为只要保持他们抽象的'善良之心',就可以改变现实,改变社会和改变自己,这当然是虚妄的。我们不能这样去修养。我们是革命的唯物主义者,我们的修养不能脱离人民群众的革命实践。"②这既肯定了古人所说的自我反省的重要性,也指出了古代修养论的问题,强调了修养与实践的结合,把修养论建立在了唯物论的基础之上。《孟子》中有这样一句话:"人皆可以为尧舜。""我看这句话说得不错。每个共产党员,都应该脚踏实地,实事求是,努力锻炼,认真修养,尽可能地逐步地提高自己的思想和品质,不应该望到马克思列宁主义创始人那样伟大的革命家的思想和品质,认为高不可攀,就自暴自弃,畏葸不前。如果这样,那就会变成'政治上的庸人',不可雕的'朽木'"③,通过孟子的话鼓励共产党员道德修养的自信心。刘少奇还说:"杀身成仁""舍生取义","在必要的时候,对于多数共产党员来说,是被视为当然的事情"。④对传统的价值理念进行了马克思主义的转换,表明刘少奇对中国传统文化资源的重视。

综上所述,中国现代马克思主义文化观以历史唯物论为根基,强调了经济基础对文化的决定作用和文化的反作用,在对待中外文化的态度上,贯彻了"取其精华,去其糟粕",洋为中用、古为今用的基本原则,这在今天看来依然是重要的。尤其是毛泽东奠基的综合创新无疑是到目前为止最全面的

---

① 刘少奇:《论共产党员的修养》,人民出版社,1962,第5页。
② 刘少奇:《论共产党员的修养》,人民出版社,1962,第14页。
③ 刘少奇:《论共产党员的修养》,人民出版社,1962,第10页。
④ 刘少奇:《论共产党员的修养》,人民出版社,1962,第41页。

文化主张、文化心态、文化方法，它主张用自己健全的胃肠吞食古今中外所有的文化，然后消而化之，扬而弃之，转为己有，从而形成新的文化。诚如方克立先生所说，综合创新也是文化发展的规律。作为一种规律，它始终存在于文化发展的过程中。古人也知道"杂以成家"，综合创新，不过那时只有古今，而无中外。实事求是地说，任何一种有成就的理论体系，都是综合创新的结果。所以，中国现代马克思主义文化观对待古今中外文化的基本态度和方法仍是我们今天需要坚持的。应该指出的是，中国现代马克思主义文化观有浓郁的斗争色彩，极少数人如陈独秀对待中国传统文化的态度过于激烈，在这一点上需要摄取中国现代民族主义文化观对待中国传统文化的合理分析，当然也需要关注中国现代自由主义文化观对现代性的执着追求。21世纪中国文化的样态是多维度的，期待她能有更多的色彩和更大的辉煌！

梁启超"文界革命"探析*

魏义霞**

梁启超尽管被公认为是维新派的思想家,然而他在思想界对革命的宣传和引领却有目共睹——不仅是"诗界革命""文界革命""小说界革命"和"道德革命"的发起者,而且倡导"宗教革命""史界革命",建构了新史学。具有革命情结的梁启超曾言:"我生爱朋友,又爱文学。"[①] 对文学的热爱使他关注和思考文学界的革命,"诗界革命""文界革命""小说界革命"便是这一思考的产物。"文学革命"的口号是在五四时期由胡适首创的,梁启超使用的概念则是"文界革命"或"文学之革命"。"文界革命"拥有多重内涵和诉求,不仅以输入新思想为宗旨,紧扣中国近代社会思想启蒙与救亡图存两大时代主题,而且与他的趣味主义的审美和诉求密不可分。

一

梁启超最早提出"文界革命"是在1899年12月赴夏威夷的途中。了解"文界革命"的缘起,有助于加深对这一口号的理解和把握。梁启超的游记真实记录了他提出"文界革命"时的思想状态和构想:"德富氏(日本学者德富

---

* 本文发表于《求是学刊》2015年第3期。
** 魏义霞,黑龙江大学哲学学院教授,主要从事近代哲学及比较哲学研究。
① 《诗话》,载《梁启超全集》第九册,北京出版社,1999,第5295页。

稣峰，即下面的"苏峰"，著有《将来之日本》——引者注）为日本三大新闻主笔之一，其文雄放隽快，善以欧西文思入日本文，实为文界别开一生面者，余甚爱之。中国若有文界革命，当亦不可不起点于是也。苏峰在日本鼓吹平民主义甚有功，又不仅以文豪者。"[1] 自此，梁启超正式拉开了"文界革命"的帷幕，并且对这一革命保持持续的关注和探索。就具体语境来说，此时的梁启超之所以对革命兴趣盎然，并将革命的阵营确定在"文界"，并不是偶然的。1898年戊戌变法宣告失败，梁启超也被迫逃亡日本。中国向何处去成为迫切的现实问题，日本维新变法的成功更是令梁启超羡慕不已。与此同时，梁启超在日本接触到大量的西方学说，思想发生巨变。如果说戊戌变法前主要是跟随老师康有为宣传孔教的话，那么此时的他则转向推崇西方的自由思想。梁启超的革命思想也是在这一时期形成的，并且直接受日本影响。他曾经坦言日本是自己的第二故乡，日本思想已经印入自己脑中，"文界革命"的提出印证了这一点。可以看到，他提倡"文界革命"时从日本讲起，一面盛赞德富稣峰为日本"文界别开一生面"，一面倡言中国亦应进行"文界革命"。值得注意的是，德富稣峰在梁启超的眼中之所以能够引领日本的"文界革命"，原因有二：一是"其文雄放隽快，善以欧西文思入日本文"，一是"鼓吹平民主义甚有功，又不仅以文豪者"。这明白无误地表明，梁启超选择德富稣峰作为日本"文界革命"的代言人，不仅仅因为他是文学家，更重要的是因为他善于宣传新思想。这预示着梁启超所呼唤和渴望的"文界革命"包括文字文体问题，也包括思想内容问题。甚至可以说，思想比文笔更重要，文笔是为了更好地宣传思想，这正如德富稣峰的文体"雄放隽快"之所以被梁启超认定为"好"，是因为这种文体"善以欧西文思入日本文"，有助于输入、表达新思想一样。可以作为佐证的是，梁启超强调"中国若有文界革命"，必须以文字文体为"起点"。这意味着"文界革命"包括文体但并不限于文体，最终目的是借生花妙笔宣传新思想。换言之，中国通过"文界革命"所要达

---

[1]《夏威夷游记》，载《梁启超全集》第二册，北京出版社，1999，第1220页。

到的目标是像德富稣峰那样，不仅是"文豪"，而且有功于"鼓吹平民主义"。

1902年，梁启超专门做辩正、厘清革命与改良区别的专题性论文《释革》，文中提到了名目繁多的革命，"文界革命"亦在其中。他在文中写道："夫淘汰也，变革也，岂惟政治上为然耳，凡群治中一切万事万物莫不有焉。以日人之译名言之，则宗教有宗教之革命，道德有道德之革命，学术有学术之革命，文学有文学之革命，风俗有风俗之革命，产业有产业之革命。即今日中国新学小生之恒言，固有所谓经学革命、史学革命、文界革命、诗界革命、曲界革命、小说界革命、音乐界革命、文字革命等种种名词矣。"①对于这段文字，可以进行如下分析。第一，梁启超认为，优胜劣汰是宇宙间不可逃遁的法则，革命并不限于政治界，思想界、文化界亦应有相应之革命。第二，就当时的中国思想界而言，革命一词已经成为流行语，出现了诸如"××革命"之语，这其中就包括梁启超本人几年前首创的"文界革命"。第三，文中提到的诸多革命即"所谓经学革命、史学革命、文界革命、诗界革命、曲界革命、小说界革命、音乐界革命、文字革命等种种名词"并不都属于同一层次，因而不都是并列关系，而是呈现前宽后窄的态势。其中，"经学革命""史学革命"中的经、史与子、集一样属于"大学科"，远非后面的诗、曲、小说、音乐或文字可比。从前后衔接来看，"文界革命"紧随"经学革命""史学革命"之后，比后面的"诗界革命""曲界革命""小说界革命"等内容更为宽泛。第四，这段话中不仅出现了"文界革命"，还出现了"文学之革命"和"文字革命"，弄清这三个革命之间的关系对于理解"文界革命"显得尤为重要。稍加思考可以看出，"文学之革命"与"宗教之革命""道德之革命""学术之革命""风俗之革命""产业之革命"一起出现，此处之文学与宗教、道德、学术、风俗和产业等是并列关系，属于同一层次的概念。"文学之革命"的出现是就日本学界（翻译界）的用语而言的，"文界革命"是就中国思想界的用语而言的。这是两套不同的话语结构，"文学之革命"与"文界

---

① 《释革》，载《梁启超全集》第二册，北京出版社，1999，第760页。

革命"作为两套话语结构同时出现在文中不仅是可以理解的，而且表明"文界革命"相对应的日本表达就是"文学之革命"。与此相一致，在梁启超对中国思想界所用革命的描摹中，"文界革命"与"文字革命"同时出现，这证明了"文界革命"不同于"文字革命"，"文界革命"与"经界革命""史界革命"相连，范围较大，"文字革命"范围较小。

在做于1920年的《清代学术概论》中，梁启超不仅比较了中西学术，而且将中国的文学不发达说成是二者的最大区别之一。沿着这个思路，通过文学界的革命，促进中国文学的发展成为振兴中国学术的必经之路。从这个意义上说，"文界革命"既表达了梁启超对文学的重视和期待，又包含着对中国文学界状况的不满。梁启超在书中对中国文学不发达原因的揭示由文字问题讲到文体问题，并以"国语新文学"释"新文体"，为人们理解"文界革命"提供了佐证。

在对清代学术的审视中，梁启超将之称为"中国的文艺复兴"，由此断言当时的中国正处于启蒙期，并对中国的学术前景充满信心。在此过程中，梁启超一面肯定清代学术的价值，另一面对清代文学界的现状表示不满。在他看来，中国的清代学术与西方的文艺复兴之间存在诸多相同之处，两者的最大区别在于中国的美术、文学不发达。如果说相同点奠定了梁启超断言清代学术是中国的文艺复兴，并由此对中国学术信心满满的基础的话，那么，中国的美术、文学不发达则不仅使中国与西方文艺复兴之间呈现绝殊的态势，而且被他视为中国学术发展的瓶颈。对此，梁启超写道："前清一代学风，与欧洲文艺复兴时代相类甚多。其最相异之一点，则美术文学不发达也。……要而论之，清代学术，在中国学术史上，价值极大；清代文艺美术，在中国文艺史美术史上，价值极微；此吾所敢昌言也。"[1] 这就是说，如果说中国文学不发达源于文字掣肘的话，那么文学不发达则成为妨碍中国学术发展的关键问题。接下来，梁启超对中国文学不发达的原因如是说："欧洲文字衍声，故

---

[1] 《清代学术概论》，载《梁启超全集》第五册，北京出版社，1999，第3106页。

古今之差变剧；中国文字衍形，故古今之差变微。文艺复兴时之欧人，虽竞相与研究希腊，或径以希腊文作诗歌及其他著述，要之欲使希腊学普及，必须将希腊语译为拉丁或当时各国通行语，否则人不能读。因此，而所谓新文体（国语新文学）者，自然发生，如六朝隋唐译佛经，产生一种新文体，今代译西籍，亦产出一种新文体，相因之势然也。我国不然，字体变迁不剧，研究古籍，无待迻译。夫《论语》、《孟子》，稍通文义之人尽能读也，其不能读《论语》、《孟子》者，则并《水浒》、《红楼》亦不能读也，故治古学者无须变其文与语。既不变其文与语，故学问之实质虽变化，而传述此学问之文体语体无变化，此清代文无特色之主要原因也。重以当时诸大师方以崇实黜华相标榜，……所谓'纯文艺'之文，极所轻蔑。高才之士，皆集于'科学的考证'之一途。其向文艺方面讨生活者，皆第二派以下人物，此所以不能张其军也。"① 依据梁启超的说法，文学文本是通过文字表达、呈现的，中西方文字的迥异造成了中西方文学的绝殊。一言以蔽之，西方文字衍声，古今变化巨大；中国文字衍形，古今变化甚微。受衍声的文字影响，西方的新思想必须借助新文体表达，思想的变化与文字的变化同步进行。受衍形的文字影响，中国的思想与文字的变化无涉，新思想甚至可以通过旧文字表达，新思想并不能带动新文体的出现。这样一来，即使是有新思想也不会伴随新文体出现，久而久之，造成中国的文学不发达。循着这个思路，文字的差异造成了中西方文学和中西方文化的最大差异，也使文字、文体成为中国文学发展的瓶颈。基于这种认识，梁启超重视文字问题，提倡新文体，同时希望通过培植中国本土文学的根柢与吸收西方文学双管齐下，打造富有文学内容和意蕴的新文化。对此，他写道："我国文学美术根柢极深厚，气象皆雄伟，特以其为'平原文明'所产育，故变化较少。然其中徐徐进化之迹，历然可寻，且每与外来之宗派接触，恒能吸受以自广。清代第一流人物，精力不用诸此方面，故一时若甚衰落，然反动之征已见。今后西洋之文学美术，行将尽量收入，我国

---

① 《清代学术概论》，载《梁启超全集》第五册，北京出版社，1999，第3107页。

民于最近之将来，必有多数之天才家出焉，采纳之而傅益以已之遗产，创成新派，与其他之学术相联络呼应，为趣味极丰富之民众的文化运动。"①

上述内容显示，"文界革命"的口号尽管是梁启超率先提出的，然而，他本人对于这一口号所涉及的领域和内容并没有进行过明确界定或具体阐释。这为后人对梁启超"文界革命"的仁者见仁、智者见智埋下了伏笔。总的说来，"文界革命"既指表达的形式——文字言，又指表达的内容——思想言；在文字上，以俗语代替古语，也就是以白话文代替文言文；在内容上，以新思想涤荡旧思想，向国民灌输西方的新思想、新观念。仅就"文界革命"所追求的新文体而言，内容及所指并非单一的，既可以理解为针对桐城派古文的报章体，又可以像梁启超本人那样理解为"新文学"，即"所谓新文体（国语新文学）者……"。

二

梁启超声称自己爱诗，尽管并不擅长作诗，却喜欢评诗、论诗和品诗。这使"诗界革命"成为他开辟的最早的革命阵地，并由"诗界革命"进一步引发了对"文界革命"的思考。"诗界革命"的口号是梁启超于1899年冬在赴夏威夷的途中提出的，时间上只比"文界革命"早几日。其实，早在1898年的戊戌变法之前，"诗界革命"已经拉开了帷幕，谭嗣同等人都是新诗派的代表。梁启超之所以大声疾呼"诗界革命"，具有双重动机。梁启超一贯重视情感而轻视理性，故而关注情感之抒发和表达。在他看来，诗是人之情感的最好表达。从这个意义上说，梁启超倡导"诗界革命"，具有以诗来表达人之情感的强烈意图。除此之外，还有一个更为重要的动机和宗旨，那就是：输入新思想，启迪民众。他认为，陶冶情操、抒发情感的利器是美术和文学，美术的价值在于培养情趣，文学则不仅可以培养情趣，而且可以引导人之思

---

① 《清代学术概论》，载《梁启超全集》第五册，北京出版社，1999，第3108~3109页。

想。这就是说，文学可以通过对审美情趣和价值取向的引领，塑造人之灵魂。正是由于这个原因，梁启超不仅对文学寄予厚望，振臂高呼"文界革命"；而且对诗和小说倍加关注，率先发起了"诗界革命"和"小说界革命"。

梁启超提出的判断好诗的标准集中而直观地展示了"诗界革命"的宗旨，现摘录如下："余虽不能诗，然尝好论诗。以为诗之境界，被千余年来鹦鹉名士（余尝戏名词章家为鹦鹉名士，自觉过于尖刻）占尽矣。虽有佳章佳句，一读之，似在某集中曾相见者，是最可恨也。故今日不作诗则已，若作诗，必为诗界之哥仑布玛赛郎（今译为哥伦布、麦哲伦——引者注）然后可。犹欧洲之地力已尽，生产过度，不能不求新地于阿米利加及太平洋沿岸也。欲为诗界之哥仑布玛赛郎，不可不备三长，第一要新意境，第二要新语句，而又须以古人之风格入之，然后成其为诗。不然，如移木星、金星之动物以实美洲，瑰伟则瑰伟矣，其如不类何。若三者具备，则可以为二十世纪支那之诗王矣。……即以学界论之，欧洲之真精神，真思想，尚且未输入中国，况于诗界乎？此固不足怪也。吾虽不能诗，惟将竭力输入欧洲之精神思想，以供来者之诗料可乎？要之支那非有诗界革命，则诗运殆将绝。"[①] 在他看来，中国古人所作之诗不可谓不多，然皆人云亦云、鹦鹉学舌之语，结果是总给人一种似曾相识的感觉。要扭转这种局面，必须进行"诗界革命"。所谓"诗界革命"，具体要求是不再学人之语，而力图做诗界的哥伦布、麦哲伦。进而言之，能否成为诗界之哥伦布、麦哲伦，标准有三：一是要有新意境，二是要有新语句，三是要入古人之风格。梁启超呼吁新诗要有新意境、新语句，主要是为了输入新思想，迎合新民的需要，这是可以理解的。需要注意的是，他强调无论是新意境还是新语句都必须"以古人之风格入之"，只有如此，才能确保诗作为中国诗之情趣和韵味；否则，固然有新意境、新语句，亦不为中国诗（"支那诗"）了，正如"移木星、金星之动物以实美洲，瑰伟则瑰伟矣，其如不类何"。由此可见，梁启超之所以提倡"诗界革命"，目的在于打

[①]《夏威夷游记》，载《梁启超全集》第二册，北京出版社，1999，第1219页。

破传统的诗风,将诗推进到一个新境界。在这方面,他提出的判断好诗的三个标准,也就是"诗界革命"的三个目标——或者说,是"诗界革命"的根本宗旨和具体途径。

梁启超认为,处于过渡时代的中国亟须革命,革命的实质是"革其精神",而非"革其形式"。这落实到"诗界革命"上便是:新诗要有新意境,以抒发、表达新思想为要。至于新语句,尚在其次;若表达新意境,夹杂新名词固然好——当时新诗家包括梁启超崇拜的黄遵宪和谭嗣同等人的诗都是如此;如果只是热衷于满纸堆砌新名词而无新意境,则徒有其表而无其实,这样的诗不仅不能算作好诗,反而具有与清政府之变法维新一样的挂羊头卖狗肉之嫌。这用梁启超的话说便是:"过渡时代,必有革命。然革命者,当革其精神,非革其形式。吾党近好言诗界革命。虽然,若以堆积满纸新名词为革命,是又满洲政府变法维新之类也。能以旧风格含新意境,斯可以举革命之实矣。苟能尔尔,则虽间杂一二新名词,亦不为病。不尔,则徒示人以俭而已。"①

梁启超提出的判断好诗的三个标准,一言以蔽之,就是以新思想入旧风格。例如,梁启超对黄遵宪(公度)的诗推崇备至,原因在于黄诗擅长将新思想融入旧风格之中。梁启超声称:"近世诗人能熔铸新理想以入旧风格者,当推黄公度。……生平论诗,最倾倒黄公度。"②他之所以如此说,道理很简单:输入新思想是"诗界革命"的最终目的和根本宗旨,理应恪守不悖;只有保持中国古诗之旧风格,才能保证所作之诗是中国诗。值得注意的是,梁启超既重视新诗之新境界的营造,又要求这种新意境必须以入旧风格表达,于是被人讽刺为不新不旧、不伦不类。其实,换一个角度思考便不难理解,诗之新旧在于内容(即梁启超所讲的意境),而不在于体裁(即格律诗还是白话诗)。从这个意义上说,梁启超要求新诗要有新意境,并且将之置于评判好诗的三个标准之首,已经最大限度地彰显了新诗对表达新思想的重视。与此同时,不可否认的是,"古人之风格"则是中国之诗的特质所在,五言、七言

---

① 《诗话》,载《梁启超全集》第九册,北京出版社,1999,第5327页。
② 《诗话》,载《梁启超全集》第九册,北京出版社,1999,第5296~5297页。

诗由汉字的特点所决定，是中国诗所独有的，绝非其他国家或民族的语言可以写成。梁启超坚持文化的地域性、民族性立场，落实到诗界就是强调中国诗的中国意蕴和神韵。这使"古人之风格"成为中国诗的必要条件，也是梁启超所看重和恪守的评判好诗不可或缺的标准之一。

如果说"诗界革命"既强调对情感的抒发，又强调对新思想的表达的话，那么相比较而言，输入新思想、启蒙民众则是"诗界革命"的第一要务。梁启超对古诗的评价直观地流露了这一立言宗旨和价值旨趣："中国事事落他人后，惟文学似差可颉颃西域。然长篇之诗，最传诵者，惟杜之《北征》，韩之《南山》，宋人至称为日月争光；然其精深盘郁雄伟博丽之气，尚未足也。古诗《孔雀东南飞》一篇，千七百余字，号称古今第一长篇诗；诗虽奇绝，亦只儿女子语，于世运无影响也。"①正如当初提出"诗界革命"的口号是由于不满意中国人作诗人云亦云、缺乏独立精神的现状，力图借助"诗界革命"将"欧洲之真精神，真思想"作为"诗料"一样，梁启超对古人作诗的技巧和艺术造诣深信不疑，也肯定中国诗足以与西方分庭抗礼；在这个前提下，他批评古人作诗所缺乏的是"精神"——"其精深盘郁雄伟博丽之气，尚未足"。按照梁启超的说法，精神是诗的灵魂，对于好诗至关重要。好诗要有自己的真精神、真思想，更为重要的是，这种思想一定要对社会有所裨益。对此，梁启超举《孔雀东南飞》的例子解释说，全诗1700余字，号称古今第一长诗，从艺术的角度看可谓"奇绝"；然而，从内容上看，该诗表达的是儿女情长的主题，对于"世运"无所裨益，故而达不到好诗的标准。

三

1902年，梁启超在《论小说与群治之关系》一文中首次提出了"小说界革命"的口号，并且开门见山地写道："欲新一国之民，不可不先新一国之

---

① 《诗话》，载《梁启超全集》第九册，北京出版社，1999，第5297页。

小说。故欲新道德，必新小说；欲新宗教，必新小说；欲新政治，必新小说；欲新风俗，必新小说；欲新学艺，必新小说；乃至欲新人心，欲新人格，必新小说。何以故？小说有不可思议之力支配人道故。"① 在这里，梁启超明确提出"小说界革命"的宗旨是创作新小说，并将新小说提到了新民第一要务的高度。对于新民为什么必先新小说，甚至将新小说奉为新民的第一步，他一口气列出了七个理由，旨在强调欲新道德、新宗教、新政治、新风俗、新文艺、新人心和新人格，必须先新小说。这使新小说具有了毋庸置疑的必要性，难怪新小说成为新民"不可不先新"者，也使"小说界革命"势在必行。基于这一认识，在各种文学样式中，梁启超对小说情有独钟，也对"小说界革命"寄予了厚望。

面对梁启超关于欲新道德、新宗教、新政治、新风俗、新文艺、新人心和新人格，必须先新小说的论点，人们不禁要问：小说何以具有如此力量、如此魔力，以致对个人、对社会产生如此广泛之影响？对此，梁启超给出的说法是"小说有不可思议之力支配人道"。那么，他所讲的小说的"不可思议之力"究竟指什么呢？梁启超从小说受众的广泛性与对民众价值观的熏染、引导两个方面阐释了这个问题。

首先，梁启超之所以在众多的文学样式和体裁中青睐小说，主要是看中了小说的通俗易懂，与其他文学样式相比小说拥有更多的读者和受众。对此，他举的一个最经典的例子是，史书《三国志》和小说《三国演义》内容相似，然而，中国人对于罗贯中根据陈寿的《三国志》创作的小说《三国演义》耳熟能详，对《三国志》却知者寥寥，读《三国演义》的人比读《三国志》的人要多得多。这足以证明，小说在大众化、普及化方面具有其他文学样式无法比拟的优越性，正是小说的这个特点迎合了梁启超旨在将所有中国人都塑造成新民的全民启蒙运动的需要。于是，以"小说界革命"为号召，通过新小说来塑造新民成为梁启超启蒙思想的一部分。

---

① 《论小说与群治之关系》，载《梁启超全集》第二册，北京出版社，1999，第884页。

问题的关键是，小说为什么备受欢迎和喜爱，拥有其他体裁无法比拟的普及程度？换言之，小说能够达到新民目的的"不可思议之力"究竟是什么？在接下来的论述中，梁启超集中剖析、阐释了这些问题："吾今且发一问：人类之普通性，何以嗜他书不如其嗜小说？……感人之深，莫此为甚。……抑小说之支配人道也，复有四种力：一曰熏。熏也者，如入云烟中而为其所烘，如近墨朱处而为其所染。……二曰浸。……浸也者，入而与之俱化者也。……三曰刺。刺也者，刺激之义也。……禅宗之一棒一喝，皆利用此刺激力以度人者也。……四曰提。前三者之力，自外而灌之使入；提之力，自内而脱之使出，实佛法之最上乘也。……夫既化其身以入书中矣，则当其读此书时，此身已非我有，截然去此界以入于彼界，所谓华严楼阁，帝网重重，一毛孔中万亿莲花，一弹指顷百千浩劫，文字移人，至此而极。然则吾书中主人翁而华盛顿，则读者将化身为华盛顿；主人翁而拿破仑，则读者将化身为拿破仑；主人翁而释迦、孔子，则读者将化身为释迦、孔子，有断然也。度世之不二法门，岂有过此！此四力者，可以卢牟一世，亭毒群伦，教主之所以能立教门，政治家所以能组织政党，莫不赖是。文家能得其一，则为文豪；能兼其四，则为文圣。有此四力而用之于善，则可以福亿兆人；有此四力而用之于恶，则可以毒万千载。而此四力所最易寄者惟小说。……小说之为体其易入人也既如彼，其为用之易感人也又如此，故人类之普通性，嗜他文终不如其嗜小说。此殆心理学自然之作用，非人力所得而易也。"①依据这个剖析，小说的魅力是必然的，其秘密武器是以情动人，这一点与人之本性相契合。梁启超在哲学上恪守唯意志论，坚信情感高于理性，认为人的行为受情感的支配，而情感不受理性控制或哲学"算计"②，是超功利的。因此，对

---

① 《论小说与群治之关系》，载《梁启超全集》第二册，北京出版社，1999，第 884~885 页。
② 梁启超认为哲学是理性的，攻于算计。对此，他写道："若哲学家不然，其用算学也极精，其用名学也极精，目前利害，剖析毫厘。夫天下安有纯利而无害之事？千钧之机，阁以一沙，则不能动焉。哲学家往往持此说，三思四思五六思，而天下无一可办之事矣。故曰无宗教思想则无魄力。"（《论宗教家与哲学家之长短得失》，载《梁启超全集》第二册，北京出版社，1999，第 764 页）

于人的情感来说，理性分析或道德说教皆无计可施，而只能以情感变易情感，这使小说有了用武之地。由于以情动人，以情感人，小说"感人之深，莫此为甚"。通过熏、浸、刺、提四种方式和力量，小说让读者对于书中的描写犹如置身其中，感同身受，从而与小说中的主人公同悲喜、共命运，产生巨大的心理共鸣和情感共鸣。这便是小说的魅力所在，也是小说感人的奥秘所在。换而言之，小说的魅力在于它不是采取说教的方式而是以情动人。因此，小说通过以情动情所达到的动人、感人效果，也绝非说教甚至强制所能奏效的。这印证了梁启超对小说的钟爱除了出于新民的需要之外，还有以小说抒发情感、引导情感的初衷。事实上，正是由于将小说视为抒发、表达情感的利器，梁启超才将小说奉为以情感人、启蒙民众的法宝。在梁启超的视界中，小说之所以能够达到新民的目的，在于小说的表达方式是以情感人。以情感人既是小说有别于其他文学体裁的独特性质，也是小说优越于其他文学体裁的巨大魅力。基于对小说的这种认识，他一面亲自创作小说，引领新小说的创作；另一面在自己主办的报纸、杂志上大量刊载小说，提升小说的地位。当然，与对小说性质和作用的认定相一致，梁启超这样做既是新民、启蒙大众的需要，又是利用小说抒发、引导大众的情感，培养良好的社会心理和社会情感的需要。

  其次，梁启超坚信，小说不仅具有培养情趣的审美功能，而且具有引领风尚的价值导向作用，足以成为熏染民众思想、塑造民众灵魂的精神导师。梁启超断言："盖全国大多数人之思想业识，强半出自小说，言英雄则《三国》、《水浒》、《说唐》、《征西》，言哲理则《封神》、《西游》，言情绪则《红楼》、《西厢》，自余无量数之长章短帙，樊然杂陈，而各皆分占势力之一部分。此种势力，蟠结于人人之脑识中，而因发为言论行事，虽具有过人之智慧过人之才力者，欲其思想尽脱离小说之束缚，殆为绝对不可能之事。夫小说之力，曷为能雄长他力？此无异故，盖人之脑海如熏笼然，其所感受外界之业识如烟，每烟之过，则熏笼必留其痕，虽拂拭洗涤之，而终有不能去者存，其烟之霏袭也愈数，则其熏痕愈深固，其烟质愈浓，则其熏痕愈明显。

夫熏笼则一孤立之死物耳，与他物不相联属也，人之脑海，则能以所受之熏还以熏人，且自熏其前此所受者而扩大之，而继演于无穷，虽其人已死，而薪尽火传，犹蜕其一部分以遗其子孙，且集合焉以成为未来之群众心理，盖业之熏习，其可畏如是也。而小说也者，恒浅易而为尽人所能解，虽富于学力者，亦常贪其不费脑力也而借以消遣，故其霏袭之数，既有以加于他书矣。而其所叙述，恒必予人以一种特别之刺激，譬之则最浓之烟也，故其熏染感化力之伟大，举凡一切圣经贤传诗古文辞皆莫能拟之，然则小说在社会教育界所占之位置，略可识矣。"① 按照这种说法，中国人的思想观念和价值取向大半来自小说，正如英雄的观念来自小说《三国演义》《水浒传》，哲理来自小说《封神榜》《西游记》的启蒙一样，中国人对情感的认识来自《红楼梦》《西厢记》等小说的启蒙。这就是说，小说不仅拥有其他体裁无法相比的广泛受众，对人的熏染、影响之深也非其他体裁可以企及。由此，他得出了如下结论：小说对人思想的熏染最深、最重、最伟大，"举凡一切圣经贤传诗古文辞皆莫能拟之"。这是因为："吾中国人状元宰相之思想何自来乎？小说也。吾中国人佳人才子之思想何自来乎？小说也。吾中国人江湖盗贼之思想何自来乎？小说也。吾中国人妖巫狐鬼之思想何自来乎？小说也。若是者，岂尝有人焉提其耳而诲之，传诸钵而授之也？而下自屠爨贩卒、妪娃童稚，上至大人先生、高才硕学，凡此诸思想必居一于是，莫或使之，若或使之。"②

在梁启超看来，小说对于民众的影响是必然的，也是巨大的，以至"虽具有过人之智慧过人之才力者，欲其思想尽脱离小说之束缚，殆为绝对不可能之事"。既然如此，便不可对小说掉以轻心，而应该研究小说何以熏染人如此之深，借助小说的熏染力将国民引向高尚之途。在此，梁启超将小说之所以具有巨大影响和魔力的原因归结为两点。第一，通俗易懂，趣味横生。通俗使小说尽人能读，尽人能懂，低门槛自然使小说拥有了大量文化底层的读者。而小说的影响并不止于此，小说在有学识的文化阶层的传播同样势不

---

① 《告小说家》，载《梁启超全集》第五册，北京出版社，1999，第 2747 页。
② 《论小说与群治之关系》，载《梁启超全集》第二册，北京出版社，1999，第 885 页。

可挡。小说的故事具有情节性、趣味性,既吸引人,又不像学术著作那样佶屈聱牙、晦涩艰深,故而成为最佳的消遣之物。这使各文化阶层的民众都处在小说的耳濡目染之中,而时时受其熏染。第二,小说的叙述以故事为主,以情感人,在以故事情节吸引人的同时,给人以情感震撼和刺激。有鉴于此,如果将人脑比喻为一个熏笼的话,那么,小说则无疑是熏染民众脑海的"最浓之烟"。

小说的巨大影响和魅力使梁启超意识到小说大有作为,通过新小说改变中国人的思想观念、价值取向和人生追求成为他改造国民性的基本构想,并由此发出了"小说界革命"的号召。在梁启超看来,正如先前国民的愚昧、落后以及升官发财、才子佳人的腐朽观念皆蒙小说之祸一样,必须从"小说界革命"入手,通过新小说向国民灌输全新的价值观念,才能改变中国人的思想观念和人生追求。正是在这个意义上,他郑重其事地警告小说家,中国今后的命运就掌控在这些人的手中:"然则今后社会之命脉,操于小说家之手者泰半,抑章章明甚也,而还观今之所谓小说文学者何如?呜呼!吾安忍言!吾安忍言!其什九则诲盗与诲淫而已,或则尖酸轻薄毫无取义之游戏文也,于以煽诱举国青年子弟,使其桀黠者濡染于险诐钩距作奸犯科,而摹拟某种侦探小说中之一节目,其柔靡者浸淫于目成魂与窬墙钻穴,而自比于某种艳情小说之主人翁,于是其思想习于污贱龌龊,其行谊习于邪曲放荡,其言论习于诡随尖刻,近十年来,社会风习,一落千丈,何一非所谓新小说者阶之厉。循此横流,更阅数年,中国殆不陆沉焉不止也。呜呼!世之自命小说家者乎,吾无以语公等,惟公等须知因果报应,为万古不磨之真理,吾侪操笔弄舌者,造福殊艰,造孽乃至易。……则天地无私,其必将有以报公等,不报诸其身,必报诸其子孙;不报诸今世,必报诸来世。"① 基于对小说作用的认识,梁启超凸显小说对于社会风俗的导向作用,强调近十年来世风日下,小说内容的龌龊不堪难辞其咎。小说家对此应该警醒,本着为社会、为后代

---

① 《告小说家》,载《梁启超全集》第五册,北京出版社,1999,第 2747~2748 页。

负责的态度来创作小说。"今后社会之命脉,操于小说家之手者泰半"点明了小说家的社会责任,也寄托了梁启超凭借小说改造社会、塑造新民的理想。以此观之,"小说界革命"既流露了他对小说现状的不满,又饱含着对小说作用的敬畏和对新小说的期待。

对于何为新小说及其判断标准,梁启超并没有像对待"诗界革命"那样提出"形神兼备"的判断标准。上述内容显示,梁启超始终侧重小说的内容,很少谈及小说的形式问题。从他创作的小说来看,思想是新的,与"道德革命"提倡的国家思想、民族主义息息相通,或者说是新道德的通俗化;形式是旧的,依然沿用章回体。从这个角度说,新小说内容维新,形式维旧,与新诗的新其思想、旧其风格相映成趣。

四

如上所述,从1899年第一次明确提出"文界革命",梁启超对这一问题的关注和思考从未停止。这既从一个侧面印证了他表白的"爱文学",又预示乃至注定了梁启超的"文界革命"并非固定的,而是变动的乃至矛盾的。此外,"文体""文学"等名词、概念作为一种舶来品是伴随着西学大量输入,在西方新的学科分类理念的冲击下出现的,在中国原有的四部或七略的学科分类中找不到与之相对应的学科或名词。这些使梁启超对"文界革命"的理解和界定始终是模糊的,既包括文体,又包括文字或文学;或者说,在不同时期具有不同侧重,故而有时凸显文体,有时凸显文学。大致说来,就表现内容而言,侧重文学;就表达方式而言,侧重文体。

梁启超是文学家,同时又是领导戊戌变法的政治家和启蒙思想家。他对文学的关注和理解与一般文学家的不同之处在于,既是审美的、现实的,又是启蒙的、政治的。这就是说,梁启超必然要将他的哲学理念和启蒙诉求灌注到文学和文笔之中,致使"文界革命"具有鲜明而强烈的功利性;加之文体、文学概念的模糊性和变动性,致使"文界革命"呈现形式与内容、具体与抽象等多面性和多维性。形式上，具体的"文界革命"侧重文体，针对桐城派古文，倡导新文体；内容上，抽象的"文界革命"侧重思想，针对旧思想而提倡新思想。总之，"文界革命"内容丰富，形式多样，是立体的、多维的，包括文体却并不限于文体。

对于梁启超来说，与最初提出"文界革命"的构想旨在以新文体宣传新思想一样，"文界革命"既涉及文体等表达形式问题，也涉及思想等表达内容问题。因此，"文界革命"在内容上与日本流行的"文学之革命"息息相通，肩负着思想启蒙与救亡图存的历史使命，以输入、传播新思想为己任。"文界革命"提出的具体情境印证了这一点，当时的情形是，梁启超在途中先是提出了"诗界革命"的口号，几天后，"文界革命"跃然纸上。由此可见，梁启超在提出形式维旧、内容维新的"诗界革命"之后对"革命"意犹未尽，紧接着提出了"文界革命"。这既表明了"文界革命"与"诗界革命"密切相关，又表明"文界革命"的提出是为了更好地传播新思想。"诗界革命"也以新意境、新语句为诉求，却强调无论是新意境还是新语句都要以旧形式表达，否则便丧失了中国诗的韵味。或许是意识到了这种"旧形式"不利于表达新思想，梁启超才在几天后提出"文界革命"的口号，试图以新文体表达新思想。换言之，"文界革命"与"诗界革命"一样秉持传播新思想的宗旨，不同的是，由于认识到了文体之旧不利于新思想的传播，梁启超才借"文界革命"将革命从思想之新向文体之新推进。

"文界革命"作为梁启超面对戊戌变法的失败，在大量接触西学之后对中国前途的重新思考和抉择，既有大背景，又有小环境。因此，"文界革命"既是具体的，又是抽象的。就具体目的而言，主要针对桐城派古文有感而发，旨在提倡"新文体"。梁启超之所以将"文界革命"作为输入、宣传新思想的突破口，不仅表明对文体、文笔的关注和重视，而且流露出对桐城派古文的不满。换言之，"文界革命"不仅关注表达的思想内容问题，而且关注表达的方式形式问题。有鉴于此，"文界革命"的目标是在桐城派古文之外创立一种新文体，用通俗易懂的白话语言（俗语）表达真情实感。在这方面，提出"文界革命"之后的梁启超自称创立了一种"新文体",这种"新文体"由于"笔锋常带情感",以情感人,通俗易懂,受到大众的狂热追捧。据他本人披露,这种"新文体"正源于对桐城派古文的反感。梁启超解释说:"启超夙不喜桐城派古文,幼年为文,学晚汉魏晋,颇尚矜炼,至是自解放,务为平易畅达,时杂以俚语韵语及外国语法,纵笔所至不检束,学者竞效之,号新文体。老辈则痛恨,诋为野狐。然其文条理明晰,笔锋常带情感,对于读者,别有一种魔力焉。"① 简言之,梁启超所提倡的新文体,主要指变古语文学为俗语文学。这正如他在《小说丛话》中所言,文学进化有一大关键,那就是由古语文学变为俗语文学。自宋代以后,中国文学之所以大发展,就得益于俗语文学的大发展。梁启超多次公开表示自己历来不喜欢严复所推崇的桐城派古文,对于骈文更是深恶痛绝。梁启超提倡"文界革命",就最终目的和宗旨而言,与严复的目标是一致的——都是为了输入西学、传播新思想;就所使用的文体和方法而言,却与严复正好相反,是不同于古文的"新文体"即"启超体"。严复被誉为中国近代系统输入西学的第一人,对西方著作的翻译追求古雅。严复师出桐城派,他的老师吴汝伦便是桐城派的代表人物,严复翻译西书所采用的文体就是桐城派古文。梁启超对当时占据文坛主流的桐城派古文及骈文极为不满,并因此与严复拉开了距离。新文体是梁启超对"文界革命"的尝试和率先垂范,是"文界革命"的组成部分,并且产生了巨大影响。尽管如此,断言梁启超的"文界革命"以"新文体"为主体可,将"文界革命"归结为甚至等同于"新文体"则不可。

如上所述,梁启超提出"文界革命",除了以俗语、白话反对晦涩难懂的古文,以"笔锋常带情感"的"新文体"迎合大众口味之外,还出于输入新思想的需要,将"文界革命"与"诗界革命""小说界革命"连接起来。也正是为了更好地表达新思想,他在"诗界革命"之后,紧接着吹响了"文界革命"的号角。梁启超关注、重视"文界革命",紧扣思想启蒙的时代主题,同

―――――――
① 《清代学术概论》,载《梁启超全集》第五册,北京出版社,1999,第3100页。

时与他对情趣的哲学阐释和美学诉求一脉相承。启蒙与趣味成为梁启超"文界革命"的两个主旨，并被贯彻在"诗界革命""小说界革命"之中。如果将"文界革命"与"诗界革命""小说界革命"完全并列起来，就可能忽视"文界革命"对后者的影响和统领作用。拿"诗界革命"为例，梁启超自称"好论诗"，而他论诗以思想之新为要义。这一点在梁启超对"诗界革命"的呼唤中已经展露端倪，更在他对诗的品评中淋漓尽致地表现出来。被梁启超誉为"诗人之诗"的诗是："太息神州不陆浮，浪从星海狎盟鸥。共和风月推君主，代表琴樽唱自由。物我平权皆偶国，天人团体一孤舟。此身归纳知何处，出世无机与化游。"耐人寻味的是，这首诗的作者是郑西乡。"自言生平未尝作一诗"的郑西乡写出来的诗之所以让梁启超"读之不觉拍案叫绝"，秘密在于："全首皆用日本译西书之语句，如共和、代表、自由、平权、团体、归纳、无机诸语皆是也。吾近好以日本语句入文，见者已诧赞其新异，而西乡乃更以入诗，如天衣无缝。"① 据此可知，郑西乡的诗得到梁启超的赞美，是因为全诗"皆用日本译西书之语句"，与"诗界革命"追求的"新意境""新语句"相契合，更因为以共和、自由、平权、团体等新名词、新思想入诗，在主题上属政治诗，以诗的形式宣传了启蒙思想，而这正是梁启超所主张和期望的。再拿"小说界革命"为例，梁启超不仅呼吁新小说，在1902年率先提出了"小说界革命"的口号，而且在同年冬创办了中国第一份新体小说刊物，名曰《新小说》，并且亲自创作新小说《新中国未来记》。他提倡并且亲自创作新小说，是因为"确信此类之书，于中国前途，大有裨助"。② 与这一定位相呼应，梁启超创作新小说《新中国未来记》的目的是"专欲发表区区政见，以就正于爱国达识之君子"。新小说与旧小说的不同在于发表政见，梁启超的小说创作完全让位于所欲抒发之政见，以致写出来的"小说"是否像小说已经不再重要。结果可想而知，连梁启超本人都坦然承认："一覆读之，似说部非说部，似稗史非稗史，似论著非论著，不知成何种文体，自顾良自失笑。

---

① 《夏威夷游记》，载《梁启超全集》第二册，北京出版社，1999，第1219页。
② 《新中国未来记》绪言，载《梁启超全集》第十册，北京出版社，1999，第5609页。

虽然，既欲发表政见，商榷国计，则其体自不能不与寻常说部稍殊。编中往往多载法律章程、演说论文等，连篇累牍，毫无趣味，知无以餍读者之望矣，愿以报中他种之有滋味者偿之。"①梁启超当初首创"小说界革命"，是因为看中了小说的通俗易懂、妙趣横生和读者广泛，他创作小说旨在借助小说这一体裁宣传维新派的政治主张，进行思想启蒙。然而，由于侧重思想启蒙，他创作的小说"多载法律章程、演说论文等，连篇累牍"，到头来使小说的趣味丧失殆尽。耐人寻味的是，这种新小说虽然"毫无趣味，知无以餍读者之望"，梁启超并没有放弃这种做法，而是试图以报刊所载其他方面"有滋味"的内容作为补偿。这再次证明了梁启超的"小说界革命"和新小说创作以宣传新思想为第一要务，若只将之归为"新文体"即以白话、俗语进行小说创作的话，那么，在以白话代替文言的前提下重写古代的才子佳人小说岂不更能迎合大众的趣味而更受欢迎？梁启超之所以没有那样做，而是在提倡新小说时一面关注趣味性，以此迎合大众口味，一面主张使用白话、俗语，目的只有一个，那就是让更多的人读小说而接受思想启蒙。正是由于这个原因，梁启超突出新小说的思想性，在小说的创作中并非一味地迎合大众；新小说不以娱乐性、消费性为唯一或根本目的，宣传变法维新、启迪民众才是其一以贯之的不变宗旨。

中国近现代是一个新思想、新名词层出不穷的年代，也是一个各种革命口号满天飞的年代。除了梁启超本人提出或使用的诸多革命之外，"三纲革命"、"纲常革命"、"礼教革命"、"圣贤革命"和"文学革命"等革命名目繁多，令人目不暇接。其中，最容易令人弄混的就是梁启超率先提出的"文界革命"与胡适率先提出的"文学革命"。一方面，梁启超"文界革命"的模糊性不仅使后人对这一口号本身的理解各有侧重，引发争端，而且常常将之与胡适的"文学革命"相混淆，以至梁启超率先提出"文学革命"的说法时有出现。另一方面，也有人将"文学革命"的功劳完全归于胡适，而对梁启

---

① 《新中国未来记》绪言，载《梁启超全集》第十册，北京出版社，1999，第5609页。

超的引领闭口不谈。众所周知，继梁启超的"文界革命"之后，胡适在1915年9月写给梅光迪的诗中首次明确提出了"文学革命"的口号，① 并且得到了陈独秀等人的热烈响应。"文学革命"提倡白话文，主张以通俗易懂的形式在表现内容上反映平民的呼声。显而易见，这与梁启超"文界革命"的宗旨和理念如合符契。至于胡适与梁启超对新思想的不同理解与侧重，则取决于两人各自的学术立场和价值观念，当属价值观、文化观问题。就反对古文、贴近大众和思想启蒙而言，梁启超是中国近现代文学革命的开拓者，尽管"文学革命"这一口号是胡适率先提出的，也并不能湮没梁启超的开创之功。对于这个问题，即使是以思想激进著称、扬言把中国的线装书扔进茅坑里以与传统文化彻底决裂的钱玄同在写给同调陈独秀的信中也不得不承认，梁启超"实为近来创造新文学之一人"，论及文学革新"必数及梁先生"。② 至于梁启超对胡适的影响更是有目共睹，胡适本人对此也是承认的。

---

① 1915年9月，梅光迪从西北大学毕业后转往哈佛大学，胡适作了一首长诗送别，第一次提出"文学革命"的口号："神州文学久枯馁，百年未有健者起。新潮之来不可止；文学革命其时矣！"详见《逼上梁山》，载《胡适学术文集·新文学运动》，中华书局，1998，第196~197页。
② 《寄陈独秀》，载《中国新文学大系·建设理论集》，上海文艺出版社，1980，第52页。

孔教、儒家与国学
——对中国传统文化之近代形态的省察[*]

魏义霞[**]

中国近代是救亡图存的时代，也是中国传统文化试图通过自救、调试而走向现代化的时代。在此过程中，孔子创立的儒家文化的命运一直是关注的焦点。从康有为、谭嗣同的孔教到梁启超的儒家再到章炳麟的国学，中国传统文化像一只正在蜕皮的蝉经历着形态的嬗变，仔细分析这些形态之间的差异对于我们认识中国传统文化的当代命运有着重要的借鉴意义。

一 康有为、谭嗣同的孔教时代

作为应对西方文化冲击的最早代表，康有为、谭嗣同肯定了孔子地位的至高无上性，将包括诸子百家在内的全部中国传统文化都归结为"孔子之学"。为此，他们将孔子说成诸子百家的共同创始人，致使"孔子之学"成为中国传统文化的唯一源头和基本内容。康有为宣称："'六经'皆孔子作，百家皆孔子之学。"[①]"凡九流之书，皆出于孔子。"[②] 谭嗣同断言："盖儒家本是孔

---

[*] 本文发表于《求是学刊》2009年第5期。
[**] 魏义霞，黑龙江大学哲学学院教授，主要从事近代哲学及比较哲学研究。
[①] 康有为：《万木草堂口说·学术源流》，载《康有为全集》（二），中国人民大学出版社，2007，第145页。
[②] 康有为：《康南海先生讲学记·道家》，载《康有为全集》（二），中国人民大学出版社，2007，第116页。

教中之一门，道大能博，有教无类。太史公序六家要旨，无所不包，是我孔子立教本原。后世专以儒家为儒，其余有用之学，俱摈诸儒外，遂使吾儒之量反形狭隘，而周、秦诸子之蓬蓬勃勃，为孔门支派者，一概视为异端，以自诬其教主。殊不知当时学派，原称极盛：如商学，则有《管子》、《盐铁论》之类；兵学，则有孙、吴、司马穰苴之类；农学，则有商鞅之类；工学，则有公输子之类；刑名学，则有邓析之类；任侠而兼格致，则有墨子之类；性理，则有庄、列、淮南之类；交涉，则有苏、张之类；法律，则有申、韩之类；辨学，则有公孙龙、惠施之类。盖举近来所谓新学新理者，无一不萌芽于是。"[1]在这些表述中，孔子成为中国文化的唯一源头，诸子百家都可以归结为"孔子之学"。

与将百家之学归于"孔子之学"相一致，康有为、谭嗣同在抬高孔子地位的同时贬低老子和墨子的地位。康有为将老子和墨子归到了孔子的麾下，并且连篇累牍地指出："老子之学，得孔子之一端。"[2]"老子之清虚、柔退，出于孔子；墨子兼爱，亦出孔子。"[3] 在这里，康有为明确指出老子和墨子之学都源自孔子，同时不忘点出孔子的高明之处——老子虽然属"孔子之学"，却只是"一端""一体"而已。在认定百家之学皆出于孔子方面，谭嗣同的说法与康有为别无二致，下面这段话从作为"孔氏之嫡派"的庄子的角度展示了"孔子之学"的包罗万象："《庄子》长于诚意正心，确为孔氏之嫡派。《列子》虽伪书，然有足以为庄辅者，必有所受之也。余如《韩非》、《吕览》长于致知，后之《论衡》、《潜夫论》，足为其辅。如《内经》、《素问》、《问髀》、《墨子》，长于格物，后之谶纬、《淮南》，足为其辅。如《荀子》长于修齐，后之《法言》、《中论》足为其辅。如《管》、《晏》、《孙》、《吴》、《司马法》、《国策》，长于治国，后之陆贾、贾谊足为其辅。如《老子》、《阴符》、

---

[1] 谭嗣同：《论今日西学与中国古学》，载《谭嗣同全集》，中华书局，1998，第399页。
[2] 康有为：《万木草堂口说·学术源流》，载《康有为全集》（二），中国人民大学出版社，2007，第138页。
[3] 康有为：《万木草堂口说·学术源流》，载《康有为全集》（二），中国人民大学出版社，2007，第145页。

《关尹》《文子》《鹖冠》，长于平天下，后之道家间亦足为其辅。"① 文中的"为其辅"既可理解为辅庄也可理解为辅孔。在谭嗣同的这个认定中，如果说还存在其他派别如老子创立的道家的话，也无非是孔子后学的一个分支而已。《墨子》和《老子》的价值是对《庄子》"足为其辅"，《庄子》又"确为孔氏之嫡派"。可见，在康有为、谭嗣同那里，老子是从属于"孔子之学"的。不仅如此，他们对老子多有贬损之词：

今人心之坏，全是老学。②

老子之学，贻祸最酷。③

老子言夫治"非以明民，将以愚之"，开始皇焚书之祸。④

李耳之术之乱中国也，柔静其易知矣。若夫力足以杀尽地球含生之类，胥天地鬼神以沦陷于不仁，而卒无一人能少知其非者，则曰"俭"。⑤

道家、墨家代表的诸子百家在康有为、谭嗣同那里最终都成了一家——"孔子之学"。这表明，他们都确信孔子是中国教化的第一人，突出孔子在中国传统文化中无可比拟的地位。鉴于"孔子之学"的这种地位，他们将之称为孔学或孔教，奉为传统文化的代名词。显而易见，下面话语结构中的孔子或"孔"是作为整个中国文化的代名词出现的："印度以佛纪年，欧洲以耶稣纪年，

---

① 谭嗣同：《与唐绂丞书》，载《谭嗣同全集》，中华书局，1998，第 265 页。
② 康有为：《万木草堂口说·诸子》，载《康有为全集》（二），中国人民大学出版社，2007，第 178 页。
③ 康有为：《万木草堂口说·诸子》，载《康有为全集》（二），中国人民大学出版社，2007，第 178 页。
④ 康有为：《万木草堂口说·诸子》，载《康有为全集》（二），中国人民大学出版社，2007，第 177 页。
⑤ 谭嗣同：《仁学》，载《谭嗣同全集》，中华书局，1998，第 321 页。

中国纪元起于孔子。"① "佛教大矣，孔次大，耶为小。"②

总之，康有为、谭嗣同所使用的"孔子之学"并不专指儒学一家，而是代表全部中国本土文化。在这个意义上，"孔子之学"又称"孔子之教"或孔教。"孔子之教"或孔教具有两层含义：第一，就内容而言，包括中国本土的一切礼乐教化，涵盖政治、文化、宗教和哲学等各个领域。从这个意义上说，孔教的称谓承认"孔子之学"具有宗教意蕴，这也是两人将孔子称为"教主"的原因所在。当然，孔教或"孔子之学"并非专指宗教。第二，就流派而言，包括儒、道、墨、法和阴阳等诸子百家。从这个意义上说，孔教与儒家、儒学等绝非同一层次的概念，彼此不是并列关系，而是包含与被包含的关系。

在对中国传统文化的审视中，康有为、谭嗣同都将孔子列在首位，在将诸子百家都归于"孔子之学"的同时，奉孔子为"教主"，将全部中国文化归结为"孔子之学"进而称为孔教，成为两人不同于其他近代思想家的共同点。"孔教"这一称谓表现出康有为、谭嗣同对孔子和"孔子之学"的服膺。

二 梁启超的儒家时代

按照梁启超的说法，孔子、老子与墨子作为春秋时期的三位思想家，共同成为中国哲学的三大始祖，后来的学派都是在这"三位大圣"的思想中衍生的。在承认"三圣"学派各殊、学术迥异的同时，梁启超强调其宗旨相同，共同成为中国文化的活水源头。正是在这个意义上，他写道：

> 孔、老、墨三位大圣，虽然学派各殊，"求理想与实用一致"，却是他们共同的归着点。如孔子的"尽性赞化"、"自强不息"，老子的"各归其根"，墨子的"上同于天"，都是看出个"大的自我"、"灵的自我"

---
① 康有为：《万木草堂口说·诸子》，载《康有为全集》（二），中国人民大学出版社，2007，第177页。
② 谭嗣同：《仁学》，载《谭嗣同全集》，中华书局，1998，第133页。

和这"小的自我"、"肉的自我"同体，想要因小通大，推肉合灵。我们若是跟着三圣所走的路，求"现代的理想与实用一致"，我想不知有多少境界可以辟得出来哩。①

梁启超不像康有为、谭嗣同那样独尊孔子而将中国全部的本土文化都称为"孔子之学"，而是分为孔子创立的儒家、老子创立的道家和墨子创立的墨家等各个学派。由于认定孔、老、墨同为三大圣人，梁启超在重视孔子及儒家的同时，也关注老子代表的道家和墨子创立的墨家。梁启超有时特别强调老子的优先地位，这一点从《老孔墨以后学派概观》的标题上便可一目了然。

梁启超对孔子在中国传统文化中的定位不使用康有为、谭嗣同所讲的包罗百家的"孔子之学"这一概念，孔教也不能代表全部的中国本土文化。在梁启超那里，由于儒家与道家、墨家并立，即使借用"孔子之学"这一概念的话，它也不再包罗诸子百家，而是与儒家接近。在这个意义上，梁启超将孔子创立的学派称为"儒家思想"、"儒家文化"或"儒家哲学"。此外，梁启超不再彰显孔子思想的宗教内涵，而是侧重儒家的哲学、思想和文化内涵。梁启超对宗教进行了界定，著有《论宗教家与哲学家之长短得失》和《评非宗教同盟》等文章区分哲学与宗教，将孔教从宗教中排除。与此相联系，梁启超不再像康有为、谭嗣同那样认定孔子是孔教的教主，而是将孔子与释迦一样归为创造人类历史的英雄豪杰，理由是释迦创立了佛教，孔子创立了中国文化。这两点使康有为、谭嗣同所讲的"孔子之学"在梁启超那里转换成儒家思想、儒家哲学或儒家文化。从《儒家哲学》中可以看出，梁启超所讲的儒家指孔子创立的学派，并且侧重其对哲学思想的阐释，内容与宗教无关。在梁启超的思想中，伴随着"儒家"取代"孔教"，孔子及儒家的地位也随之急剧下降，从代表全部中国本土文化转变为与道家、墨家并列的一个学术派

---

① 梁启超：《游欧心影录》，载《梁启超全集》（五），北京出版社，1999，第2986页。

别。至此，康有为、谭嗣同推出的无所不包的孔教时代结束，进入了儒家与道家、墨家同时并存的儒家时代。

梁启超早年秉持中西融合的文化观，强调"舍西学而言中学者，其中学必为无用。舍中学而言西学者，其西学必为无本。无用无本，皆不足以治天下"[1]。在对西方文化丧失信心之后，梁启超转而把希望寄托在了东方文化上，由早年强调中西文化融合转向了彰显东方文化与西方文化的差异。在梁启超的视界中，东西方文化是两种不同性质的文化，西方文化以物质为出发点，以知识见长，有助于物质生活；东方文化以精神为出发点，以精神生活为旨归，有助于精神解放。西方的物质文化是脆弱的，不堪一击，一场战争便使之化为乌有，人也随之陷入精神的虚无；只有东方文化可以拯救精神饥荒，使人获得绝对的精神自由。基于这种认识，他开始专注东方文化。值得注意的是，梁启超所讲的东方文化既有以儒家为代表的中国文化，也有印度的佛教文化。正因为如此，他坦白自己的人生哲学一部分是佛教，一部分是儒家："我自己的人生观，可以说是从佛经及儒书中领略得来……读孔子的书及佛经，孔佛的精神，又有许多变为我的一部分。"[2] 更为重要的是，梁启超对佛教推崇备至、顶礼膜拜，著有大量的佛教研究成果，并且宣称佛教是人类文化的最高产品。与此相联系，他承认佛教与儒家的相通性，同时突出佛教的优越性。按照这个逻辑，孔子代表的儒家自然排在佛教之后，从而完全排除了孔子代表的儒家文化具有至高无上地位的可能性。

伴随着"国学"一词进入主流话语，梁启超也使用"国学"一词来概述中国固有文化。他于1923年在《治国学的两条大路》中将国学分为两类：一是文献的学问；一是德性的学问。梁启超进而指出，文献的学问就是今人"整理国故"的部分，这类学问应用客观的科学方法研究；德性的学问则是身心性命之学，即人生哲学，这类学问应用内省和躬行的方法研究。在这个前提下，梁启超承认孔子代表的儒家在身心性命之学方面的贡献，并且在孔子

---

[1] 梁启超：《西学书目表》后序，载《梁启超全集》（一），北京出版社，1999，第86页。
[2] 梁启超：《东南大学课毕告别辞》，载《梁启超全集》（七），北京出版社，1999，第4161页。

的自强不息和《周易》未济卦的宇宙未圆满中领悟到了人生的意义。儒家思想是梁启超著述的一部分，但他对佛教的阐发却远远多于对儒家思想的阐发。他所讲的国学并不是儒家。例如，在《国学入门书要目及其读法》中，梁启超将国学分为五类，除"修养应用及思想史关系书类"和"政治史及其他文献学书类"之外，就是"韵文书类"、"小学书及文法书类"和"随意涉览书类"，从中看不出对儒家的任何侧重或偏袒。

梁启超将孔子所创立的学派界定为儒家文化或儒家哲学。在梁启超之前，康有为、谭嗣同均使用过"儒学"或"儒家"一词，但在他们那里，儒家是孔教的一个分支，"盖儒家本是孔教中之一门"①。谭嗣同的这个说法代表了康有为的观点，"孔子之学"包括儒家，以此强调孔子是中国本土文化的全权代表，"孔子之学"等于全部中国本土文化。鉴于孔子与孔教、儒家的密切相关，康有为、谭嗣同以孔教标志中国全部本土文化的做法导致孔教、"孔子之学"与儒家概念的歧义丛生。1915年，梁启超发表《孔子教义实际裨益于今日国民者何在欲昌明之其道何由》一文，肯定了孔子对于中国国民的补益作用，将孔学教义、儒家文化界定为中国文化的一部分。梁启超在对孔子即儒家思想的阐释中，侧重其哲学、文化内涵，将其从宗教中剥离。正如没有将孔子学说称为孔教一样，梁启超在提倡孔子教义时也不是将孔子奉为教主。不仅如此，与对儒家思想与宗教的剥离相一致，梁启超认为尊孔并非保教，保教亦非尊孔，《保教非所以尊孔论》集中反映了这一观点。

需要提及的是，谭嗣同与康有为一样肯定孔子对于中国文化的至尊地位，但他并没有将孔子视为人类所有文化的最高代表，而是将佛教置于孔教之上，即所谓"佛教大矣，孔次大，耶为小"②。梁启超同样认定"佛教是人类文化的最高产品"，并且其是建立在极其缜密的认识论上的。

---

① 谭嗣同：《论今日西学与中国古学》，载《谭嗣同全集》，中华书局，1998，第399页。
② 谭嗣同：《仁学》，载《谭嗣同全集》，中华书局，1998，第333页。

三 章炳麟的国学时代

1905 年，邓实等人在上海创建"国学保存会"，并创办《国粹学报》，这一事件成为国学进入主流话语的标志。随后，章炳麟于1906年秋在日本东京创立"国学讲习会""国学振起社"，成为弘扬国学、国粹的先锋人物。章炳麟对于国学的贡献不仅是对国学的学术研究和挖掘，还在于利用杂志和讲学等形式对国学的宣传和普及。章炳麟之所以热衷于整理国故、提倡国学，是因为他认为国学作为民族精神是一个国家的精神命脉和灵魂。正因为如此，对于什么叫国学，章炳麟在他主编的《民报》第七号所载《国学讲习会序》中写道：

> 夫国学者，国家所以成立之源泉也。吾闻处竞争之世，徒恃国学固不足以立国矣。而吾未闻国学不兴而国能自立者也。吾闻有国亡而国学不亡者矣，而吾未闻国学先亡而国仍立者也。故今日国学之无人兴起，即将影响于国家之存灭，是不亦视前世为尤岌岌乎？
>
> 夫一国之所以存立者，必其国有独优之治法，施之于其国为最宜，有独立之文辞，为其国秀美之士所爱赏。立国之要素既如此，故凡有志于其一国者，不可不通其治法，不习其文辞。苟不尔，则不能立于最高等之位置。而有以转移其国化，此定理也。

界定国学为一国固有之学，并将国学的兴亡与国家的兴亡相联系决定了章炳麟所讲的国学具有明确的理论初衷。在这方面，他始终将国学与民族、民主联系起来，并且概括为"反本以言国粹"，"以国粹激动种性，增进爱国的热肠"。这个宗旨表明了三个问题：第一，国学强调中国文化当为中国所固有，具有不同于中学称谓的中国本位倾向；第二，国学是价值判断，指中国固有之学中的精粹即国粹，从这个意义上说，凡称国学者均当为中国文化的精华;第三,国学具有鲜明的救亡图存意图,目的在于增强国人的爱国热情来保群保种。

国学的宗旨直接决定了对国学性质的认定和对国学内容的遴选。对于国学的范围以及国学包括哪些内容,刚刚东渡日本的章炳麟在欢迎会演说中将其归结为三项:"一是语言文字,二是典章制度,三是人物事迹。"① 后来,章炳麟基本上沿袭了这一看法,他在日本期间主持的"国学讲习会"所讲的内容即与此相对应:"一,中国语言文字制作之原;一,典章制度所以设施之旨趣;一,古来人物事迹之可为法式者。"② "国学讲习会"出版的《国学讲习会略说》所收,计有《论语言文字之学》《论文学》《论诸子学》三篇。这些情况显示,章炳麟把诸子、文史、制度、内典、理学和历史等统统列入国学范畴,实际上是把传统分类中的经、史、子、集都视为国学。从这个意义上说,章炳麟几乎把中国所有的固有学术、文化都纳入了国学范畴。

无论是从宗旨还是内容上看,章炳麟所讲的国学都不等于孔教,在他所"整理"的国故和所"概论"的国学中,儒家并没有特殊地位。其实,早在提倡国粹之时,章炳麟就明确声明自己提倡国粹不是"尊信孔教"。对此,他解释说:

> 为甚提倡国粹?不是要人尊信孔教,只是要人爱惜我们汉种的历史。这个历史,是就广义说的,其中可以分为三项:一是语言文字,二是典章制度,三是人物事迹。近来有一种欧化主义的人,总说中国人比西洋人所差甚远,所以自甘暴弃,说中国必定灭亡,黄种必定剿绝。因为他不晓得中国的长处,见得别无可爱,就把爱国爱种的心,一日衰薄一日。若他晓得,我想就是全无心肝的人,那爱国爱种的心,必定风发泉涌,不可遏抑的。兄弟这话,并不像做《格致古微》的人,将中国同欧洲的事,牵强附会起来;又不像公羊学派的人,说什么三世就是进化,九旨

---

① 章太炎:《东京留学生欢迎会演说辞》,载《章太炎政论选集》,中华书局,1977,第276页。
② 章太炎:《国学讲习会序》,《民报》1908年9月5日。

就是进夷狄为中国，去仰攀欧洲最浅最陋的学说，只是就我中国特别的长处，略提一二。①

在这里，章炳麟明确将"提倡国粹"与"爱惜我们汉种的历史"相提并论，并且，他所讲的历史"是就广义说的"，印证了国学范围的广泛。就其具体内容而言，国学分为语言、制度和人物三类，均与孔教不相干。在章炳麟看来，新文化运动中的欧化派与康有为等人代表的孔教派都没有认识到中国文化的精华，无法摆正中西文化的关系，结果或者导致自暴自弃，或者导致盲目自信。有鉴于此，他明确提出自己提倡国学一是反对欧化，一是反对维新派的文化进化主义。这两种做法都是不可取的，只有认识、肯定"中国的长处"，对于欧风美雨"见得别无可爱"，中国民众"那爱国爱种的心，必定风发泉涌，不可遏抑"。进而言之，发现、发挥"中国的长处"就是发掘中国固有之学，弘扬国学。而这个国学并不是康有为所讲的孔教，甚至不是孔子创立的儒家哲学。

就章炳麟本人的哲学思想而言，儒学不是主要来源，孔孟在他眼中也不是诸子的显学。不仅如此，章炳麟专门指出孔子思想不利于道德，与革命事业相左，因为儒家热衷于仕途，功名利禄之心太重。对此，他写道："所以孔教最大的污点，是使人不脱富贵利禄的思想……提倡民权，若夹杂一点富贵利禄的心，就像微虫霉菌，可以残害全身，所以孔教是断不可用的。"②按照他的说法，革命是一场艰苦卓绝的事业，要想取得成功必须抛弃功名利禄之心。如果说功名利禄是腐蚀人道德的病毒，孔教则不啻为侵蚀道德的毒药。

与激发爱国热肠一脉相承，章炳麟强调，增进革命道德必须推崇"感情"即心的力量。对此，他解释说：

---

① 章太炎：《东京留学生欢迎会演说辞》，载《章太炎政论选集》，中华书局，1977，第276页。
② 章太炎：《东京留学生欢迎会演说辞》，载《章太炎政论选集》，中华书局，1977，第272~273页。

至于近日办事的方法，一切政治、法律、战术等项，这都是诸君已经研究的，不必提起。依兄弟看，第一要在感情，没有感情，凭你有百千万亿的拿破仑、华盛顿，总是人各一心，不能团结。当初柏拉图说"人的感情，原是一种醉病"，这仍是归于神经的了。要成就这感情，有两件事是最（要）的：第一，是用宗教发起信心，增进国民的道德；第二，是用国粹激动种性，增进爱国的热肠。①

在章炳麟看来，增进感情的办法除了弘扬国粹以激发爱国热情之外，就"是用宗教发起信心，增进国民的道德"。"但若没有宗教，这道德必不得增进，生存竞争，专为一己，就要团结起来，譬如一碗的干子，怎能团得成面？"② 基于这种理念，他对各种宗教予以研究，著有《建立宗教论》等专题文章。值得注意的是，章炳麟所讲的宗教与孔教、儒教无关，《国学概论》的基本观点就是"经典诸子非宗教"③，将孔子学说从宗教中排除。同时，与国学为一国之固有的思路一脉相承，他提倡的宗教也不可能是作为西方文化代表的基督教，这其中的原因很简单："若说那基督教，西人用了，原是有益；中国用了，却是无益。因中国人的信仰基督，并不是崇拜上帝，实是崇拜西帝。"④ 至此可见，章炳麟用以发起信心、增进国民道德的宗教不可能是康有为所推崇的孔教或基督教而只能是佛教。为了利用佛教增进道德、推动革命，章炳麟从不同角度列举了佛教在中国的可行性和有效性：佛教理论与戒律兼备，具有最广泛的受众基础；佛教哲学尤其是华严宗、唯识宗符合当今世界的哲学趋势，与康德、叔本华等"哲学之圣"的思想相合；佛教作为一种无神论不是崇拜外界神圣，而是崇拜自心，可使人"自贵其心，不依他力"，在"依自不依他"中勇猛无畏；佛教重平等，恨君权，与革命党人民族、民主的

---

① 章太炎：《东京留学生欢迎会演说辞》，载《章太炎政论选集》，中华书局，1977，第271~272页。
② 章太炎：《东京留学生欢迎会演说辞》，载《章太炎政论选集》，中华书局，1977，第272页。
③ 章太炎：《国学概论》，世纪出版集团、上海古籍出版社，2008，第3页。
④ 章太炎：《东京留学生欢迎会演说辞》，载《章太炎政论选集》，中华书局，1977，第273页。

宗旨相合。基于对佛教的推崇，章炳麟对佛教教义深信不疑，阐发佛教义理成为其学术重心之一。即使是在日本主编《民报》、宣讲国学之时，他也不忘连篇累牍地在《民报》上发表宣扬佛教的文章，以至于有人讥讽《民报》不做民声只作"佛声"，简直要把《民报》变成"佛报"了。这表明，在章炳麟那里，国学与佛学并行不悖，甚至可以说佛学就包含在他所理解的国学之中，更有甚者，用佛教（宗教）发起信心、增进革命道德本身就是提倡国粹、弘扬国学的宗旨。佛教在章炳麟所弘扬的国学中始终占有重要地位，并且作为思维方式、价值取向决定着他对国学的理解和阐释，他对《庄子·齐物论》的阐释就是明证。

如果说章炳麟使用的国学概念侧重中国固有文化的话，那么这个文化并不像康有为、谭嗣同所理解的那样可以笼统地称为孔教或"孔子之学"，甚至不能像梁启超所承认的那样让儒家与道家和墨家平分秋色。章炳麟所认可的中国本土文化以老子创立的道家为主，尤其推崇庄子。在推挹佛教、增进国民道德的过程中，他将佛教与庄子哲学相互融合，认为庄子思想特别是庄子以相对主义为核心的齐物论是治国的良方，他的名言"经国莫若《齐物论》"一时成为美谈，《齐物论释》也成为章炳麟的重要著作。章炳麟对庄子的推崇恰好证明了他对道家的倚重和对孔子以及儒家的疏远。从这个意义上说，章炳麟开创了一个将孔子及儒家文化边缘化的国学时代。

四 孔教、儒家与国学

上述内容显示，康有为、谭嗣同的孔教时代，梁启超的儒家文化时代和章炳麟的国学时代各具特色，流露出对中国本土文化的不同侧重和取舍，同时蕴含着重建中国文化的不同理念。康有为、谭嗣同用孔教称谓全部中国本土文化旨在强调中国是孔子之教的沐浴地，是一种有别于其他教化的国度；孔子是中国的教主，孔子创立的"孔子之学"是中国文化的唯一形态。梁启超在将老、孔、墨并称为中国文化的"三圣"，并且使用儒家文化与道家、墨家对举时，肯定孔子和儒学在中国文化中的作用，却不再独尊孔子，孔子创立的学说也不再是中国文化的唯一形态。章炳麟的国学概念侧重本国固有之意，对应的是外入之学，旨在强调中国具有自己不同于西方的本土文化，在这个意义上与孔教概念具有类似之处，只是其内容不再以孔子及儒家为主。

与此同时，近代中国还出现了严复推出的西学时代。作为"西学第一人"，严复的理论重心是向国人宣传、介绍西学，在翻译西方名著时，他往往将西方的政治学说与中国古代的老子和庄子相对接，并作《〈老子〉评语》和《〈庄子〉评语》，却始终没有对孔子及儒家予以应有的重视。可以说，以严复开创的西学时代为标志，孔学不再属于传统文化的主流，失去了与西学对话的资格。诚然，严复晚年的思想发生某种转变，由早年的热衷西学转向提倡尊孔读经，以此阐扬中国人的国性。应该说，这个转变直接影响着他对传统文化的看法，尤其表现出对孔子和儒家的重视。但不可否认的是，这些只是严复思想的余绪，其影响力与其大力宣扬西学、批判中学时不可比拟。

当下国学热方兴未艾，各种关于国学的界定聚讼纷纭、不一而足。与此相关的是对传统文化及儒家文化当代命运的思考。在这方面，中国近代哲学的发展历程可以提供胜于雄辩的资鉴。

首先，孔教、中学和国学对应不同的西学范畴。孔教与耶教对应，康有为、谭嗣同以孔教称谓中国传统文化，其潜台词是：西方是教化民族，中国也是教化民族，中国的孔教足以与西方的耶教相抗衡，甚至高于后者。康有为、谭嗣同都是在这个意义上使用"孔教"这一概念的，并且不约而同地将孔教排在了耶教之前。中学与西学相对举，只有地域之分，没有价值褒贬。然而，在严复对中西文化的对比中，中、西之差演绎为新、旧之别。更有甚者，受进化论的影响，严复坚信文化遵循进化原则，不同的文化存在优劣之别。在这个视界中，西学作为新文化的代表高于中学，中学作为旧文化成为落后、腐朽的代名词。国学与外学相对应。如果说孔教、中学还是中国与西方并举的话，那么，国学则是具有强烈民族性的称谓。在这个称谓中，国学即中国文化的精华，有国粹之意。其潜台词是：中国文化具有自身的独特价值，对于中国人来说是最好的，不存在西学优于中学的问题，甚至拿中学与西学比较本身就是不应该的。这是一种不同于文化绝对主义或文化进化主义的文化相对主义理念。章炳麟对齐是非、齐善恶的推崇以及破除名言对待的呼吁可以与此相互印证。

其次，近代思想家对传统文化的称谓本身就包含着对其定位的问题，它不仅仅是一个事实判断，还隐藏着价值判断。中国近代社会的贫困衰微特别是受制于西方列强的屈辱境地使近代思想家对中国传统文化产生了深深的矛盾心理，交织着爱与恨、自尊与自卑的挣扎与抉择。如果说康有为、谭嗣同的孔教称谓流露出中华民族对本土文化的自尊心的话，那么严复的中学观念则隐藏着某种自卑心理。在康有为、谭嗣同那里，尽管中国的物质文明不及西方，中国的教化（精神文化）却足以与西方分庭抗礼。严复对中西文化的比较明显偏袒西学一方，这在其"未敢遽分其优绌"的对比中一目了然："自由既异，于是群异丛然以生。粗举一二言之：则如中国最重三纲，而西人首明平等；中国亲亲，而西人尚贤；中国以孝治天下，而西人以公治天下；中国尊主，而西人隆民；中国贵一道而同风，而西人喜党居而州处；中国多忌讳，而西人众讥评。其于财用也，中国重节流，而西人重开源；中国追淳朴，而西人求欢虞。其接物也，中国美谦屈，而西人务发舒；中国尚节文，而西人乐简易。其于为学也，中国夸多识，而西人尊新知。其于祸灾也，中国委天数，而西人恃人力。若斯之伦，举有与中国之理相抗，以并存于两间，而吾实未敢遽分其优绌也。"[①] 这种自卑心理在五四运动时期演绎为与传统文化的决裂。如果说严复的西学时代滋生了自卑的话，那么章炳麟则用自己的国学时代树立了对民族文化的自信心。在这个视界中，"国粹""国故"概念的出现表明，中国的国学是中国历史积累的精华，是中国人安身立命的根基，对于中国人具有无可比拟和无法替代的价值。从中可见，中国近代对传统文化的定位以及文化重建始终交织着中学与西学的关系问题，整个中国近代文化、

---

① 严复：《论世变之亟》，载《严复集》（一），中华书局，1986，第3页。

哲学史在某种程度上呈现为中学为主与西学为主的交替：康有为、谭嗣同以中学为主；梁启超兼采中西，旅欧后复归东方文化；严复以西学为主；章炳麟以中学为主；之后的五四运动时期西学最终占了上风；再后便是东方文化派和新儒家的兴起，重续中国文化的主流地位。

最后，孔学（孔子之学、孔教）、儒家、中学与国学不是同一层次的概念，虽其内涵和外延有一致或交叉的地方，却不是完全重合的。这表明，不同的人具有不同的国学概念。在康有为、谭嗣同那里，国学是"孔子之学"，也可以称为孔教。到了严复那里，与西学相对应的中学在外延上超出了孔学或儒学的范围，并且在与西学对接的意义上处于边缘地带；与此同时，国学在内容上对应于老庄代表的道家思想。在章炳麟那里，国学与孔学不再是同一层次的概念，他对国学的派别划分是从经学、哲学、文学三个角度立论的，这种做法打破了儒、道、墨的传统分类模式和划分标准，也使儒家没有了任何优越性。即使在对传统文化的内容进行挖掘和阐释的过程中，章炳麟也没有对孔子或儒家的特殊偏袒。

与孔学、中学和国学概念的内涵意蕴相对应，中国近代的文化演进是一个与孔子、儒家文化渐行渐远的过程，甚至可以说正是从维新派到革命派对孔子、儒学的态度奠定了五四时期"打倒孔家店"的呼声。上述的回顾和梳理表明，五四运动对传统文化尤其是孔子创立的儒家文化的偏激态度经历了一个嬗变过程：从康有为、谭嗣同以"孔子之学"代表全部中国传统文化，到严复以老庄思想与西方文化对接，再到章炳麟的国学概念，均为五四运动埋下了伏笔。如果说康有为、谭嗣同对孔学的无限夸大让其作为中国文化的全权代表拥有至高无上的地位，也由此而承担过大的责任的话，那么，严复和章炳麟看似一西一中的文化取向却从两个不同的方向共同抹杀了孔子代表的儒家文化对于中国传统文化的意义。这就是说，夸大或贬低儒家的作用都会给其存在、发展带来消极的、不利的影响。

梁启超的文化理念及其意义*

魏义霞**

无论是对文化概念的使用之频繁还是对文化问题的关注之热切，梁启超在戊戌启蒙思想家中都是最令人注目的。在对文化的界定和诠释中，他紧扣中华民族的"精神遗传"这个主题，用文化将个人与群体、社会联结起来，借此为自己提倡的民族主义和爱国主义张目。与此同时，梁启超是近代的国学巨擘，他的文化理念直接影响着他的国学理念和建构。有鉴于此，探究梁启超的文化理念不仅有助于深入把握他的文化观，而且有助于全面理解他的国学观。

一　文化是什么

由于文化（culture）一词作为舶来品刚刚传入，并且聚讼纷纭，梁启超研究文化，最先面临的是对文化概念的界定，即明确文化是什么的问题。基于这种情况，梁启超对文化的诠释是先给文化下定义，"确定"文化的内涵，接下来再进一步"审查"文化的总量。这就是说，梁启超对文化的诠释既包括文化是什么，又包括什么是文化。

对于给文化下定义，梁启超坦言："这个定义真是不容易下。因为这

---

* 本文发表于《理论探讨》2013 年第 3 期。
** 魏义霞，黑龙江大学哲学学院教授，主要从事近代哲学及比较哲学研究。

类抽象名词，都是各家学者各从其所抽之象而异其概念，所以往往发生聚讼。何况'文化'这个概念，原是很晚出的，从翁特（Wundt）和立卡儿特（Rickert）以后，才算成立，他的定义，只怕还没有讨论到彻底哩。我现在也不必征引辩驳别家学说，径提出我的定义来。是：文化者，人类心能所开积出来之有价值的共业也。"[1] 梁启超经过思考给出的这个定义规定了文化的内涵，强调文化是人类"心能"创造的，属于人类的独有物。然而，并不是说人类的所有活动都能够产生文化。为了明晰文化内涵，他对文化定义所涉及的各个方面逐一进行了界定和诠释。

首先，文化属于"共业"。如果说人类活动是因，文化是果的话，那么，可以借用佛学术语将人类之活动称为因或业因，将文化称为果或果报；如果说文化是人类创造这个业因的果报的话，那么，文化则属于"共业"而不是"别业"。对于作为文化的"共业"，梁启超比喻说，就像一个老宜兴茶壶，多泡一次茶，壶的内容便发生一次变化。茶吃完了，茶叶倒掉了，茶壶洗得干干净净，表面上看什么也没有；然而，茶的"精"却渍在壶内，第二次再泡新茶，前次渍下的茶精便起一番作用，能令茶味更好。茶之随泡随倒随洗，便是活动的起灭；渍下的茶精便是业。茶精日渍日多，永远不会消失，除非将壶打碎，这叫作业力不灭的公例。在这种不灭的业力里，有一部分叫作"文化"。那么，其中的哪一部分才叫作文化呢？对此，梁启超进一步解释说：

> 茶壶是死的，呆的，各归各的，这个壶渍下的茶精，不能通到那个壶。人类不然，活的，整个的，相通的。一个人的活动，势必影响到人；而且跑得像电子一般快，立刻波荡到他所属的社会乃至人类全体。活动流（留）下来的魂影，本人渍得最深，大部分遗传到他的今生他生或他的子孙，永不磨灭，是之谓"别业"。还有一部分，像细雾一般，霏洒在他所属的社会乃至全宇宙，也是永不磨灭，是之谓"共业"。又叫作

---

[1] 梁启超：《什么是文化》，载《梁启超全集》（第七册），北京出版社，1999，第4060页。

业力周遍的公例。文化是共业范围内的东西。因为通不到旁人的"别业",便与组织文化的网子无关了。但还有一点应当注意:共业是实在的,整个的。虽然可以说是由许多别业融化而成,但决不是把许多别业加起来凑成。①

业,梵文 karman 的意译,梁启超有时音译为羯磨,并将业分为"别业"与"共业"两部分。就文化来说,完全属于"共业"即使勉强将文化与"别业"联系在一起,充其量只能说文化"是由许多别业融化而成",而绝不能说"是把许多别业加起来凑成"。文化的这一特性表明,尽管文化在表面上看来是由一个个单独的人创造的,然而从文化的创造过程和文化的存在来看,文化却是整体的,不是纯然个人的创造,而是集体创造的。这是因为,文化从根本上说不是由一个个单独的个人独自创造的,也绝非作为个人化或私人性的存在而存在,而是既受制又反馈于个人所生活于其中的民族、群体和社会。这表明,文化表面上是个人的创造,实质上则是群体的合作。这决定了文化属于"共业",无论是从创造之因还是从创造之果上看,文化都是群体、社会同食其报的结果。正是出于这个原因,梁启超将"文化者……共业也"作为文化的定义,将文化归结为"共业"。

其次,文化是"有价值的共业"。文化属于"共业"绝非"别业",然而,这并不是说所有的"共业"都是文化,"共业"与文化可以等量齐观。事实上,文化只是"共业"中的一部分,而非"共业"的全部。既然如此,如何判断"共业"中哪些是文化,哪些不是文化呢?对此,梁启超给出了如是回答:"文化非文化,当以有无价值为断。然则价值又是什么呢?凡事物之'自然而然如此'或'不能不如此'者,则无价值之可评;即评,也是白评。可以如此可以不如此而我们认为应该如此,这是经我们评定选择之后才发生出来的价值;认为应该如此,就做到如此,便是我们得着的价值。由此言之,

---

① 梁启超:《什么是文化》,载《梁启超全集》(第七册),北京出版社,1999,第4060页。

必须人类自由意志选择且创造出来的东西才算有价值。自由意志所无如之何的东西，我们便没有法子说出他的价值。我们拿价值有无做标准来看宇宙间事物，可以把他们划然分为两系：一是自然系，二是文化系。自然系是因果法则所支配的领土，文化系是自由意志所支配的领土。"[1]依据梁启超的观点，判断"共业"是不是文化的标准是"有无价值"，有价值者称为文化，无价值者则不得称为文化。这使价值作为判断文化的标准对于理解文化至关重要。凡是"自然而然如此"或"不能不如此"的，无价值之可言，价值只存在于可以如此，也可以不如此之域。这就是说，只有在结局未定的前提下，由意志选择并且创造出来的东西才带有价值。循着这个思路，梁启超将宇宙间的存在或人类活动分为两大类，一为自然系，一为文化系，在与自然系的区分中彰显文化的内涵。于是，他断言：

> 人类活动，有一部分是与文化系无关的……生理上的受动，如饥则食，渴则饮，疲倦则休息，乃至血管运行渣液排泄等等，心理上的受动，如五官接物则有感觉，有感觉则有印象有记忆等等；这都是不得不然的理法，与天体运行物质流转性质相同，全属自然界现象，其与文化系无关，自不待言。再进一步，则心理作用中之无意识的模仿，如衣服的款式常常变迁，如两个人相处日子久了，彼此的言语动作有一部分互相传染，这都是"自然而然如此"，也与文化系无关。就全社会活动而论，也有属于这类的。例如社会在某种状态之下，人口当然会增殖；在某种状态之下，当然会斗争或战争；乃至在某种状态之下，当然发生某种特殊阶级；这都是拿因果法则推算得出来的。换一句话说，这是生物进化的通则，并非人类所独有，所以不能归入文化范围内。[2]

梁启超进而指出，人的有些活动——如生理活动或心理活动，完全是

---

[1] 梁启超：《什么是文化》，载《梁启超全集》（第七册），北京出版社，1999，第 4060 页。
[2] 梁启超：《什么是文化》，载《梁启超全集》（第七册），北京出版社，1999，第 4060~4061 页。

"受动"的，不仅受因果法则的支配，全无自由选择可言，而且是人类与动物共有的，这些自然与文化无涉。文化之所以是"有价值"的，意味着它具有两个基本特征：第一，必须经过人的自由选择；第二，是人类独有的。这两点表明文化是人类主动的、自由的活动，既不受因果法则的支配，又是人的本质的自我确证。

再次，"有价值的共业"在于人的自由选择和创造，表明了文化离不开创造。梁启超对创造予以界定，试图通过创造进一步凸显文化的特性。对于创造，他给出的定义和解释如下："'创造者，人类以自己的自由意志选定一个自己所想要到达的地位，便用自己的"心能"闯进那地位去。'假如人类没有了这种创造的意志和力量，那么，一部历史，将如河岸上沙痕，一层一层的堆积上去，经几千几万年都是一样；我们也可以算定他明年如何后年如何乃至百千万年后如何。然而人类决不如此，他的自由意志怎样的发动和发动方向如何，不惟旁人猜不着，乃至连他自己今天也猜不着明天怎么样，这一秒钟也猜不着后一秒钟怎么样。他是绝对不受任何因果律之束缚限制，时时刻刻可以为不断的发动，便时时刻刻可以为不断的创造。人类能对于自然界宣告独立开拓出所谓文化领域者，全靠这一点。"[1]按照这种说法，自然界受因果律的支配，人类历史不受因果律的支配，完全是人之自由创造使然。这使创造对于文化和人类历史的走向至关重要。原因在于：创造是人之自由意志最直接的反映，也是人之心力神奇的体现。人类能够独立于自然界，并且开拓出文化领域，全靠创造。质言之，创造就是人类以自己的自由意志选定自己的价值目标，凭借自己的"心能"达到预先选定的欲立之地。离开了创造，人无异于动物，也无所谓文化。这表明，创造对于人的存在和文化极为重要，创造的意志和力量决定着人的生存方式，是对人之力量的确证。人正是在创造中开拓出文化系的，创造也是人脱离受制于因果必然性的自然系的根本原因。

梁启超的创造概念深受柏格森的影响，带有浓厚的创造进化论烙印，同

---

[1] 梁启超：《什么是文化》，载《梁启超全集》（第七册），北京出版社，1999，第4061页。

时融入了儒学和佛学的思想要素。这使创造吸收了多种理论来源，也同时拥有了多重意蕴。除了"境者心造"的本体维度、趣味的价值维度和审美维度之外，梁启超讲得最多的还是文化的创造。对于文化视域内的创造，他进行了四点说明，旨在凸显文化创造的四个基本特征。第一，与从业报的角度界定文化一脉相承，基于有业因必有果报的思维逻辑，梁启超强调，文化遵循"业力周遍不灭"的法则。这就是说，一个文化创造尽管不必一定在当时此地发生效果，却可以超越时空，迟早要导致果报。第二，由于一个创造常常引起第二、第三个创造，创造的能率是"累进"的，所以，创造的效果不一定必然与创造者所期待的相同。这一点淋漓尽致地反映了创造的自由和人类自由意志的神圣性和神奇性。第三，人类永远都处于创造之途，这意味着创造永远都不会圆满。因为只要有人类存在，人类的创造力就不停止。所以，人类创造的文化是活的，没有最终完成的一天。从这个意义上说，人类的创造只能是"部分的""不圆满的"。第四，创造与现实之境不能相隔太远。创造起于对现在的环境不满意，想开拓一个新环境。因此，所欲创造的理想之境必然与现实之境存在一定距离。然而，这种距离不会太远，如果离现实之境太远的话，则不能引起创造——纵然创造，也不会成功。有鉴于此，创造者总是以自己现在的环境为立脚点，一步、两步地向前走，也就是"在不圆满的宇宙中间，一寸二寸的向圆满理想路上挪去"。这一点与文化的"累进"特征相印证。

最后，文化的产生在于人类自由意志的选择和创造，也在于有意识模仿。不理解模仿以及有意识模仿与无意识模仿的区别，也就无法真正理解文化的真谛。这是因为："人类所以独称为文化的动物者，全在其能创造且能为有意识的模仿。"[1] 由此，梁启超断言，离开了对前人、同时代人的模仿，也就没有了创造和文化。这使模仿与创造一样成为理解文化概念的关键。按照他的说法，一方面，创造是自由意志的体现，有别于机械的模仿；另一方面，创

---

[1] 梁启超：《什么是文化》，载《梁启超全集》（第七册），北京出版社，1999，第4061页。

造并非与模仿各不相干,恰恰相反,模仿中带有创造的成分——甚至可以说,人类的创造正是在模仿中或者说通过模仿完成的。正因为如此,在界定了创造、阐明创造对于文化的重要性之后,梁启超不得不"跟着还要说说'模仿'的性质"。对于模仿,他的看法是,模仿分为有意识模仿与无意识模仿,无意识模仿,自然没有什么价值;有意识模仿对于文化不可或缺,此处所讲专指有意识模仿。在这个前提下,他宣称:"模仿是复性的创造。有模仿才有共业。"对此,梁启超进一步解释说:

"复"有两义:一是个体的复集,二是时间的复现。假如人类没有这两种性能,那么,虽然有很大的创造,也只是限于一时,连"业"也不能保持;或者限于一人,只能造成"别业";如何会有文化呢?须知无论创造力若何伟大之人(例如孔子释迦),总不能没有他所依的环境;既有所依的环境,自然对于环境(固有的文化)有所感受;感受即模仿的资粮。所以严格说来,无论何种创造行为中,都不能绝对的不含有模仿的成分。这是说创造以前的事。创造以后呢?一方面自己将所创造者常常为心理的复现,令创造的内容越加丰富确实。一方面熏感到别人;被熏感的人,把那新创造的吸收到他的"识阈"中,形成他的"心能"之一部分,加工协造。这两种作用,都是模仿;内中第二种尤为重要。①

在这里,梁启超将模仿分为无意识模仿与有意识模仿两类,进而指出这两种模仿性质绝殊,与文化的关系自然不可同日而语。其中,无意识模仿完全是受动的,并没有什么价值可言,当然也与文化无关;有意识模仿则价值重大,无论是对于文化的产生还是传承意义非凡。具体地说,有意识模仿本身就是创造,并且是"复性的"创造。"复性的"既突出了有意识模仿的本质,又表明了这种模仿对于文化的重要性优于创造:第一,作为"个性的复

---

① 梁启超:《什么是文化》,载《梁启超全集》(第七册),北京出版社,1999,第4062页。

集",有意识模仿突破了个人创造的局限,将个人的"共业"相互融合为一个整体;第二,作为"时间的复现",有意识模仿不仅影响自己今后的创造,而且熏染别人,使同时代的人相互熏染,并且作为"精神遗传"熏染后代人。这表明,离开了有意识模仿,纵然有创造,充其量也只能限于一人一时,而无法融合为一个整体,也就不成其为文化;是有意识模仿使创造成为"复性的创造",使人类所造之业由"别业"转化为"共业",于是才有了文化。

如果说创造侧重个人"心能"的作用的话,那么,有意识模仿则作为"复性的"创造,将个人与他人、群体联为一体。因此,有了有意识模仿,才有"共业"。从这个意义上说,离开有意识模仿,"共业"不存在,文化也就无从谈起。对此,梁启超强调,有意识模仿并非受动的,而是主动的。由于经过自由意志的选择才发生有意识模仿,因此,有意识模仿与创造同类,也是意志自由的体现。甚至可以说,模仿就是创造,因为无论何种模仿都经过了所模仿者的加工、修正,由于其间发生了"化学作用",模仿者与被模仿者不可能完全相同。基于对有意识模仿的如此界定,梁启超得出结论:创造和有意识模仿是人类"心能"的两种形式,二者皆本着自由意志,不断互发,其所开采之价值不断"积厚"。随开随积,随积随开,于是形成系统的文化即文化系。

二 什么是文化

在梁启超那里,只有先明白文化是什么,才能弄清楚什么是文化;而明确了文化的定义,也就框定了文化的内容。因此,他在厘清文化的定义之后接着写道:"以上所说,把'文化'的观念,略已确定;还要附带着一审查文化之内容。依我说:'文化是包含人类物质精神两面的业种业果而言。'"[①] 这就是说,文化包括业种和业果两部分,无论是业种还是业果又都包含人类物质文化与精神文化两方面的业种和业果。梁启超对文化总量的这种考察和框定

---

① 梁启超:《什么是文化》,载《梁启超全集》(第七册),北京出版社,1999,第4062页。

预示了文化内容的丰富、广泛和博大，也使探究文化的业种和业果成为理解文化总量之肯綮。正因为如此，在将文化的内容界定为"包含人类物质精神两面的业种业果"之后，梁启超迫不及待地要"先"把业种、业果"解释一下"。依照他的解释，业种、业果都是用的佛家术语。"种"即种子，"果"即果实。拿一棵树来说，它是由很微细的一粒种子生发出来的，这粒种子含有无限的创造力，不断地长，长，长，经过不断地开枝、发叶，由种子长成了小树，然后长成大树，开花，结果。等到结成满树果实时，便是创造力成了结晶体，"一期的创造"暂作结束。然而，只要这棵树不死，它的创造力就不会消失，还跟着有第二、第三乃至无数期的创造。与此同时，果实里头又含有种子，碰着机会，又重新发出创造力来，也是一期、二期……不断创造。如此循环往复，一个种生无数个果，果又生种，种又生果，一层一层的开积出去。人类活动所组成的文化之网，正是如此。对于由因果一层层开积出来的文化之网，梁启超强调，尽管文化种是活的、文化果是呆的，然而人类创造的文化果毕竟不同于由珊瑚活动组成的没有一丝活力的珊瑚岛，因为文化果中已经包含新的种子，从中可以生发出新的文化种。这也正是人类创造和文化的神奇之处。由于文化所包含的业种、业果互为因果，循环往复，人类的文化创造也就永无止境或绝期。正是文化种与文化果的种果互生，层层开积，编织成文化之网。

对文化种与文化果的认识决定了梁启超所讲的文化包罗万象，拥有令人吃惊的内容。文化不仅包括文化因（种），而且包括文化果；不仅有物质层面，而且有精神层面，无论是物质文化还是精神文化又都包含诸多方面的内容。因此，梁启超一再力图让人清楚"文化的总量"。他声称："文化是人类以自由意志选定价值凭自己的心能开积出来，以进到自己所想站的地位，既如前述。价值选定，当然要包含物质精神两面。人类欲望最低限度，至少也想到'利用厚生'；为满足这类欲望，所以要求物质的文化如衣食住及其他工具等之进步。但欲望决不是如此简单便了，人类还要求秩序，求愉乐，求安慰，求拓大为满足这类欲望，所以要求精神的文化，如言语，伦理，政治，学术,美感,宗教等。这两部分拢合起来,便是文化的总量。"① 这就是说,既然"文化是人类以自由意志选定价值凭自己的心能开积出来,以进到自己所想站的地位",那么就要从人类的"价值选定"入手考察什么是文化。沿着这个思路,文化既要包含物质方面,又要包括精神方面,因为人类的欲望至少要满足衣食住行之需要,这部分属于物质的文化;此外还有"求秩序,求愉乐,求安慰,求拓大"的欲望,这部分属于精神的文化。这两部分合起来才是"文化的总量"。而无论是物质的文化还是精神的文化又都包括业种和业果两方面。这用梁启超的话说便是:"文化是包含人类物质精神两面的业种业果而言。"

为了更形象地展示"文化的总量",梁启超曾经在《什么是文化》的最后列表予以说明。据此可知,就业种来说,文化包括"物质的"与"精神的"两大方面;其中,"物质的业种"也就是"生存的要求心及活动力",精神的业种则包括"社交的要求心及活动力""组织的要求心及活动力""知识的要求心及活动力""爱美的要求心及活动力""超越的要求心及活动力"五大类。就业果来说,物质的业果包括"衣食住等成品""开辟的土地""修治的道路""工具机器等""其他"五大项,精神文化的业果包括与五大项业种相对应的"言语习惯伦理等""关于政治经济等诸法律""学术上之著作发明""文艺美术品""宗教"。②

无论是对文化的重视还是文化的无所不包都既取决于又反过来决定着梁启超对文化的界定。在他的视界中,文化有广义与狭义之分,狭义的文化对于人的生活更为重要。这是因为:"人所以能组织社会,所以能自别于禽兽,就是因为有精神的生活,或叫狭义的文化。文化这个名词有广义狭义二种:广义的包括政治经济;狭义的仅指语言、文字、宗教、文学、美术、科学、史学、哲学而言。狭义的文化尤其是人生活动的要项。"③ 梁启超认为,广义

---

① 梁启超:《什么是文化》,载《梁启超全集》(第七册),北京出版社,1999,第4062页。
② 梁启超:《什么是文化》,载《梁启超全集》(第七册),北京出版社,1999,第4063页。
③ 梁启超:《中国历史研究法(补编)》,载《梁启超全集》(第八册),北京出版社,1999,第4854页。

的文化包括政治、经济，并在这个意义上强调文化与政治、经济并非并列的，而是包含与被包含的关系。这突出了文化对于政治、经济的优越性和重要性。狭义的文化不包括政治、经济，梁启超对此更为重视和关注。狭义的文化与政治、经济一样是人生活动的基本事项，甚至是"人生活动的要项"，因为无论是社会的组织形式还是人类的精神生活都取决于狭义的文化。对于狭义文化在人生活动和社会中的作用，他写道："我以为人生活动的基本事项，可分三大类，就是政治、经济、文化三者……因为人类社会的成立，这三者是最主要的要素。拿人的生理来譬喻罢：有骨干才能支持、生存，有血液才能滋养、发育，有脑髓神经才能活动、思想；三者若缺少其一，任何人都不能生活。一个人的身体如此，许多人的社会又何尝不然？拿来比较，个人的骨干等于社会的政治，个人的血液等于社会的经济，个人的脑髓神经等于社会的文化学术，一点儿也不差异。"① 这就是说，对于一个人来说，有骨干才能支撑和生存，有血液才能滋养，有脑髓神经才能思想、活动，三者缺一，人非人。对于一个社会来说，政治好比人的骨干，经济好比人的血液，文化学术好比人的脑髓神经，三者缺一，社会便不能成立。从这个意义上说，文化与政治、经济一样对于社会必不可少。更有甚者，梁启超在三者之中更为突出文化的意义和作用：第一，经济是龌龊的，文化特别是艺术和诗是高尚的；第二，个人之所以能组成社会，能有别于禽兽，是因为有精神生活，即狭义的文化。有鉴于此，他将狭义的文化说成"人生活动的要项"。

三 文化的民族性与国学

文化在梁启超的思想——特别是 20 世纪 20 年代之后的思想中占有重要位置，他的国学理念与文化密不可分。因此，不了解文化概念，也就无法真正理解他的国学理念和国学研究。如果说梁启超治国学是回归东方文化的表

---

① 梁启超：《中国历史研究法（补编）》，载《梁启超全集》（第八册），北京出版社，1999，第 4853 页。

现的话，那么，对文化的理解则决定着他的国学理念以及国学研究的宗旨和内容。这除了文化理念预示了梁启超所讲的国学内容的丰富性和特殊性之外，主要表现在从爱本民族文化的角度突出国学的基本内容。

梁启超在生前就已经被公认为是国学家。作为国学巨擘，梁启超不仅明确使用国学概念，而且提出了一套系统的治国学的独特理念和方法——走"文献学"与"德性学"两条大路。其实，梁启超的国学理念从与西学分庭抗礼的角度来看，与康有为、谭嗣同等人的初衷并无实质区别。例如，康有为、谭嗣同将中国本土文化称为孔教，以与耶教分庭抗礼；梁启超只是将孔教置换为中国学术，将耶教置换为西方学术而已。所不同的是，梁启超彰显中国文化的主体性，突出国学的民族性和地域性，强调"凡一国之立于天地，必有其所以立之特质。欲自善其国者，不可不于此特质焉"。正是对文化的认识使梁启超极好地彰显了国学的民族性和地域性。在他看来，文化的进步依靠后人对前人思想的累进，对文献的整理、研究和传承是其中不可逾越的步骤和环节："文化之所以进展，恒由后人承袭前人知识之遗产，继长增高。凡袭有遗产之国民，必先将其遗产整理一番，再图向上，此乃一定步骤。"① 这一认识贯穿着梁启超的国学研究，国学研究走"文献学"的大路就是秉持这一宗旨："社会日复杂，应治之学日多，学者断不能如清儒之专研古典。而固有之遗产，又不可蔑弃，则将来必有一派学者焉，用最新的科学方法，将旧学分科整治，撷其粹，存其真，续清儒未竟之绪，而益加以精严，使后之学者既节省精力，而亦不坠其先业。世界人之治中华国学者，亦得有藉焉。"② 这与对文化的地域性、民族性的突出一脉相承，梁启超的国学研究不是抽象的，在中国本土文化视域内，国学是中国各地区、各民族文化形态的融合；在世界文化的视域内，国学极富中国印记和民族神韵。

与此同时，按照梁启超的说法，国学之所以是民族精神的传承和历史积累，是因为国学作为民族精神是一种文化；对于一个人来说，文化作为"精

---

① 梁启超：《清代学术概论》，东方出版社，1996，第94页。
② 梁启超：《清代学术概论》，东方出版社，1996，第98页。

神遗传"先天地决定了他成为什么样的人,并且使他与他人、社会联为一体,成为他的存在方式和价值依托。在《什么是文化》中,梁启超强调,一个民族有一个民族的文化,文化作为"精神遗传"是人之所以为人的根据,也是联结个人与群体、国家的纽带。这就是说,人究竟是什么,或者说最终成为什么样的人,不是先天命定的或自然如此的,而是后天的文化塑造的;人的存在不是纯然个人的,而是群体的一部分。这是因为,文化只能是个人与群体、社会、国家相联结甚至说所共有的那部分业:从文化创造的过程来说,创造即有意识模仿,离不开作为整体存在的"共业"的文化因。文化的创造不能是纯然的个人活动——"只限于一人",而只能是对环境(即固有文化)的感受;离开了作为整体的固有文化,个体既然无所模仿,也就不可能有任何创造。从文化创造的后果来看,一方面,创造者本人的心理积累增加,令自己今后创造的内容更加丰富;另一方面,创造者的创造作为文化果熏染他人,他人将之吸纳到自己的"识阈"之中,变为自己"心能"的一部分,接着进行自己的创造。这两个方面相互作用,循环推演,文化由此在个人与他人、与社会的模仿中相互熏染、不断创造。可见,文化从来都不是个人的事,而是在个人与前人、与同时代人以及与后人之间的模仿与被模仿中完成的。正因为如此,梁启超将创造文化的心智界定为"民族心",旨在强调文化创造的主体不是个人的心理而是"人类心能"。他之所以将"人类心能"写进文化的定义之中,就是为了强调文化是民族精神的体现,而绝非个人的心理呈现或纯私人的创造。

至此,梁启超得出结论,文化是"时代精神",更是民族精神("民族心"),因为文化从根本上说是"群众体的创造"。对文化的这种界定和理解使梁启超重视文化的民族性,或者说将文化理解为同一民族的群体创造。对文化民族性、群体性的凸显决定了他所讲的文化不是世界文化,而是民族文化。国学就是中国的民族文化,是中华民族有别于其他民族的国粹和生存样式。至此,文化概念与国学概念相得益彰,对于理解梁启超国学的立言宗旨、爱国主义和民族主义都具有重要意义。

旧邦新命与文化传统

——兼论中国传统文化创造性转化与创新性发展

关健英[*]

传统与现代、传承与创新、文化的民族性与时代性之间的关系问题是文化的基本问题之一，也是任何一个时代都必须面对和解决的问题。在中国历史上，周人创造性地提出"周虽旧邦，其命维新"的命题，他们对于文化之"新"与"旧"关系的提出和回答，触碰到了文化发展的内在动因及其文化自觉问题，对塑造中国文化的精神生命和价值取向产生了深远的影响。本文在现代的语境之下，再次思考周人"旧邦新命"的文化精神，以期讨论和回应中国传统文化创造性转化与创新性发展的时代课题。

一

《诗经·大雅·文王》云，"周虽旧邦，其命维新"，盛赞文王克配上天，变旧邦为新国的功绩与德行。众所周知，文王是儒家道统中一个具有典型象征意义的人物。小邦周始居于豳，兴于岐山，是为"旧邦"。文王嗣立后，汇聚人心，发展壮大自己，为诸侯所拥戴。他在位时虽未完成翦商的目标，但方略已定，克商只是时间问题。小邦周取代大邑商，虽最终由武王完成由旧邦到新国的权力更迭，但其内在的文化理念，则始创于文王，此即"维新"。

---

[*] 关健英，黑龙江大学哲学学院教授，主要从事中国伦理思想史、伦理学基本理论研究。

由周文王确立的维新的文化理念,并未因文王的离世中绝,而是在周初的统治集团尤其是周公姬旦的思想中得到了系统的体现。王国维先生在《殷周制度论》的开篇曾有一著名的论断,"中国政治与文化之变革,莫剧于殷周之际"[1]。这种剧变不仅是指克商所带来的政治格局的重新洗牌,不仅是权力更迭,文化上亦为之一新。周初的文化维新体现在以下三个方面。

一是强调人的主体地位,人文精神曙光初现。尊神事鬼是殷商文化的重要特色,故《礼记》言"殷人尊神"。在殷墟甲骨文很多关于"天""帝"的记载中,大致可窥殷人尊天重帝、敬事鬼神的神本文化思想。而在周人对权力合法性的解释系统中,他们强调"天命靡常"(《诗经·大雅·文王》),"皇天无亲,惟德是辅"(《尚书·蔡仲之命》)。他们继承了殷商的天命观,承认天命是存在的,但与此同时对殷人的"天"及天命观做了创造性的转化,强调天命变化靡常。周人的天命观脱胎于殷商文化,但显然是全新的,其目的在于凸显天命转移导致权力更迭,强调"德"与"民"是影响天命转移的重要变量。因此在周人的思想中,虽仍有天命思想的纠缠,但经过创造性改造的"天",第一次凸显了人的主体地位。与人类自觉精神尚处蒙昧阶段的殷商神本文化相比,"周人在对自身行为进行的反思中已经带有了某种理性的自觉,试图从人自身而非人之外去寻找权力转移的因素"[2],这标志着中国人人文精神的觉醒,彰显了中国人的精神史上从未有过之"新"。

二是强调文化天下,立旧邦以开新命。《周易·贲·彖》曰:"刚柔交错,天文也;文明以止,人文也。观乎天文,以察时变;观乎人文,以化成天下。"与西方文化的"humanism"一词不同,中国传统文化中的"人文"一词与"天文"对应,"天文"指自然的秩序,"人文"则指文明之道,包括人类社会的制度、礼仪、伦理道德等。周代商而兴,对于这个新兴的政权而言,殷商乃是其旧邦。如何在此旧邦之上,完成周人以文明之道教化天下的文化使命,是摆在周初统治集团面前的一项重要课题。一方面,周人以文化人要

---

[1] 王国维:《王国维文集》第四卷,中国文史出版社,1997,第42页。
[2] 关健英:《天命的纠缠与人文的觉醒》,《道德与文明》2014年第2期。

处理与旧殷民的关系。武王克商后,并没有把殷都和王畿据为己有,也没有将殷遗民赶尽杀绝,而是以德绥靖,设立三监,化殷顽民。周公东征平定三监之乱后,仍然告诫康叔"应保殷民",使他们改过迁善,"作新民"(《尚书·康诰》)。周公以文化人的新民举措既将包括殷民在内的天下万民纳于姬姓宗法,同时慎用刑罚,诉诸德教,将旧邦遗民改造为周朝新民。另一方面,周代创设了较为完备的礼乐制度。周人之礼,既是社会生活各个领域的礼节仪文、行为规范,也是别贵贱、序尊卑的制度体系。"夫礼,天之经也,地之义也,民之行也"(《左传·昭公二十五年》),礼是社会生活各个领域中无所不在的规范性约束,具有天经地义的合法性。周人所创立的嫡长子继承制、庙数之制、同姓不婚之制,正是周人纲纪天下的文化原因,彰显德行天下、以文化人的力量,旧邦开出文化的新命,塑造了中国文化基本精神之雏形。

三是有损有益,日新不已。孔子在谈到周代的礼乐文明时说:"殷因于夏礼,所损益,可知也;周因于殷礼,所损益,可知矣;其或继周者,虽百世可知也。"(《论语·为政》)人类文化的创造不是凭空产生的,总是有所凭借和承袭,即"因"。殷因于夏礼是如此,周因于殷礼亦是如此。无论是殷因于夏礼还是周因于殷礼,都不是全盘接纳,总是有所"损益"。一些不符合时代发展的旧的东西被废止了、清理出局了,一些具有时代特质的新的元素增加进来。有损有益,新旧成分相互激荡,文化因此获得了内在的创新活力。孔子说:"周监于二代,郁郁乎文哉!吾从周。"(《论语·八佾》)孔子认为,周代的典章制度虽创制于周初,却是集夏商两代文化之大成。朱熹说周代文化"视二代之礼而损益之"(《四书集注·论语集注·八佾第三》)。三代之礼,至周完备,故能人文勃兴,生生不息。自周代开始,中国文化即表现出一种革故鼎新、不断转化和创造的内在动力,即"日新"的文化精神,"苟日新,日日新,又日新"(《礼记·大学》)。在中国传统文化中,"日新"不仅是指君子无所不用其极的道德修养,也是顺天应人、革故鼎新的社会变革观念,是推动中国社会变革的重要文化力量。

在中国历史上,周文王及周初的统治集团对于中国文化的贡献,不仅在于完成了小邦周变成天子国的权力转移,不仅在于确立了德治主义的原型,更重要的是,周人发现了人及文化的作用,损益得宜,日新其德,使周代文化获得了生生不息的发展动力。此后,孔子以传述展周代礼乐、典章作为自己的文化使命,心慕周公,以为木铎,删定《诗》《书》,笔削《春秋》,"合于道者著之,离于道者黜去之"(《读荀子》),赋予旧邦以新命,逐渐塑造出中国文化在尊重传统中不断地自我更新、转化与发展的独特精神气质。

二

中国是世界文化的发祥地之一。在几千年的历史发展中,中国文化虽屡受外来文化的冲击,但始终自成一独立的系统,在历史的长河中不绝如缕,薪火相传,为世界文化做出了独特而伟大的贡献。时至今日,在中华民族伟大复兴的语境之下,中国正以文化自信向世界讲述中国故事,古老的中华优秀传统文化愈发彰显其独特的个性魅力,揭示中国文化生生不息、与时俱新的内在机制。

冯友兰先生晚年把《诗经》的"周虽旧邦,其命维新"两句概括为"旧邦新命",并且做出了自己的阐释。他认为,所谓"旧邦",即指文化传统;所谓"新命",即指现代化。陈来先生对此阐发说,"'旧邦'就是具有古老的历史和文化,'新命'就是在历史的连续中不断地有新的发展。从这个观点看,古希腊、罗马及巴比伦、埃及都是有旧邦而无新命,有古而无今。只有中国的历史文化一直连续发展,有古有今"[①]。可以说,"旧邦新命"的命题,既提出了一个文化史上的深邃谜题,亦是对中国文化跌宕历史命运中所彰显的内在生命的深刻自觉,它触及文化发展的内在动因问题:旧邦何以新命?

孔子的学生子张曾经问孔子,今人是否可以预知未来的礼乐文化、典章制度。孔子的回答是,文化的传承是有损有益的过程,但总是有所"因",即

---

① 陈来:《从"贞元之际"到"旧邦新命"——写在冯友兰先生全集出版之际》,《中华读书报》2002年8月21日。

因循和传承，殷因于夏，周因于殷。如此，文化的发展可以因往推来，"虽百世可知也"（《论语·为政》）。朱熹在为这句话做注时，做了如下的阐发："商不能改乎夏，周不能改乎商，所谓天地之常经也。"朱熹认为，文化的损益与时偕新，但其中总有着不能损改亦无法损改的东西——"所因者"。在文化的发展中，"所因者不坏"，此即"天地之常经"（《四书集注·论语集注·为政第二》）。可以损改的是文化的表现形式，而内在的文化基因是无法损改的。此"天地之常经"就是文化基因，就是文化传统。正是因为文化传统的存在，一种文化得以保持其独特个性，不致与他种文化混同，不但可以在多样性的文化之林中清晰可辨，百世可知，而且具有内在的生命活力，历久而弥新。

以整个中国文化言之，独具特色的语言文字、辉煌瑰丽的文学艺术、光辉灿烂的科学技术、富有智慧的伦理道德等，均镌刻着中华民族独特的精神基因，积淀着中华民族最深层的精神追求，代表着中华民族独特的精神。它们根植于中国古代特定的地理环境、经济基础、社会政治结构，是在历史发展过程中逐渐形成的，又在历史的发展过程中被不断赋予意义和价值，形成了自己的传统。与世界上其他文化相较而言，中国文化自成一独立的系统，具有鲜明的文化个性魅力。除中国以外的世界上其他的古代文明，或者消失，或者中断，或者泯然于其他文化中，只有中国文化总是能够吐故纳新，保持自身的活力，在传统中发展，在发展中保持连续性。

以中国传统哲学思想言之，汉代经学之于先秦诸子学，魏晋玄学之于汉代经学，宋明理学之于魏晋玄学，清代实学之于宋明理学，在学术表现形式上各不相同，在思想的发展方向上也是各有损益，但其"所因者"，即中国哲学内在的精神气质和价值取向，自始至终一以贯之。按照张岱年先生的说法，它们都体现了中国哲学的六个特色，即合知行、一天人、同真善、重人生而不重知论、重了悟而不重论证、既非依附科学亦不依附宗教。这些特色是中国哲学之不同于印度哲学和西洋哲学的根本倾向。[①] 张岱年先生所说的"特

---

① 张岱年：《中国哲学大纲》，中国社会科学出版社，1982，第5页。

色""根本倾向",就是我们所说的中国哲学的文化基因。只有了解这些特色,方能不至于以西方哲学或者印度哲学的观点来误会中国哲学,也不至于将中国哲学混同于西方哲学或者印度哲学,因为它们分属于不同的文化传统。正因为文化传统的力量,中国哲学从先秦至清代的各个历史阶段之间,虽发生了种种变异,但又保持着精神气质上的连续性和同一性。

再以哲学家的思想倾向言之。荀子是先秦儒家思想的集大成者,与孔孟不同,荀子的思想中既有道德理想主义的坚守,亦兼容了法家的思想成分,宋儒因之认为荀子思想大本已失,已然偏离儒家主旨,甚至建议将其逐出儒家阵营。而韩愈则认为,荀子的思想虽不似孔、孟纯粹,但从思想主旨上看,荀与孔二人,同者多而异者鲜,"考其辞,时若不粹。要其归,与孔子异者鲜矣",如果说孟子是一个醇儒,荀子则是"大醇而小疵"(《读荀子》)韩愈的所谓"大醇",即指荀子思想的总体倾向和儒家传统,诸如德治主义的儒家立场、以义制利的价值取向,这是儒家思想区别于法家的根本。从"大醇"即可知荀子思想仍然镌刻着儒家的文化基因,仍然表现出儒家的思想连续性,仍然不背离儒家的文化传统。其思想虽然表现出了集大成的甚至是驳杂的特点,但仍不至与法家思想混同。

因此,综观中国几千年的文化史,可以说,中国文化的发展,就是既尊重自己的传统,同时又不断转化与创新,完成旧邦新命的历史。

三

那么,再让我们回到中国文化史上"旧邦何以新命"的谜题。传统究竟是什么?它对于文化发展的意义何在?

文化学者希尔斯说过,自启蒙运动以来,随着科学和理性带给人们的巨大裨益,在无往不胜的现代性面前,传统面临声名日下的尴尬境地。但正如希尔斯所言,任何人无论他对传统抱有怎样的拒斥,他终究也无法逃脱传统的掌心和"死人的支配"。传统是一个复杂的概念,"就其最明显、最基本的意义来看,它的含义仅只是世代相传的东西(traditum),即任何从过去延传至今或相传至今的东西"[1]。人类经年累代流传下来的物质产品和精神产品,包括器物层面、制度层面、信仰和道德层面的种种人类遗存,都是传统。传统的重要特征是具有代际的同一性。即便是经过了数代的延传,甚至在某些方面已经改变了其最初的面貌,但只要与传统的核心特征保持同一性,具有共同的渊源、共同的主题、共同的认同意识,传统就会被延续下来。比如汉儒、宋儒与先秦原始儒家相比,学术形式、话语体系均已发生很多改变,但核心特征始终如一,即司马谈在《论六家之要旨》所概括的儒家学派的核心特征:"以六艺为法","列君臣父子之礼,序夫妇长幼之别"(《史记·太史公自序》)。再比如希尔斯说,有人认为马克思主义社会主义者与乌托邦社会主义者之间隔着一条巨大的鸿沟,但实际上二者却同出一源,有着文化传统上的亲缘关系。

传统不是凝滞的历史,而是活在今天的过去。任何一个民族,都有其古老的历史和文化,但传统不是博物馆中陈列的历史遗产,不是僵死的旧邦的历史残片。黑格尔说过:"传统并不仅仅是一个管家婆,只是把它所接受过来的忠实地保存着,然后毫不改变地保持着并传给后代。它也不像自然的过程那样,在它的形态和形式的无限变化与活动里,永远保持其原始的规律,没有进步。"[2] 传统是发展的,传统的思维范型、制度范型、观念范型、行为范型,既是过去的遗存,也是延传至今的生命,无不对今天人们的思维方式、行为选择、价值取向和制度建构产生持续性的影响。因此,传统与现代的关系不是相互隔绝,而是你中有我,我中有你,交织在一起,生长在一起。对于今天来说,传统不仅仅意味着一个民族拥有悠久的历史和古老的文化,尊重传统更非仅仅是审美意义上聊发思古之幽情。传统是生长的、日新的、活的生命。

传统是民族的精神标识。所谓精神标识,希尔斯把它界定为文化传承中代际的同一性和连续性,也即孔子所说的文化发展"百世可知"的精神基因,

---

[1] 爱德华·希尔斯:《论传统》,傅铿、吕乐译,上海世纪出版集团,2009,第12页。
[2] 黑格尔:《哲学史讲演录》第一卷,商务印书馆,2013,第8页。

朱熹所说的文化损益中"不坏"的"所因者",张岱年先生谈及中国哲学时所说的"根本倾向"。传统是民族文化的标志,是一种文化区别于他种文化的独特标识。一种文化是否保持、坚守自己的传统,也就决定了该种文化是否有连续性,是否有生命力,是否能够存活下去。明清之际的顾炎武对"亡国"与"亡天下"做了区分。他认为,易姓改号,谓之亡国;斯文坠地,道德沦丧,谓之亡天下。亡天下更为可怕,因为这意味着中国传统的人伦观念的式微,预示着传统作为一种秩序力量的消亡。梁启超在谈到越南和朝鲜的文化时说过,放弃传统不仅仅意味着困难,而且意味着灾难,"一个民族必须行动起来保护它的民族特点——通过语言、文学、宗教、习惯、礼仪和法律表现出来,因为当一个民族的特点被清除时,这个民族也就死亡了"[1]。从文化多样性、文化安全的角度看,抛弃传统,无疑等于割断了自己的精神命脉;丢掉根本,不啻在世界文化多样性大潮的激荡中失去立足的根基,泯然众人。需要指出的是,强调传统、文化基因和精神标识,并非消弭文化个性。相反,个性恰恰是在传统中生长出来的。与自然界中的子代与亲代关系一样,文化中亦存在绵延不断的代际之链。任何一个时代的文化都有其脱胎的文化母体,子代的文化在继承其文化母体精神基因、将其写入自己文化密码的同时,也在创造自己的文化密码。因此文化代际中传统的同一性和连续性,是文化基因的复制,也是再创造的过程。正是在这个意义上可以说,传统不仅意味着同一性和连续性,也孕育了文化个性。

传统是秩序的保障。传统不仅是无法割断的、活在今天的文明之链,而且关乎社会生活的秩序和质量。生命有创造的冲动,同时也有秩序的需要。比如人们需要既定的、传承下来的范畴和规则,需要道德判断的价值准则,需要前人创造性想象的沉淀,甚至需要经验和权威的导向。孟子说:"天下有达尊三,爵一,齿一,德一。朝廷莫如爵,乡党莫如齿,辅世长民莫如德。"(《孟子·公孙丑下》)爵、齿、德代表着社会生活中传统力量所具有的克里斯

---

[1] 约瑟夫·阿·勒文森:《梁启超与中国近代思想》,四川人民出版社,1986,第274页。

玛光环。儒家言必称尧舜，对道统念兹在兹，说明人们总是祈望传统带来的安全感和秩序感。尊重传统往往使人们受益，反传统则因为割断了代际的关联性和同一性，因而意味着代价。希尔斯说，这就如同"剥夺了未来一代人的导向图"[①]，使他们置身于茫然和无序中。怀特海也表达过类似的看法，"生命有要求原创的冲动，但社会与文化必须稳定到能够使追求原创的冒险得到滋养，如此，这种冒险才能开花结果而不至于变成没有导向的混乱"[②]。传统之所以是活在今天的生命，而不是历史的遗骸，证明了有活力的传统对于维护秩序与促进社会进步的双重重要性。

传统是创新的滋养。在传统的身上，积淀着一个民族最深层的精神追求，镌刻着一个民族生生不息的文化基因。在某种意义上，文化传统已经成为人们浸润其中而不自觉的第二天性。在任何时候，活在今天的"传统"都将与负载着传统的"今天"纠葛在一起，以物质遗存和精神遗存的形式，为现代社会的创新提供思想资源，持续地发挥着影响。创新离不开传统的滋养，只有立足于社会实践，让传统"活"在今天，文化才能生生不息，日新不已。中国历史上的礼仪迁革、汉字简化、白话文运动等，都是在新的历史条件下与时俱新地适应生活实践需要的创举，是尊重传统与文化创新相结合的成功范例。

四

文化史的发展证明，"旧邦新命"是文化发展的规律。作为中国古圣先贤的思想创造与智慧成果，中国传统文化是中华民族对于人类独特而伟大的贡献，代表着中华民族独特的精神。它生于旧邦，长在今天；亘古亘今，薪火相传。它既具有历史合理性与价值合理性，也不可避免地带有时代的印记和糟粕，思想高度与思想限度瑕瑜互见，需要对其进行创造性转化与创新性

[①] 爱德华·希尔斯：《论传统》，傅铿、吕乐译，上海世纪出版集团，2009，第350页。
[②] 转引自林毓生《中国传统的创造性转化》，生活·读书·新知三联书店，1988，第84页。

发展。

　　实现中国传统文化创造性转化与创新性发展，要尊重传统，守望传统。坚守自己的文化传统，是一个民族文化自信的体现。正如一个孩子无法确认谁是自己的父母，必然缺乏天然的安全感和自信心一样，一个对传统缺乏认同感的民族，也必然是一个缺乏自信心的民族，终不免沦为精神上的孤魂野鬼。对于一个民族来说，文化传统是民族的生命之源、血脉之源、发展之源。只有尊重传统、坚守传统，一个民族文化才会找到旧邦新命、斯文在兹的文化自尊和文化自信，才会避免妄自菲薄的民族虚无主义，才会在全球化日益深入发展的今天，找到我们自己立足于世界之林的精神支撑。自近代以来，反传统成为中国社会的强劲大潮，以至形成了反传统的"传统"。改革开放四十年来，中国社会发生了巨大的变化，尤其是进入21世纪后，中国的经济社会正以前所未有的速度向前发展，取得了令世界瞩目的巨大成就，但同时却出现了文化上的"塌陷"。在谈及我们民族自己的文化传统时，总是缺乏自信，数典忘祖，心醉西风，自我贬损，在西方的所谓普世价值面前心虚气短。我们的制度自信、理论自信、道路自信，归根结底建立在文化自信的基础上。一个对自己的文化缺乏自信心与自豪感的民族，遑论提高文化的软实力，又如何以一种大国心态自立于世界民族之林？

　　实现中国传统文化的创造性转化与创新性发展，要理性地面对传统，反省传统。我们所说的守望传统，自然是指坚守以中华传统美德为核心的优秀传统文化，继承中华文化中讲仁爱、重民本、守诚信、崇正义、尚和合、求大同的优秀思想资源。同时，也要怀有一种深沉的文化自省精神，警惕滑落到对待传统文化的另一个误区之中。传统的含义十分复杂，有优秀的传统，也有劣根性的传统；有好的传统，也有坏的传统。越是要坚守自己的文化传统，越是要更加理性地面对传统，反省传统。在中国传统文化中，精华与糟粕总是纠缠在一起。因此，实现中国传统文化创造性转化与创新性发展，要坚持古为今用，推陈出新，有鉴别地加以对待，有扬弃地予以继承。对传统文化糟粕的成分，要去粗取精，去伪存真；对传统文化精华的部分，要珍之重之，发扬光大，更要以旧邦新命的文化精神，推动其与时俱进，不断创新。

实现中国传统文化的创造性转化与创新性发展，要把握好文化的时代性与民族性的关系。从文化史的角度看，人类文化的创造性转化与创新性发展，必须回答文化的时代性与民族性的关系问题。文化的民族性与时代性总是相互蕴含，辩证统一。民族性体现的是文化之源，时代性反映的是文化之流；民族性是孕育文化的精神母体，时代性是文化创新的内驱动力；民族性凸显的是文化个性和独特魅力，时代性展示的是文化普遍的价值共识。二者关系处理得好，传统文化就会既与时偕新，又避免丧失自我。在中国历史上，凡是能够把时代性与民族性有机统一起来的朝代，文化便呈现磅礴恢宏的气象，比如唐朝。中国近代以来，如何处理好这两者的关系一直是一个难题，既有经验，也有教训。

实现中国传统文化的创造性转化与创新性发展，要与培育和弘扬社会主义核心价值观结合起来。一个社会的核心价值观代表着该社会根本性的价值理念，蕴含着该社会的价值理想，它根植于传统，立足于现实，同时又面向未来。核心价值观是国家软实力的体现，反映了社会成员的基本理念和价值追求。作为决定一个社会文化性质和方向的深层要素，核心价值观不是无源之水，无本之木。中华优秀传统文化是社会主义核心价值观的固有根本，是社会主义核心价值观强大生命力的精神命脉。在中华优秀传统文化中，蕴含着丰富的思想道德资源。中华传统美德中所倡导的心系天下的爱国情怀、仁者爱人的人道精神、一诺千金的诚信品格、民为邦本的施政理念、天人合一的生命体验、反求诸己的道德自律、重义轻利的精神追求、协和万邦的大同理想，具有鲜明的民族特色，反映了中国人独特的精神世界，是中国传统核心价值观的重要内容。弘扬中华优秀传统文化和传统美德与社会主义核心价值观建设，并不是彼此孤立、分作两截的事情，弘扬传统美德本身就是社会主义核心价值观建设的重要内容。同时，传统美德融入社会生活实践，逐渐成为人们日用而不知的价值理念。

实现中国传统文化的创造性转化与创新性发展，要把握好马克思主义与传统文化的关系。中国特色社会主义植根于中华沃土，是马克思主义中国化的实践产物，是马克思主义普遍原理同中国革命具体实践、同中国改革开放具体实践相结合的产物，自然也就是与中国传统文化相结合的产物。非但不存在传统文化与马克思主义对立的问题，恰恰相反，中华优秀传统文化是马克思主义中国化的本土文化资源，是马克思主义在中国落地生根的文化土壤。同时，马克思主义的传入也改变了中国传统文化的发展方向，为传统文化注入了新的生机和活力。那种认为弘扬中国传统文化是复兴儒教、以"中"代"马"的观点，在逻辑上是错误的，在实践上亦十分有害。

总之，实现传统文化创造性转化与创新性发展，不是文化复古，也不是现代新儒家的返本开新，更不是以中国传统文化取代马克思主义。只有礼敬传统，坚守传统，一个民族才能拥有文化自尊和文化自信；只有面向世界，面向未来，一个民族才能建立旧邦新命的文化自觉，对中国道路进行前瞻性的文化思考，在世界文化的激荡中立于不败之地。

陈寅恪对文化精神的思考

赵海峰[*]

前　言

　　陈寅恪先生乃一代史学大师，其学问既深且博，他在许多不同学术领域都取得了出色成就。他毕生治学与思考的成果及意义不仅仅是学术性的，而且是思想性的。他对于中国的文化精神，以及与其相关的传统与现代、中国与西方的文化冲突、文化融合与文化变迁等问题的思考自有其深刻与睿智之处。其思想之深刻处，并不弱于同时代的大多数思想家及哲学家。本文之目的，正是从文化精神这一特定的角度出发来考察陈寅恪的有关著述，从中揭示他对于20世纪中国文化转型这一难题的独特解答，并初步探讨其思想意义。

　　陈寅恪对文化精神的思考在其自身思想历程之中呈现高度的连贯性与一致性，但在不同的学术问题之探讨中，又表现出不同的侧重点。本文姑且将其思考分为三个部分。第一部分，以《王观堂先生挽词并序》中提出的"文化精神"概念为着眼点，讨论陈寅恪先生思想之来源——美国新人文主义及国内学衡派思想之若干要点，揭示三者之一致性。第二部分，以《冯友兰中国哲学史审查报告》所提出的中国文化本位论观点为主，结合其著述讨论陈

---

[*] 赵海峰，黑龙江大学马克思主义学院教授，主要从事西方哲学史、西方实践哲学和文化哲学研究。

寅恪对历代文化变迁之论述。第三部分，以《清华大学王观堂先生纪念碑铭》所叙述之"独立之精神、自由之思想"为主，结合《论再生缘》和《柳如是别传》，考察陈寅恪晚年对"文化精神"所提出之新阐释。此外，本文还将对陈寅恪之"晚年心态"之内涵做一简单探讨。

通观陈寅恪之著述，可发现陈寅恪之文化思考具有以下重要特征：第一，提倡中外并重、以中为本之文化交流，文化之本位性与开放性、包容性并举，以此化解中西紧张；第二，史学之严谨考索与哲学之智慧观照相结合，达到二者之互相发明，水乳交融，令史学研究得到深化，直至高屋建瓴之境，亦使哲学思考不至凌空蹈虚，获得扎实根基；第三，冷静缜密之理性思考与深沉真切之情感关怀互相纠结，高度统一，为学术研究赋予浓烈的情感力度，使之成为切己之学，有了终极关怀的深度，从而与接续文化命脉，建设新文化之使命感密不可分，使学术研究具有深广的现实意义；第四，陈寅恪的文化思想大体属于一种以关注学术研究、人格完善为特点的文化精英主义；第五，陈寅恪整体上属于承认并重视传统之价值的文化保守主义阵营。陈寅恪之学术建树超迈当世之原因，部分即在于此五点，其人格力量也全部融化于严谨厚重的著述之中，得以彪炳史册，烛照千古。

一 文化精神与新人文主义

陈寅恪在《王观堂先生挽词并序》中说：

> 吾中国文化之定义，具于白虎通三纲六纪之说，其意义为抽象理想虽高之境，犹希腊柏拉图所谓 Idea 者。若以君臣之纲言之，君为李煜亦期之以刘秀；以朋友之纪言之，友为郦寄亦待之以鲍叔。其所殉之道，与所成之仁，均为抽象理想之通性，而非具体之一人一事。夫纲纪本理想之物，然不能不有所依托，以为具体表现之用；其所依托以表现者，实为有形之社会制度，而经济制度尤其重要者。故所依托者不变

易,则依托者亦得因以保存。吾国古来亦尝有悖三纲六纪无父无君之说,如释迦牟尼外来之教者矣。然佛教流传播衍盛昌于中土,而中土历世遗留纲纪之说,曾不因之以动摇者,其说所依托之社会经济之制度未尝根本变迁,故犹能藉之以为寄命之地也。近数十年来,自道光之季,迄乎今日,社会经济制度,以外族之侵迫,致剧疾之变迁;纲纪之说,无所凭依,不待外来学说之抨击,而已消沉沦丧于不知觉之间;虽有人焉,强聒而力持,亦终归于不可救疗之局。盖今日之赤县神州值数千年未有之钜劫奇变;劫尽变穷,则此文化精神所凝聚之人,安得不与之共命而同尽,此观堂先生所以不得不死,遂为天下后世所极哀而深情者也。①

他在《王静安先生遗书序》中说:

寅恪以谓古今中外志士仁人,往往憔悴忧伤,继之以死。其所伤之事,所死之故,不止局于一时间一地域而已。盖别有超越时间地域之理性存焉。而此超越时间地域之理性,必非其同时间地域之众人所能共喻。②

陈寅恪通过解释王国维投水自尽之原因,从而提出"文化精神"这一理念,他没有采用"文化精神"这样的字眼,而是称为"文化之定义",解释为"抽象理想最高之境",并类比于柏拉图的"理念"(Idea)概念,它是抽象的精神,而非现实的、具体的制度,伦理规范等。我们姑且名之为"文化精神"。它存在于"三纲六纪"之中,但不等于"三纲六纪"本身,否则陈寅恪的思想就与守旧派无任何区别,其思想也就无可称道之处。"三纲六纪"是具有意识形态性质的伦理规范与社会规范,它比"文化精神"要具体,"文化精神"体现在以"三纲六纪"为代表的社会规范体系之中。在这里,文化精神

---

① 陈寅恪:《寒柳堂集》,上海古籍出版社,1982,第6页。
② 陈寅恪:《金明馆丛稿二编》,上海古籍出版社,1980,第220页。

为"共相",而"三纲六纪"为"殊相",而在另一方面,各种具体的社会制度(如经济制度)比"三纲六纪"更为具体,"三纲六纪"又体现于各种具体制度之中。在这里相对来讲,"三纲六纪"又成为"共相",而具体制度成为"殊相"。这样,文化精神——三纲六纪——具体制度,层层递进,形成了一个金字塔式的由最抽象到比较具体又到最具体的观念-制度体系。而鸦片战争以来,处于这一体系最底层、最根基的具体制度(陈氏以"社会经济制度"表示之)受到破坏,建立于其上的三纲六纪失去依托,文化精神就有消亡之虞。王国维正是意识到这一点而以自杀警醒国人,表达他对挽救文化精神之忧思。这就是陈寅恪在这篇文章中所表达的意思。

陈寅恪毕生的思想关注点都指向一个时代问题,就是在文化的中西冲突和古今演变这一世纪性转折中如何保存民族文化的精神血脉,使其不至消亡,以完成再造文明、重铸辉煌的文化使命。在 20 世纪上半叶,政治上的救亡图存与文化上的振衰扶弊是每一位中国知识分子所思考的最大问题,虽然他们的思考方式与描绘的理想蓝图、行动的具体方式各不相同,有的甚至针锋相对。陈寅恪的立场,明显属于广义的文化保守主义阵营。"文化保守主义"的本义,与政治上的保守主义有一定联系,但也有很大不同,文化保守主义者不都是政治保守主义者,二者并非对等概念,"文化保守主义"主要是指承认并认同文化的价值和传统的价值,不主张用政治等领域来取代文化,不主张取消传统、全盘西化、与过去相决裂等思想倾向。陈寅恪属于 20 世纪中国文化保守主义中的特殊一派——学衡派。

学衡派的成立以《学衡》杂志为标志。《学衡》创刊于 1922 年,为一份以学术文章为主,坚持学术的立场、方法的精英杂志。它的出现,表明了一种与《新青年》启蒙派不同的立场和观点。其代表人物主要有吴宓、陈寅恪、汤用彤,柳诒征以及刘伯明、梅光迪、胡先骕等。这一派最主要的思想来源是新人文主义,代表人物有美国的白璧德(Irving Babbitt)、穆尔(Paul More),英国的阿诺德(Matthew Arnold)等。吴宓、陈寅恪、汤用彤三人在哈佛大学留学时共同受到了当时在哈佛任教的白璧德的影响。以下,本文将把陈寅恪的思想与学衡派其他人和新人文主义放在一起讨论,以明其共同点及陈寅恪思想之重要来源。

(一)注重抽象之文化精神及世界各大文明之传统

新人文主义的主张直接针对近代西方文明之弊端而发。西方近代文明本身具有崇尚感性生命、高扬科学技术、鼓吹个人主义的特点。在打破中世纪神性枷锁,宣扬个性解放的启蒙运动之中,其进步意义不言自明。但到了20世纪,经过第一次世界大战,西方社会所暴露的纵欲享乐、自私麻木、扩张权力、迷信技术万能等弊端,已使有识之士感到震惊。在这种情况下,新人文主义者认为,要克服这种弊端,就必须回归传统,从传统中寻找真精神,而且他们的眼光不仅仅限于欧洲传统,而是要融会中、西、印各大文明之传统,发掘其共性,阐扬包含于各大文明传统之中的普遍文化精神,并以此为核心来重铸新文明。

白璧德说:"若欲窥见历世积储之智慧,撷取普通人类经验之精华,则当求之于我佛与耶稣之宗教教理,及孔子与亚里士多德之人文学说。舍是无由得也。"[①] 学衡派受此影响,提出"昌明国粹、融化新知"的口号。吴宓说:"吾国言新学者,于西洋文明之精要,鲜有贯通而彻悟者。苟虚心多读书籍,深入幽探,则知西洋真正之文化与吾国之国粹,实多互相发明,互相裨益之处,甚可兼蓄并收,相得益彰。诚能保存国粹,而又昌明欧化,融会贯通,则学艺文章,必多奇光异彩。"[②]

吴宓这段议论针对的是当时主张抛弃传统的西化思潮,他反对西化思潮把中与西、传统与现代当作互相排斥的关系。我们知道,当时的所谓全盘西化、反传统、"打倒孔家店"只不过是基于"矫枉必须过正"的一种策略的考虑,具有功利性。在当时的历史条件下具有合理性。但这种合理性是有限度的,它立足于破坏旧的而不是建设新的。学衡派的主张之所以不同,就在于

[①] 吴宓译《白璧德论欧亚两洲文化》,《学衡》1925年第38期。
[②] 吴宓:《论新文化运动》,《学衡》1922年第4期。

他们是立足于建设的。

国粹与新知、传统与现代、中与西（即本土文化与外来文化的代称）之间的关系应该具有两个方面：一方面，两者应有相互补充之处，如欧洲的个人主义传统与中国的集体主义传统的互相补充，否则便无须融会新知，吸纳异质文明的优点也就没有必要；另一方面，两者也应有一些内在的一致之处，否则"融会新知"就失去了内在的逻辑根据而成为不可能。这两者同时并存，并不矛盾。这样"返本"与"开新"互相包含，互相补充，成为学衡派受新人文主义影响而形成的文化纲领。

新人文主义者所言之"传统"实际上具有"超越时空的普遍性和国际性"。[1] 它和陈寅恪在《王观堂先生挽词并序》中所论述的抽象文化精神有可以相通之处。二者之不同在于：陈寅恪（学衡派也如此）是立足于中华民族文化的立场之上，他后来的思想可以归结为一种"中国文化本位论"，不像新人文主义者是着眼于西方文明本身的。陈寅恪也不甚强调抽象文化精神的普适性、世界性，但是他强调了中国文化精神本身具有开放性的特点（在后文将加以具体论述）。

学衡派既受西方思想影响，又有延续并发扬中国传统、再造新文化的愿望和抱负，因而他们不像上一代文化保守主义者那样昧于西方和世界形势，只知抱残守缺；也不像文化激进主义者那样用西方文明来完全取代传统文明。他们的视野是广博的，涵盖世界各大文明，因而具有思考问题的深刻性。正如孙尚扬所说："国际人文主义者的恢宏气魄和胸怀、眼光将使他们在文化传统的用藏取舍时，早得卓立不群。他们将不仅仅是民族文化传统的守卫者，而且也是来自异域之人文价值的肩负者和诠释播扬者。这使得他们意欲建构，而且确实完成了的价值和文化思想体系成为新文化运动中连绵的思想巨峰中不可忽视的一座山峦。"[2]

---

[1] 孙尚扬：《在启蒙与学术之间：重估〈学衡〉》，载《国故新知论》，中央广播电视出版社，1995。
[2] 孙尚扬：《汤用彤》，东大图书公司，1996，第71页。

（二）强烈的文化使命感和精英主义的人格理想

白璧德认为："夫为人类之将来及保障文明计，则负有传授承继文化之责者，首先能洞悉古来文化之精华。"① 新人文主义首先要求学者负起传授承继文化之责，为负起此责，就必须通过吸收各大文明精华，以求自身之完善。所以他们注重个体的完善，尤其是人格的完善，而非近世文明所鼓吹的感性欲望的满足。阿诺德认为："文化者，求完善 perfection 之谓也，完善在内而不在外，故轻视物质文明如铁道工厂之类；完善在普遍之发展，故含社会化性质，不容有极端之个人主义；完善在均齐之发展，故不如清教徒之独重品德。"② 白璧德认为："人性好趋极端而矜偏颇，然人之所以学为人者，正以其能战胜此种天性，于人心中每种趋向，各以其反对之趋向而调剂之，遂能合体而有度焉。"③

白璧德把"人文主义"（humanism）一词的意义上溯至拉丁文"humanus"和"humanitas"。他说，humanitas 被人误用来指泛爱、博爱之意，实际上它含有规训与纪律之意，"非可以泛指群众，仅少数优秀人选者可以当之"④。到了近世，人们则混淆人文主义（humanism）和人道主义（humanitarianism），后者为"表同情于全人类，致信于将来之进步而亟欲尽力于此事者"⑤，而前者与拉丁文 humanltas 的意义相一致，"与人道派适相反，视其一身德业之完善，较之改进全人类为尤急。虽亦富于同情，然必加之以训练，节之以判断"⑥。

新人文主义这种完善自身、提倡选择与博爱并行、主张规训与纪律的思想属于精英主义，它之所以不同于人道主义之"广博之同情"，是因为人道主义有缺乏"信条与训练"导致"无轨范，无训练，舍节制而乐自由""漫无标

---

① 吴宓译《白璧德之人文主义》，《学衡》1923 年第 19 期。
② 梅光迪:《安诺德之文化论》，《学衡》1923 年第 14 期。
③ 吴宓译《白璧德之人文主义》，《学衡》1923 年第 19 期。
④ 徐震堮译《白璧德释人文主义》，《学衡》1924 年第 34 期。
⑤ 徐震堮译《白璧德释人文主义》，《学衡》1924 年第 34 期。
⑥ 徐震堮译《白璧德释人文主义》，《学衡》1924 年第 34 期。

准、凌傲自足、放纵自恣"[①]的弊端，过于强调感性欲望之满足，个人主义恶性膨胀。新人文主义认为，通过道德修养、学术研究等方式来达到人格完善，以求达到一种中和、节制、完善、整全的新人格，这是符合释迦牟尼、柏拉图、亚里士多德、帕斯卡尔等人的思想的。[②]这和儒家的"中庸"思想也有相合之处。

学衡派承继并发挥了这一思想，来对抗启蒙派不加批判地鼓吹科学和推翻传统的片面性。吴宓说新文化运动"其持论则务为诡激，专图破坏。然粗浅谬误，与古今东西圣贤之所教导，通人哲士之所述作，历史之实迹，典章制度之精神，以及凡人之良知与常识，悉悖逆抵触而不相合"[③]，批评启蒙派"以政客之手段，到处鼓吹宣布，又握教育之权柄"[④]。这个批评在学衡派众人中颇有典型性，虽有过分之处，但也是基于他们独特的立场。

吴宓实际上提出了一个"通人"的理想，来与启蒙派的西化的"新人"理想对立。无疑，其目的是要树立一个具有永久性、普适性的文化标准，以此来衡量文化转型和文化交流的损益取舍。他们试图避免启蒙派的行为策略所表现出的功利性与短期性。在那个特定的历史环境中，这个"通人"理想虽显得过于虚悬而迂阔，但从长远的历史角度观察，它的合理性便会凸显。

启蒙派的思想基础除了"矫枉必须过正"的现实考虑以外，就是对于文化单线进化，即西方新文化必定取代东方旧文化的信念。在今天，文化单线进化的观念已经受到全面质疑而不能成立，学衡派的主张亦有必要加以重新评价。在我们目前所处的时代，文化转型尚未完成，传统与现代、本土文化与外来文化之间的融合还没有从自发达到完全自觉。学衡派的主张在客观上对启蒙运动有着深化作用，如果说启蒙的第一步是"冲决网罗"、破坏偶像，那么接下来建设新的文化便会被提上日程。学衡派的主张自有其借鉴意义。

---

① 徐震堮译《白璧德释人文主义》，《学衡》1924 年第 34 期。
② 吴宓译《白璧德之人文主义》，《学衡》1923 年第 19 期。
③ 吴宓：《论新文化运动》，《学衡》1922 年第 4 期。
④ 吴宓：《论新文化运动》，《学衡》1922 年第 4 期。

学衡派表现出来的接续传统文化之真精神、真血脉的使命感以及由此生发的对传统破灭的忧虑，亦自有其意义。吴宓担心"国粹丧失，则异世之后，不能还复。文字破灭，则全国之人不能喻意。长此以往，国将不国，凡百改革建设，皆不能收效"①。这与王国维的担心在精神上是一致的。此言虽然不无夸张之处，但其中表达的新文化大厦不能建筑在传统丧失、一无所有的空地上的思想，的确有精辟之处。

学衡派主张，延续文化精神和建设新文化的使命由文化精英来承担，所以提出"通人"理想作为文化精英的标准。下面试分析一下这一理想所包含的几层含义。

首先，要养成完善的人格。

陈寅恪说："程朱者，正即西国历来耶教之正宗。主以理制欲，主克己修省，与人为善。若 st.Paul, st.Augustine, Pascal, Dr.Johnson，以至今之白师及 More (Paul E.) 先生皆是也。"② 陈寅恪以程朱学派与新人文主义之相似性立言，指出二者都有重视个人修养、节制欲望的共同点，而且指出这种共同点是圣保罗、圣奥古斯丁、帕斯卡尔、英国文学家约翰逊所共同遵循的一种传统，而新人文主义恰好承接了这种传统。众所周知，程朱学派以高扬道德理想、主张克制欲望著称，它以循序渐进的格物穷理作为变化气质、增进德性的途径，因更注重人格的完善性而成为与新人文主义最为接近的中国学派。

人格完善最重要的内容之一即道德的完善。学衡派对此也极为重视。陈寅恪认为，中国传统中之道德历史悠久，然特重家族伦理，其制度发达甚早，大体可归于政治伦理和实践伦理的范畴。其特点是"准重实用，不究虚理"，与古罗马人最相似，"长处即修齐治平之旨；短处即实事之利害得失，观察过明，而乏精深远大之思。故昔则士子群习八股，以得功名富贵。而学德之士，终属极少数。今则凡留学生，皆学工程实业，其希慕富贵，不肯用力学问之意则一。而不知实业以科学为根本，不揣其本，而治其末，充其极，只成下

---

① 吴宓：《论新文化运动》，《学衡》1922 年第 4 期。
② 吴学昭：《吴宓与陈寅恪》，清华大学出版社，1992，第 12 页。

等之工匠。境遇学理，略有变迁，则其技不复能用，所谓最实用者，乃适成为最不实用。至若天理人事之学，精深博奥者，亘万古、横九亥，而不变。凡时凡地，均可用之。而救国经世，无必以精神之学问（谓形而上之学）为根基。……今人误谓中国过重虚理，专谋以功利机械之事输入，而不图精神之救药，势必至人欲横流，道义沦丧"①。

这段议论甚为精辟。从现实的角度看来，中国文化中的缺点不在重虚理而恰在重实用，这似乎与大多数人对中国文化的看法相左。然而，陈寅恪是站在真正了解东西方哲学及其传统的立场上说话。我们知道，西方文化及哲学来自两大传统，即古希腊之"爱智"传统与希伯来之"信仰"传统，这两大传统之共同点恰恰在于人神分途，此岸与彼岸分离，有浓厚的宗教色彩。古希腊人致力于探究宇宙本原，崇尚"虚理"，所以才能创立形而上学、逻辑学、几何学并从事自然科学的研究，而其道德学说亦以形而上学为根基。

而中国之传统道德学说虽然也有形而上学，但其形态与西方意义上的形而上学截然不同，它太注重"天人合一"，即现象与本体，缺乏此岸与彼岸的分别与对立。宋明理学是最具有"形而上学性格"的道德学说，但它还是把最基本的东西和最崇高的东西合在一起说而不加严格区分。② 所以，陈寅恪主张吸收外来文化中的形而上学成分，以给道德修养一个坚实的根基。陈寅恪所说的"天理人事之学"即以道德修养为中心的一整套形而上学体系。

陈寅恪本人虽然认识到这一点，但没有建立形而上学体系的兴趣。学衡派众人中也没有出现形而上学家。但是，吴宓做过这样的尝试，这体现在20世纪30年代他在清华大学外文系、北平大学女子文理学院等院校开设的一门选修课"文学与人生"之中。从整理发表的讲义看，它不是严密的哲学体系，但其中"人与宇宙""天人物三界""宇宙与人构成之基本公式""万物品级图""人性之研究""自由意志与命运"等章节足以表明吴宓试图把自己的思想做一个形而上学的表达。这与陈寅恪上述议论的精神是一致的。而且，

---

① 吴学昭：《吴宓与陈寅恪》，清华大学出版社，1992，第9~10页。
② 参见何怀宏《良心论》，上海三联书店，1994，第402页。

吴宓对中国古典道德哲学中的重要命题如"人心惟危、道心惟微""中庸之道""义利之辨"等都做了形而上学的重新阐释，揭示它们与新人文主义的相合之处。① 这也表明吴宓不仅在理论上阐述"昌明国粹、融化新知"的口号，而且已经把它运用到学术研究中去。陈寅恪同样把这一口号贯彻到毕生的学术研究之中。

陈寅恪与学衡派众人毕生强调个人的道德操守，他们针对新文化运动背景下出现的功利主义弊端和众多的投机牟利现象施以批评。陈寅恪说："我侪虽事学问，而决不可倚学问以谋生，道德尤不济饥寒。要当于学问道德以外另求谋生之地。经商最妙。……若作官以及教员等，决不能用我所学，只能随人敷衍，自侪于高等流氓，误己误人，问心不安。至若弄权窃柄，敛财称兵，或妄倡邪说，徒言破坏，煽惑众志，教猱升木，卒至颠危宗社，贻害邦家，是更有人心者，所不忍为矣。"②

学问与道德被视为人立身之本，不能作为谋生手段，否则人性就会迷失在物质欲望之中而出卖了学问与道德的纯粹性。陈寅恪之意，不是要学者都去经商，而是警告学者不要以学问、道德为谋生手段，不要牺牲学问、道德的纯洁性去谋求利益，强调学问、道德不依政治、经济条件为转移的独立性。正如徐葆耕所说："无论康梁还是孙中山，他们的出发点都是把国弱民贫变为国富民强，其中虽也讲'开启民智'，但逻辑依然是物质生产的贫弱——物质生产的丰足。而陈、吴的思想逻辑却是物质——精神，他们关心着一个不被人注意的角落，即精神世界的危机。从张之洞到康梁到孙中山，所采取的都是社会学视角，而陈所取的则是文化学视角。"③ 从拯救精神这一目标的提出，可见学衡派（以陈、吴为代表）的眼光的确有比启蒙派高远之处，这是因为他们采取了与启蒙派的社会学视角不同的文化学视角乃至哲学形而上学视角。

---

① 吴宓：《文学与人生》，清华大学出版社，1993。
② 吴学昭：《吴宓与陈寅恪》，清华大学出版社，1992，第8~9页。
③ 徐葆耕：《文化的两难处境及其他》，载《吴宓与陈寅恪》，清华大学出版社，1992，第159页。

其次，寻求学术的扎实、严谨、深刻和会通。

"通人"一词，通常与"专家"一词相对，指融会贯通各门学科的博学之士。学衡派主张学科之融会贯通，但这一思想并非为学衡派所独有，因为20世纪初人文学科还大致属于一个整体，尚未发展为现在这么严格的文、史、哲等学科的区分，20世纪三四十年代学术大师辈出，文史哲都是打通的，学科壁垒不像现在这么严重，这主要是中国传统学术特点影响的结果。

学衡派提出"通人"理想的另一原因是针对当时学界空疏武断的学风而倡导严谨治学。当时知识分子以启蒙为主要任务，启蒙派采取的策略是矫枉过正，与传统决裂，它必然排斥真正深入的学术探讨。学衡派从学术的角度出发来评判知识分子的主张，自然会挑出许多毛病。如汤用彤说："时学之弊，曰浅，曰隘。浅隘则是非颠倒，真理埋没，浅则论不探源，隘则敷陈多误。"[1] 他批评时人只吸收西方近代思潮的一部分，对西方文化并无通盘深入了解，而且"牵强附会""入主出奴"之风盛行，"间闻三数西人称美亚洲文化，或且集团体研究，不问其持论是否深得东方精神，研究者之旨意何在，遂欣然相告，谓欧美文化迅即破坏，亚洲文化将起而代之"[2]。学衡派批评的矛头也不仅仅指向以《新青年》为代表的启蒙派。汤用彤这段话所批评的就是以梁启超《欧游心影录》为代表的鼓吹东方文化复兴，拯救西方物质文明的观点。梁启超的这种观点与启蒙派的观点虽正相反，但用汤用彤主张的学术标准看来，都不免"浅隘"的毛病。

梅光迪则正面论述学者之标准云："学问家为真理而求真理，重在自信，而不在世俗之知；重在自得，而不在生前之报酬。故其毕生辛勤，守而有待，不轻出所学以问世，必研索至精，而后成一书。……夫如是而后学问之尊严、学问家之人格可见。"[3] 学问乃中国儒家传统所言之"为己之学"，学者对待学问的态度与学者自身之人格是相等同、相联系的，所以不应为功利所动。他

---

[1] 汤用彤：《评近人之文化研究》，《学衡》1922年第12期。
[2] 汤用彤：《评近人之文化研究》，《学衡》1922年第12期。
[3] 梅光迪：《评提倡新文化者》，《学衡》1922年第1期。

转而批评"今之所谓学问家"说:"其于学问,本无彻底之研究与自信自得之可言,特以为功利名誉之念所驱迫,故假学问为进身之阶。"①他认为"改造固有文化,与吸收他人文化,皆须先有彻底研究,加以至明确之评判,副以至精当之手续,合千百融贯中西之通儒大师,宣导国人,蔚为风气,则四五十年后,成效必有可睹也"②。

学衡派要求新文化运动应该以学问探讨为主,以"昌明国粹、融化新知"为目标,不要片面、肤浅、武断,而要求真、求全、求深,发挥新人文主义的精神来慎重地吸纳外来文明中对本民族有益的、能与传统文化互相融合的、代表了人类优秀文化成果的成分。从学术研究的角度出发,这种主张是可取的,学术与启蒙应当是互补的、良性互动的。这个思想对我们是有借鉴意义的,因为在现代,启蒙尚未完成,学术研究等有待深化发展,我们不能忘记学衡派这个在当时显得迂阔的主张。

学衡派为什么把学术研究作为解决文化问题的一种重要途径?这个问题似乎不言而喻:知识分子是文化和价值的承继者和诠释者,而知识分子之本职工作就是从事学术研究,因而学术研究和现实的文化问题必然联系在一起。的确,学衡派的主张中隐含着这样的逻辑。但陈寅恪的解释尚不止于此,他在《吾国学术之现状及清华之职责》中直接从中国本身的学术传统出发,来说明中国之学术与中国之文化的关系。他认为,学术之独立实为关系"吾民族精神上生死"之一大事。③他说:"昔元裕之、危太朴、钱受之、万季野诸人,其品格之隆污,学术之歧异,不可以一概论;然其心意中有一共同观念,即国可亡,而史不可灭。今日国虽幸存,而国史已失其正统,若起先民于地下,其感慨如何?"④

陈寅恪以文学为国家民族文化精神命脉之所系,不仅仅为一求真之学术

---

① 梅光迪:《评提倡新文化者》,《学衡》1922年第1期。
② 梅光迪:《评提倡新文化者》,《学衡》1922年第1期。
③ 陈寅恪:《金明馆丛稿二编》,上海古籍出版社,1980,第317~318页。
④ 陈寅恪:《金明馆丛稿二编》,上海古籍出版社,1980,第317~318页。

门类。这种观念在传统中似乎已经有了,那就是文学中体现的"正统"观念。此观念之意义是政治的和道德的。而陈寅恪点出古史学家之正统观念,其意不在于政治意义、道德意义而在于抽象的文化意义,否则陈寅恪与古人之观念也就没有分别。

陈寅恪所面临的问题,不再是中国历史上经历若干次的改朝换代或"以夷变夏",而是一个文化"被近代化"和"被殖民化"的问题。不但中国整个的文化精神有消失的危险,西方文明一样面临传统断绝的危机。所以,他讲文学的功能在于继统,但所继的不是旧的意义上的政治之统、道德之统、某一民族之统或学说之统,而是文化精神之统。他虽然用旧的概念来讨论问题,但实质上已用新人文主义意义上的"文化精神"观念替换了旧概念的内涵。

与之相关,关于"国文",陈寅恪说:"国文则全国大学所研究者,皆不求通解及剖析吾民族所承受文化之内容,为一种人文主义之教育,虽有贤者,势不能不以创造文学为旨归。殊不知外国大学之治其国文者,趋向有异于是也。"[1]

他并不是在语言学的意义上使用"国文"一词,也不是把它看作文学艺术创作,而是在文学史、文学评论和文化史的意义上来使用"国文"一词。他规定其功能为"求通解","剖析吾民族所承受文化之内容"及"为一种人文主义之教育"。"通解"观念一方面承接中国古代文史哲不分的状况,另一方面反映新人文主义和学衡派"通人"理想。陈寅恪毕生学术研究之宗旨即在于求通解通识。[2] 他的著述大多为打通文史哲之作,他把诗史互证、文史互证的方法发挥到极致,使文学、史学、哲学等各相关学科的研究超越了各自学科的限制和壁垒而达到会通之境。古典文学为传统文化的重要组成部分,而且是传统文化的结晶和传统得以延续至今的重要承载物,研究古典文学,可以借此了解本民族的历史与传统,并进一步探索传统与现代之间的异同和传统本身的千年流变过程。

---

[1] 陈寅恪:《金明馆丛稿二编》,上海古籍出版社,1980,第317~318页。
[2] 刘梦溪:《一代文化所托命之人》,载《纪念陈寅恪先生百年诞辰学术论文集》,江西教育出版社,1994,第357~361页。

至于"为一种人文主义之教育"是陈寅恪仅有的提到"人文主义"的一次，它与新人文主义有关。"新人文主义"最原初的意义就是一个文学批评流派，其代表人物白璧德、穆尔、阿诺德等人都是文学家、文学批评家，他们都重视文学在承载文化精神、表达文化传统、解答文化问题、人生问题方面的重要功能。吴宓的《文学与人生》也着重通过对文学的讨论来从事文化研究、传统研究，建立以道德修养为中心的形而上学。陈氏此语，固合乎新人文主义与学衡派之旨耳。

学衡派以"通儒大师"相期许，其中包含的不同于传统"通儒"之处即在于，不但能熔铸今古，也要能会通中西；既能了解传统（包括了解传统之特点，其优缺点及其与现代文明、西方文明之关系），又能吸收异质文明；既有旧的学术修养，又能掌握新的学术方法；学术眼光既要广，专门的学术造诣又要深；既能从事学术研究，又要有对社会、对文化的思想关怀；既是优秀学者，又能在道德、人格上得到完善。可以说，学衡派的代表人物陈寅恪、汤用彤、吴宓是做到了这一点的，他们正符合他们自己所主张的标准。时人多以他们为学问家，而往往不甚重视他们的主张的思想意义。在他们身上，"思想"与"学术"、学问与人格是统一在一起的。他们以人格完善和学术进步来延续中国文化命脉、承接并诠释文化精神的精英主义主张虽然在他们所处的时代不被理解，但其价值及意义是不灭的。他们的高尚人格与学术成就使他们成为中国文化精神的最佳的承继者。

二　文化变迁与中国文化本位论

陈寅恪作为一位史学家，并不满足于考释个别史事、解决枝节问题，也不满足于停留在史学本身的层面来就事论事地研究。他的史学研究，寄托着深刻的文化关怀。他以史学研究作为根基，以独特的方式参加了古今中西问题的讨论。

陈寅恪在冯友兰的《中国哲学史》下册审查报告中说：

二千年来华夏民族所受儒家学说之影响，最深最巨者，实在制度法律公私生活之方面，而关于学说思想之方面，或转有不如佛道二教者。如六朝大夫号称旷达，而夷考其实，往往笃孝义之行，严家讳之禁，此皆儒家之教训，固无预于佛老之玄风者也。释迦之教义，无父无君，与吾国传统之学说，存在之制度，无一不相冲突。输入之后，若久不变易，则决难保持。是以佛教学说，能于吾国思想史上，发生重大久远之影响者，皆经国人吸收改造之过程。其忠实输入不改本来面目者，若玄奘唯识之学，虽震动一时之心，而卒归于消沉歇绝。近虽有人焉，欲燃其死灰，疑终不能复振。其故匪他，以性质与环境互相方圆凿枘，势不得不然也。六朝以后之道教，包罗至广，演变至繁，不似儒教之偏重政治社会制度，故思想上尤易融贯吸收。凡新儒家之学说，几无不有道教，或与道教有关之佛教为之先导。如天台宗者，佛教宗派中道教意义最富之一宗也……其宗徒梁敬之与李习之之关系，实启新儒家开创之动机。北宋之智圆提倡中庸，甚至以僧徒而号中庸子，并自为传以述其义……至道教对输入之思想，如佛教摩尼教等，无不尽量吸收，然仍不忘其本来民族之地位。既融成一家之说以后，则坚持夷夏之论，以排斥外来之教义。此种思想上之态度，自六朝时亦已如此。虽似相反，而实足以相成。从来新儒家即继承此种遗业而能大成者。窃疑中国自今日以后，即使能忠实输入北美或东欧之思想，其结局当亦等于玄奘唯识之学，在吾国思想史上，既不能居最高之地位，且亦终归于歇绝者。其真能于思想上自成系统，有所创获者，必须一方面吸收输入外来之学说，一方面不忘本来民族之地位。此二种相反而适相成之态度，乃道教之真精神，新儒家之旧途径，而二千年吾民族与他民族思想接触史之所昭示者也。①

笔者之所以不厌其烦地摘引这么长的一段文字，是因为陈寅恪此文概括

---

① 陈寅恪：《金明馆丛稿二编》，上海古籍出版社，1980，第251~252页。

了历史上中外文化交流的复杂过程及其规律。陈寅恪历史研究的一个重要内容就是对此文若干论点的展开。陈寅恪把中外文化交流的总规律和发扬光大中国文化的总原则归结为"一方面吸收输入外来之学说，一方面不忘本来民族之地位"。他对此观点再三致意，笔者也对此极为重视。

陈寅恪称自己"议论近乎曾湘乡张南皮之间"[①]，这容易使人想到"中体西用"。因为曾国藩（湘乡）是洋务运动的代表，主张学习西方的坚船利炮等技术手段，在文化上则采取程朱理学；张之洞（南皮）作《劝学篇》，提出"旧学为体，新学为用"，后被梁启超转述为"中学为体，西学为用"。总的说来，"中体西用"的内涵在于：认为中国文化的长处在精神文明，西方文化的长处在物质文明，以中国的精神文明为主体，采取西方的物质文明。此论影响很大，但并不是所有文化保守主义者所共同遵循的观点。在上一部分已经谈到，陈寅恪认为中不如西之处不在实用之技艺，而恰在虚空、超越之形而上学，他的思想也不能用"体用"模式加以概括，所以不能把他的思想归结为"中体西用"。有学者把他的思想归为一种"中国文化本位论"[②]，这种概括要更为贴切一些。

"一方面吸收输入外来之学说，一方面不忘本来民族之地位"就是陈寅恪之"中国文化本位论"的核心命题。它是学衡派"昌明国粹，融化新知"的进一步深化和明确化的表述，这两个文化命题的共同点在于以本民族为本位，是主动的、有选择与取舍的"化西"而非被动的、伤害本位的"西化"。其不同点在于学衡派之"国粹"与"新知"这两个提法略显笼统，而且在字面上强调"旧"与"新"，不能表达出学衡派主张的"优秀传统是超越时间的"这一观念。所谓"新知"实指西方古代的人文主义传统，而并非卢梭的浪漫主义和培根的科学主义这些近代思潮。

[①] 陈寅恪：《金明馆丛稿二编》，上海古籍出版社，1980，第251~252页。
[②] 周勋初：《陈寅恪先生的"中国文化本位论"》，载《纪念陈寅恪先生诞辰百年学术论文集》，北京大学出版社，1989；刘梦溪：《一代文化所托命之人》，载《纪念陈寅恪先生诞辰百年学术论文集》，江西教育出版社，1994。

陈寅恪之命题是学衡派命题的明确化，它首先就"中"与"外"立言，实则涵盖千年文化交流之历史；又点出"学说"与"地位"之分，以明"本位"之含义、范围及限度。后一区分至关重要，因为它针对的是这样的问题：中国文化吸收外来文化应该有个什么样的限度？是应该停留于器物层面的引进，还是继续把引进的范围扩大到制度文化层面和思想观念层面？"中国文化本位"这个概念的内涵外延是什么？陈寅恪的回答则是，中国文化本位就是"本来民族之地位"，就是吸收外来文化之时所依据的取舍损益的标准，这一标准体现在中国已有的传统之中，但其具体标准可以是变化的。它更主要地体现为一种精神的独立性与开放性，在这种独立、开放的精神下，输入的学说可以是制度层面的，也可以是思想层面的。

为什么这么说？我们可以举例说明，比如西方民主自由观念，在19世纪是不符合中国传统的，不能被吸收，但在20世纪的中国，就可以吸收它，中国民族的独立性并不因此而消亡；马克思主义被引进，甚至成为新中国建设的指导思想，中国本位文化也并未消亡。这就说明"中国文化本位"并非某种特定的思想体系、行为方式、社会规范，而主要是一种态度和精神，它具有独立性与开放性，它可以借某种特定的思想体系、行为方式、社会规范表现出来，但那些思想、行为、规范都是可变的，而文化本位并非就此消失。

陈寅恪的这一思想显然与他的"文化精神"学说有关，中国文化本位正是文化精神的表现。所以陈寅恪主张一方面中国文化不能故步自封，陶醉于已有的传统中，而是要时时保持开放心态，努力借鉴吸收包括器物、制度、思想观念诸层面的一切外来文化，与本国传统相融合，使文化向前发展，不断创新；另一方面，要保持本民族文化的独立性，否则就会导致精神上的崇洋媚外，失去民族认同感，难免沦为他国在文化上的附庸，最终必然伤害民族在经济上、政治上的独立。正如张岱年先生所说："我们吸收外来的先进思想，目的在于壮大自己，发展自己，而不是否定自己，贬抑自己。"[①]

[①] 张岱年：《陈寅恪先生关于思想史的卓识》，载《纪念陈寅恪先生百年诞辰学术论文集》，江西教育出版社，1994。

陈寅恪在历史研究中考察大量史实来证明自己的"中国文化本位论"。下面，我们撮其大要，对陈寅恪之历史研究做一具体考察。

（一）道家与道教

道家、道教文化是中国文化最重要组成部分之一。先秦时代，道家与儒家就成为百家争鸣中最早和影响最大的两个学派。和儒家相比，道家的包容性与开放性别具一格。从老庄到黄老，又到魏晋玄学，最后发展为道教，思想多姿多彩、富于变化；道教本身，从汉末发展到魏晋南北朝、隋唐直至金元，面貌各不同。道家、道教在发展的各阶段，总是不断吸收其他思想，包容在原有体系之内，如黄老的"采儒墨之善、撮名法之要"，玄学则试图融合儒道，调和"名教"与"自然"的关系。陈寅恪曾研究天师道中的外来成分。他在《天师道与滨海地域之关系》中，考证出天师道的早期创始人于吉、宫崇、张道陵，《抱朴子》作者葛洪及其师父鲍靓都来自滨海地区，而两种不同文化之接触"多在交通便利之点，即海滨湾港之地"[1]，所以天师道的兴起，可能受到外来文化影响。

上面这个例子还仅止于推测。在《崔浩与寇谦之》中，陈寅恪找到三个实例：一是寇谦之用旧法算七曜周髀不合，而借用佛教徒自天竺所传之天算之学；二是引进天竺医药之学，以改进"服食饵药无效"之旧传；三是寇谦之"袭取当时佛教徒输入之新律学以清除整理其时颇不理于人口之旧传天师道"[2]，著《云中音诵新科之诫》，进行道教改革。因而陈寅恪总结道："综观二千年来道教之发展史，每一次之改革，必受一种外来学说之刺激，而所受外来之学说，要以佛教为主。"[3]

陈寅恪又考察两晋南北朝时期中国信天师道之士大夫对佛教的态度，将其分为三派：一派为保持家传之天师道信仰，而排斥佛教，范缜为其代表；

---

[1] 陈寅恪：《金明馆丛稿初编》，上海古籍出版社，1980，第39页。
[2] 陈寅恪：《金明馆丛稿初编》，上海古籍出版社，1980，第119页。
[3] 陈寅恪：《金明馆丛稿初编》，上海古籍出版社，1980，第112页。

一派为放弃家传信仰而改信佛教，梁武帝为其代表；第三派"持调停道佛二家之态度，即不尽弃家世遗传之天师道，但亦兼采外来之释迦教义，如南齐之孔稚珪"①。第三派所走的道路应该说是代表了"道教之真精神"。

陈寅恪又讨论佛、道二家思想之交流。最初佛经的翻译，多借助当时流行之道有之词汇。比如"菩提"一词，最初翻译为"道"，后来对义理了解较深之后，就改为音译的"菩提"。②佛教入华以后，国人对其思想的理解与接受也经历了一些变化。佛法初传之时，讲者多引道家、儒家之说解释佛理，此法称为"格义"，这实际是一种比附的方法，如把佛、法、僧三归解释为儒家之三畏（畏天命、大人、圣人之言），把佛家五戒与儒家"五常"相联系，支愍度提出"心无义"则以道家理论解释内典。③这是以道、儒解佛，亦有以佛解道者，如"借用道行般若之意旨，以解释庄子之逍遥游"④。这种做法只是在文化传播之初级阶段，为了扩大外来文化影响而做的工作。陈寅恪称此种借本有文化以传播外来文化的方式为间接传播文化，他说："间接传播文化，有利亦有害：利者，如植物移植，因易环境之故，转可发挥其特性而为本土所不能者，如基督教移植欧洲，与希腊哲学接触，而成欧洲中世纪之神学、哲学及文艺是也。其害，则展转间接，致失原来精意，如吾国自日本、美国贩运文化中之不良部分，皆其近例。然其所以致此不良之果者，皆在不能直接研究其文化本原。"⑤

间接传播之作用，不在原封不动地忠实移入外来文化，因为上文已经说明，外来文化不合本国传统者必如玄奘唯识学一样，终归会消歇的。只有外来文化与本土文化相结合，创造出一种新的、既不同于外来文化原貌也不同于本有文化原貌而又兼有两种文化部分特征的文化成果，才是文化交流的通则。如南北朝"五时四宗"之说，"皆中国人思想整理之表现，亦此土自创佛

---

① 陈寅恪：《金明馆丛稿初编》，上海古籍出版社，1980，第194页。
② 陈寅恪：《金明馆丛稿二编》，上海古籍出版社，1980，第161~165页。
③ 陈寅恪：《金明馆丛稿初编》，上海古籍出版社，1980，第151~153页。
④ 陈寅恪：《金明馆丛稿二编》，上海古籍出版社，1980，第88页。
⑤ 蒋天枢：《陈寅恪先生编年事辑》，上海古籍出版社，1981，第83页。

教业绩之一，殆未可厚非也"①。这种文化交流已经超越了"格义"之类的初级文化交流方式，随着文化交流的深入，对外来文化了解愈益加深，其成果就会越来越显著。

（二）新儒学

新儒学指宋明理学，是以儒家为主体，容纳吸收道教、佛教思想而形成的深层次的文化融合产物。新儒学产生于北宋，距佛教传入和道教的产生已近千年，儒家学者对佛、道二教的义理已有很深了解，宋明理学的许多代表人物如朱熹、王阳明等都有"泛滥佛老数十年"而后归宗孔孟的经历。陈寅恪在留学哈佛之时，在 1919 年与吴宓的谈话中，言及中国之形而上学非但不如欧洲，亦不如印度之佛教，他说："佛教于性理之学 Metaphysics 独有深造。足救中国之缺失，而为常人所欢迎。惟其中之规律，多不合于中国之风俗习惯……故昌黎等攻辟之。然辟之而另无以济其乏，则终难遏之。于是佛教大盛。宋儒若程若朱，皆深通佛教者。既喜其义理之高明详尽，足以救中国之缺失，而又忧其用夷复夏也。乃求得而两全之法，避其名而居其实，取其珠而还其椟。采佛理之精粹以之注解四书五经，名为阐明古学，实则吸收异教。声言尊孔辟佛，实则佛之义理，已浸渍濡染。与儒教之宗传，合而为一。此先儒爱国济世之苦心，至可尊敬而曲谅之者也。故佛教实有功于中国甚大。"②

吸收佛教之"高明义理"是儒学发展的需要，陈寅恪把吸收外来文化之方法总结为"避名取实""取珠还椟"。而另一方面，新儒家又必须言"夷夏之辨"，尊孔辟佛，以防本位文化之不立，以致"自乱宗统"。

陈寅恪在 1951 年著《论韩愈》一文，对早年之说加以充实。韩愈实为新儒学之先驱，此说已为现在学者所公认。陈寅恪是较早、较深入地论证此说之人，其论集中于《论韩愈》一文之中。此文寓意深远，陈寅恪自述其目的

---

① 陈寅恪：《金明馆丛稿二编》，上海古籍出版社，1980，第 164 页。
② 吴学昭：《吴宓与陈寅恪》，清华大学出版社，1992，第 10~11 页。

为"证明昌黎在唐代文化史上之特殊地位"[①]，他分述韩愈对中国文化之功绩为六门：

> 第一，建立道统，证明传授之渊源。
> 第二，直指人伦，扫除章句之烦琐。
> 第三，排斥佛老，匡救政俗之弊害。
> 第四，呵诋释迦，申明夷夏之大防。
> 第五，改进文体，广收宣传之效用。
> 第六，奖掖后进，期望学说之流传。[②]

这六条都与陈寅恪之"中国文化本位论"有关。陈寅恪证明，韩愈的这些功绩表现出他一方面保持儒家作为本位文化的地位，另一方面从以佛教为主的外来文化中吸收有价值的成分，从而完善、改进本位文化，此种努力值得称道。

韩愈之所以创立道统说，是因唐代新禅宗标举教外别传之旨而来。陈寅恪推测韩愈幼年从其兄居于新禅宗风气极盛之韶州，虽当时年幼，又历时不甚久，但以其天资聪明，于此极盛之新禅宗之气氛不能不受潜移默化之影响。韩愈采新禅宗建立道统之说，迎合中国传统重视传授渊源之特点，以强调本位文化之薪火相传，不可破灭。

韩愈作《原道》，意在扫除前儒烦琐章句之学而直指人伦，倡导训诂之学向义理之学的转化。而新禅宗提出直指人心，见性成佛之语，亦是扫除烦琐章句之意。韩愈受此影响，从《小戴礼记》中发现《大学》一篇，加以阐发，从而解决了梁武帝阐扬《中庸》，调和儒释义理，然无法最终调和天竺、华夏之不同的政治社会具体学说的困难。从此，抽象之心性与具体之政治社会组织可以融合无碍，佛教义理可以融入儒家的心性修养之中，与外部儒家

[①] 陈寅恪:《金明馆丛稿初编》，上海古籍出版社，1980，第285页。
[②] 陈寅恪:《金明馆丛稿初编》，上海古籍出版社，1980，第285~297页。

制度不冲突。韩愈实为奠定新儒学"内圣外王"、重视心性修养这一思维模式之功臣。

韩愈之所以成为新儒学当之无愧的先驱,正因为他的贡献体现了"一方面吸收输入外来之学说,一方面不忘本来民族之地位"。

(三)音韵学

1934年,陈寅恪的《四声三问》发表,讨论平、上、去、入四声之起源。他认为:"所以适定为四声,而不为其他数之声者,以除去本易分别,自为一类之入声,复分别其余之声为平上去三声。综合通计之,适为四声也。但其所以分别其余之声为三者,实依据及摹拟中国当日转读佛经之三声。而中国当日转读佛经之三声又出于印度古时声明论之三声也。"①

他证明四声说成立于南齐永明年间,代表人物为周颙、沈约,之所以如此,是因为永明之世为"善声沙门"最盛之时。建康为南朝政治文化之中心,为"善声沙门"与"审音文士"共同居住之地,"二者之间发生相互之影响,实情理之当然也"②。

陈寅恪还认为,中国传统之宫、商、角、徵、羽五声与模拟依傍外来之平、上、去、入四声之间的关系,可以比喻为"中体"与"西用"的关系。五声为中国传统之理论,是"关于声之本体"的,而四声为用于中国具体行文的技术,是"按谱而别声,选字而作文之谓也"。"论理则指本体以立说,举五声而为言;属文则依实用以遣词,分四声而撰谱。"③这些观点发前人之所未发,陈寅恪说:"四声与经声之关系,迄今千四百余年,尚未有人略能言及。"④足见其对此不无自负。他是用普遍的文化交流的角度来考察一个本属于乾嘉朴学范围内的问题。他的史识之所以高明,其原因之一就在于方法论的自觉。

---

① 陈寅恪:《金明馆丛稿初编》,上海古籍出版社,1980,第328页。
② 陈寅恪:《金明馆丛稿初编》,上海古籍出版社,1980,第337页。
③ 陈寅恪:《金明馆丛稿初编》,上海古籍出版社,1980,第338页。
④ 陈寅恪:《金明馆丛稿初编》,上海古籍出版社,1980,第340~341页。

（四）文学

陈寅恪对文学的讨论很多，大致可区分为几类：一类是对于佛经故事对中国各种文学样式影响的研究；另一类是文史互证、诗史互证的工作，包括《元白诗笺证稿》《论再生缘》《柳如是别传》这三部中晚期重要著作与一些文章。这里先讨论与本主题有关之点，而将对《论再生缘》和《柳如是别传》的讨论放在下一部分。

陈寅恪论及中国文学诸样式之文体、结构、故事等方面受佛教影响之处甚多。例如，他说明中国章回体演义小说与弹词之散文、诗歌相间之形式皆起源于演说佛教经义或与佛教经义相关之平话，而演说经义之体裁则仿效佛典长行与偈颂相间之体。[1] 在《忏悔灭罪金光明经冥报传跋》中，他做出"中国小说虽号称富于鸿篇巨制，然一察其内容结构，往往为数种感应冥报传记杂糅而成"[2] 的论断。他发现敦煌写本《须达起精舍因缘曲》所载舍利弗降伏六师故事与《增一阿含经》《大智度论》中舍利弗与目连较力事，与《西游记》中唐三藏在车迟国斗法之事有相似之处。[3] 在《西游记玄奘弟子故事之演变》中，他考证出孙行者大闹天宫、猪八戒高家庄招亲、流沙河沙和尚等故事的最初起源与素材皆来自佛教典籍，因而总结出故事演变之公例三条。[4] 他还考证出维摩诘故事在中国流传之轨迹与在印度本土流传之轨迹相似。维摩诘原无眷属，后人"为之造作其祖及父母妻子女之名字，各系以事迹"[5]。这个过程又与近世通行小说《杨家将》相同等。以上事例，皆为中国文化受外来影响之例。

陈寅恪也注意到佛经故事不合于中国本土文化而在流传过程中改变情节之例。在《莲花色尼出家因缘跋》中，他发现印度的莲花色尼出家故事之中，

---

[1] 陈寅恪：《金明馆丛稿二编》，上海古籍出版社，1980，第180页。
[2] 陈寅恪：《金明馆丛稿二编》，上海古籍出版社，1980，第257页。
[3] 陈寅恪：《金明馆丛稿二编》，上海古籍出版社，1980，第172~174页。
[4] 陈寅恪：《金明馆丛稿二编》，上海古籍出版社，1980，第192~197页。
[5] 陈寅恪：《金明馆丛稿二编》，上海古籍出版社，1980，第185页。

原有七种咒誓恶报，而敦煌写本之中只载六种，此非笔误。因为"七"之数在佛经故事中已成固定公式，根据文中叙述故事的方式也可推断出绝非笔误，而是故意删削。他考察巴利文佛典的记载，发现所缺之第七种恶报为莲花色尼屡嫁，而所生之子女皆离散不复相识，后与其所生之女共嫁其所生之子，后经发觉，羞恶出家。他引《大宝积经》《瑜伽师地论》有关章节证明此故事所包含之义理来源于佛典。[①] 而此故事传入之后之所以被删削，是由于此种义理及观念与中国传统不合。

他又引佛教之中国化过程，从初传时"沙门不敬王者""沙门不应拜俗"之教义到元以后禅宗崇奉君主之演变过程，得出"橘迁地而变为枳，吾民族同化之力可谓大矣"[②] 的结论。佛经中"男女性交诸要义"在中土根本无人敢于宣扬，是毫不奇怪的。他在《敦煌本维摩诘经文殊师利问疾品演义跋》中说："尝谓吾国小说，大抵为佛教化。六朝维摩诘故事之佛典，实皆哲理小说之变相。假使后来作者，复递相仿效，其艺术得以随时代而改进，当更胜于昔人。此类改进之作品，自必有以异于感应传冥报记等滥俗文学。惜乎近世小说虽多，与此经有关系者，殊为罕见。岂以支那民族素乏幽渺之思，净名故事纵盛行于一时，而陈义过高，终不适于民族普通心理所致耶？"[③]

维摩诘故事在中国传播不广，是因为中国传统中缺乏形而上学思考，是以只有感应冥报等故事才能得以广泛传播。陈寅恪不无遗憾地假设：如后来作者以故事来表述形而上学思想，其艺术水平、思想水平必当提高。陈寅恪此论关注点不在艺术而在思想，在于民族精神层次与内涵的提升。

一种文化的特色，既是优点，又是缺点，既是消化异质文明的坚实基础，又为文化交流设置障碍。文化交流的不断深化过程，就是不同文化不断撞击、影响，而后绕过并搁置障碍，在深层次中沟通，同时使原有文化均发生变异的过程。汤用彤于1943年发表的《文化思想之冲突与调和》论述外来

---

① 陈寅恪：《寒柳堂集》，上海古籍出版社，1980，第153~154页。
② 陈寅恪：《寒柳堂集》，上海古籍出版社，1980，第155页。
③ 陈寅恪：《金明馆丛稿二编》，上海古籍出版社，1980，第185页。

思想输入三阶段为:"(一)因为看见表面的相同而调和。(二)因为看见不同而冲突。(三)因再发现真实的相合而调和。"[1] 这个表述说明的正是这样一个过程。陈寅恪虽然没有像汤用彤那样给出一个公式,但他用历史研究表达了相似的思想。他意识到一种文化不是一成不变的,而是常在变异之中,文化变异的形式愈丰富多彩,就表明文化的包容性愈大,其活力也就愈大。当然,这种成熟的、富于活力的文化交流与文化变异是在保持文化本位独立的前提下进行的,没有独立的文化本位、文化精神,一切都谈不上。

陈寅恪对诗词、小说、弹词等各种文学艺术形式都比较熟悉,对诗尤为精通,这使他在诗史互证、文史互证的工作上成就颇丰。吴宓曾经记载陈寅恪对唐代文学的一个评价:

> 唐代以异族入主中原,以新兴之精神,强健活泼之血脉,注入于久远而陈腐的文化,故其结果灿烂辉煌,有欧洲骑士文学之盛况。而唐代文学特富想象,亦由于此。[2]

这个评价针对整个唐代文学而发,陈寅恪于唐代文学成就辉煌之诸原因中,特拈出外来影响之一端,以明其关注之点。

陈寅恪在《论韩愈》中说:

> 唐代古文运动一事,实由安史之乱及藩镇割据之局所引起。安史为西胡杂种,藩镇又是胡族或胡化之汉人……,故当时特出之文士自觉或不自觉,其意识中无不具有远则周之四夷交侵,近则晋之五胡乱华之印象,"尊王攘夷"所以为古文运动中心之思想也。[3]

---

[1] 《汤用彤选集》,天津人民出版社,1995,第318页。
[2] 吴学昭:《吴宓与陈寅恪》,清华大学出版社,1992,第81页。
[3] 陈寅恪:《金明馆丛稿初编》,上海古籍出版社,1980,第293~294页。

古文运动正是在外来文化的冲击下，中国知识分子在保持本位的前提下，吸收外来文化，实现文化的整合与重建的例子。陈寅恪注意到，唐代知识分子受外来文化影响以后的行动是返回本传统中寻找有活力的文化因子，使"古今结合"与"中外结合"统一起来。他说：

> 自古文人尊古卑今，是古非今之论多矣，实则对外之宣传，未必合于其衷心之底蕴也。沈休文取当时善声沙门之说创为四声，而其论文则袭用自昔相传宫商五音之说……韩退之酷喜当时俗讲，以古文改写小说，而自言非三代两汉之书不敢观……此乃吾国文学史上二大事，而其运动之成功，实皆为以古为体，以今为用者也。乐天之作新乐府，以诗经古诗为体裁，而其骨干则实为时民间之歌曲，亦为其例。①

陈寅恪在此重提体用，其用法与《四声三问》相似。韩愈的口号是复古，以古为体，即以古为形式，而实质是受外来文化影响进行文化上的创新。从"古"与"今"的角度来说，"古"为形式，"今"为内容；从"中"与"外"的角度来说，"中"为形式，"外"为实质内容。这里的"古""今""中""外"不是一些静止的范畴，而是一些动态的范畴。同样，把"体用"关系作为"形式与内容"关系来理解，也是做一种动态的文化交流意义上的理解。何者为体，何者为用，何者为中、古，何者为西、今，其所指不是固定的，而是变动的，不是绝对的，而是相对的，"形式"不是绝对的保守和无用，而是具有包容性的。陈寅恪又说：

> 微之之新题乐府，题意虽新而词句或仍不免袭古。而古题乐府，或题古而词意俱新，或意新而题词俱古。其错综复杂，尤足以表现文心工巧之能事矣。故微之之拟古，实创新也。意实创新而形则袭古，以视新

---

① 陈寅恪：《元白诗笺证稿》，上海古籍出版社，1978，第162~163页。

题乐府之形实俱为一致，体裁较为简单者。似更难作。①

此文之意与上引文字相接，褒扬题古意新之古题乐府，称其比题意俱新之新题乐府要更难一等，成就自然更胜一筹。我们可以视之为陈寅恪之夫子自道。"旧"乃形式，"新"乃内容，以旧形式而纳新内容，方合乎文化交流与文化变迁的规律。陈寅恪实际上指出，文化革新与文化交流的优秀成果正是综合新旧、中外文化的结果。

（五）制度与文化

陈寅恪是隋唐制度史专家，也是文化交流、文化融合史专家。他重视隋唐制度之渊源及变化，重视制度背后的文化根源。他也着重从中原与少数民族文化交流与文化融合的角度来分析历史。这些方面的学术成就，主要体现在两部篇幅不大但字字千钧的专著《隋唐制度渊源略论稿》和《唐代政治史述论稿》中。

陈寅恪考证出隋唐之制度有三个来源：一为北魏、北齐，二为梁、陈，三为西魏、周。第一个来源是江南承袭汉、魏、两晋之礼乐刑政典章文物，后被北魏孝文帝及其子孙模仿采用，传至北齐。此一支是因战乱，文化由汉入胡，胡人采纳汉文化，而后又被隋唐吸收。第三个来源则为"关陇区内保存之旧时汉族文化，以适应鲜卑六镇势力之环境，而产生之混合品"②。此一支亦为汉胡融合的结果。文化大融合带来了唐代文化的兴盛繁荣。隋唐之制度亦是文化交流的结果。陈寅恪推断隋代三大技术家宇文恺、阎毗、何稠之家世俱含有西域胡族血统，而又久为华夏文化所染习，"故其事业皆藉西域家世之奇技，以饰中国经典之古制。如明堂、辂辇、袞冕等，虽皆为华夏之古制，然能依托经典旧文，而实施精作之，则不藉西域之工艺亦不为功"③。唐都长安

---

① 陈寅恪：《元白诗笺证稿》，上海古籍出版社，1978，第302页。
② 陈寅恪：《隋唐制度渊源略论稿》，中华书局，1977，第1~2页。
③ 陈寅恪：《隋唐制度渊源略论稿》，中华书局，1977，第79~80页。

之格式规模取法于中国自有传统而又吸收西域工艺，使之宏丽精巧，此又可比喻为"中体西用"。

陈寅恪讨论职官制度时，概括宇文泰之"关中文化本位制度"为"阳傅周礼经典制度之文，阴适关陇胡汉现状之实"[1]；论兵制又称宇文泰"以鲜卑旧俗为依归""取周官为缘饰之具"[2]。此二例证与上例相同，有以中为形式，西为内容之意。

以上即陈寅恪在历史研究中对他的"中国文化本位论"的探讨。他一方面证明中国文化在历代的光辉成就无不是中外文化交流的产物；另一方面证明中国本位文化如何在外来文化冲击之下，发挥能动性与创造性，使本位文化自身得到延续、丰富、创新和发扬。这两个方面是相互统一的，它们的地位同等重要，但是从逻辑上说，有先后之分。保持文化本位占有逻辑上的优先性，吸收外来文化是在保持文化本位的前提下进行的。而且，陈寅恪生存的时代环境也迫使他必须把中国本位文化放在优先位置。他之所以在《论韩愈》中赞扬韩愈之"建立道统"，正是因为"道统"这一概念恰恰能代表本位文化的延续性和优先性的特征，它不仅是指儒家文化之"统"，也代表中国文化之"统"。保持文化本位表述为传统语言正是"继统"。

陈寅恪说："华夏民族之文化，历数千载之演进，造极于赵宋之世。后渐衰微，终必复振。"[3] 他之所以如此推崇宋代文化，是由于宋代文化恰恰提供了在保持文化本位的前提下吸收外来文化，最终复兴与重建本位文化的最佳标本。用刘东的话来说，宋代文化是文化观念上的"一元整合性"发挥到极致的表现。[4] 刘东说："陈寅恪借此判明古人发挥了多大'历史主动性'的，就并不在于他们曾经宽容的'拿来'了什么，而只在于他们到底顽强地创造了什么，也并不在于他们对外来文化的吸收程度，而只在于他们对这类异质

---

[1] 陈寅恪：《隋唐制度渊源略论稿》，中华书局，1977，第91页。
[2] 陈寅恪：《隋唐制度渊源略论稿》，中华书局，1977，第127页。
[3] 陈寅恪：《金明馆丛稿二编》，上海古籍出版社，1980，第245页。
[4] 刘东：《审美文化类型的形成与落熟》，《学人》第八辑，江苏文艺出版社，1995，第222页。

文化因素的消化程度。"① 因此,陈寅恪又说:"吾国近年之学术,如考古历史文艺及思想史等,以世局激荡及外缘薰习之故,咸有显著之变迁。将来所止之境,今固未敢断论。惟可一言蔽之曰,宋代学术之复兴,或新宋学之建立是已。"②

陈寅恪把中国文化之复兴与学术之复兴结合在一起,是因为二者都可以统一在"保持文化本位"这一中心之下。

现在我们解释一下为什么说文化本位可以是形式。首先,文化本位是文化精神的表现,文化精神超越具体的观念、制度、规范。文化本位也并非某种特定的思想观念、制度或社会规范,而主要是一种文化认同,一种对民族生活、民族传统的热爱。其次,"形式"与"内容"是相对的范畴,说文化本位是形式,实际是相对于被吸收进本民族文化之中的外来成分而言的。而且,说文化本位是形式,是在讨论文化融合这一特殊过程的条件采用的范畴。最后,说文化本位是形式,并不是说它作用不大或僵死落后,而是说文化本位作为形式而言,是文化系统中具有相对恒定地位和价值的部分,它具有强大的同化力,可以在保持形式和地位不变的前提下使文化发生实质性的缓慢变异,从而避免社会动荡,保持文化活力,保持文化的平稳、常态发展。这也是文化本位论者与文化保守主义者主张渐进改良的原因。

接下来进一步分析陈寅恪的"中国文化本位论"的性质。在他看来,"中国文化本位论"首先是作为一种学术方法范畴、一种思考方式来指导他的历史研究的;从历史研究出发,它超越了历史研究本身,从而带有一种思想范畴的意义。陈寅恪本人的文化思想与他在历史研究中体现出来的方法论思想是统一在一起的,不能被割裂开来。他本人也属于20世纪文化保守主义思潮中的一员,处于20世纪中国思想界的多元互动之中。理解他的历史研究,意味着必须理解他的文化思想及其意义,同样,理解他的文化思想及意义也意味着必须

---

① 刘东:《审美文化类型的形成与落熟》,载《学人》第八辑,江苏文艺出版社,1995,第222页。
② 陈寅恪:《金明馆丛稿二编》,上海古籍出版社,1980,第245页。

理解他的历史研究及方法。不能把他简单地理解为一个历史学家,不能只重视他的"专业"学术贡献,也要重视并理解他思想贡献及思想史意义。他的"中国文化本位论"正是这样一个既有学术方法意义又有思想史意义的理论。

陈寅恪的"中国文化本位论"从思想史意义上来说,不同于固守"中体西用"界限的曾国藩、张之洞的思想,也不同于更偏重于政治意义的、对文化交流缺乏具体分析的1935年《中国本位的文化建设宣言》的思想,[①] "而是一种更具有文化意义的,以史学考察为根基的特殊的文化思想,同时也是一种与知识分子个人生存感受有关的,带有终极关怀意味的文化思想"。

三 "独立之精神,自由之思想"

在陈寅恪的晚年,他的文化思考又进入了一个新阶段。这一阶段主要以《论再生缘》与《柳如是别传》为标志。思考的主要内容可以概括为"独立之精神,自由之思想",它在内涵上与以前的文化思想是统一的,是对早年提出的"文化精神"的新阐释,同时也包含了关于"中国文化本位论"的思考,它足以作为陈寅恪之"晚年定论"。

早在20世纪30年代,陈寅恪在《清华大学王观堂先生纪念碑铭》中说:

> 士之读书治学,盖将以脱心志于俗谛之桎梏,真理因得以发扬。思想而不自由,毋宁死耳。斯古今仁圣所同殉之精义,夫岂庸鄙之敢望。先生以一死见其独立自由之意志,非所论于一人之恩怨,一姓之兴亡。……先生之著述,或有时而不章。先生之学说,或有时而可商。惟此独立之精神,自由之思想,历千万祀,与天壤而同久,共三光而永光。[②]

这时,他已经提出"独立之精神,自由之思想"这一概念。这一思想涵

---

① 刘梦溪:《一代文化所托命之人》,载《纪念陈寅恪先生诞辰百年学术论文集》,江西教育出版社,1994。
② 陈寅恪:《金明馆丛稿二编》,上海古籍出版社,1980,第218页。

盖西方文化传统与中国文化传统，明显带有普遍性的意义，这和学衡派的普遍意义的"文化精神"思想相接。而到了晚年再次提出这一概念，其内涵则要厚重得多。他之所以在目盲足膑之际著《论再生缘》与《柳如是别传》，正是通过表彰陈端生与柳如是这两个女性所具有的"独立之精神、自由之思想"，来论证"独立之精神、自由之思想"并不仅仅属于西方文化，同时也是中国文化精神的体现。从这一角度，他实际上把中国文化精神归结为"独立之精神、自由之思想"，认为它具有文化精神所具有的抽象性、包容性、开放性与独立性。

我们先说"自由之思想"。

思想自由意味着打破常规，而以"三纲六纪"为代表的制度、规范体系，恰恰是常规的体现。陈寅恪在《论再生缘》中说：

> 陈端生亦当日无数女性中思想最超越之人也。夫当日一般人所能取得之政治上最高地位为宰相，社会上最高地位为状元，此两事通常皆由科举之途径得之。而科举则为男性所专占之权利。当日女子无论其才学如何卓越，均无与男性竞争之机会，即应试中第，作官当国之可能。此固为具有才学之女子心中所最不平者，而在端生个人，尤别有更不平之理由也。……陈氏一门之内，句山以下，女之不劣于男，情事昭然，端生处此两两相形之环境中，其不平之感，有非他人所能共喻者。[①]

句山为陈端生之祖父，曾中乾隆初年博学鸿词科之考试，才学甚高，其思想也高于同时代人，教女以文字，即可证明。陈端生自幼受家学熏陶，天分与才学超过一般男子，但身处"女子无才便是德"之世，有压抑之感，故撰写《再生缘》弹词自娱，兼以排遣郁闷，抒发心曲。当时他人已有"不安女子本分"之议论，盖弹词本为俚俗，女子著弹词更为"不务正业"，而陈端

---

① 陈寅恪：《寒柳堂集》，上海古籍出版社，1980，第57~58页。

生对此种批评不屑一顾。① 在《再生缘》中，她故作曲笔，着力描写女主人公孟丽君"离经叛道"之性格，以寄托自身之理想。陈寅恪举例论之曰：

> 又观第一七卷第六七回中孟丽君违抗皇帝御旨，不肯代为脱袍；第一四卷第五四回中孟丽君在皇帝之前，面斥孟士元及韩氏，以至其父母招辱；第一五卷第五七回中孟丽君夫之父皇甫敬欲在丽君前屈膝请行，又亲为丽君挽轿；第八卷第三十回中皇甫敬撩衣向丽君跪拜；第六卷第二二回、第二三回、第二四回；及第一五卷第五八回中皇甫少华（即孟丽君之夫）向丽君跪拜诸例，……则知端生心中于吾国当日奉为金科玉律之君父夫三纲，皆欲藉此等描写以摧破之也。端生此等自由及自尊即独立之思想，在当日及其后百余年间，俱足惊世骇俗，自为一般人所非议。②

陈寅恪又进而论之曰：

> 中国当日智识界之女性，大别之，可分为三类。第一类为专议中馈酒食之家主婆。第二类为忙于往来酬酢之交际花。至于第三类，则为端生心中之孟丽君，即其本身之写照，亦即杜少陵所谓"世人皆欲杀"者。前此二类滔滔皆是，而第三类恐止端生一人或极少数之人而已。抱如是之理想，生若彼之时代，其遭逢困厄，声名湮没，又何足异哉！又何足异哉！③

像陈端生这样的女性实属凤毛麟角，陈寅恪对之极力称道，实则承认中国传统之内可以包容与"三纲六纪"相冲突之思想，这些"离经叛道"之

---

① 陈寅恪：《寒柳堂集》，上海古籍出版社，1980，第58页。
② 陈寅恪：《寒柳堂集》，上海古籍出版社，1980，第59页。
③ 陈寅恪：《寒柳堂集》，上海古籍出版社，1980，第60页。

思想，不但证明精神自由之必要，而且承认这种"离经叛道"是使文化自我更新、保持活力的必要条件。中国传统中的道家、佛家相对于儒家来说亦是"离经叛道"的，但三者的互动互补关系使中国文化保持了活力。

陈端生之思想、遭际还只是个人性的，而柳如是（河东君）之思想、遭际则更多地有着社会性与历史性的意义。陈端生终生封闭于闺阁，而柳如是先为妾侍，后为名妓，与当时名士胜流交游甚广，并投身于波澜壮阔的反清复明斗争，其才智、识见、胆略皆为超迈当时，惊世骇俗，因而"为当时迂腐者深诋，后世轻薄者厚诬"[①]，其意义、价值往往为后人轻视。陈寅恪通过考证柳如是之本事，为我们描绘了一位堪称"女侠名姝"的奇女子形象。

柳如是为人"风流放诞"，举止活泼，"殊有逾越当日闺阁常轨者"[②]，"感慨激昂，无闺房习气"[③]，"豪宕自负、有巾帼须眉之论"[④]，"轻财好侠，有烈丈夫风"[⑤]，又好议论，"往往于歌筵绮席，议论风生，四座惊叹"[⑥]，性格刚烈，"负气好胜"[⑦]，追求精神上的独立自由。她原与宋征舆相爱，因受宋母之阻挠，宋征舆畏惧母命，怯懦迟疑，柳如是大怒，与宋绝交。[⑧]柳如是又与陈子龙相爱，然而陈已有一精明能干、善于持家之正妻，必不能容柳，柳如是不甘居人之下，二人只好分手。[⑨]

而柳如是之所以能与钱谦益（牧斋）结合，一是因为二人志趣相投，钱对柳尊重有加，先后为柳筑我闻室、绛云楼，与柳如是在芙城行结褵之礼，称为继室，"以匹嫡之礼待河东君"[⑩]，符合柳如是独立自由之精神。二是因为

---

① 陈寅恪：《柳如是别传》，上海古籍出版社，1980，第4页。
② 陈寅恪：《柳如是别传》，上海古籍出版社，1980，第553页。
③ 陈寅恪：《柳如是别传》，上海古籍出版社，1980，第375页。
④ 陈寅恪：《柳如是别传》，上海古籍出版社，1980，第233页。
⑤ 陈寅恪：《柳如是别传》，上海古籍出版社，1980，第600页。
⑥ 陈寅恪：《柳如是别传》，上海古籍出版社，1980，第175页。
⑦ 陈寅恪：《柳如是别传》，上海古籍出版社，1980，第559页。
⑧ 陈寅恪：《柳如是别传》，上海古籍出版社，1980，第69页。
⑨ 陈寅恪：《柳如是别传》，上海古籍出版社，1980，第45~46页。
⑩ 陈寅恪：《柳如是别传》，上海古籍出版社，1980，第642页。

钱谦益亦有自由之思想，宽广之气度，"雅量通怀，忽略小节"①。二人结婚之时，因为违反当时社会风习，招来多数士大夫之不满，而钱谦益不为所动。②是以钱谦益死后，柳如是以遗孀的身份自尽，陈寅恪誉之为"杀身以报牧斋国士之知"③。他们都有"独立之精神、自由之思想"，情投意合，故能生死相许。

"自由之思想"不仅仅有思想本身的意义，也能带来文学艺术水平的提高。陈寅恪讨论了陈端生《再生缘》在艺术上的特点，指出《再生缘》作为长篇排律，与骈文之规律有相似之处：

> 就吾国数千年文学史言之，骈俪之文以六朝及赵宋一代为最佳。其原因固甚不易推论，然有一点可以确言，即对偶之文，往往隔为两截，中间思想脉络不能贯通。若为长篇，或非长篇，而一篇之中事理复杂者，其缺点最易显著，……吾国昔日善属文者，常思用古文之法，作骈俪之文。但此种理想能具体实行者，端系乎其人之思想灵活，不为对偶韵律所束缚。六朝及天水一代思想最为自由，故文章亦臻上乘，其骈俪之文遂无敌于数千年之间矣。若就六朝长篇骈俪之文言之，当以庾子山哀江南赋为第一。若就赵宋四六之文言之，当以汪彦章代皇太后告天下手书（浮溪集一三）为第一。……庾汪两文之辞藻固甚优美，其不可及之处，实在家国兴亡哀痛之情感，于一篇之中，能融化贯彻，而其所以能运用此情感，融化贯通无所阻滞者，又系乎思想之自由灵活。故此等之文，必思想自由灵活之人始得为之。非通常工于骈四俪六，而思想不离于方罫之间者，便能操笔成篇也。今观陈端生再生缘第一七卷中自序之文，与再生缘续者梁楚生第二十卷中自述之文，两者之高下优劣立见。其所以致此者，鄙意以为楚生之记诵广博，虽或胜于端生，而端生之思想自由，则远过于楚生。撰述长篇之排律骈体，内容繁复，如弹词之体

---

① 陈寅恪：《柳如是别传》，上海古籍出版社，1980，第 409 页。
② 陈寅恪：《柳如是别传》，上海古籍出版社，1980，第 642 页。
③ 陈寅恪：《柳如是别传》，上海古籍出版社，1980，第 218 页。

者，苟无灵活自由之思想，以运用贯通于其间，则千言万语，尽成堆砌之死句，即有真实情感，亦堕世俗之见矣。……再生缘一书，在弹词体中，所以独胜者，实由于端生之自由活泼思想，能运用其对偶韵律之词语，有以致之也。故无自由之思想，则无优美之文学，举此一例，可概其余。①

他把陈端生的创作放在中国文学史中考察，得出了"无自由之思想，则无优美之文学"的结论。他又把《再生缘》与外国文学比较，发现它的文体实与天竺、希腊、西洋之史诗相似。②而其结构之精密，远远超越以《水浒传》《红楼梦》《儒林外史》为代表的中国古典小说，几可直追西洋小说。③

和陈端生相比，柳如是之文学成就在当世（明清之际）也是一流的。陈寅恪褒扬柳如是之诗才之处甚多，如称柳"混合古典今事，融洽无间"④"袭取昔人语句，皆能灵巧运用，绝无生吞活剥之病。其天才超越，学问渊博，于此益足证明矣"⑤"其惊才绝艳，匪独前此类似之作品，如干令升曹辅佐陶通明及施肩吾诸人所结集者，不能企及，即茫茫禹迹，后有千秋，亦未必能重睹"⑥"遣词庄雅、用典适切……其意境已骎骎进入北宋诸贤之范围，固非同时复社几社胜流所能望见，即牧斋松圆与之相角逐，而竟短长，似仍有苏子瞻所谓'汗流籍湜走且僵'之苦"⑦。柳如是之才尚不止于诗，她"善记忆多诵读"⑧，所以能对历史典故如此熟悉，她甚至可以胜任钱谦益的学术助手。陈寅恪引沈虬《河东君传》记载，柳如是与钱谦益结婚之后，在绛云楼校雠文史，"牧斋临文，有所检勘，河东君寻阅，虽牙签万轴，而某册某卷，立时翻

---

① 陈寅恪：《寒柳堂集》，上海古籍出版社，1980，第64~66页。
② 陈寅恪：《寒柳堂集》，上海古籍出版社，1980，第62~64页。
③ 陈寅恪：《寒柳堂集》，上海古籍出版社，1980，第60~61页。
④ 陈寅恪：《柳如是别传》，上海古籍出版社，1980，第313页。
⑤ 陈寅恪：《柳如是别传》，上海古籍出版社，1980，第339页。
⑥ 陈寅恪：《柳如是别传》，上海古籍出版社，1980，第502页。
⑦ 陈寅恪：《柳如是别传》，上海古籍出版社，1980，第520~521页。
⑧ 陈寅恪：《柳如是别传》，上海古籍出版社，1980，第586页。

点，百不失一。所用事或有舛误，河东君颇为辨正"[①]。柳如是亦研习佛典，有"超世俗、轻生死"[②]之见识。

陈端生、柳如是之才华成就，足有可震古烁今之处，然竟几致湮没无闻，其原因即在于她们的"自由之思想"在当时是属于离经叛道的异端，而她们的性别角色与社会地位是被压抑的、低下的。陈寅恪表彰她们的才华与思想，其意义之一就是发掘了她们的行为所包含的精神价值及永恒意义，而这一发掘是通过揭示中国文化自身的多元性，揭示中国文化内部包含的不同于儒家主流成分的"异端"成分实现的。

一种文化本身并不是铁板一块，而是由许多文化成分互相作用、共同参与的结果。这种文化本身的历史进程，也是一个不同文化成分互相冲突、互相融会的多元互动过程。这种文化会有一个主流，主流之外会包容一些"异端"的文化成分，这些"异端"成分不能完全被主流所融化，而是保留下来，它们对主流的位置不构成致命的威胁，但有自己的运行方式、传播途径、作用方式和接受群体。它们与主流构成互补关系。

陈寅恪提出"自由之思想"是要证明文化精神必须具有包容性。我们在第一部分其实就已涉及这一点。中国的文化精神不仅仅是儒家精神，还必须体现道家、佛家的精神，这样就必须要求文化精神超越各文化成分的互相冲突的具体的特征，并把它们包含在自身之中。文化精神既是儒道释，又不是儒道释，既不是儒道释其中的任何一家，也不是各家的简单结合，既体现在各家之中，又超越于各家之上。

这样的一种文化精神并不是胡思乱想、向壁虚构。我们对中国文化史做另外一种角度的考察便知，中国文化中包含着德与刑、力与命、文与质、进取与固守、外拓与内敛等诸多的价值取向，在不同的历史阶段，占主导地位的精神气质和倾向性都有不同之处，如汉代以质胜、宋代以文胜，唐则外拓，明清则内敛，可以说它们都是中国文化精神的不同侧面，可以说它们都是中

[①] 陈寅恪：《柳如是别传》，上海古籍出版社，1980，第233页。
[②] 陈寅恪：《柳如是别传》，上海古籍出版社，1980，第375页。

国文化精神。文化精神既包含它们，又超越它们。

中国文化精神的多元性与包容性不可谓不大，所以陈寅恪用"自由之思想"来概括它。他的苦心就在于，一种文化的衰微，首先和主要地表现为主流文化的衰微和文化本身的缺乏包容性，要改变这种现状就必须"复活"传统内部能够带来活力的异端成分，同时引进外来异质文化，共同造成思想文化的活跃局面，这样才能激发各文化成分的活跃性，产生新一轮文化交流与文化创新，最后使文化重新走向辉煌。陈寅恪就是这样用"自由之思想"来代表中国文化精神所具有的"多元性"和"包容性"内涵的。

中国文化精神的另一方面内涵被陈寅恪表述为"独立之精神"，其意义在于保持文化的独立性，也就是保持文化本位。在陈寅恪晚年的思考中，"独立之精神"具体表现为知识分子个人信仰的坚定与道德的高洁，及不为名利物欲所动的精神操守。信仰是知识分子"独立之精神"的核心，本来不同的信仰指向不同的对象，宗教信仰指向救世主、学者之信仰指向纯粹之学问，这些信仰在表现形式上有共同性，即表现为道德。

道德并非平面的、只有一种层次，而是立体的、多层次的，举例言之，诚实守信是一种层次，为国捐躯又是另一种更高的层次；道德可以表现为具体的规范，如父慈子孝等，也可以是超越的理念。陈寅恪之推崇韩愈与新儒家，其原因之一就是对中国文化精神所具有的道德心的褒尊。在中国古代伦理中，"士"之出处进退之规范即节操观念，这一节操观念在民族文化冲突的环境之中，就具有了"夷夏之辨"和"家国兴亡"之内涵。陈寅恪晚年正是通过褒尊气节、贬斥势利来阐扬中国文化的"独立之精神"。

为什么这样做？因为抽象的"独立之精神"在现实中必然表现为对某种具体规范、具体价值的坚持，我们在理论探讨中可以抽象地讨论它，但在实践中必须将它具体化。我们不能说陈寅恪完全认同旧的纲纪、节操，否则就无法解释他为什么称赞陈端生、柳如是的"自由之思想"。我们必须承认，陈寅恪是言在此而意在彼，借用旧的规范，赋予它们新的内涵；或是从旧的伦理道德中拯救出活的精神。所以说他的著述的精神价值在于在"返本"之中求"开新",抛去传统的旧外壳,发掘出新的内涵。

陈寅恪在《赠蒋秉南序》中说:"欧阳永叔少学韩昌黎之文,晚撰五代史记,作义儿冯道诸传,贬斥势利,尊崇气节,遂一匡五代之浇漓,返之淳正。故天水一朝文化,竟为我民族遗留之瑰宝。"①

宋代文化正是"独立之精神"的集中体现。

陈寅恪对道德的注意源自"新人文主义"与学衡派都以人格的完善、道德的高尚为其理想。陈寅恪在早年就注重思考道德在中国文化中的意义。他在对魏晋隋唐史的研究之中,就注意考察当时"士"的道德状况,以及道德与宗教、家族、政治的关系。他斥责"周孔老庄并学,自然名教两是之徒,则前日退隐为高士,晚节急仕至达官,名利兼收,实为无耻之巧宦"②。他在《元白诗笺证稿》中说:

> 纵览史乘,凡士大夫阶级之转移升降,往往与道德标准及社会风习之变迁有关。当其新旧蜕嬗之间际,常呈一纷纭综错之情态,即新道德标准与旧道德标准,新社会风习与旧社会风习并存杂用。各是其是,而互非其非也。斯诚亦事实之无可如何者。虽然,值此道德标准社会风习纷乱变易之时,此转移升降之士大夫阶级之人,有贤不肖拙巧之分别,而其贤者拙者,常感受苦痛,终于消灭而后已。其不肖者巧者,则多享受欢乐,往往富贵荣显,身泰名遂。其故何也?由于善利用或不善利用此两种以上不同之标准之习俗,以应付此环境而已。③

白居易与元稹二人,分别正是"贤者拙者"与"不肖者巧者"的典型。陈寅恪批评的矛头正是指向元稹。但他作为新一代史家,不能以简单的道德批判代替对深层历史规律的揭示。他揭示元稹先以明经擢第,其后复举制科,

---

① 陈寅恪:《寒柳堂集》,上海古籍出版社,1980,第162页。
② 陈寅恪:《金明馆丛稿初编》,上海古籍出版社,1980,第197页。
③ 陈寅恪:《元白诗笺证稿》,上海古籍出版社,1978,第82页。

"弃寒族之双文，而婚高门之韦氏"①这些行为的社会历史根源。元稹之无特操乃社会环境使然，陈寅恪不无感喟地说："是亦人生与社会之冲突也。"②在揭示客观历史与精神价值之间的尖锐冲突的同时坚持精神的信仰与志行的高洁，这种对"独立之精神"的坚持，成为他写《柳如是别传》的一个主题，也是他"晚年心态"的一个主题。

吴宓对陈寅恪撰写《柳如是别传》之主旨有过这样的阐述：

> 寅恪之研究"红妆"之身世与著作，盖藉此以察出当时政治（夷夏）、道德（气节）之真实情况，盖有深意存焉……③

陈寅恪自述此书主旨，亦云：

> 披寻钱柳之篇什于残阙毁禁之余，往往窥见其孤怀遗恨，有可以令人感泣不能自己者焉。夫三户亡秦之志，九章哀郢之辞，即发自当日之士大夫，犹应珍惜引申，以表彰我民族独立之精神，自由之思想。何况出于婉娈倚门之少女，绸缪鼓瑟之小妇，而又为当时迂腐者所深诋，后世轻薄者所厚诬之人哉！④

明清之际本为中华民族之痛史。虽然柳如是和钱谦益的历史地位并不是特别高，但陈寅恪用以点带面的方式，通过对柳如是一生经历的钩沉，对柳如是与众多名士胜流前后交往之史实的考证，勾画出一幅波澜壮阔的历史画卷，其重点在于描绘众多知识分子在明清大变局之下的作为，并发掘其意义与精神价值。

---

① 陈寅恪：《元白诗笺证稿》，上海古籍出版社，1978，第85页。
② 陈寅恪：《元白诗笺证稿》，上海古籍出版社，1978，第97页。
③ 吴学昭：《吴宓与陈寅恪》，清华大学出版社，1992，第145页。
④ 陈寅恪：《柳如是别传》，上海古籍出版社，1980，第4页。

明清之际的所谓"夷夏之辨"、气节操守，其实并不完全等于今日之"爱国主义"，后者是近代鸦片战争以来才有的。古人并无近代以来的国家意识，毋宁说，古人有的是所谓"天下意识"。"天下意识"本为大一统时代的产物，所谓"普天之下，莫非王土；率土之滨，莫非王臣"就是它的最好的表述。所以节操观念是指向一家一姓一族之皇朝的。明清之际之所以不同于一般的改朝换代，一是因为清朝是以异族入主中原，二是因为以新儒学为代表的新一轮文化兴盛期已经走到了尽头。明朝的灭亡说明宋明理学和宋明文化的弊端已经暴露无遗，陈寅恪推许的"文化造极之世"已不复存在，历史走向了它的反面，文化本位面临衰亡。顾炎武说：

> 有亡国，有亡天下，亡国与亡天下奚辨？曰：易姓改号，谓之亡国；仁义充塞，而至于率兽食人，人将相食，谓之亡天下。[①]

此即著名的"天下兴亡，匹夫有责"之论的理论根据。所谓"亡天下"就是指文化本位的崩塌，不仅仅指以清政府为代表的外力的冲击，因而知识分子痛定思痛，主要把反思的重点放在意识形态的核心——宋明理学上。以黄宗羲、顾炎武、王夫之为代表的众多思想家都对宋明理学和整个儒家传统，乃至整个文化传统进行全面反思。在这样一个时代褒扬气节，其实不是褒扬宋明理学本身，而是想拯救来自先秦儒家的活的文化精神。陈寅恪对这段历史的考察，是立足于比明清之际还要严重百倍的20世纪初的现实，因而他也是在阐发他对现代的文化精神重建事业的见解。

柳如是与钱谦益参与反清复明运动是《柳如是别传》的叙述重点之一，作者辟专章加以论述。柳如是为一风尘女子，何以能有高尚之精神，堪作知识分子之代表？陈寅恪指出，柳如是原为周道登（文岸）之宠姬，周曾任宰相，是故"盖河东君灵慧通文，周文岸身旁有关当时政治之闻见，自能窥知

[①] 顾炎武：《日知录》卷十三。

涯涘"①。柳如是后来加入知识分子团体"几社",参加几社之南园宴集。陈寅恪论几社集会之活动与柳同几社之关系如下:

> 当时党社名士颇自比于东汉甘陵南北部诸贤。其所谈论研讨者,亦不止于纸上之空文,必更涉及当时政治实际之问题。故几社之组织,自可视为政治小集团。南园之宴集,复是时事之座谈会也。河东君……所参与之课业,当为饮酒赋诗,其所发表之议论,自是放言无羁。然则河东君此时之同居南楼及同游南园,不仅为卧子之女腻友,亦应认为几社之女社员也。……继经几社名士政论之薰习,其平日天下兴亡匹"妇"有责之观念,因成熟于此时也。②

所谓"近朱者赤,近墨者黑",柳如是之高洁性情,一部分来自出众之才华,另一部分来自陈子龙(卧子)等优秀知识分子的熏染影响。

柳如是素来关心天下大事,"平生雅好谈兵,以梁红玉自比"③,她虽不能亲临反清复明之战场,亦以实际行动帮助反清复明运动。钱谦益出面从事的反清复明活动,她都参与其中。钱谦益至金华游说马进宝反清,柳实为暗中主持之人。④陈寅恪推测柳以购买物品为名,与郑成功设在绸缎店中的联络点相往来,"暗作通海之举"⑤。钱谦益去金陵,居于报恩寺中,实为顺治十六年(1659)郑成功大举进攻南京作接应准备工作,柳亦知之。⑥柳又捐资以助南明姚志卓军。⑦钱谦益频繁往来于常熟、苏州,亦为联络郑成功之举。⑧诸如此类的联络工作多次进行。最后虽然反清复明的活动没有成功,但陈寅恪考

---

① 陈寅恪:《柳如是别传》,上海古籍出版社,1980,第282页。
② 陈寅恪:《柳如是别传》,上海古籍出版社,1980,第282页。
③ 陈寅恪:《柳如是别传》,上海古籍出版社,1980,第166页。
④ 陈寅恪:《柳如是别传》,上海古籍出版社,1980,第1033页。
⑤ 陈寅恪:《柳如是别传》,上海古籍出版社,1980,第1021页。
⑥ 陈寅恪:《柳如是别传》,上海古籍出版社,1980,第1036~1037页。
⑦ 陈寅恪:《柳如是别传》,上海古籍出版社,1980,第1040页。
⑧ 陈寅恪:《柳如是别传》,上海古籍出版社,1980,第1044页。

察各人在其中之表现，并不以成败论人，乃是重在行为之精神价值。

陈寅恪对论及之人均有臧否。柳如是与钱谦益二人性格不同，一刚烈一怯懦，虽然都有复明之志，但二者表现不同。如明南都倾覆，柳劝钱谦益殉国，钱谦益迟疑不肯。① 钱谦益降清之后，随例北迁，柳如是终留江南。② 南都倾覆后三年间，柳如是"不言不笑"，以表示其不忘故国旧都之哀痛。③ 陈寅恪承认钱谦益之降清为其毕生之最大污点，但对钱氏并非彻底否定，而是一分为二，既肯定他复明的活动，又对他的降清做出具体分析和客观评价：

> 牧之降清，乃其一生污点。但亦由其素性怯懦，迫于事势所使然。若谓其必须始终心悦诚服，则甚不近情理。夫牧斋所践之土，乃禹贡九州相承之土，所茹之毛，非女真八部所种之毛。④

此言可称对钱谦益的"同情之了解"，后一句是针对《四库全书总目提要》对钱的辱骂而发，"提要"称钱为"首鼠两端、居心反覆"⑤，实指钱氏降清后又心怀明室。陈寅恪批驳此论，是表彰钱谦益虽然失足，但仍知大义所在，不甘沉沦，致力复明之志。陈寅恪引钱谦益《〈西湖杂感〉序》所用"侮食相矜，左言若性"之典，评之曰："牧斋用此典以骂当日降清之老汉奸辈，虽己身不免在其中，然尚肯明白言之，是天良犹存，殊可哀矣。"⑥ 此哀是哀钱之终成"老汉奸"，有惋惜之意，又有对其"天良犹存"的肯定。钱谦益降清后之行事，实际上是洗刷自己的污点。今人若对钱一味斥责，持论未免太苛。

---

① 陈寅恪：《柳如是别传》，上海古籍出版社，1980，第 685 页。
② 陈寅恪：《柳如是别传》，上海古籍出版社，1980，第 849 页。
③ 陈寅恪：《柳如是别传》，上海古籍出版社，1980，第 907~908 页。
④ 陈寅恪：《柳如是别传》，上海古籍出版社，1980，第 1024 页。
⑤ 陈寅恪：《柳如是别传》，上海古籍出版社，1980，第 1023 页。
⑥ 陈寅恪：《柳如是别传》，上海古籍出版社，1980，第 1023 页。

陈寅恪指出，钱谦益著《列朝诗集》，"借此以见其不忘故国旧君之微旨"[①]；钱谦益又注杜甫诗，做长笺"借李唐时事，以暗指明代时事"[②]，并抒写己身在明末政治蜕变中所处之环境；其诗作亦往往寄托反清复明之心愿。这些行为，与他筹划联络反清之事一样，皆是可称道之处。可见陈寅恪并非简单地褒柳而斥钱，而是用史家之眼光，做平情之论，不以瑕掩瑜，亦不以瑜掩瑕，把史家"求真"之目标与哲学家"求善"的目标统一在一起。

陈寅恪承认，从历史中发掘价值是有限度的，不注意这个限度，就会导致人为拔高或贬低古人，或是简化历史的毛病。他承认古人之节操观念并不等于"独立之精神"，所以他一方面赞扬知识分子之气节，另一方面又客观地承认这一气节观念的历史局限性。他指出，明末士大夫一般风气为"平日喜谈兵，而临事无所用"[③]，钱谦益亦不例外。东林党人素以气节闻名，而其起源则由于皇位继承权的归属问题。[④] 而东林党人以顾杲为首的一百四十人具名"南都防乱揭"攻击阮大铖，"遂酿成仇怨报复之举动，国事大局，益不可收拾矣"[⑤]，其因在于东林少年持论过苛。陈寅恪指出，顾某为人"激烈好名"，"斯固明季书生本色"[⑥]。对气节之阐扬、执着竟一变而为党争之源，斯为中国传统之"道德主义"所造成之最大反讽。

陈寅恪继承了传统史学从史实中发掘价值的传统并发扬之，同时又吸收了现代学术方法，用现代的文化观念观照历史，因而对历史的阐释极富现代意义。陈寅恪用"独立之精神、自由之思想"这一来自西方文明的概念来阐释中国的文化史与文化精神，这绝不是简单、生硬的中外嫁接，而是站在深刻理解中外传统的基础上，一方面梳理中外文化之"同"，另一方面深入历史

---

① 陈寅恪：《柳如是别传》，上海古籍出版社，1980，第 985~988 页。
② 陈寅恪：《柳如是别传》，上海古籍出版社，1980，第 1000 页。
③ 陈寅恪：《柳如是别传》，上海古籍出版社，1980，第 668 页。
④ 陈寅恪：《柳如是别传》，上海古籍出版社，1980，第 841~842 页。
⑤ 陈寅恪：《柳如是别传》，上海古籍出版社，1980，第 844 页。
⑥ 陈寅恪：《柳如是别传》，上海古籍出版社，1980，第 684 页。

考察中国文化自身各成分之"异"和中国文化史千年之"变"的结果。而我们把"独立之精神,自由之思想"与他的"中国文化本位论"联系起来思考,就会发现它的前半句正与"不忘本来民族之地位"相似,后半句与"吸收输入外来之学说"相近。所以说,"独立之精神、自由之思想"一方面作为对"文化精神"这一概念的进一步阐释,另一方面也包含了他的"中国文化本位论"的内容,是他一生思考的总结。

余论 陈寅恪的"晚年心态"问题

在陈寅恪晚年的诗文和著作中,他表现出浓烈的忧患与悲观的感情色彩,由于他特殊的家世背景、人生经历和性格特点,他把感情隐藏在幽深晦涩的诗文之中,令人觉得扑朔迷离,难究底蕴。对这一问题,学界众说纷纭,讨论主要围绕他的诗作的解释展开。有人偏重于从政治角度理解,认为陈寅恪的复杂心态来自对现实政治的失望;有人倾向于从文化角度来理解,把陈寅恪的思想感情与"遗民"心态联系起来,称陈寅恪为"文化遗民";有人倾向于从个人遭际的原因来解释,认为陈寅恪毕生颠沛流离,晚年又盲目膑足,疾病缠身,影响其从事研究,故有悲观心理。

以上诸说,不能说是空穴来风、毫无凭据,但也不能说是全面的、完善的、妥帖的,其中亦有许多误解与歪曲之处。笔者倾向于从文化的角度来解释而不用"遗民"这一概念,因为它有其固定用法,而陈寅恪的心态则超出了"遗民"的内涵,如用此词有招致误解的可能,姑且强以"晚年心态"名之。

陈寅恪的这种心态与其毕生经历有关,也与其文化思想紧密相连,不可分割,时间上不仅仅限于他的最后二十年,也不仅仅体现在他的晚年诗文上,之所以名为"晚年心态",是由于这种心态在他的晚年表现得最集中,这也是没有办法的办法,因为目前尚无可以概括他的这种心态的更好的名词。

笔者不准备通过笺释其诗来理解这一心态,因为陈寅恪的诗古典、今典层层缠绕,非常难解,且容易陷入烦琐考证与臆测之中。我们应该把陈寅恪的诗文、著作作为一个整体来考察，从思想的角度，对他的晚年心态加以宏观把握。

（一）所谓"续命河汾"

这是陈寅恪晚年心态中，最重要的内容。

中国文化的近代化或现代化，是落后于西方并受到西方文化冲击的被动产物。鸦片战争以来，外部侵略与内部革命交替进行，社会动乱频仍，国力极度虚弱。时代打断和阻碍了正常的文化交流与文化创造，中国传统文化中包含的精神价值已被时代忽略。陈寅恪深知，接续传统文化的血脉是文化转型的前提，眼见传统文化及其精神价值日益贬值，"续命河汾"就成为其终生念念不忘、老而弥甚的内心情结。

"续命河汾"之典故来自隋末大儒王通。他曾设教于河汾地区，门徒超千人，其中包括房玄龄、魏征等唐代开国功臣。陈氏用此典是表达他对接续文化血脉的关注，而并非要做"帝王师"，因为陈寅恪毕生远离政治，保有知识分子不参政的独立气节，并不像胡适、梁漱溟乃至冯友兰那样认同政治、接近政治或参政议政。他在《论韩愈》一文中之第六条"奖掖后进，期望学说之流传"就是寄托这一愿望。他相信中国文化精神命脉的传递可以通过学术研究和人文学者独立自由之高尚人格的发扬得以传递。他之所以褒扬王导，是因为王导巩固了偏安一隅的汉族政权，从而保存了文化命脉。① 陈寅恪在《杨树达积微居小学金石论丛续稿序》中说："自剖判以来，生民之祸乱，至今日而极矣。……天而不欲遂丧斯文也，则国家必将尊礼先生，以为国老儒宗，使弘宣我华夏民族之文化于京师太学。"②

此文作于1942年，但在20世纪50年代再版时被删，可见这个理想是太过于"迂远守旧"、不合时宜了。陈寅恪终生颠沛流离，遭际坎坷，晚年又在"反右""文革"等历次运动中受到批判和冲击，自然产生"避秦无地"之感，

---

① 陈寅恪：《金明馆丛稿初编》，上海古籍出版社，1980，第48~68页。
② 陈寅恪：《金明馆丛稿二编》，上海古籍出版社，1980，第230、231页。

在诗文中多有提及。他在《赠蒋秉南序》中说：

> 清光绪之年，寅恪家居白下，一日偶检架上旧书，见有易堂九子集，取而读之，不甚喜其文，唯深美其事。以为魏丘诸子值明清嬗蜕之际，犹能兄弟戚友保聚一地，相与从容讲文论学于乾撼坤岌之际，不谓为天下之至乐大幸，不可也。……寅恪独怀辛有索靖之忧，果未及十稔，神州沸腾，寰宇纷扰。寅恪亦以求学之故，奔走东西洋数万里，终无所成。凡历数十年，遭逢世界大战者二，内战更不胜计。其后失明膑足，栖身岭表，已奄奄垂死，将就木矣。默念平生固未尝侮食自矜，曲学阿世，似可告慰友朋。至若追踪昔贤，幽居疏属之南，汾水之曲，守先哲之遗范，托末契于后生者，则有如方丈蓬莱，渺不可即，徒寄之梦寐，存乎遐想而已。①

我们可以由此感觉到陈寅恪深重的幻灭感。

与"续命河汾"直接关联的是陈寅恪对"家世""门风"的重视。陈本人是名门之后，祖父陈宝箴与父亲陈三立都是清末维新派的重要代表，二人既有开放的心态，主张借鉴西学，改良政治，又有独立之精神，忧国忧民，反抗侵略。陈寅恪的夫人唐篔（晓莹）是台湾抗日运动领袖唐景崧的孙女。与陈氏夫妇交往的许多人都有名门望族或书香门第的出身背景。陈寅恪本人"极其注重相交者的身世背景与历史渊源"②，其原因在论隋唐史时便已指出：

> 自汉代学校制度废弛，博士传授之风气止息以后，学术中心移于家族。③
> 夫士族之特点既在其门风之优美，不同于凡庶，而优美之门风实基于学业之因袭。④

---

① 陈寅恪：《寒柳堂集》，上海古籍出版社，1980，第162页。
② 陆键东：《陈寅恪的最后二十年》，生活·读书·新知三联书店，1995，第383页。
③ 陈寅恪：《隋唐制度渊源略论稿》，中华书局，1977，第17页。
④ 陈寅恪：《唐代政治史述论稿》，上海古籍出版社，1982，第72页。

愈是名门望族，门风愈佳，其教育条件优良，所谓"家学"能够保持一定的传统，门风既包括礼乐文化，也包括学术传统。所以陈寅恪心目中的"家族意识"与传递文化精神有关，在像南北朝那样的动荡时代中，保持文化的功能很大一部分留存在世家大族之中。

（二）所谓"迂叟之迂"

陈寅恪在《读吴其昌撰梁启超传书后》中说：

> 余少喜临川新法之新，而老同涑水迂叟之迂。盖验以人心之厚薄，民生之荣悴，则知五十年来，如车轮之逆转，似有符合所谓退化论之说者。是以论学论治，迥异时流，而迫于事势，噤不得发。[1]

似乎陈寅恪青年时有激进变革的思想，其实他在这里表现的思想与他在哈佛时期、《学衡》时期的思想并无不同。何为"涑水迂叟之迂"？我们知道，"涑水迂叟"是司马光的别号，司马光著有《迂书》，亦称《庸书》，其中有《释迂》一篇，云：

> 子不见夫树木者乎？树之一年而伐之，则足以给薪苏而已；三年伐之，则足以为桷；五年而伐之，则足以为楹；十年而伐之，则足以为栋。夫岂非收功愈远，而为利愈大乎？古之人惟其道闳大而不能狭也，其志邃奥而不能迩也，其言崇高而不能卑也，是以所适龃龉，而或穷为布衣，贫贱困苦，以终其身，然其遗风余烈数百年而人犹以为法。向使其人狭道以求容，迩志以取合，卑言以趋功，虽当时贵为卿相，利止于其躬，荣尽于其生。恶得余以及后世哉？如余者、患不能迂而已矣，迂何病哉？[2]

---

[1] 陈寅恪：《寒柳堂集》，上海古籍出版社，1980，第150页。
[2] 《司马温公文集》卷十四，商务印书馆"丛书集成初编"本。

可见"迂"有二意。一意为反对猛烈之社会变革，陈寅恪所说的"湘乡南皮之间"亦有此意。猛烈的社会文化变革能伤及文化之根基，也有导致世道浇薄、道德沦丧、大量投机分子出现的危险。另一意即坚持精神之永恒价值，反对"狭道以求容，迂志以取合，卑言以趋功"的投机行径。陈寅恪的用法也不离此二意。

陈寅恪毕生反对"俗谛之桎梏"，这"俗谛"可以指国民党鼓吹的"三民主义"，也可以理解为新中国成立以后流行一时的"左"的教条主义。从抽象角度来说，"俗谛"似指学术与思想的不独立，被现实力量所影响，或依附于某种教条的状态。陈寅恪在《对科学院的答复》中明其独立不移之志，即"迂"的表现。他还多次用"江东旧义"之典表明心迹。此典原出于《世说新语·假谲》：

> 愍度道人始欲过江，与一伧道人为侣，谋曰：用旧义往江东，恐不办得食，便共立心无义。既而此道人不成渡。愍度果讲义积年。后有伧人来，先道人寄语云：为我致意愍度，无义那可立？治此计，权救饥尔，无为遂负如来也。

陈寅恪说自己"未树新义，以负如来"[①]"守伧僧之旧义"[②]都是用此典故，说明自己坚持学者之操守，独立之精神。

（三）忧国忧民之感叹

陈寅恪虽然毕生从事学术研究，却非"两耳不闻窗外事"的学究，而是一个关心国事、天下事，同情人民疾苦的知识分子。对国对民之忧思亦是陈寅恪晚年心态的重要部分，此点在其诗中表现甚多，如《庚戌柏林重九作》是因日本吞并朝鲜而发的伤世幽愤之情；《挽张荫麟》是对知识分子境遇的悲

[①] 陈寅恪：《金明馆丛稿二编》，上海古籍出版社，1980，第241页。
[②] 陈寅恪：《金明馆丛稿二编》，上海古籍出版社，1980，第253页。

愤;《哀金圆》是斥责国民政府吸尽民脂民膏的罪恶行径,并指出其政权垮台是民怨所致,理所当然;《男旦》是对20世纪50年代"知识分子改造运动"的嘲讽。如此等等,不一而足,这里就不再多说了。

以上所言三点为陈寅恪"晚年心态"之大致内容。陈寅恪是感情浓烈、深厚而深藏不露的人,对其曲折隐微的感情世界,笔者尚不可能尽探其底蕴,只能采其有迹可循且与本文主题有关者。陈寅恪善于把深厚的情感关怀灌注于严谨的学术著作中,使死板枯燥的考证文字、研究著作全部"活"起来,成为有血有肉的文化启示录。他的情感世界与理性世界胶结在一起不可分割,达到高度一致,不了解他的学术研究,就不能更好地了解他的情感世界,不理解他的情感世界,就不能更好地理解其学术研究。他的情感世界与理性世界互相补充,互相映照,"学术即生命,生命即学术"应是陈寅恪的最真实写照。

陈寅恪的情感世界,其至高之处达到"终极关怀"[①]之境。抛开这个词的宗教意义不谈,专门在"最高之信仰"的意义上说,陈寅恪的"终极关怀"指向中华民族之文化精神,指向"独立之精神、自由之思想",指向完善之人格,指向纯净之学术。他的情感世界,虽然形式是个人化的,有时似乎表现为对旧时代、旧文化的某种留恋之情,但其内容是对祖国文化的强烈的爱、对精神的信仰,代表了现代情境下知识分子的普遍的"乡愁"。正所谓"人能弘道、非道弘人",正因为有了以陈寅恪为代表的知识分子群体,中国的文化精神才得以保存、传递,烛照千年而不灭。

[①] "终极关怀"(Ultimate Concern)本为美国存在主义宗教哲学家蒂利希(P.Tillich)提出的概念,原指人的终极最高信仰,在本文中的用法不包括宗教意义。

心性学视域与中国现代性问题
——梁漱溟文化哲学思想析论

王 秋[*]

中西文化冲突、中国文化危机和中国文化现代转型是 20 世纪中国现代哲学关注的核心问题。梁漱溟立足于文化三路向的哲学框架，认为世界文化将转向中国文化所代表的路向上来。而心性学是中国哲学的核心所在，因此他强调，在心性学的基础上可实现中国社会和文化的现代转型。

一 寻根、批判与仿制：心性学与现代性关联的逻辑初建

进入 20 世纪，中国学习西方文化逐渐深入文化形成的机制和内在精神层面，梁漱溟认为当时流行人文地理说和唯物史观学说，共同弊病在于侧重于从客观的因素对文化的决定性因素进行探源，这导致不能从根本上对东西方文化的精神特质给予彻底说明。为解决这一问题，梁漱溟从意欲概念入手对文化之根进行溯源。

（一）意欲：文化之根的寻求

梁漱溟认为，文化的外在表现是民族生活的样法，其本质是人的精神创造。梁漱溟立足于佛学的唯识学理论和他所了解的唯意志主义哲学，强调文

---

[*] 王秋，黑龙江大学哲学学院教授，主要从事朱子学与中国现当代哲学、中国当代伦理变迁研究。

化的根源在于意欲，而意欲就是人们面对生活问题时所持的态度，由特定的意欲决定特定的生活方式。

梁漱溟认为人生面临的问题不外乎人对物、人对人、人对自己三种，应对这三种问题的意欲，无外乎三种："（一）向前面要求；（二）对于自己的意思变换、调和、持中；（三）转身向后去要求。"[①] 梁漱溟认为中国、西方、印度三种文化分别是以第一、第二、第三种态度对应去解决第一、第二、第三种问题。因此，中、西、印三种文化在问题侧重点和意欲态度上均表现出极大差异。在他看来，西洋文化对第一问题的解决是恰切的，并且应当是人类发展的第一阶段所应持有的文化态度，而中国文化与印度文化则早熟，在人与物的问题尚未获得解决的情况下，就直接去面对人对人的问题与人对自己的问题。如此一来，东西文化论争就可以规避古今之争的模式，从而梁漱溟所重视的中国文化立场依然有其独立价值和合理性。

梁漱溟的意欲文化观从文化形成的内在机制和本质精神角度探讨东西方文化问题，其根本目的在于突出东西方文化各自的独特价值，进而在不丧失中国文化精神的基础上实现中国社会与文化的现代转型。但是，从心性论述现代性的理论逻辑，依然无法解决中、西、印文化何以在各自文化发展之初就选择不同的人生问题作为自己文化关注的焦点，并且表现出不同的意欲态度的问题。这一时期，梁漱溟主要用天才决定论来解释，这导致其文化寻根之论最终又诉诸天才创造的偶然决定论，这种理论矛盾成为时人质疑的主要弊病所在。

（二）批判与仿行：心性与现代性的内在关联

梁漱溟认为世界正处在社会与文化转型的时代，东西方文化没有相互融合的余地，只能是一种文化取代另一种，但是这种取代是以人生面临的主要问题为转移的。对于当时的中国来说，面临人对物和人对人的双重问题。中国文化要学习西方，第一路向所成就的文明中国又必须要实现，但不可能从

---

① 《梁漱溟全集》第1卷，山东人民出版社，2005，第381~382页。

自身的第二路向——较高的形态倒退到第一路向。梁漱溟认为中国社会与文化转型在面对西方文化时的合理态度是：既要解决第一路向带来的不足，又要补充第一路向所能成就的成绩。因此，以第二路向的人生态度补足第一路向文化的成就，成为梁漱溟所致力完成的中国社会与文化转型的基本途径。

梁漱溟认为西方文化在物质文明建设和社会生活运行方面取得了极大的成就，但是在人际关系方面（主要是心理情感和伦理关系）则出现了问题。基于对心性与现代性问题的如此理解，梁漱溟认为从政治上我们应当仿行西方的政治制度，而在根本上要用中国文化所强调人生观改造西方文化所强调的人生观。梁漱溟明确指出："若真中国的文艺复兴，应当是中国自己人生态度的复兴；那只如我现在所说可以当得起。"[①]

在梁漱溟看来，由于受到儒家文化的影响，中国人的心理态度与礼俗制度皆与西洋人不同，这一点是中国国情的特殊性所在。在实现中国统一进而实现中国富强的理想上，梁漱溟认为，中国必须要实现西方社会已经实现的物质文明的发达和政治生活中国民主制度，但是要实现现代性的这两个目标，却不能完全按照西方的方式进行。一个原因在于西方文化已经正在发生转变，因此中国不能完全照搬西方的道路模式；另一个原因在于，中国人素有的心理和习俗不能使中国人走上与西方完全一样的道路。

如何从中国固有的人生态度出发，承接并转化西方文化所成就的科学精神和民主精神，是梁漱溟在此一时期的理论重心。到乡村建设时期，梁漱溟认为自己找到了贯彻和落实《东西文化及其哲学》时期设想的实践方案。因此，梁漱溟在第二个时期则通过乡村建设来落实他所理解的中国现代社会与文化的现代转型。

二 反思、探索与创新：心性与乡村建设方案的构想与实施

在《乡村建设》一书中，梁漱溟认为，乡村建设是贯彻和落实儒家人生

[①]《梁漱溟全集》第1卷，山东人民出版社，2005，第539页。

哲学强调的关切人生向上、注重人伦关系协调的老道理的最佳途径。他反对暴力革命，反对以武力解决中国的问题，认为通过新乡约的构建和新乡学的设立，能够实现教育代革命、农业引发工业、道德代宗教的社会与文化的深层转型，进而实现中国社会结构的大改变：政治实现民主、经济实现工农业良好结合、人生身心关系实现融洽、改善人伦关系和实现美的现代化。

（一）心性认识的深化与现代性方案的新探索

在1921年后，中国仿行西洋政治经济制度不成功的现实使梁漱溟逐渐认识到，自己在《东西文化及其哲学》中设想的学习西方的方案是不可行的，其根本原因在于东西方文化根本精神不合。在他看来，西洋近代的政治制度的实行必须得有一定的社会心理做基础，而这种心理习惯"乃非吾民族所有；而吾民族固有精神实高越于其所需要之上"[1]。因此，仿制西方的政治制度的道路行不通，中国现代性问题的解决就要另辟蹊径。

梁漱溟将对现代性中国问题的处理落实到乡村建设上。他认为中国文化受到西洋文化冲击使得其自身得以摆脱原有文化的盘旋不进，并且将成就中国文化所开辟的第二路向。他认为"这个新局面的转变，就全靠我们的乡村建设；翻转来说，乡村建设就是由于要转变局面创造新文化而来的"[2]。梁漱溟的现代性方案就是要从中国的旧文化中转变出新文化，这种新文化建设就要依据中国文化的根本进行。在梁漱溟看来，这个根本就是中国文化固有的追求人生向上的伦理精神。新的现代性方案的形成与他人生态度的心性学分析密切相关。

此时，梁漱溟已经意识到此前用直觉表明中国人的心性特点是不当的，并且对意识和精神的概念进行了分析。他认为中国人具有一种理性的意识和精神，这种具有左右人的意识的精神体现在中国人身上，就是理性的精神。这种理性精神是"平静通达的心理""从礼俗陶养出来的""耻于用暴，而勇

---

[1] 《梁漱溟全集》第5卷，山东人民出版社，2005，第146页。
[2] 《梁漱溟全集》第1卷，山东人民出版社，2005，第611页。

于服善的雅量""出于人性好恶、偏于主观"的情理,"无外父慈子孝的伦理情谊,和好善改过的人生向上"①。

在此时期,梁漱溟认识到仿行西洋和苏联的政治经济制度都是行不通的。因此,中国的建设不能走西洋议会政治的道路,不能走西方都市文明的工业化道路,中国人不能过个人本位主义或者社会本位主义的生活,因为这与中国人的伦理本位和职业殊途交相为用的现实不合。中华民族自救的最后途径只能是乡村建设,这种建设既不能离开中国固有的基础,又必须符合中国固有文化的特点。

(二)心性与乡村建设的实践

梁漱溟认为中国的建设最为根本问题的在于新社会组织的建设,这种新社会组织的建设要发挥中国人心性特点并克服其缺点。在梁漱溟看来,新组织就是要建设新的礼俗。由于中国人过去走的是理性的路,因此新组织必须"从教育启发他们自觉而组织合作,而形成自治团体"②,不能用强力的手段。这种新礼俗的建设是中西具体事实之沟通融合。

梁漱溟认为,中国与西洋之所以能够找到调和之处,与西方正经历由个人本位向社会本位的转变有关,如此一来,正在转向的西方文化就与中国人的伦理观念很接近。因此,中国人就可以用自己的固有精神吸收西洋人的长处而同时避免固有文化的弊端,从而成就新的社会组织,"这个社会组织乃是以伦理情谊为本源,以人生向上为目的,可名之为情谊化的组织或教育化的组织……这个组织是以中国固有精神为主而吸收了西洋人的长处"③。基于上述考虑,梁漱溟认为这种组织就是要靠理性开发,在具体建设方面,则落实为对古代乡约的补充改造和乡农学校的建立。

梁漱溟认为,乡约的四纲领(德业相劝、过失相规、礼俗相交、患难相

---

① 《梁漱溟全集》第2卷,山东人民出版社,2005,第181~186页。
② 《梁漱溟全集》第2卷,山东人民出版社,2005,第276页。
③ 《梁漱溟全集》第2卷,山东人民出版社,2005,第309页。

恤）和七条目（水火、盗贼、疾病、死丧、孤弱、诬枉、贫乏）[①]如果能在乡村建设中得到落实，那么一个好的地方自治团体就能够建立起来，这个新的乡约团体既能体现人生向上的要求，也照顾到中国人固有的伦理情谊。

在《中国文化要义》中，梁漱溟对中国传统文化重新进行系统说明，并着重阐释了以孔子心性学为代表的中国文化何以不能产生西方类型的精神价值，诸如民主、科学以及人权自由等，同时又强调中国文化将在西方文化向社会本位转向的过程中复兴。

梁漱溟的现代性建设方案与以欧美为代表的资本主义方案和以苏俄为代表的社会主义方案均有所不同，梁漱溟更加注重的是现代性的精神性层面。他认为民主和科学在根本上是一种精神。从精神角度看，梁漱溟认为中国文化并不缺少民主精神，中国文化缺少的是民主的现实制度支撑，诸如"缺乏政治上之民主；特别是民有、民享、民治三点中，缺乏民治（by the people）之一点。……缺乏近代法律上之民主，特别缺乏个人本位权利观念。一句话总括：中国非无民主，但没有西洋近代国家那样的民主"[②]。在这一时期，梁漱溟实际上已经认识到西方现代性所体现的民主精神并不是一种具有绝对普世性的价值，因此，中国没有如同西方一样的民主并不表示中国的文化传统中就没有民主性的价值理念。正是基于对现代性问题的反思性和批判性理解，梁漱溟才充分重视中国老传统、老道理对于建设新中国、建设新文化的重要性。

乡村建设理论注意到中国固有文化的价值，以及西方现代文化的弊端，有其理论合理性，但是乡村建设实践则表明了理论的空想。中国处在列强支配、军阀混战的时局，决定了乡村建设的推广和普及只是一种空想。因此，以此为具体建设方案的中国社会与文化的现代转型更是无法实现的，这是梁漱溟社会改造学说和实践的最大空想之处。

[①] 《梁漱溟全集》第2卷，山东人民出版社，2005，第321页。
[②] 《梁漱溟全集》第3卷，山东人民出版社，2005，第241~242页。

三 奠基、重构与展望：心性学的重新奠基与现代性问题的深化

在 20 世纪 20 年代，梁漱溟注意到认识人类文化必须对人的心理有系统的认识，在《东西文化及其哲学》一书中，他已经开始以当时的生物学和心理学的知识作为人性论阐发的科学依据，但是这一工作并不系统。到 20 世纪 70 年代，梁漱溟的《人心与人生》一书则从现代生理学和心理学知识入手，完成对心性学的系统奠基，并在此基础上，阐发道德代宗教和美育代宗教的现代性构想。

（一）心性学的科学奠基

梁漱溟借用毛泽东《论持久战》对战争原则的概括，认为人心也符合主动性、灵活性和计划性三个特征，这是对生物本能的突破。从巴甫洛夫的学说看，第一信号系统包括人在内的高等动物都具有，而人则具有第二信号系统，也就是理智的能力。梁漱溟据此认为，是否具有理智分判了人和动物，对于人来说，理智也是与生俱来的，因而也可以看作本能，但是理智又是一种反本能的倾向，二者一消一涨，理智能够转化本能的专业化能力并使之普泛化，从而为后天留下更多的创造的可能。[①]

梁漱溟认为，人心从动物式本能解放出来，但仅用理智来表明人心的进步还不够，他指出："我乃于理智之外增用理性一词代表那从动物式本能解放出来的人心之情意方面。"[②] 梁漱溟认为，从生来而有的角度看，理智和情意都是人的本能，这导致无从显示理智对动物式本能的反对和超越，并且人的情意的无私亦不是动物式本能所能揭示的。为此，梁漱溟重提社会本能概念，在 20 世纪 20 年代，他已开始用社会本能指代人的无私的情感——理性，到 20 世纪 70 年代，他则对理性与社会本能的异同进行了重新阐释。他认为，动

[①]《梁漱溟全集》第 3 卷，山东人民出版社，2005，第 572 页。
[②]《梁漱溟全集》第 3 卷，山东人民出版社，2005，第 611 页。

物的进化发展使得生命通过生物机体为中心联通一切，既有局守（身），亦有通灵（心）。从本能不自私的角度看，梁漱溟认为，社会本能与人的情感的大公无私有相同之处，但是二者又具有本质的差别：对于动物来说，社会本能固然已经超出了一身之私，达到了以整个种族为中心的地步，但仍然是一种有所私的本位主义；而人的心理活动固然有本能常情的一面，但是唯有人能够达到"好而知其恶，恶而知其美"（《礼记·大学篇》）的大公无私的境界，这才是理性的发用流行。

梁漱溟以生物学、心理学的科学知识作基础，完成了对人心的分析，明确了本能、理智、理性三者的各自特征，进而为论述三种关系奠定了基础，人心与人生关联就建立在上述人性论的基础上。梁漱溟认为东西方文化及其哲学的差异，根源在于对人心与人生的认识和显发，以及人的性情、气质、习惯和社会礼俗、制度的不同。

梁漱溟认为，在礼俗制度的创造形成中，知识和计划的部分属于理智，理性也通过感情、意志和要求表现，但是感情意志和要求并不是总体现理性的。对于人类历史发展而言，理性在人群社会间的昭显是很晚的。梁漱溟认为欧洲在18世纪才出现理性时代，但是"民约论"并没有历史事实的根据，却创造了今世民主的礼俗制度。梁漱溟由此肯定理智和理性对资产阶级民主的礼俗制度形成的巨大作用。但是他认为这种制度发展到后来已见弊病而不见其改善，说明在理性和理智之外，人的生命活动还有三种力量，并且其对礼俗制度的影响作用也很大。[①]

在梁漱溟看来，人的生命体现在人心，人如果懂得了人心，人生观就可以确定，那么人就懂得了人生道路应当如何走。人生道路的落实就是人的生命活动造就礼俗制度的过程，也是民族生活样法的形成过程，也即文化的形成过程。因此，文化如何衡论以及礼俗制度如何评价的问题，要从人心与人生观入手进行，但亦要兼顾人生理想实现的可能性。

---

① 《梁漱溟全集》第3卷，山东人民出版社，2005，第685页。

梁漱溟经由心性问题的分析而对社会礼俗制度的形成及发展变化、社会发展的轨迹、社会发展的衡量等问题进行了论述，这不仅是对 20 世纪 20 年代开启的心性与现代性问题关联问题的深化，也有新的拓展。他对人心与人生问题对心性问题的认识与现代性问题的分析，还贯穿在他对宗教、道德以及艺术问题的理解中。

（二）心性发展与现代性问题的展望：从道德代宗教到美育代宗教

在西方文化系统中，宗教文化是确立社会价值的根源所在，而从中国近代以来至 20 世纪 70 年代，中国思想家大多反对西方宗教。20 世纪 20 年代以来，如何处理宗教的现代性价值，成为中国现代哲学必须面对的理论问题。在梁漱溟看来，宗教对人的此身生活问题不见有任何用场，但先于国家而生，势位崇高，虽经资产阶级革命和无产阶级革命批判反对却根深蒂固不见消亡。他认为是因为："人生非若动物之囿止于身体存活而已，更有其超乎身体、主宰乎身体的精神一面，必精神安稳乃得顺遂地生活下去之故耳。宗教虽于身体不解饥渴，但它却为精神多时少解些饥渴。"[1] 由此，梁漱溟认定宗教不会随国家的灭亡而亡，并且与人类命运相始终。

在梁漱溟看来，道德和宗教都根源于人心之深静的自觉，但二者表现在社会人生上却有不同，"（高级）宗教是一种方法，帮助人提高自己品德，而道德则要人直接地表出其品德，不借助于方法。……道德则要人率真行事，只要你一切老实率真，品德自然渐渐提高也"[2]。梁漱溟在晚年仍然重提中国古人道德代宗教的伟大，他重申："只有古中国人理性早启，文化早熟，颇著见道德的萌芽……形成了特有的伦理本位社会（忽视集团亦忽视个人），流行着人生的义务观……这恰好为人类前途进入历史后半期社会本位的社会，即将强调个人对集体的义务预示着一点影子。"[3] 在梁漱溟看来，中国传统道德还处

---

[1]《梁漱溟全集》第 3 卷，山东人民出版社，2005，第 699 页。
[2]《梁漱溟全集》第 3 卷，山东人民出版社，2005，第 715~716 页。
[3]《梁漱溟全集》第 3 卷，山东人民出版社，2005，第 740 页。

于社会发展的未成年时期，随着人心的发展，人类历史由自发性进入自觉性的时期，"由社会主义革命而实现共产主义的社会人生，乃见其为道德的成长期"①。

梁漱溟从事物有生有灭推论人也将消亡，对于人类文化而言则是"从道德之真转进入宗教之真。……宗教之真唯一见于古印度早熟的佛教之内，将大行其道于共产主义社会末期"②。但梁漱溟认为，世界文化正处在转向以中国文化为代表的第二路向的过渡时期，以印度文化为代表的第三路向文化还为时尚早，并且从东西方的社会现实看，宗教在社会上失去了维系之力，正在失势。那么，对于现代人的人生安排来说，似乎道德代宗教才是更好的选择。这是梁漱溟早在20世纪20年代的论断，到了70、80年代，梁漱溟将这一论断进一步推进为美育代宗教③的观点。

梁漱溟认为，一切文学艺术的建立有其心性的基础，"人的个体生命通过感觉器官与环境接触从而发生感觉、情感。文学艺术建立于其上"④。梁漱溟认为，不同的文学艺术形式由于作用于感觉器官的不同而引起的感觉和感情也有差别。根据巴甫洛夫的信号系统学说，梁漱溟认为，大多数文学艺术作品是从第一信号系统作用于人的生命，其动人感情是直接的、真切的，而形之于文字符号或口语的则间接地起作用，因此力量不如前者。⑤因此，梁漱溟认为单纯的观赏或读书，偏于被动只是通过头脑而缺乏全身的主动活动很难使人受到明显的影响。梁漱溟推论到："整个社会人生艺术化——从人的个体起居劳动以至群体的种种活动，从环境一切设施上主动被动合一地无不艺术化之，那应当是人类文化最理想优美的极则吧！"⑥

---

① 《梁漱溟全集》第3卷，山东人民出版社，2005，第744页。
② 《梁漱溟全集》第3卷，山东人民出版社，2005，第744页。
③ 早在新文化运动时期蔡元培开始提倡，后经宗白华等人提倡推广。梁漱溟的美育代宗教说在理论基础上与他们有很大不同，这要从梁漱溟的思想系统中才能获得准确的区分。
④ 《梁漱溟全集》第3卷，山东人民出版社，2005，第745页。
⑤ 《梁漱溟全集》第3卷，山东人民出版社，2005，第745页。
⑥ 《梁漱溟全集》第3卷，山东人民出版社，2005，第746页。

基于心性与艺术关系的理解及其落实发展的推想，梁漱溟认为未来的社会人生将是艺术化的，"礼乐是各大宗教群集生活所少不得的。宗教全籍此艺术化的人生活动而起着其伟大影响作用，超过语言文字"[1]。梁漱溟断言："在社会主义文化上道德将代宗教而兴。"[2] 这种道德代宗教而兴起也要讲讲礼乐，梁漱溟认为新的礼乐会在实践中产生，不用前人为后人设想。

梁漱溟认为中国古代的礼乐制度从宗教转化而来，具有将生活艺术化的作用。梁漱溟高度肯定了礼乐的作用："宗教是社会的产物，一切无非出于人的制作。人们在世俗得失祸福上有求于外的心理，是俗常宗教崇信所由起，亦即宗教最大弊害所在。此弊害以学术文化之进步稍有扫除，但惟礼乐大兴乃得尽扫。既惟恃乎此，而人得超脱其有求于外的鄙俗心理，进于清明安和之度也。要之，根本地予人的高尚品质以涵养和扶持，其具体措施唯在礼乐。"[3]

无论是社会主义阶段的以道德代宗教的提倡，还是迈向共产主义社会人生的艺术化，其根本措施都在于礼乐的讲求和普及。因此，梁漱溟得出如下结论："不有以美育代宗教之说乎？于古中国盖尝见之，亦是今后社会文化趋向所在，无疑也！"[4]

综上，梁漱溟从意欲、理性、心理学和生理学等角度对心性的认识不断深化，并由此深入现代性问题的价值奠基和社会建制层面，建立中国社会与文化现代转型的系统理论。这种基于心性与现代性关联的文化哲学体系固然有其缺失，但深化了我们对于现代性价值奠基、中国现代性问题特殊性、现代社会文化转型中的传统与现代的关系等问题的理解，因此，正视梁漱溟的文化哲学析论依然具有重要价值。

---

[1]《梁漱溟全集》第3卷，山东人民出版社，2005，第753页。
[2]《梁漱溟全集》第3卷，山东人民出版社，2005，第758页。
[3]《梁漱溟全集》第3卷，山东人民出版社，2005，第763页。
[4]《梁漱溟全集》第3卷，山东人民出版社，2005，第763页。

文化哲学与俄罗斯哲学

东正教信仰与俄罗斯命运

陈树林[*]

关于俄罗斯命运问题的讨论自彼得大帝西化改革之后，就在斯拉夫派和西化派之间展开，每当俄国社会进行重大变革之际和国家、民族处于重要历史转折关头，这个问题就会以各种方式凸显，成为思想界、理论界探讨和关注的焦点问题。从19世纪30~40年代开始的旷日持久的斯拉夫派、民粹派与西化派的大辩论，到20世纪初路标派的批判探索，再到20世纪末俄罗斯思想家们的痛苦反思，俄罗斯命运问题作为一个永恒的主题和历史之谜，始终吸引着哲学家、思想家、历史学家和社会学家的目光。在21世纪的全球化浪潮波涛涌动之中，无论是作为一个举足轻重的大国还是作为一种相对独特的文明，俄罗斯都会在世界政治、经济、军事格局中以及在全球文化交往中扮演重要的角色。因此，探讨俄罗斯向何处去的问题就不仅仅是俄罗斯思想家们的"私事"，而成为包括中国学者在内的关注俄罗斯命运的人们的共同"事业"。事实上，思想家们不再仅仅局限于"俄罗斯向何处去"这一狭窄视野去探讨"俄罗斯命运"问题，而是拓展到"俄罗斯历史道路选择""俄罗斯思想和理念定位""俄罗斯民族自我意识觉醒""俄罗斯地理定位""俄罗斯历史定位""俄罗斯民族性格和心理""俄罗斯社会结构""俄罗斯政治体制"等一系列问题的探讨之中。但在以往的探讨和争论中，人们更多的把目光聚焦于

---

[*] 陈树林，黑龙江大学文化哲学研究中心教授，主要从事以东正教为基础的俄罗斯宗教哲学、俄罗斯文化模式和苏俄马克思主义思想理论发展史的研究。

地理环境和地缘政治因素分析、东西方道路非此即彼的选择、政治经济和军事外交分析等视角，即便涉及俄罗斯"思想""理念""心理""社会结构"等文化深层原因分析，也缺乏明确深刻的见解。毋庸置疑，上述视角对破解俄罗斯命运之谜不无帮助，但是当代历史学家、经济学和社会学家们在对比分析不同文明的历史演变和社会变迁时惊奇地发现：就短期而言，体制上的变更往往是由政治上的变更促成的，可能对文化和历史产生影响，但从长远看，"文化为体制之母"。[①] 社会"不发达是一种心态"，"落后的社会与精神基础有关"。[②] 进一步说，文化模式中的宗教信仰、伦理道德规范、思维方式等基本因素才是决定一个民族和国家历史轨迹的更为根本的原因。就俄罗斯文化而言，东正教信仰无疑是决定其命运的最基本因素。因此，站在文化哲学的高度，从文化层面对东正教与俄罗斯民族觉醒、民族性格形成、伦理道德观念确立、社会结构形成、法律规范和行为规范以及思维方式的形成等做深层分析，更有助于发掘和把握制约俄罗斯命运的根本因素。其中，揭示东正教这种影响俄罗斯命运的核心要素的地位和作用机制就成为这种分析不可或缺的尝试和途径。

一 东正教信仰对俄罗斯文化模式的深层影响

一般而论，"文化模式是特定民族或特定时代人们普遍认同的，由内在的民族精神或时代精神、价值取向、习俗、伦理规范等构成的相对稳定的行为方式，或者说基本的生存方式或样法"[③]。相对于政治、经济制度等外在制约和规范人们的行为，文化模式则以内在的、不知不觉的、潜移默化的方式制约和规范每一个个体的行为，赋予其行为以根据和意义。这种看似软弱的

[①] 亨廷顿、哈里森：《文化的重要作用——价值观如何影响人类进步》，新华出版社，2002，第16、83页。
[②] 亨廷顿、哈里森：《文化的重要作用——价值观如何影响人类进步》，新华出版社，2002，第16、83页。
[③] 衣俊卿：《文化哲学十五讲》，北京大学出版社，2004，第65页。

影响力却可以跨越时代、超越政治经济制度左右人的行为，进而决定一个民族、社会或国家的历史命运。审视俄罗斯社会演变的历史轨迹不难发现，以东正教信仰为核心的文化模式是左右俄罗斯民族行为的内在基本准则，俄罗斯民族的思维方式、道德规范、价值取向、习俗、精神气质和性格心理等深受东正教的影响，这种影响从根本上决定了俄罗斯民族的历史命运。宗教学、文化学和历史学等学科的研究表明，宗教在文化模式中占有举足轻重的地位。在马林诺夫斯基看来，"知识、巫术和宗教，就是文化的几种大架构，靠着它们填满文化所造成的鸿沟，消除内在矛盾和社会混乱，并且，由促成有机体的完整化，使人们在困苦、灾难、疾病和死亡时，能够有效而一致地应付"①。宗教乃是一种人类学常数，不依赖于人们的文化历史背景而生存。人们不难发现，"从过去或现在的人类社会中，我们可能找不到科学、找不到艺术、找不到哲学，但决不会找不到宗教"②。因此，道森特别强调了宗教与历史的关系，指出"宗教是历史的钥匙，不理解宗教，我们就无法了解一个社会的内在形态。不理解文化背后的宗教信仰，我们就不可能理解这些文化成绩"③。针对东正教对俄罗斯文化的深层影响，俄罗斯新宗教意识哲学家弗兰克指出，"宗教是一个包罗万象的和内在的人类社会生活范畴。它首先为任何一种神权政治所固有，具有这个概念最广泛、最普遍的意义，当然也可能有许多变化的形态——宗教不仅存在于祭司或牧师在社会生活中起一定作用的地方，还存在于任何一个社会组织在宗教中得以确认并通过宗教得到净化的地方"④。在他看来，无论是在俄罗斯远古的村社还是古希腊罗马的城邦，抑或是在东方的文明中，人类社会都是如此。"'教会'其基本社会职能构成了教会的本质，它就像社会的'灵魂'，是维系社会生活并为之指明思想的力量。"⑤弗兰克通过对道德与法律、神赐与法则、教会与尘世、灵魂与肉体的二元对

---

① 马林诺夫斯基：《文化论》，华夏出版社，2002，第87页。
② 柏格森：《道德和宗教的两个来源》，贵州人民出版社，2000，第91页。
③ 塞尔：《宗教与当代西方文化》，台湾桂冠图书公司，1995，第87、88页。
④ 弗兰克：《社会的精神基础》，生活·新知·读书三联书店，2003，第115、118页。
⑤ 弗兰克：《社会的精神基础》，生活·新知·读书三联书店，2003，第115、118页。

立互融性去解析宗教的本体和基础地位，强调社会生活的理念力量——东正教信仰高于经验力量。总体上看，东正教对俄罗斯的斯拉夫民族的文化模式生成产生了重要的、决定性的影响。

首先，东正教信仰唤起了俄罗斯民族自我意识的觉醒，使得斯拉夫民族获得了自我意识、自我认知和文化认同能力，进而开启了由多神教向一神教转化、由蛮族向文明民族转化的嬗变过程。从现有的历史文献看，相对于埃及文明、印度文明、中华文明、希腊文明等世界上早熟文明而言，以东斯拉夫为主体的俄罗斯文明相对晚熟和滞后。一种文明成熟的标志主要体现在是否有较为完整、系统的宗教信仰，较为发达的语言文字，普遍遵循的道德规范，明确的宇宙观、世界观和人生观，一定的生产能力和社会组织制度等。如果按照这一标准去衡量，俄罗斯文明要落后于其他文明许多，这一切是在 10 世纪前后才获得的，而其中最为重要的契机得益于 988 年的罗斯受洗，即由多神教皈依一神教——东正教这一过程。事实上，俄罗斯文明的觉醒是在与其他文明——基督教文明的交往和碰撞后开始的，否则仍将处于一种民族自在状态。没有这种对象化的交往和碰撞——商业贸易、军事冲突、宗教传播，就不会有俄罗斯的自我意识、自我认知、文化危机和文化认同。从一定意义上可以说，欧洲文明史就是一部基督教传播和同化其他民族的历史，是各种文明交往、碰撞后被基督教文明整合的历史。基督教先后征服罗马帝国和北方各个时期出现和崛起的帝国，俄罗斯文明也可以说在一定程度上没能逃脱这种历史的宿命。尽管有各种不同之处，罗斯受洗的影响是毋庸置疑的，东正教从此成为国教，原来的多神教信仰被取缔，信奉的神像——佩伦也被抛入河中，俄罗斯一跃成为具有基督教精神气质的文明。民族觉醒表现在以下几个方面。第一，东正教促进了俄语的诞生。由于东正教允许用本民族的语言从事宗教礼仪，因而客观上促进了斯拉夫民族自己的语言的发展和繁荣。第二，促进了建筑艺术、音乐和美术的繁荣。教堂建筑这种代表欧洲最先进的建筑艺术在斯拉夫地区被广泛推广，10 世纪东正教传入俄罗斯后，进一步促进了音乐和美术的发展。第三，促进历史学发展。基辅罗斯的第一部完整的编年史《往年纪事》于 1073

年由基辅彼切尔修道院的修士涅斯托尔编撰修订完成。这部历史书籍上溯斯拉夫人起源,下至1110年,内容极为丰富,是极具价值的一部历史著作。第四,促进教育发展。东正教传入俄罗斯之后,为了加强与文化高度发达的拜占庭文化的联系开始大规模系统培养神职人员,这在客观上推进了教育发展。

显然,以东正教为基础的拜占庭文化既不是俄罗斯文化的最初来源,也不是俄罗斯文化的唯一外来因素,但它是蒙古—鞑靼人侵入之前俄罗斯文化的最重要来源。正是这种文化的传入,对俄罗斯的文字、文学、建筑、音乐、绘画、学校教育等产生了决定性的影响,正是东正教改变了俄罗斯的风土人情和生活方式,成为俄罗斯文化模式生成的一个重要基因,使得俄罗斯文化既不同于此前的本土传统文化,也不同于其他文化。

其次,东正教对俄罗斯民族心理和性格特征的影响。俄罗斯的民族心理和性格结构与其生活的地理、气候等外部自然环境有关,但是与其宗教信仰的关系更为密切。东正教信仰塑造了俄罗斯民族的性格结构,使俄罗斯民族具有独特的民族性格——既有依附大地母亲女性温顺的一面,也有桀骜不驯的暴躁的一面;既有对专制集权臣服的一面,也有强烈的精神自由追求的倾向。对此,别尔嘉耶夫有极为深刻的见地:"对于俄罗斯人来说,其特征是自相矛盾和极端对立的原则的混杂与结合。只能用矛盾这个词来说明俄罗斯和俄罗斯民族的特性。在同样的基础上,俄罗斯民族既是国家专制政体的民族,也是无政府主义的爱好自由的民族,既是向往民族主义和民族自负的,又具有普世精神,并尤其善于体现出全人类性;既残酷又具有非凡的仁爱,既热衷于施加痛苦,又具有近乎病态的同情心。"[1] 这种矛盾性格显然是多种因素决定的,但是东正教的选民意识、对上帝的绝对服从意识、末日拯救意识、绝对精神自由意识等对人的思想道德观念的深层影响却是最为根本的。

最后,对俄罗斯民族世界观、人生观、道德规范、思维方式的影响。相对于斯拉夫民族原有的多神教信仰,东正教这种经过千年发展,融合了拉丁

---

[1] 别尔嘉耶夫:《俄罗斯思想的宗教阐释》,东方出版社,1998,"导言"第8、11页。

文化、希腊文化、雅利安文化等多种文化精华的精致的人为宗教具有许多优点和宽泛的解释力。东正教的神学教义不但可以完全涵盖多神教给人提供的世界观、宇宙观、人生观，还可以提供更为精致的和更为丰富的道德规范和思维方式。东正教的创世论、上帝万能论、原罪论、救世论、末日审判论、上帝拣选论等基本教义，与斯拉夫人原有的圣母崇拜、大地崇拜、万物统一思想、神人统一思想等传统观念交织融合在一起，形成了具体斯拉夫人特色的东正教神学思想。例如，（1）强烈的圣母保佑意识。相信有圣母——大地保佑俄罗斯民族可以幸福安康地世世代代生存下去，无论遇到什么问题和困难，俄罗斯都可以逢凶化吉，战无不胜。（2）自负的上帝选民意识。认为斯拉夫民族是上帝拣选的最优秀民族，他们不但自己能够获得拯救，同时还肩负着拯救全人类的重任。在世界历史上，犹太人、日耳曼人和俄罗斯人都具有较强的选民意识和弥赛亚精神，这种意识在带给这些民族自信心的同时无疑也给他们带来了自负感，进而也带来困难甚至灾难。极端民族主义、大国沙文主义、帝国主义、霸权主义、爱国主义、民族主义、民粹主义思潮之所以在俄罗斯文化中不断出现，主要与这种选民意识有关。（3）末日拯救意识。在历史观方面，俄罗斯人在信奉东正教的同时自然也就接受了末世论的历史观，相信历史是一个由罪过到获得恩典的过程，是一个由现时的苦难向理想的天国演变的过程，对历史持乐观主义态度。除此之外，还有万物统一意识、神人统一意识、善恶分明意识等都是斯拉夫人的世界观和人生观的重要内涵。这种基本的世界观和人生观决定了人的生活态度和生存方式。例如，俄罗斯人的劳动道德观就深受东正教信仰影响。在俄罗斯，"礼拜日和节假日期间不劳动的历史十分悠久，这不仅仅是风俗习惯。从 1649 年法典开始，法律和教会都对此做出了规定"[①]。那些强迫农民在节假日工作的地主被投放到监狱之中受到严厉惩罚，而农民则认为在节日期间工作是一种罪恶，是违反法律的。"节日期间不工作的传统根植于农民的信念，农民认为，节日期间工作会遭受

[①] 米罗诺夫：《俄国社会史》下卷，山东大学出版社，2006，第 326、329、313、323、338 页。

损失，损失将是节日期间工作收入的双倍。农民还认为，不庆祝村子的节日也是不道德的行为，是对村社的侮辱。村民用所有人喝过酒的圆碗向不参加庆祝活动的农民敬酒以表示对他的最大侮辱。……节日期间，醉酒也成为人民的一项宗教义务。"[1]

总之，考察俄罗斯历史演变进程可以发现，东正教对俄罗斯命运的影响正是在最为深层的文化模式上发生的。

二 东正教信仰对俄罗斯社会历史演变的影响

总体上看，社会的历史进化是通过生产方式、政治制度、经济体制、法制秩序的建构而实现的，而进化的尺度又通过不同的民族文化对比而体现出来。社会进化通过各种体制的制定和完善来实现，同时也通过建构和实践一切体制的主体——人自身的启蒙和进化来衡量。社会的变迁和进化既受外部条件影响，也由自身的文化模式所决定，后者的影响在更大的历史尺度内表现得更为充分。检讨人类的进化历史不难发现，一个民族的政治体制、经济秩序、劳动观念、风俗习惯、法律制度等无不与所信仰的宗教有密切的关系。因此，道森指出"王权和法制是宗教体制，甚至今天他们也未完全摆脱许多宗教特征。正如在英国的加冕礼和我们今天的法院秩序中所见的那样。家庭、婚姻和亲属关系的所有习俗都有宗教背景，他们曾经而且仍然为严格的宗教戒律所维持。社会中的阶级关系也来源于宗教的等级体制，如苏美尔和埃及的寺庙僧侣，印度的婆罗门等级，中世纪基督教世界中教士与僧侣等级，他们不仅是宗教体制，也是相应文化中十分重要的社会制度"[2]。维柯在考察了包括罗马史等各种古代历史之后指出，婚姻、丧葬和农业的所有文明、律法和机构，特别是最原始的，都建立在献祭和仪式之上，建立在某种宗教形式之上，不管他是真宗教还是假宗教，是基督教还是异教的宗教。对俄罗斯社会

---

[1] 米罗诺夫：《俄国社会史》下卷，山东大学出版社，2006，第326、329、313、323、338页。
[2] 塞尔：《宗教与当代西方文化》，台湾桂冠图书公司，1995，第87、第88页。

历史进化而言，东正教同样扮演了这种角色，在各个方面深刻地影响着俄罗斯的社会发展和人的行为方式。

首先，东正教信仰对俄罗斯社会结构和政治结构的影响。自从罗斯受洗开始，俄罗斯就在文化上受到西欧文明的影响。从 11 世纪开始的对拜占庭的正教关系模式的效仿和移植，到 18 世纪的欧化运动，西方的政治体制和社会体制对俄罗斯影响深刻。但是，俄罗斯并没有完全跟上欧洲历史前进的脚步，西欧的社会发展模式也从来没有在俄罗斯的土地上实现过；相反，俄罗斯在政治体制和社会结构的变迁方面步履维艰，而这种社会缓慢发展的原因恰恰来自人民的东正教信仰。俄罗斯的社会结构总体上呈现为"二元结构"，即以贵族和君主为代表的社会上层和以农民为主体的社会下层。只是到了 18 世纪下半叶，贵族、僧侣、城市阶级和农民这种较为清晰的社会阶级结构才初步形成。这种阶层的出现并没有从根本上改变二元结构，包括僧侣在内的社会下层始终处于被压迫、被奴役的状态。标志着集权专制统治的俄国的农奴制在 1861 年才开始废除就是一个最有说服力的事实。在俄罗斯，农民与基督徒是等同的，这种由绝大多数基督徒——农民组成的社会基础，成为俄罗斯社会稳定不变的基石，落后、保守的观念再赋予虔诚的宗教信仰，使得俄罗斯的社会处于一种超稳定的状态之中，任何来自上层的激进的社会变革都会被下层的无动于衷和冷漠无情吞噬掉。生活在村社里的农民和生活在皇宫里的君主贵族各行其是，前者受宗教教义和宗教礼仪约束，而后者受西方的文明影响，西欧文明的先进理念、制度的影响仅局限于少数的贵族和知识分子的头脑中，无法被广大的农民知晓和接受——"魂不附体"，因此，无法产生实质性效果。在政治体制上，俄罗斯自 15 世纪逐步形成了集权专制制度和农奴制。这种制度以拜占庭的皇权神授为理论依据，以蒙古金帐汗国的无限权力和残暴统治为样板，只是从 18 世纪开始明显地受到欧洲的影响，在以后的 140 年里不断地接受欧洲文明。俄罗斯开始在社会上层接受西欧模式的培养和教育，所有国家机关的建立都仿效西欧模式，法律也模仿西欧制定。"但这一切只限于社会上层。西方文明并没深入俄国下层，他们的道德规范、风俗习惯、家庭生活、公社生活、土地所有制和耕种方式根本没有受到外来文化和法律的影响，甚至不受政府的干涉。俄国社会上层和下层文化差别导致有文化等级根本不理解农村的民间事务。"[1] 与沙皇君主专制相配套的缙绅会议、宗教会议、村社制度成为俄罗斯社会的完整政治体系。这种政治体制同样具有"二元性"，一方面是沙皇的"集权专制"，另一方面是农民的"村社自治"。前者关心的是农民按时缴纳赋税和对国家的绝对顺从，而后者关心的则是生活的自由，特别是精神自由和村社生活不受国家和政府干扰和侵犯，而这二者共同要求的实现均来自人民虔诚的宗教信仰。集皇权和神权于一身的沙皇在农民心目中是上帝在尘世的再现，是他们的唯一庇护者和拯救者，而一切人间不公和邪恶都是那些贵族老爷所为，与沙皇无关。因此，农民在内心深处敬畏和拥护沙皇，认为万恶的农奴制是贵族背着沙皇而干的勾当，是贵族欺骗沙皇的行为，所以他们只反对贵族而不反对沙皇。这种对宗教的虔诚信仰无疑为维护沙皇专制统治提供了最根本的精神基础。同样，在农民生活的生命共同体——村社中，人的思想观念、道德规范、劳动伦理、风俗习惯、法律秩序都带有浓厚的宗教特征，农民生活的主要内容似乎在完成宗教仪式和履行对上帝的诺言。俄国超稳定的社会结构和一直延续的政治体制同样得益于占人口绝大多数的农民对东正教的虔诚信仰，这种深层的精神枷锁像一条无形的锁链把俄罗斯社会捆绑在欧亚大陆这一辽阔的土地上，使它难以翻身和移动。

其次，东正教对社会道路选择的影响。自彼得大帝的西化改革伊始，俄罗斯社会发展道路的选择问题就成为极为突出的社会问题。事实上，俄罗斯的欧化之路早在罗斯受洗之时就已经开辟了，只不过是在罗斯没有自我意识的条件下依靠强大的政治力量进行的，因此，这种西化之路并没有被作为问题供人们讨论。相比之下，彼得西化之路的选择同样是强权推动进行的，然而彼得的西化道路之所以成为思想家们的讨论对象，是因为俄罗斯自我意识的觉醒和文化鉴别力的生成。而且，斯拉夫派和西化派争论的问题已经不仅

---

[1] 米罗诺夫：《俄国社会史》下卷，山东大学出版社，2006，第326、329、313、323、338页。

仅是简单的"欧化"问题,而是俄罗斯是否要模仿"西欧"社会道路的问题。出现这种细微的变化的原因在于,在 18 世纪之前,东正教信仰已经成为俄罗斯思想和理念的主旨、俄罗斯民族历史航行的罗盘和指针,以东正教为基础的核心理念为俄罗斯民族和国家提供了一个识别方向的坐标,在历史道路选择的紧要关头为其提供航标和方向。这种民族自觉能力和鉴别能力的核心内涵就是东正教。东正教信仰决定了俄罗斯民族在历史道路选择上始终"东顾西盼",走出了一条既不同于西方(西欧),也不同于东方的历史之路。所以,索洛维约夫指出:"自古以来天意就把俄罗斯摆在非基督教的东方和基督教的西方形式之间,即在作为异教的伊斯兰和天主教之间;与西方处在单方面的对立之中的拜占庭被片面的东方原则所浸透并变成了亚洲帝国,无论是反对天主教的十字军,还是反对穆斯林野蛮人,拜占庭都是无能为力的,并彻底地被后者征服,正当这时,俄罗斯在保卫自己不受东方和西方的侵害方面取得了决定性的成就,并成功地击退了伊斯兰教和天主教的侵略。"① 索洛维约夫深刻地洞见了东正教与东方伊斯兰教、西方世界的天主教的区别,认识到正是这种区别才导致俄罗斯在历史道路的选择上不但与东方世界分道扬镳,就是与自身在文化上同根同源的基督教西方世界也保持着内在的张力。从彼得开始的西化之路历经几个世纪行进得如此艰辛,其根源正在于东正教与天主教之间的教派冲突以及受此影响的政治、军事利益之争和文化歧视。西方的欧洲世界对俄罗斯始终保持戒备和猜疑只能到宗教信仰中寻找答案。

最后,东正教信仰对民族精神支柱的影响。东正教信仰是俄罗斯民族的精神支柱,是整个民族战胜自然和人为困境勇敢生存下去的勇气源泉,使俄罗斯在历史的演变中始终保持相对的独立性而不依附于其他民族和历史。东正教决定俄罗斯民族的文化认同、文化识别、文化选择、文化自觉。历次大的异族统治和战争不但没有破坏东正教信仰在斯拉夫人生活中的地位,相反,正是由于外族统治对东正教信仰的宽容才使得东正教得以历经磨难而香火不

---

① 索洛维约夫:《神人类讲座》,华夏出版社,2000,第 240、231 页。

断且日渐繁荣昌盛。其在对蒙古—鞑靼入侵的抵制和西方的芬兰、瑞典、法国的入侵的抵御战争中发挥着重要作用。在抵抗外来侵略的战争中，东正教成为凝聚民族力量、同仇敌忾的最有力的工具。无论是外来的鞑靼统治者还是历代沙皇都充分利用了东正教，都把东正教作为俄罗斯的精神支柱。苏联时期，尽管表面上用马克思的无神论取代了东正教信仰，但是，半个多世纪的历史并没有从根本上消除人们的宗教感情和宗教传统，这种传统作为文化基因内化在俄罗斯人的内心深处，在日常生活和政治生活中无孔不入地表现出来。苏联解体后，东正教自然作为人们的精神支柱再次在现代文明社会中复活。

三　东正教信仰对俄罗斯命运影响的机制

俄罗斯历史的发展表明，俄罗斯的命运显然并非某种神秘的天意支配下的历史演变，而是以斯拉夫民族为主体的俄罗斯各民族在历史创造活动中由自身内在与外在因素共同作用而形成的历史轨迹。正如汤因比所言，历史是在外部的挑战与内部的互动中书就的。在此，我们暂不对俄罗斯所处的地理环境、地缘政治关系、世界政治经济和军事发展变化等一切外在挑战因素做具体分析，而把目光聚焦于对内在因素的分析上。透过对俄罗斯文化模式生成原因和俄罗斯社会结构以及历史发展的分析和考察，我们已经充分地认识到东正教在其中的核心地位。但是，我们不应仅满足于对历史画出的轨迹仅做出合情合理的解释和说明，而要力图揭示东正教对俄罗斯命运影响的内在机制。审视斯拉夫主义、西欧主义、欧亚主义等几个流派思想观点不难发现，尽管他们所处的时代和立场不同，但他们争论的主题，如民族性格、民族心理、俄罗斯思想、俄罗斯理念、俄罗斯灵魂、俄罗斯命运、俄罗斯道路、俄罗斯使命、俄罗斯地理、俄罗斯历史等却基本一致。同时，思想家们自觉不自觉地触及东正教的影响这一关键因素，但是他们并没能清晰明确地理出其中的内在制约机制。梳理思想家们丰富的论述、审视俄罗斯的历史演变轨迹、剖析俄罗斯社会结构和政治体制特征、发掘俄罗斯文化模式内核，我们可以发现，东正教信仰处于"东方与西方道路选择""传统与现代变更""上层与下层对峙"等经纬线的交叉点上，在社会结构、政治体制、价值体系、思维方式等方面总体上对俄罗斯命运产生影响。

首先，东正教在东方和西方问题，即社会发展道路选择上的影响。在人类的历史进化中，不同民族、不同文明间相互借鉴、相互影响是一种常态。自近现代开始，由于西方文明的崛起，西方的现代化发展道路对西方世界和东方世界的历史道路选择具有广泛的影响。从地缘和文化上看，西方的文化和历史发展道路对俄罗斯产生影响甚至决定其历史道路是一个自然的事情。但是，俄罗斯在选择社会发展之路时，始终陷入"走自己的路还是照抄和模仿西欧之路"的争论怪圈之中不能自拔。尽管有彼得大帝的西化改革实践和理论上的西化派和欧亚主义思潮存在，但是俄罗斯的历史之路从来就不是彻底的西欧之路，也从来没有完全不受西欧影响的东方（自决）之路。为什么人们在俄罗斯的历史道路选择问题上争论不休？为什么俄罗斯在选择历史之路时在东西问题上左右为难？深层的原因还在于俄罗斯的东正教信仰。第一，东正教的选民意识，决定了俄罗斯人认为自己是上帝的选民、"莫斯科是第三罗马"，俄罗斯民族的一切都是最好的、最美的、高于任何民族的，因此，在历史道路的选择问题上根本无须向包括西方在内的任何民族学习和借鉴，坚持走自己的路。第二，"东方的正教"与"西方的主教"的对立观念在俄罗斯根深蒂固，"东正教完全不是基督教各宗中的一宗……东方教会是在真理中的教会"[①]。东正教与天主教的对立决定了俄罗斯文明与西欧的基督教和新教文明的冲突，是一种内在的永久的冲突。它表现为东西方相互排斥，带有多神教残余的俄罗斯东正教与基督教和变革的基督教的冲突。索洛维约夫在思想上主张东西方教会合一，但他深刻地洞见到东西方教派深刻的对立性和给俄罗斯历史发展带来的"罪孽"。他指出："在纠纷与对抗、相互敌视和仇恨的意

---

① 布尔加科夫:《东正教——教会学说概要》，商务印书馆，2001，第234页。

义上的东方和西方的那种分裂，不应该在基督教世界里存在，如果这种分裂出现了，那么这就是最大的罪孽和巨大的灾难。正当这个罪孽在拜占庭出现的时候，俄罗斯为了赎这个罪孽而诞生了。从拜占庭接受了东正教信仰以后，俄罗斯是否应该与神圣的东西一起，永远地把为自己准备了死亡的拜占庭帝国的罪孽也接受过来呢？如果与基督教理念之完满相对立，拜占庭重新引起一场世界性大争论，并站在争论的一方，即站在东方，那么它的命运对我们来说不是榜样，而应该受到谴责。"[1]事实上，俄罗斯在历史选择上一直经受着东西方教会分裂和对立及其后果的煎熬。

其次，东正教在传统与现代的问题，即保守主义和激进主义对待传统的态度上的影响。在解决如何对待文化传统问题上，东正教发挥着重要作用。东正教神学观念在俄罗斯并没有经历一个改革阶段，也没有西方的文艺复兴、宗教改革、政治革命、人权革命、启蒙运动，宗教批判环节的缺失，导致思想的最后堡垒始终没有被炸掉，因此，保守的东正教仍然作为一个被奉若神明而普遍遵守的标准。东正教信仰严重地束缚了人们的思想意识，使人们留恋传统，拒绝变革，在社会发展问题上保守主义往往战胜激进主义。亲身经历了十月革命的别尔嘉耶夫就此深刻地指出："革命（指1917年十月革命——笔者注）使俄国历史上所有缺陷和弱点暴露无遗。希望在推翻专制政权以后通过革命开创人类新时代并让人的个性充分发展的美好愿望落空了。我们过去一直习惯把俄国所有落后和黑暗都归罪于专制政权，但这只能教会俄国人民推卸责任，因为即使没有专制政权，俄国的黑暗和落后依然存在。它根植于人民的心灵深处，而不是社会的外壳。即使没有旧的专制政权、官僚体制和警察机构，行贿受贿现象依然会充斥俄国社会……俄国革命的每一步都给人以不切实际空谈阔论的感觉。现在俄国依然存在许许多多乞乞科夫，他们依然进行死魂灵交易，只不过现在他们不是坐着速度缓慢的带篷马车，而是乘坐特别快车并四处发送着电报……在这场自发的革命中，出现了无数欺诈

---

[1] 索洛维约夫：《神人类讲座》，华夏出版社，2000，第231、240页。

和可耻的行为,这是俄国病态精神的体现。整个革命给我的感觉是一场特殊的、丧尽天良的交易。"① 别尔嘉耶夫所说的根植于"人们心灵深处"的硬核实际上正是东正教信仰。东正教信仰的保守性从根本上一次又一次地消解了社会变革的热情和成果,致使俄罗斯还没能从传统社会嬗变为现代意义上的自由、文明的社会。

最后,东正教在上层和下层问题,即社会下层的广大农民阶层与上层知识分子之间对峙、隔阂方面的影响。在俄罗斯,社会结构呈现二元对立状态,一部分为生活在村社中占人口绝大多数的农民,另一部分是官僚统治阶级和出身于贵族和僧侣阶层的少数知识分子。俄罗斯的社会变革大多是自上而下的,从上层社会开始,知识分子始终承担着社会变革的旗手和路标的责任。但是在俄罗斯,无论是统治者还是知识分子都难以把改革的意图真正贯彻到广大的人民心目当中,形成有效的上下互动,从而推动社会发展。出现这种结果的根本原因在于处于社会下层的广大农民仍然被束缚在东正教信仰之中。村社制度历来被斯拉夫派所赞美,天真地把农民看作"快乐的牧童"。他们认为:"村社的生活制度体现了基督教人与人关系的最高理想。"② 俄国村社的特点主要是遵循传统,只要不违反传统、习惯和老规矩,每个农民都享有自主权。进一步讲,"米尔是传统、规矩和公平的维护者,米尔的巨鼎就是上帝的声音"③。事实上,19 世纪中叶以前,俄国的村社仍是一个客观存在的、富有生命力的机构,它能满足农民的需要。但是,俄国的村社制度是宗法制残余,它极大地抑制了个性的发展及其积极性和主创性的发挥,内部实行的一致性原则和连环保制度对个性严重束缚和贬损,这种体制成为东正教信仰的最后寓所。索洛维约夫深刻认识到俄罗斯思想观念变化的困难性,知识分子和农民的二元对立、沙皇政府、贵族上层和地方自治的村社的对立而导致俄罗斯社会变革缓慢。他指出:"从亚历山大一世执政开始,这时西方欧洲的各

---

① 米罗诺夫:《俄国社会史》下卷,山东大学出版社,2006,第 326、329、313、323、338 页。
② 米罗诺夫:《俄国社会史》上卷,山东大学出版社,2006,第 476、477 页。
③ 米罗诺夫:《俄国社会史》上卷,山东大学出版社,2006,第 476、477 页。

种理念和思想流派已经控制了俄罗斯社会有教养的阶层。无论是俄罗斯共济会员的神秘信仰，还是四十年代的活动家们的人道主义思想（尽管这些人道主义思想在我们这里常常带有道德实践的指向），都没有对日常生活基础的堡垒发生实质性的影响，没有影响有教养的人按照新的方式讨论问题，但却按照旧的方式生活，生活在传统所遗留下来的形式之中。直到前一个沙皇在位时的解放农奴的行为之前，俄罗斯人的生活和活动都没有实质性地依赖于他们的思想和信念，而是提前由那些现成的范围所决定，出身把每个人和每个团体都限制在这些范围之内。"[1] 知识分子代表的上层社会及其理念难以撼动下层社会，"魂不附体"最终导致社会进步缓慢。同时也应该看到，即便是作为旗手和路标的知识分子，在思想观念的深处也同样没能逃脱东正教信仰的影响。他们从关心农民发展最后到认同农民的生活方式和信仰，从热爱农民到热爱农民的一切，知识分子本身也成了"追求世俗平安、信仰虚无主义宗教、富有战斗精神的僧侣"[2]。

总之，东正教对俄罗斯社会结构、政治体制、价值体系、思维方式"四位一体"地影响了俄罗斯命运。

---

[1] 索洛维约夫:《神人类讲座》，华夏出版社，2000，第 231、240 页。
[2] 米罗诺夫:《俄国社会史》下卷，山东大学出版社，2006，第 313、323、326、329、338 页。

俄罗斯宗教哲学的文化批判理论研究

王 萍[*]

俄罗斯，一个强大的多民族国家。它国土广袤，兼据欧亚，雄视东西；它文化深厚，历史恢宏，傲视世界。独特的地缘政治和复杂文化要素的不断碰撞融合不仅使俄罗斯社会与文化发展呈现恢宏壮丽的一面，也使其在传统与现代、东方与西方无数矛盾交织，各种理念角力的相互激荡中形成了自己独特的文明。哲学是时代精神的精华，俄罗斯哲学尤其是以别尔嘉耶夫、弗兰克、舍斯托夫等为代表的"白银时期"宗教哲学传承并发扬了俄罗斯民族这种独特的文化精神气质和研究主题，重新反思并构建了现代性语境中的民族文化价值观内涵，并以特有的方式直面现代西方理性文化危机，同存在主义等各种哲学流派与思潮形成互动与对话。从宗教哲学研究视域入手展示俄罗斯文化模式的生成特点与演进脉络，会让我们明晰隐忧重重、起伏跌宕的历史长河中俄罗斯总会在灾难中崛起、在绝望中复兴的文化动因。

一 俄罗斯宗教哲学的产生与特点

大部分学者认为，具有真正民族文化特色的俄罗斯哲学发端于 19 世纪的斯拉夫主义，其深刻的社会现实根源是彼得一世的改革使俄罗斯民族在西欧

---

[*] 王萍，黑龙江大学哲学学院讲师，主要从事马克思主义哲学、俄罗斯哲学研究。

进入资本主义社会百年之后才从封建主义文化的桎梏中逐渐苏醒。被誉为新时代俄罗斯文化第一人的知识分子卡拉姆津曾直觉地意识到：19世纪初俄罗斯文化最需要和最适宜的东西就是俄罗斯民族文化的自我认同问题。但当俄罗斯想要改造自己，追上甚至超越其他先进民族时，它所面对的却是一个愚昧落后的封建国家和本身带有种种弊病的资本主义社会共存的世界。俄罗斯未来向何处去？面对俄罗斯式"千古之谜"，民族意识在19世纪20~30年代经历了哲学的觉醒、心灵的跃进——斯拉夫主义者发出了创立俄罗斯自己的哲学理论的宣言："哲学是那样的必要：我们的智慧的全部发展都需要它——德国哲学在我们这里深入人心是不可能的。我们的哲学应当从我们的生活中得到发展，应当基于现实的问题，基于我们的民族和个人生活的主要利益得到创造。"[1] 而创造途径则是"在对基督教进行俄国式的解释的基础上推翻德国式的哲学思维方式"[2]。首先尝试创建独立的俄罗斯哲学理论的代表人物就是早期思想家霍米亚科夫和基列耶夫斯基，他们试图以东方教父著作为依据，系统发展基督教，即用东正教思想文化对黑格尔等西方哲学和天主教理论中包含的理性主义精神加以批判，从而奠定俄罗斯宗教哲学日后演进的理论基调与历史任务。植根于民族基督教文化传统的俄罗斯宗教哲学表现出极其鲜明的个性特征和文化风格，总体来说可归纳如下。

1. 浓厚的宗教情怀

俄罗斯不是长于思辨的民族，但具有对基督教神学深沉的笃信精神，988年罗斯受洗注定了俄罗斯思想发展要与东正教的文化传统如影随形。宗教文化渗透到俄罗斯生活的各个领域，它并不表现为俄罗斯人对宗教教条的恪守，而是体现在人们对整个生活的超越性态度上，体现在俄罗斯人对精神、上帝、永恒等问题的哲学关注上。所以，在俄罗斯思想史上不仅"所有伟大的文学家同时又是宗教思想家或寻神论者"[3]，如英年早逝的莱蒙托夫、晚年陷入

---

[1] 尼·亚·别尔嘉耶夫：《俄罗斯思想》，雷永生等译，生活·读书·新知三联书店，2004，第159页。
[2] 尼·奥·洛斯基：《俄国哲学史》，贾泽林等译，浙江人民出版社，1999，第6页。
[3] 谢·路·弗兰克：《俄国知识人与精神偶像》，徐凤林译，学林出版社，1999，第31页。

创作困境的果戈理、探求人性的陀思妥耶夫斯基、推崇理性和爱的托尔斯泰等，而且几乎"所有最深刻的俄国思想家和哲学家也都同时又是宗教哲学家和神学家"①。从早期斯拉夫派开始到索罗维约夫、别尔嘉耶夫等哲学家们都坚信，只有复兴和重建俄罗斯东正教思想文化，恢复人的精神生活的神性维度，才能通过内在的"拯救"和"恩典"来摆脱外在的压迫与奴役，实现人的存在方式的彻底变革。同时，与宗教思想家论战的赫尔岑、别林斯基等代表的"西方派"即坚持无神论的社会主义革命者在本质上"对宗教——道德问题的兴趣绝不亚于未来的'斯拉夫派'"②，"如果细读他们的著作，一眼就能看出——这些无神论者的社会政治及历史哲学观点蕴含着强烈而典型的俄罗斯宗教意向与思想"③。他们虽然反对基督教和世俗教会，但从来没有丧失理想和信仰，只不过是用一种信仰（外在革命活动）代替了另一种信仰（内在精神改变），并且用宗教特有的虔诚与执着对待这些"新宗教"和"新上帝"。所以在某种意义上，俄罗斯的无神论与有神论同样具有浓郁的弥赛亚意识，都反映了俄罗斯民族深刻的宗教文化情怀。当然，俄罗斯宗教哲学并非对历史基督教教会神学的纯粹复制，抑或是向东正教文化传统的简单回归，而是借用基督教概念和上帝形象来关注时代精神与社会现实，维护人的存在的真实权利，解决人的"生命的精神基础"（索洛维约夫语）这一古老而常新的哲学主题。俄罗斯宗教哲学家也并非仅仅是单纯的神学家，因为纯粹的神学家代表教会去思考，并主要依据《圣经》和神的传说，基本上是教条式的，其学术活动在社会上是有组织的，而宗教哲学家的认识活动则是自由的，并不受宗教信条和权威教义的局限，他们往往从自己的宗教体验与直觉信仰出发，自觉的把理论理性和实践理性结合在一起，实现认识的完整性。

2. 深刻的批判主题

俄罗斯哲学诞生之际恰逢俄罗斯内忧外患之时，一方面是欧洲资本主

---

① 谢·路·弗兰克：《俄国知识人与精神偶像》，徐凤林译，学林出版社，1999，第32页。
② 格·弗洛罗夫斯基：《俄罗斯宗教哲学之路》，吴安迪等译，人民出版社，2006，第308页。
③ 谢·路·弗兰克：《社会的精神基础》，王永译，生活·读书·新知三联书店，2003，第321页。

义迅速发展、科学技术水平不断提高、民主制度逐渐完善、学术研究日益深化、自由主义文化快速传播,另一方面是国内封建农奴制关系开始瓦解,法国空想社会主义和德国浪漫主义思想风行。1825年运动遭到血腥镇压后,俄国知识人便陷入深深的思想危机,以至于毕巧林(莱蒙托夫《当代英雄》)、罗亭(屠格涅夫《罗亭》)、奥勃洛摩夫(冈察洛夫《奥勃洛摩夫》)式的既高尚又卑微、既苦闷又空虚的"多余人"形象在19世纪30年代俄罗斯文学史上随处可见。"内在精神追求"与"外在社会现实"的分裂,使人们普遍感到生活的压抑、紧张、彷徨而心神不宁,莱蒙托夫对当时人们的心态做了生动描绘:这是一种有害的"反思",是道德与愿望的某种人格分裂,或者痛苦,或者忧郁。这是勇敢与悲观失望、心灰意懒与渴求新知有毒的混合。这一切都使抬眼看世界的俄罗斯知识分子痛感自己民族的愚昧与落后,从思想深处产生了摆脱困境、反抗现实、抨击黑暗、改变国家现状的愿望。恰达耶夫在《哲学书简》中就曾尖锐地指出,每个民族都有自己的青春时期,即自己的民族能力充分发展的时期,"可我们却完全没有这样一个时期,首先是野蛮的不开化,然后是愚昧的蒙昧,接下来是残暴的、凌辱的异族统治。这一统治方式后来又为我们本民族的当权者所继承了——这便是我们的青春可悲的历史"[①]。恰达耶夫失望的"呐喊"成为斯拉夫派与西方派关于"俄罗斯向何处去"思想文化论争的先声。所以,俄罗斯哲学的自我规定一开始就包含着"批判"的主题,并且这种批判维度几乎贯穿于俄罗斯宗教哲学的整个历史,它既包含对黑暗的社会现实的反抗,又有对人类生存现状的忧虑;既包含对民族自身文化历程的反思,又试图对西方理性精神进行超越。

3. 沉重的民族使命

俄罗斯大思想家陀思妥耶夫斯基曾说,如果没有崇高的思想,一个人、一个民族是无法生存的。也就是说,对于一个民族而言,它必有其作为民族

---

① 恰达耶夫:《箴言集》,刘文飞译,云南人民出版社,1999,第8页。

而存在的可靠的"根据"或独特性（самобытност）。而俄罗斯民族所独有的特质和使命问题也一直困扰着俄罗斯人，时至今日，它仍像巨石一般沉重得让人几乎无法呼吸。事实上，俄罗斯民族自我意识的萌生也正是从对这一问题的努力思考和积极探寻开始的。11 世纪，俄罗斯主教伊拉利昂在《法与神赐说》（又译《律法与恩宠》）中提出俄罗斯作为一个基督教国家应在世界历史范围内占有一席之地，并对俄罗斯的未来充满乐观的期待。16 世纪，修士菲洛费伊提出"莫斯科即第三罗马"的观点反映了俄罗斯民族固有的救世心愿和民族理想，成为俄罗斯自我意识觉醒的标志。对民族文化精神、民族世界使命的深沉思索一直都是俄罗斯哲学家尤其是宗教哲学家研究的主题与重点，尽管人们所持立场不同、所属党派不同、看法理解不同，但无论是斯拉夫主义者还是西方主义者，以及世纪之交的欧亚主义者都强调俄罗斯民族的独特性、强调俄罗斯的"救世"历史使命、强调俄罗斯的大国地位、强调俄罗斯在东西方文化间的"桥梁"作用。所以俄罗斯哲学家弗洛罗夫斯基曾说，俄罗斯哲学"是从历史神智学的惊讶甚至恐惧中，在对民族的历史地位与命运的探索和思考中诞生的。也正因为如此，它所诞生的正是俄罗斯哲学，而不仅仅是在俄罗斯的哲学"[①]。

二　俄罗斯文化传统与精神气质

自古以来，俄罗斯就是欧洲人眼里的东方世界，亚洲人心里的西方乐土，对于俄罗斯民族自身而言，东西方即俄罗斯与欧洲的关系问题也一直以"剪不清，理还乱"的形式纠缠于俄罗斯千年文明史中，独特的地缘政治和东西方文化的交融在造就了俄罗斯两极化的国民性格的同时，也使俄罗斯民族文化精神具有东西文明即双重文化接合部的特征。法国历史学家弗兰克依斯·古左特说，"一个有过漫长而光辉历史的民族，不论做什么，都不会与过

---

① 格·弗洛罗夫斯基:《俄罗斯宗教哲学之路》，吴安迪等译，人民出版社，2006，第 299 页。

去完全决裂；越试图破坏与过去的联系，越会感受到过去的影响；即使在光辉耀眼的改革中，历史中发展而成的性格和命运依然存在。即便是最为大胆、有力的改革，也不可能废除长期存在的民族传统。因此……知道和了解这些传统是最重要的"[1]。同样，对于俄罗斯民族而言亦是如此，了解其历史传统与文化特点是我们走进俄罗斯文化精神与宗教哲学内涵的切入点。

1. 反理性特征

在西方，自笛卡尔之后，科学和理性就成为时代文化精神的核心范畴，抽象的逻辑体系、严密的概念推演、精细的实验操作是其理性思维的主要特点；而在俄罗斯却恰恰相反，独特的地域文化、深沉的宗教信仰、浓郁的神秘主义气息使俄罗斯的文化类型具有鲜明的非理性或超理性特点。丘特切夫的著名诗句：用理性无法理解俄罗斯，用公制俄尺也无法衡量它，俄罗斯具有独特的气质——对它只能信仰。这句话正是对此生动的表述。如果借用本尼迪克特的日神型和酒神型文化理论来区分俄罗斯与西方文化的上述差异，那么俄罗斯文化无疑是与西方阿波罗精神相对的狄奥尼索斯精神文化。在《文化模式》中本尼迪克特认为，从基本的民族心理或文化模式上来看，存在"日神型人"与"酒神型人"的区别，前者遵循希腊理性精神尺度，保持中庸之道，主张节制冷静；而后者在行为上没有节制，容易冲动，易走极端，喜好幻想。根据前文对俄罗斯民族性格特点的分析，可以发现俄罗斯人也具有"酒神型人"的典型特点，具有放荡不羁、崇尚超验精神感受、信奉神性整体、漠视理性法则的非理性特征。

当然，俄罗斯文化的反理性特征并不是指俄罗斯思维完全不能接受或不擅长精密科学和逻辑推理，而是相对于西方理性文化精神来说，它反对追求思想和概念的抽象体系化，拒绝通过纯粹的逻辑自明性和相互联系发现完全终极的真理，而是主张对存在进行直觉的、内在的体验和认识。俄罗斯人始终认为，理性主义方法在任何时候都不是主要的，甚至是虚假的，因为理性

---

[1] 耶鲁·瑞奇蒙德：《解读俄罗斯人》，郭武文等译，中国水利水电出版社，2004，序言。

认识中的系统与概念是某种公式化的东西，只涉及真理（即上帝）的外在方面，不能等同于全部的、生活的真理，为此只有集聚人的所有认识能力，尤其是直观感觉、心灵体验等这些非理性精神因素，对处于自身的活的完整性对象本身的全部进行实在性把握，才会接近具体的真理的核心。正是对精神内在本质的关注、对神性真理的执着信仰使俄罗斯民族在岁月长河中历经无数磨难和辛酸之后，能够依然保持对美好未来的向往和回到崇高的精神理想。德国哲学家莱因哈德·劳特在评价俄罗斯非理性的或神性精神气质时不无感慨地说："千百年来，俄罗斯人民备受鞑靼人奴役蹂躏，遭受外来压迫，经历帝王空位时期，经受本质上与之格格不入的彼得大帝的改革、农奴制，但是同时也取得了对痛苦的意义的深刻理解，甚至于爱上了痛苦。令人倍感惊讶的是，人民在所有这些艰难时世里却保持着自己的理想，即使在人民陷入蒙昧状态的时候，这个'野蛮人'却继续'寻找光明'，保持并且有时甚至巩固精神美的理想。"[1] 这种精神理想常常又以充满感情的、生动形象的、艺术形式的风格表现在俄罗斯文化与文学之中，有的学者甚至认为，最深刻、最重要的思想在俄国并不是在系统的学术著作中表达出来的，而是在完全另外的形式——在文学作品中表达出来的。深刻的隐喻、神秘的直觉、丰富的想象——这些俄罗斯思维的独特之处使俄罗斯文化极具魅力，也使俄罗斯宗教哲学在世界哲学领域别具风韵。

2. 整体性原则

整体性（соборность）（共同性、统一性、聚合性）是指在追求共同的最高目的和价值的基础上的多样性的有机统一，这是由东正教文化生发而成的理想性的俄罗斯精神的基本特征。众所周知，соборность 一词是由斯拉夫派宗教哲学家霍米亚科夫最早提出和论述的，此词原为教会用语，词根 собор 主要来源于集会和进行礼拜的教堂，也就是说整体性首先是指具有相同信仰的俄罗斯人在宗教生活上的统一性。如前所述，东正教教义本身强调信徒保

---

[1] 莱因哈德·劳特：《陀思妥耶夫斯基》，沈真等译，广西师范大学出版社，2005，第281页。

留个体独特性的同时要与他人、与教会实现精神信仰的同一：在教堂里，所有人举行共同的宗教仪式，每个人保留独立自我对上帝进行个人祈祷，以自己的行为面对上帝，最后达到同一。霍米亚科夫曾总结说："在信仰问题上没有学者和白丁、教士和俗人、男人和女人、君主和臣民、主人和仆人之间的区别，在哪里和什么时候需要，一切听凭上帝的裁夺，少年得到行为的指引，青年获得深奥的知识，无知的牧人驳斥主教的邪说，以便使一切都在活生生的信念即上帝精神的体现的自由统一中达到同一。这就是соборность思想深处的教义。"① 显然，宗教意义上的соборность原则具体表现为人的精神的完整性，包含着自由、有机性、恩典和爱三个内在属性。② 本质而言，由宗教神秘体验所获得的神学学说表达的本应是教会的特定属性和精神原则，在世俗社会中注定无法真正实现，但正是由于俄罗斯文化传统生成形式的独特性——东西方各种文化要素与文化特质的动态交流、融合、统一的过程，又使精神整体性原则总是以无个性的普遍性、无人性的集体性等歪曲和极端的形式表现在俄罗斯千年文化进程中，主要表现为组织上的村社集体主义、经济上的平均主义和政治上的集权统治。

村社（мир）是俄罗斯传统社会中典型的组织形式，是一种以地域为界限、土地共有为基础、集体耕种为形式、互利为的目的农村公社。在传统的农业社会里，村社对于俄罗斯农民来说就是生活的全部世界。实际上，мир既译为村社也译作世界、和平，对于村社成员来说，它代表着上述所有含义。千百年来，绝大部分俄罗斯人被束缚在这块封闭狭隘的小天地里，生老病死，世代繁衍。单调落后的村社生活培育了俄罗斯民族虔诚的宗教意识，也造就了俄罗斯传统伦理道德的基石：一方面是对故土、乡音和同胞永怀眷恋的集体主义和爱国主义精神（托尔斯泰称之为像蜂群一样紧贴在一起的"群因素"特点），另一方面则是内心拒绝个人选择自由和社会责任，把权力推给别人并

---

① 转引自白晓红《俄国斯拉夫主义》，商务印书馆，2006，第95页。
② 参见徐凤林《俄罗斯宗教哲学·霍米亚科夫的聚合性学说》，北京大学出版社，2006，第19页。

信任和服从他人的顺从意识；一方面是互相帮助、与人为善的行为准则和道德义务，另一方面却是因循守旧、不思变革的保守心理。同时，村社的集体管理方式和经济上"平均分配产品"，也使俄罗斯人的平均主义伦理观念根深蒂固，以致后来的俄罗斯知识分子认为这种平均主义的村社生活方式是能够保护农民免受西方个人主义思想冲击的必要手段。总之，村社集体生活使俄罗斯文化"一直重视大家共同遵守的生活方式，而不重视个人的选择……公社被理解为高于法律、一切正式的组织以及所有成员的个人利益"[①]。而且"经济平均比个人自由更被人们看重"，所以现实中的村社集体主义等各种俄罗斯生活的"合唱方式"作为整体性原则的社会化相似物仅具有其外在物质形式和某些情感要素，与其思想的内在多样性有机统一的理想要求还相距甚远。只是作为文化精神原则，整体性理论的宗教与哲学意蕴经霍米亚科夫首次阐发后，由索洛维约夫、特鲁别茨科伊、弗兰克、别尔嘉耶夫等俄罗斯思想家不断发展和充实，逐渐成为宗教哲学家们反思和建构俄罗斯文化精神的理想模式。

3. 宗教人道主义传统

俄罗斯本身就是一个人道主义传统极为深厚的民族，只不过它的人道主义不同于西方启蒙——理性的人道主义或世俗人道主义，而是与宗教即东正教结合在一起的基督教人道主义即有神论的人道主义或宗教人本主义。应该说，关注人的存在价值、探索人类的历史命运一直是俄罗斯文化发展史中最"牢固的"核心内容和最"主要的"的精神原则，对穷苦人民的深切同情、对被侮辱与被伤害人的极度怜悯、对苦难与罪恶的强烈反抗、对自由与平等的真诚渴望，这样浓重的人道主义情怀正是俄罗斯人普遍具有的道德风貌，别尔嘉耶夫曾说："人性是俄罗斯思想之最高显现。俄罗斯较高文化阶层和人民中的优秀人物都不能容忍死刑和残酷的惩罚，都怜悯犯人。他们没有西方那种对冷漠的公正的崇拜，对他们来说，人高于所有制原则，这一点决定

---

① 耶鲁·瑞奇蒙德：《解读俄罗斯人》，郭武文等译，中国水利水电出版社，2004，第13页。

了俄罗斯的社会道德。"① 在俄罗斯，贫困农民彼此"亲如兄弟"，互相关心帮助；乡村教士祈求神灵，保佑和拯救民众；忏悔贵族主动放弃特权，走到人民中间去为其服务。同时这种人文关怀还鲜明地体现在俄罗斯的文学、哲学和艺术等各个领域。俄罗斯的人道主义在时刻关注人的精神自由、生命价值与生活意义的同时，又始终与东正教思想相和谐统一。与西方世俗人道主义不同，它不是将世间罪恶归于宗教，而是认为人间之所以有恶正是因为人违背了真正的东正教教义，或者说，世上的罪恶并非由神造成，而是人违反神意的后果。而伴随着文艺复兴出现的西方理性人道主义恰恰是主张将人从神权统治下解放出来，它以反对宗教的形式出现。俄罗斯人道主义也主张人的个性与自由，但它并非西方脱离整体的"孤独个体"和现实的言论自由与政治自由，而是在精神中寻找自由，在宗教中寻求人性——把东正教的基本传统、"爱人如己"的基本教义、"上帝面前人人平等"的生活准则和"灵魂得救"的终极目标作为追求的核心内容。流传于民间的古谚语"俄罗斯人的头是沙皇的，肩是贵族的，心却是上帝的"就是对俄罗斯宗教人道主义的现实描述。正是这种独特的人道主义传统，俄罗斯宗教思想家对西方世俗人道主义与本国传统的宗教人道主义进行了全面的反省与思考，并在此基础上提出了"新精神哲学"（新基督教意识）的人道主义，这种理想的人道主义思想既否弃了传统东正教人道主义包含的"旧约圣父意识"，又区别于西方世俗人道主义的将人神化为万物至尊的原理、将上帝拯救人类的事业作为人自身不断趋向神的创造过程，这种以"神人"为理论基础的既反对神的专制又反对人的独裁的俄罗斯人道主义思想也是俄罗斯文化精神的魅力所在。

与以科技、理性、个性、自由、契约为核心的西方理性文化模式相比，俄罗斯传统文化表现出宗教性、非理性、整体性、精神性等突出特点。这种以东正教为核心的传统文化精神在社会转型期遭遇到现代西方理性文化精神

---

① 尼·亚·别尔嘉耶夫：《俄罗斯思想》，雷永生等译，生活·读书·新知三联书店，2004，第88页。

的强烈冲击，以致大量社会问题凸显，各种文化思潮涌现，在传统与现代的文化夹缝中，在民族与世界的精神冲突中，如何既继承民族思想精华，又吸收西方文化优长，既实现俄罗斯文化的现代转向，又克服理性文化危机，便是宗教哲学所面临的亟待解决的时代课题。

三　俄罗斯宗教哲学的文化批判

宗教思想家们认为，西方传统哲学所固有的主客二分思维方式不仅导致整个西方哲学在 19 世纪后期陷入深刻的形而上学危机，而且其还是现代文化精神走向悖反的罪魁祸首。因而，对"西方思想的原罪"——唯理主义进行反思与批判便成为俄罗斯宗教哲学长久以来寻求自我和确定自我的首要任务。

1. 西方思辨理性批判

俄罗斯宗教哲学家认为，作为西方理性文化精神最高体现的思辨哲学是"纯理论性抽象认识意义上的哲学"。它最大的特点在于采用知性的思维方式或抽象的分析方法将具体的对象加以分解、把抽象的概念实在化。这种机械的思维方式或认识形式恰恰导致了哲学与生活的脱节、理性与人性的割裂、认识与存在的分离，因而必须对这种理性哲学的纯粹思辨形式予以坚决拒斥，对西方理性哲学的系统批判和理论重建首先是由宗教哲学复兴运动的创始人和理论范式的奠基者——索洛维约夫开启的。

索洛维约夫指出哲学不同于科学、宗教和艺术，只有个人理智或个别思维行为与民族信仰或一般信仰区分开时哲学才出现，这种知识和信仰、智力和权威之间的分裂所最终形成的理性至上的信念在经院哲学初期就已初露端倪，经院哲学的唯名论和唯实论都将多样有机的世界看作僵死的总和，具有理性思维片面性。并且这种认识形式的局限性又被近代哲学的唯理论和经验论完全保存下来。只不过这次理性取得的胜利更加彻底，以致在费希特和黑格尔哲学体系中，外部存在已作为毫无意义的东西而被直接否定。

索洛维约夫认为，西方近代理性主义或形而上学的发展经历了三个相应环节。第一个阶段是"教条主义的形而上学",主要代表人物是笛卡尔、斯宾诺莎、莱布尼茨和沃尔弗。这一时期哲学认识的本质在于思维和现实存在(即不以我们的思想为转移的存在)的无意识的同一。其假定的前提是笛卡尔所断言的,通过明显不同的概念也就是以推理的方式,可以认识一切存在的东西,不论是其客观内容或本质还是其存在,即我们能运用头脑中的一般概念,思维现实存在的独立本质,从而获得正确的、先验的认识。但是,索洛维约夫认为,由此产生了两个问题即其一是我如何能认识与我这个认识者在本质上完全不同的东西,其二是我一般如何能认识外在于我且不以我为转移而存在的事物。在索洛维约夫看来,对于前者斯宾诺莎的实体的抽象同一理论和莱布尼茨的具体统一哲学早已给予回答,但后者即主体如何获得根本性认识这个至关重要问题在前康德形而上学时期却被完全忽略了,所以索洛维约夫将康德之前的唯理论称为"教条主义形而上学"或"无意识的形而上学"。他认为哲学理性主义发展的第二个阶段就是康德的理性批判,受休谟怀疑论启发的康德将人类智力从教条主义的无意识的迷蒙状态中唤醒,他在《纯粹理性批判》中指出,我们的各种认识形式,无论是直接感受到的(空间和时间),还是领悟到的(范畴)都是先验的。它们本身具有表达必然真理的可靠性和普遍意义,是获取经验的必要条件。依靠这些形式和范畴,我们只能认识主体预先设定的现象即表象的世界,而意识之外的独立存在的现实本质即自在之物则是完全不可知的。然而康德的先验唯心主义体系是不完善的和不透彻的,其不足在后继者费希特的先验统觉原始综合统一学说中得到了弥补和发展。费希特根据康德的逻辑体系得出"我即是我"原理即自我意识的先验统一是一切认识的唯一绝对本原的结论,并辩证的从中推导出认识的所有个别原则,创建了主观唯心主义体系,从而彻底推翻了康德"自在之物"的假设。费希特认为自我意识的先验统一是一切存在的绝对本原,在自我设定的行动中,必然包含非我即客观世界,但客观世界只是相对于自我而存在,并不具有独立现实性,所以客观自然界和感觉现象完全受自我意识的决定和制约。索洛维约夫批判说,费希特的纯粹自我,不可能和人类的个体自我意识同一，因为后者把客观世界视为给定的，而不是它创造出来的，连它自己也是被决定了的。如果费希特的自我主体是片面的，只停留在自身之中，而客观自然界只是它的否定，那么在谢林哲学中主体具有更多的丰富性。这里的主体并非狭义的与客体相对立的主体，而是既属于人类精神，又属于自然界的绝对主体，是二者无条件融合的主客体，这样整个世界就是主观精神或绝对本原不断自我发展的过程。当然，谢林的绝对主体或绝对本原根本不是现实的即直接存在的，而是一种纯粹的理性概念，也就是一般概念或真正的概念形式。因此，一切存在物自然都是理性概念的自我辩证发展即理性概念就是一切，这也正是黑格尔哲学的思想原则。这样，理性主义在最后发展阶段即黑格尔思辨哲学体系中达到理论顶点。通过对理性主义发展历程的考察，索洛维约夫指出，西方近代先验哲学依靠孤立的概念原则和纯逻辑的抽象思辨认识形式的片面性和局限性是显而易见的，并且它正逐渐被另一种哲学即"经验主义哲学"所否定和改造，但结果却难遂人意。作为"地道俄罗斯哲学体系的创造者"，索洛维约夫对西方哲学危机的揭示和"完整知识"体系的建构奠定了日后以别尔嘉耶夫、舍斯托夫、弗兰克等为代表的俄罗斯宗教哲学的理论基调和批判维度，无论是批判对象还是理论建构，不管是精神气质还是思维模式都对宗教哲学产生了极为深远的影响。

2. 现代技术理性批判

在对思辨理性进行批判的同时，宗教哲学家们对现代技术理性也予以反思。近代以来，当人极力摆脱自然的束缚和神灵的控制而尽显"英雄本色"、创造无数奇迹之时，却又逐渐陷入另一种生存困境：人既受其所创造的外部"客体化世界"（即异化）的种种奴役，又被内在的心灵无家可归的失落感所深深折磨。俄罗斯宗教哲学以敏锐的"心灵之眼"，迅速捕捉到了时代虚无主义的幽灵，并给予了清晰而有力的思想抗击：现代人生存困惑的深刻根源就在于人与神关系的疏离，即人的现实存在缺少了神性的应然维度。所以哲学不仅要找到被遗忘的人，还要找到被遗忘的神，通过与神的关系来确定人的存在。也就是"面向上帝，找寻人的位置"，重释生命的价值与意义。

哲学家们对人类历史上占主导地位的、两种最基本的基督教神人理论即神本中心论和人本中心论进行了深入分析与有力批判。普遍认为由"神本中心世界"到"人本中心世界"的转换不仅仅是对旧基督教意识中神统治人、神压制人观点的坚决拒斥，它还是对得不到理性证实的、在精神上极其有害的信仰的单纯片面性反动，即由新教改宗推动的人道主义解放具有双重性：它既包含神人相似伟大真理，也形成了人类自我神化的谎言。用别尔嘉耶夫的话来说就是人类精神的发展已从"奴隶意识"过渡到了"统治者意识"。人与神的关系也从一个极端立刻跳跃到了另一个极端，生活重心由神灵深处转移到纯粹的人类创造，并且在尊重人的名义下产生了对教会历史传统的反抗，乃至对整个基督教和宗教信仰本身的否定。宗教哲学家们认为，这也正是欧洲近代以来的全部悲剧所在：人逐渐失去和彻底抛弃了宗教的神，只信仰他自己，即人本身被神化为全能的上帝。结果，人对自身的"英雄式的狂热"崇拜最终将走向其反面即否定人的非人道主义或反人道主义，如18世纪法国大革命中，自由、平等和博爱的王国很快就变成了狂怒嗜血的黑暗世界；而19世纪和20世纪的历史现实也表明人道主义已达到否定性演进的顶峰，在文明的欧洲人的薄薄的外壳下面，人不仅显露他未经驯服的野兽本性，而且显露他身上隐藏着的虐待狂式的恶魔般的力量和对最起码的道德准则的践踏。

哲学家们指出，所有的这些社会现实都极有说服力地证明，非宗教的人道主义作为某种片面的"人类学意识"因其本身包含着人之毁灭的毒素，即固有的内在矛盾——人作为最高主宰者无限满足自身世俗权欲的信念同意志向善的普遍道德价值相悖——无法获得解决而注定解体。为此，弗兰克详细考察了19世纪人的神化的两种具体形式即集体主义和个人主义思潮：前者的创始人卢梭在社会契约论中就将人民或多数人的意志等同于人人必须遵守的向善的意志，使这种"公意"带有神圣的不可违抗的权威意义。而且这一观点也支配着孔德的"人类宗教"，在此"为神服务"被置换为实在化的"人类"服务。最后，在黑格尔哲学中，尽管其初始思想是宗教的，但由于泛神论作用，最终也彻底否定了人的个性的道德要求，走向对尘世神的国家的崇拜。同样，相对较高尚的、将人作为独立自主的具体个性人的人道主义在尼采的"超人"哲学里得到最深刻和最有影响力的表现，对英雄主义的人性的崇拜、对人内在最高精神体现者的歌颂，使尼采在无意中表达了神的因素与人的精神的内在相似性，但他绝对否定神的超验存在，所以其思想具有对抗神灵的造反精神的性质，而人也只能靠自己的力量使自己高尚化，成为新型的高级的超人，结果个人主义的人道主义被庸俗化为国家社会主义，对"领袖"（"超人"）和高等种族的崇拜同对机械组织起来的群众万能的崇拜结合起来，以变异的形式走向了非人道的集体主义。显然，无论是个人的还是集体的世俗人道主义都在否弃上帝和最高道德的同时，将人的存在的自然成分如任性和私欲等提升到圣物的等级，以致人再次受到自身的奴役——人变成盲目的机械化的自然元素，变成摩洛可悲的祭品，最终导致现代人的生存危机。

3. 民族传统文化批判

俄罗斯宗教哲学在以宗教文化魅力批判或抵御现代理性主义文化危机的同时，并非向传统文化进行简单、纯粹的复归，而是将寻求"灵感"和"支点"的目光有意识地投射到本民族文化精神的历史命运与发展定位上，主张在现代性生成与危机的世界大环境下积极吸取和借鉴西方理性文化精神的精髓，反思和重建俄罗斯民族文化精神模式，推动和实现俄罗斯社会的现代化进程。

宗教思想家肯定俄罗斯宗教文化在现代文化"救赎"过程中所发挥的重要作用时，也深刻地认识到"俄罗斯之魂"还具有不尽如人意的"反题"即民族传统文化精神的愚昧、保守、落后、自负、不切实际等特点，因此对俄罗斯传统文化精神命运进行了全面剖析与理性反思。

俄罗斯宗教哲学极力弘扬本民族文化精神的宗教特性，并主张以此为原点来抗击理性文化危机，但在别尔嘉耶夫等现代哲学家心目中，上帝、基督、人等宗教观念已与传统宗教意识相去甚远。一般而言，正统或官方的基督教都将上帝理解为外在于人的绝对独立的权威、能对人进行生杀予夺的最高审判官，人和上帝之间就是奴仆和主人的等级关系（新教亦如此，只是技术理性取代了上帝位置）。宗教哲学家则认为，这种陈旧的宗教意识会带给人们错误的上帝观念，从而导致宗教本质的异化和人在现实中的被奴役地位。在俄罗斯即如此，东正教思想固有的保守性与数百年封建农奴制度的结合，致使宗教本身成为沙皇政府残酷统治和剥削人民的无耻帮凶，正如马克思所言，东正教会变成了国家的普遍工具，变成了对内进行压迫和对外进行掠夺的工具。对此，索洛维约夫曾援引 H.C. 阿克萨科夫的原话进行了无情揭露："官方教会用暴力和牢狱使人不敢再接受精神食粮，而又不提供任何代替物；用牢狱回敬信仰的真诚要求，回敬清醒宗教思想的需要，用牢狱证明东正教的正确性——这就意味着破坏神圣信仰的最根本基础——真诚和自由的基础，摧毁东正教会的教义本身……"同样，弗兰克、别尔嘉耶夫等哲学家也从时代的角度进一步批判了传统东正教发展的滞后：人在经历了哈姆雷特和浮士德、尼采和陀思妥耶夫斯基思想的触动，经历了人道主义、浪漫主义和革命主义的社会冲击，经历了新时代的哲学与科学的长久浸染后，就不可能再抹去心灵的体验和感受，而旧宗教意识似乎没有发现人类已走过漫长的旅途，仍然拘泥于狭隘落后的思想框架，传统教会也完全忘记了作为基督身体的神圣职责，只是毕恭毕敬地侍奉在政权之下。对这种"不合适宜"的教会传统的基督教，哲学家们坚决主张予以克服和改造，倡导建立崭新的真正的宗教文化模式，索洛维约夫的"普世教会"、别尔嘉耶夫的"创造基督教"、弗兰克的"上帝与我们同在"等思想都是对"新宗教文化精神"的哲学诠释。

俄罗斯知识分子的这种批判性反思有其特殊的社会思想背景，理论分析不免夹杂主观情绪色彩，对民主派的评析也有偏颇之处，但宗教思想家对知识分子文化心理结构的透析、对民族文化精神未来走向的洞见、对俄罗斯文化现代性重建的热切渴望永远值得我们当代人肯定和尊敬。

四　俄罗斯新文化价值观建构

俄罗斯宗教哲学紧扣时代脉搏，围绕文化主题，既批判超越现代理性文化精神，又反思传承本民族文化传统，它为我们理解现代文化危机生成提供了独特视角，也为俄罗斯文化精神转型准备了理想方案。

1. 新精神形成

古老文化与现代文明相吸纳、宗教气质与理性精神相融合既是白银时代宗教哲学对现代文化危机的"拯救"之旅，也是对民族文化精神或文化模式重构的重要内容。作为俄罗斯民族与西方社会的典型文化特征，信仰和理性被宗教哲学家赋予了现代性内涵，并进行了创造性的有机综合。

俄罗斯宗教文化固有的追求绝对价值和终极真理的精神意向，使俄罗斯的思维类型和生活风貌迥异于斯宾诺莎主张的"不要哭，不要笑，只要理解"的西方理性精神和社会形式。这种关注心灵深处的激情与苦痛，相信内在生命中的神性存在，向往"照亮世上所有人之光"的上帝之城的宗教心理在哲学家们看来既是俄罗斯文化的独特优势，也是民族性格悖反性的根源，更是中间文化领域不发达和相对性意识不完善的表现：一方面，宗教气质使俄罗斯文化永远保有精神上的理想性、纯洁性和深刻性，倾向于本体论的形而上学生命观，完全不会陷入个人主义和主观主义泥沼；另一方面，渴望永恒的信仰热情也会轻易忽视"纯粹无私的观点"即客观相对真理，否认社会历史中的道德、科学、艺术、法律、民族性等一切相对事物的价值，从而变异成现实生活中的激进主义或极端主义。著名历史哲学家汤因比曾在其《历史研究》中将俄罗斯宗教文化的这种极端性表现概括为"狂信主义"和"希律主义"，并指出它们是俄罗斯民族与西方社会百年文化冲突史中所形成的具有亲缘性的典型文化现象。基于对民族文化的深刻认知，思想家们普遍认为，俄罗斯文化复兴与重建的关键在于克服民族精神自发性的弱点，使民族意识不断丰富和完善，用别尔嘉耶夫的话来说就是使俄罗斯重信仰的自发的"女性意识"与具有理性批判性的闪光的"男性意识"相互统一，使俄罗斯文化的"大地阴柔之美"与坚强的"阳刚之气"内在结合。

将东方精神优势与西方理性形式结合起来的主张早在宗教哲学家基列耶夫斯基的"完整精神"中就已体现，他认为东正教思想"所寻求的不是按照信仰的要求制定个别概念，而是要把理性本身加以提高使其超出自己的通常水平——力图把理解的源泉本身、思维方式本身提升到对信仰的情感认同"。索洛维约夫的"完整知识"便是对这一理论设想的具体实现。索洛维约夫在分析批判了自中世纪到以笛卡尔、康德、黑格尔等为代表的理性主义，以培根、霍布斯、休谟为代表的经验主义和以孔德、斯宾塞为代表的实证主义等诸多"抽象原理"的片面形式主义的思维方式之后，提出建立以神秘主义（神学）为核心结合理性主义（哲学）和经验主义（科学）的真正哲学或完整知识，其中神秘知识的获得是通过超越经验和理性之外的第三种认识形式即内在的绝对信仰来完成的，作为真正哲学的基础，神秘知识也需要理性思维的证明和经验事实的检验。显然，索洛维约夫"万物统一哲学"中的信仰范畴已明显超越传统基督教所理解的纯粹宗教行为：其一，传统神学中的信仰是与理性思辨相对立的天真的固守信条的宗教生活，而这里的信仰则是对我们经验之外的现实内容的绝对确信，是"确据未见之事"的需理性传达的认识活动；其二，如果信仰在早期斯拉夫主义者那里还只是想象中的完美的东正教精神，那么在索洛维约夫看来，真正的信仰应是综合所有传统基督教形式，又融合神学、哲学和科学等全部人类意识的一种崭新的宗教意识，或者说是对"万物统一"的信仰。这样，信仰作为具体的体验和精神行为既是对最高存在的内在证明，也是统一理性认识和感性认识的基础。索洛维约夫的这种独特的信仰观在俄罗斯的直觉主义认识论中得到进一步发展。

为了克服传统形而上学主客二分的思维定式，超越近代哲学的唯我论困境，解决知识与存在的关系问题，洛斯基等哲学家在努力实现理性主义认识论的本体论转向过程中既继承了俄罗斯哲学传统，又借鉴了现代文明成果。实际上，在完整知识建构中索洛维约夫经常把第一性的认识行为信仰称为"智力直观"或"直觉"，如在《完整知识的哲学本原》中指出，为了认识现象，必须有特殊的思维活动形式，我们和以往的许多哲学家都称该种形式为智力直觉或直观，它构成完整知识的真正第一性的形式。这个形式明显地既区别于感性认识和感性经验，又区别于理性的或抽象的思维。而直觉主义认识论代表洛斯基丰富和深化了索洛维约夫的直觉（信仰）内涵，主张直觉就是直接拥有对象原本，而不是复本、象征、构建的认识。无论是存在的理性方面，还是非理性方面，都可以成为直觉的对象，洛斯基认识论中的直觉就不只是完整知识中的（神秘）直觉或信仰，而是分别针对"现实存在"、"理念存在"和"元逻辑存在"（上帝）的感性的、理智的和神秘的三种直觉形式。如此一来，抽象思维便已不再与直觉相矛盾，而成为直觉的变种，理性与直觉（信仰）实现元逻辑的统一。

无论是作为不同思维类型还是作为迥异文化风格，信仰与理性、直觉与思辨在白银时代的宗教哲学家看来都需要积极融合，相互完善的。无论是完整的知识理论，还是直觉主义和存在主义思想都是现代俄罗斯知识分子对民族文化精神重建所进行的理论努力与尝试。

2. 新人诞生

宗教哲学家所倡导的"新人"既是俄罗斯未来文化模式的理想人，也是克服近代人神危机的神性人；既是精神与现实相统一的宇宙人，也是整体与个性相结合的完美人；既是民族聚合性文化原则的继承人，也是现代西方文化的见证人。

新人是精神的人，既是灵、心、肉的统一体，也是人性与神性的结合体，俄罗斯宗教哲学对人的精神本质的这种独特解读既与西方存在主义哲学思想具有异曲同工之妙，又不乏超越之处。首先，俄罗斯哲学家们非常认同舍勒将人的精神视为与理性相区别的价值性的存在，认为他极为出色地指出了人的本质问题。不过舍勒的精神内涵又包括心灵、理性、情感等内容，而俄罗斯哲学把心灵、理性归结为自然现实领域，精神则是超越自然序列的更高实在。其次，精神的现实性或实在性特点被哲学家们所共同确认，只是与舍勒的精神现实性存在于理性参与的不间断的自我意识行为不同，俄罗斯哲学的精神实在是一种更具原初意义的生命体验和直觉感悟，人的生动体验本身便是精神实在性的有力证明，不存在是否与现实相符的问题。再次，舍勒的精神虽然具有自由性和超越性，能使人摆脱生命束缚，成为"能说非也者"和单纯现实的"抗议者",但精神本身是孱弱和无力的意向,需要生命赋予其能量才可转化为现实力量。而俄罗斯哲学则认为,精神作为神在人身上的寓所,其本身就是完整的、能动的,它能够使人的灵、心、肉三位合一,使人的生命整体富有神圣的创造意义。最后,宗教情怀使舍勒在考察人的定位时,将人的创造性、超越性和自由性等同于人的神性表现,认为人的生成与神的生成从一开始就是互为依存的,人只有不断参与、不断奋斗和积极认同,才能获得神性。俄罗斯哲学同样强调人既是动态的,也是祈祷的,人与上帝之间有一条爱的洪流在相互涌动,主张人的神性本质在于精神的无限开放的超越过程,但在这里人的神性即精神性还只是神人性,即神(上帝)在人身上的"异在"或"道化",并不等同于上帝的或真正的神性,所以作为神人性的人同基督一样永远都只是"神的孩子"。显然,这与舍勒否认精神世界里存在万能的神、否认道成肉身的天主教世界观具有明显的宗教文化差异。

新人即精神的人,自然也是个性的人,个性是新人诞生的重要标志,"它是人的最高本性和最高使命。一个人纵然横遭压抑,磨难不已;纵然沉疴在身,不久人世;纵然只存于一种可能性或者潜能中;但重要的是万万不能没有个体人格(个性)。人一旦没有个体人格,也就混同于世界的其他事物,也就失掉人自身的独特性"。而这种独特个性在俄罗斯宗教哲学看来,并非生物学-心理学范畴,而是伦理学-精神的概念,它不是指涉一般意义上的纯粹理性、个体的生存,而是在宗教背景下的精神、整体的存在。首先,个性是不同于个体的完整共相。哲学家们认为,个体属于自然的、社会学称谓,是指关联某个整体的不可分的原子,或是种族、社会、宇宙这些整体的组成部分;而个性是源于超个性上帝的精神和自由,是独立于自然、社会和国家的小宇宙。其次,个性是需要与"他者"交会的统一体。与存在主义强调人的个体的主观性、独特性和整体性,而排斥他人、社会等其他存在的极端个性思想相比,俄罗斯哲学继承并丰富了霍米雅科夫的多样性统一的文化原则,认为个性的人不仅自身是完整的,还要走出自身,与他人、社会、上帝等众多"他者"相互交会,克服封闭的自我中心主义或个人主义。因为个性本身并非自足的,它不能在自身中成就自己,所以个性的存在与实现要求人从自己走向他者和其他个性,相互靠近。滞留于自身的个性即自我中心主义的人"会因缺乏空气而窒息",而个性之间的交会也就是以爱为基础的我与"你"即另一个"我"或我们的彼此交融和真诚沟通。这种同源性的亲密关系不同于我-他的客体化交往形式,前者是精神的共识、心灵的对话,爱意的传递,后者是主客对立、彼此疏远,相互敌视。最后,个性还是自由创造的斗争。自由创造是实现个性,成为"新精神人"的前提和基础。自由既不是一般意义上的意志自由(我行我素的自由),也不是在必然条件下无法逃避的选择自由(理性自由),而是关联于人的个性生存的集体自由,是能动创造的精神自由,是追求幸福与公正的大家的自由;同时,自由虽然是"责任的宣告",但它赋予个性以积极的使命意识,即战胜必然、摆脱孤独来回应上帝的召唤,完成上帝关于神人的构思,自由个性的生成也就是人不断拒斥束缚、克服奴役而无限趋近于完美神人的积极抗争的动态过程。

3. 新文化使命

信仰与理性的统一(新精神)、整体与个性的结合(新人)是宗教哲学对转型期俄罗斯新文化精神内涵的积极构想,而民族与世界或者说与欧洲的关系问题则是俄罗斯现代知识分子对民族文化的世界使命的重新预测。宗教哲学家们吹响了全人类文化多样性统一的号角,重新诠释了"俄罗斯思想"在世界历史中的存在意义。

宗教哲学家强烈反对斯拉夫主义者对民族文化与世界文化有机联系进行的绝对割裂,但继承了其关于俄罗斯肩负神圣文化使命的救世主张。索洛维约夫从基督教理想和全人类价值出发,指出人类是有机整体而不是抽象组合的观念,这完全是基督教的理念,是由使徒保罗传布的神的启示,是"普遍人类的和超民族的观念"。真正的人类生命是圣三位一体的普遍的人神,是服从普世教会威信(父)的民族国家政权(子)与先知自由服务(灵)的统一体,而各民族就是它的有生命的诸部分——任何一个民族显然都不可能自在地、自助地和自为地生存，而每个民族的生活都不过是对人类共同生活的某种参与。这个或那个民族在这种宇宙生活中所承担的有机功能，就是它在上帝的构想中早已确定并且亘古不变的真正民族思想。由于穆斯林东方与罗马西方文化发展的特殊性使人类有机体的完整性遭到破坏，尤其是宗教教会精神印刻上了自己民族片面性的痕迹，并把自己的片面性宗教文化当作唯一正确和绝对必要的普世真理，因此索洛维约夫认为，在彼此分裂与到处争斗的现今世界，作为基督—东正教的民族，作为具有崇高神启的俄罗斯，最重要的世界使命就在于克服极端民族利己主义，全身心地投入普世教会的精神事业，参与"在人间恢复三位一体的形象"的历史任务，创建全世界的基督教文化，实现人类文化统一的普世理想。别尔嘉耶夫则在第一次世界大战期间写作的《俄国魂》（1915）中，首先肯定了"莫斯科即第三罗马"思想的积极意义是"滋养俄罗斯民族思想的情感"源泉，能够反映真正的俄罗斯文化内涵，并预言战争将使"俄罗斯负有充当各民族解放者的使命"。因为大战会使东西方文化产生前所未有的大碰撞和大融合，世界各个民族在血雨腥风的旋涡中定会产生全人类统一的钢铁意志。届时，文化将不再属欧洲专有，而成为世界的和普遍的，那么作为"东西方兼而有之"的俄罗斯民族理应以独特的宗教力量在引导人类文化走向统一的过程中起到伟大的作用，在世界文化精神的交响乐中占据超级大国地位。与别尔嘉耶夫的"民族救世主说"相反，宗教哲学家 E.H. 特鲁别茨科伊认为民族救世主说的本质特征，在于宗教意识的民族特殊性。狭隘的宗教思想和自傲的民族观念早已过时，无论是霍米雅科夫的旧民族救世主说，还是别尔嘉耶夫的新民族救世主说其实质都是将俄罗斯民族的东西等同于整个基督教的东西，或者说用狭隘的地方性的东西偷换无所不在的基督，从而违背了《新约》中体现的基督教是所有民族共同使命的精神。所以，特鲁别茨科伊坚称，对各个民族而言有意义的不是救世主说，而是民族使命说，即每个民族在上帝王国里都有自己的任务、使命和天职。同样，俄罗斯在基督教中所独有的宝贵的民族特点将使其具有普遍的宇宙意义和使命，也就是说俄罗斯不是唯一特选的民族，而是与其他民族共同承担上帝伟大事业的一分子，是基督教树干上一个被称为"神秘约翰"的枝杈。我们发现宗教哲学家虽然对民族使命的具体理解有所差异，但有一点毋庸置疑，那就是对俄罗斯东正教文化的世界性意义的普遍认同，对俄罗斯民族普世性宗教使命的始终坚持。

五 文化批判理论价值与现实意义

了解宗教哲学对俄罗斯文化精神批判及重建并进行分析与全面审视，不仅有助于我们更深入完整地把握俄罗斯宗教哲学的理论特点，也是当代人对俄罗斯文化价值观重新定位的现实所需。处于现代性语境中的俄罗斯宗教哲学在文化的十字路口上进行着苦苦的"精神挣扎"：它既面临民族传统文化的现代历史转向，又遭遇到神学家马利坦所谓人类"涕泣之谷"的生存困境；它既希望保留俄罗斯式的宗教精神底色，又渴望吸纳西方理性文化成果，因而这一时期的宗教哲学无论是在理论内容上，还是在精神风貌上都表现出文化的多维性与整合性的总体特点，具有重要的理论价值和现实意义。

首先，突破理性主义藩篱，还原精神本真状态。近代理性主义在认识上囿于主客二分的机械思维形式，假定认识就是主体以理性的不同形式去把握外在于他的各种客体，进而获得普遍性、必然性和规律性的理性知识。俄罗斯宗教哲学坚决拒斥这种抽象思辨的思维模式，认为它割裂了认识的完整性，泯灭了人性的丰富情感，遮蔽了真实的主观真理，是现代理性文化危机的始作俑者。他们主张跳越理性思维维度，从超理性的信仰或直觉出发来重新理解认识本质，综合理性与信仰，关注精神整体。与传统神学的上帝崇拜和纯粹非理性的自发感悟不同，宗教哲学的信仰与直觉是包含了情感、理智、意志、体验等各种认识形式的完整精神，是融合了人的理性与非理性思维向度的有机思维模式，这种有信仰的思维的主要性质在于力图把心灵的全部凝聚成一个力量，寻找存在的内在集中点，在这个点上，理性和意志、情感、良知、美、正义、仁慈、理智的全部内容融合为一个活的统一体，以此来恢复那原初不可分割的完整人性。在被理性无情压制与奴役的现代社会，俄罗斯宗教哲学竭力拓宽思维的天穹，吸收东西方文化精华，还原精神的丰富内涵，建构完整认识体系，这种理论重建本身不仅推动了世纪之交的哲学本体论转向进程，而且为克服现代理性主义文化危机指明了前进方向。

其次，摆脱虚无主义困境，回归神性生存整体。现代技术理性在给人类带来巨大物质文明财富同时，也使人类陷入前所未有的精神危机。在科学就是真理、技术就是楷模的时代，人日益失去生存的根基、失去情感的依托、失去心灵的归宿，人愈发感到精神的恐慌、感到内心的焦虑、感到生命的虚无。瑞士神学家卡尔·巴特将人的这种异化生存处境描述为"人世已经变成了炼狱"。雅斯贝尔斯也不无忧虑地指出，我们时代的精神状况包含着巨大的危险，它可能预示着人类的失败。同样，俄罗斯宗教哲学家也深刻地意识到，机器和技术给人的内心生活带来可怕打击，人的心很难忍受接触冰冷的金属，破坏作为灵魂内核的心的过程是现时代的特征；并认为，现代文化危机既是科学理性危机，也是精神信仰危机，是现代世俗人道主义的人神取代"完整人道主义"神人的危机。要挽救人类目前的"沉沦"，实现现代人性的拯救，就必须从人自身形象的重塑入手，从人内在精神的改造出发，回归宗教的神性整体，重拾人的意义世界与价值世界。著名文化神学家蒂利希曾指出，宗教是整个人类精神的底层，"是人类生活的终极关切"。马利坦也认为，完整的人道主义是以神为中心的人道主义，对于现代文明这件"破衣裳"需要实质性地改造。与蒂利希、马利坦等西方文化神学家和哲学家的文化批判与重建理论旨趣相似，俄罗斯宗教哲学也主张人的"精神革命"或"人格革命"，呼唤新人即神人的出现，强调在以爱和自由为原则的信仰基础上使人获得提升，获得圣化，获得终极关怀。但同以新教个性原则为理论前提的西方文化神学不同，俄罗斯哲学的文化重建更加注重聚合性的救赎形式，也就是认为代替"技术人"的"新人"不仅是精神的人，还是现实的人；代替"虚无人"的"自由人"不仅是个性的人，还是整体的人。这种基于民族宗教文化传统的理论建构使俄罗斯宗教哲学在 20 世纪文化批判与文化重建理论百花园中别具风韵。

最后，跨越民族宗教界限，推进世界文化统一。宗教作为人性中固有的、不可剥离的情操，它既是一种深层的文化心理现象，又表现为一定的社会历史形式；它既是民族文化精神的核心要素，也是世界文明交流与融合的重要纽带。尤其是在宗教冲突不断、民族问题迭起的全球化时代，宗教与民族、宗教与世界、宗教与文化的关系的重要性便日益凸显。俄罗斯宗教哲学所倡导的新文化精神就是要破除狭隘的民族界限，打碎保守的宗教壁垒，通过建立普世教会，实现世界文化统一。索洛维约夫哲学创作的全部热情就是要确立一个全世界的教会并建立符合基督教教规的社会生活。同样，别尔嘉耶夫的"新基督教"也是将天主教的权威、东正教的神秘直觉、新教的良心自由和个人原则相结合。在社会领域表现为作为尘世基督的王国的神权政治；在政治上接近君主制；在经济上类似社会主义；而教会则以上帝的爱和自由为前提将全部世界财富、所有文化宝藏、生活各个领域结合在一起。俄罗斯宗教哲学家坚信，通过这种"新宗教意识"和普世教会的建立，人类才会走向自由联合的神人类理想社会，世界文化才会在保留各民族文化特色的基础上实现统一与发展。正如历史哲学家汤因比所说，"大一统教会"（即普世教会）的世界历史作用就在于，它标志着人类历史上的新起点——高级宗教本身就是一些新型的特殊社会；它们的目标在于使人们能够找到个人与超验现实之间的一种直接关系。它们能够在一种文明崩溃和另一种文明诞生之间的混乱时期保护珍贵的生命萌芽，从而保护文明的延续。事实上，当代各民族间努力促成文化交流与合作，积极寻求宗教对话与和解的世界趋势已在某种程度上充分验证了俄罗斯宗教哲学的新文化精神理论的重要性、前瞻性与可行性。

每一种思想理论的形成与发展都必须源于生活走向生活，源于实践走向实践，哲学理论应尤其如此，俄罗斯宗教哲学正是以这种回归现实、关注生命、改造世界、造福人民的实践品性和"经世"风格感动世人的。

第一，宗教哲学的文化重建推动俄罗斯现代化转型。自彼得大帝欧化改革以来，俄罗斯社会的现代化进程可谓一波三折，步履蹒跚：经历了叶卡捷琳娜二世的"开明专制"、亚历山大一世的自由主义、十二月党人的共和方案、1861年农奴制改革和斯托雷平改革;经历了18世纪启蒙运动、19世纪文化繁荣与20世纪苏联模式;经历了地方行政、司法制度、教育体制、军事体系的现代化;经历了普加乔夫农民起义、1905年冬宫事件、1917年二月革命和十月革命等各个事件。在剧烈的社会变迁与复杂的思想冲突中,俄罗斯宗教哲学力图突破近百年来俄罗斯的斯拉夫传统文化与西方近现代文化的对立,重新确立民族精神祈向,创建"文化的基督教意识",为转型期的俄罗斯寻找前进"路标",实现改造社会的美好理想。这种基于现实的理论努力本身便值得肯定。同时,宗教哲学在文化精神重建中,对宗教、信仰、道德、民族、国家、政权、社会、革命、历史、文化、人性等俄罗斯思想的方方面面进行了现代的理性解读:将宗教理解为已不再仅仅是苦修的受难的信仰,而是与"潘神、世间的风雨之神、生活的欢乐之神阿芙罗迪特女神和世间的爱之女神"相结合的世俗化宗教。在与无神论革命派的激烈论战中,表现出诸多深刻并极其富有预见性的观点:认为俄罗斯共产主义有真理,也有谬误。真理是社会的,它揭示了人们或民族之间兄弟般团结的可能性,克服了阶级;谬误则在于精神基础,它导致非人道过程,导致否认每一个人的价值,导致在俄罗斯虚无主义中已经存在的那种人的意识的狭隘。质言之,在社会主张迭起、精神紧张求索的时代,这些"上帝的使者"对俄罗斯现代各种社会问题都予以积极深入探讨,对民族文化的未来走向予以乐观分析预测,从而在文化精神层面推动了俄罗斯现代化转向的步伐。这也就是今日俄罗斯人特别关注那时的宗教哲学思想的缘由。当代俄罗斯著名哲学家C.C.霍鲁日认为,现今人们抱有这样的希望:希望俄罗斯宗教哲学思想至今仍然保持自己的力量和有效性,能够有助于解决今天的道德和社会问题,有助于理解当前现状和寻求未来之路。总的来说,今天人们希望从俄罗斯思想中得到"神水"和"活水"。

第二,宗教哲学的精神革命是政治革命的文化先导。俄罗斯的现代化发展需要新文化精神,而新文化精神的生成又需要新人的出现,因而铸就新人的"精神革命"就是实现宗教哲学文化重建的根本途径。哲学家们认为任何外在的革命，甚至是最激进的政治革命和社会革命对人的影响都如同更换不同服装一样微乎其微，而只有在内心里、在精神上的彻底改变才是真正的革命，才是新人的显现。

尽管这些追求上帝的文化精英们与车尔尼雪夫斯基等革命派在救世道路的问题上有所分歧，但注重自身的道德完善、追求生命的"真正基础"、高扬社会自由正义、反对沙皇封建专制、献身革命事业的实践品质却是俄罗斯知识分子共有的典型精神特征。在理论创作上，宗教哲学家总是将思想活动与艺术表现同宣扬理想与传道结合起来，将理论与学问同拯救人类的"共同事业"联系在一起，将文化精神的重塑同民众自由与幸福的获得融合起来。对于他们来说，知识就是改造现实的手段，艺术就是创造生活的工具，美就是拯救世界的途径。在社会行为上，他们批判黑暗的社会现实，甘愿弃绝私利，并随时准备坐牢、流放甚至走向绞刑架，他们积极宣传济世救民的良方，参与各类进步形式的思想讨论，编辑出版倡导文化革命的杂志与文集，组织多种"新精神哲学"学会等。所有这些倡导新精神、新宗教、新文化的实际努力既有利于唤起民众反抗社会压迫的觉醒意识、鼓舞改变现有政治制度的精神斗志，又与20世纪初知识分子组建政党直接参与政治的激进形式遥相呼应。用陀思妥耶夫斯基的话来说就是，在俄罗斯人各种政治激奋的背后常常隐含着某种宗教激情；用别尔嘉耶夫的话说则是革命运动与世纪之交文化复兴的共同点是突出了俄罗斯民族的狄俄尼索斯原则。白银时代的文化精神运动正是以震荡心灵与感官的形式为随后而至的俄国十月革命做好了思想铺垫。因此可以说，如果欧洲文艺复兴时期的人文主义运动是现代资产阶级革命的前奏，那么白银时期宗教哲学的精神革命无疑就是俄罗斯社会主义革命的文化序曲。

俄罗斯宗教哲学无论就思想内容还是实际作用都是俄罗斯哲学发展史上极其重要的一环，无论就理论意韵还是表现风格来说都是世界哲学领域中不可忽视的一隅，但其也有不可避免的偏差与缺憾。第一，对西方理性文化批判不够客观。俄罗斯宗教哲学虽然深刻意识到民族宗教文化传统的种种弊端、意识到自身与现代西方文明的种种差距,真诚地主张学习和接受西方理性文化精神,力促俄罗斯追赶世界文化先进潮流,但其始终立足于东正教文化背景,承传直觉的思维形式,因而使其对西方理性文化的理解和批判难免有失公允。第二,文化救世主义情绪浓厚。宗教哲学家中的许多人都与马利坦、舍勒、胡塞尔、海德格尔等现代西方著名思想家有着直接或间接的思想交流与密切往来,但是在批判吸收现代理性文化精神的同时,他们固守俄罗斯文化"救世使命"意识,坚信"俄罗斯思想"的特殊历史作用,这种与生俱来的民族救世观念和文化使命感在其后的俄罗斯政治、经济和文化发展中产生了极大影响。第三,文化重建的乌托邦性。尽管宗教哲学对俄罗斯未来文化精神走向的预测极其乐观,对现代文化精神内涵的重建极其诱人,但其理论设想终究无法摆脱昙花一现的历史命运。原因在于传统宗教文化与高度专制制度使俄罗斯知识分子虽满怀富国强民远大抱负,但与社会现实相隔绝,这使他们长于思考拙于操作,长于批评拙于建设,因而文化精神重建理论缺乏系统性和可操作性,缺少能够转化为实践行为的"中间环节",或者说没有形成真正能够救世济民的可行性方案,只是单纯依靠诉诸上帝、宗教规范、道德觉醒、良心发现、精神改造来实现理想,显然是行不通的。另外,更为重要的是,俄罗斯知识分子的无根基性、与所有阶层的日常生活传统的脱离性尤其是与人民大众之间存在的深深鸿沟,也使整个文化精神重建活动只是局限在少数文化精英范围内,没有得到广大人民群众的积极响应和支持,没有获得广泛的预期的社会效果。

白银时代宗教哲学家视野中的俄罗斯文化观重构

周来顺[*]

19世纪末至20世纪初的俄罗斯宗教哲学复兴运动产生了一大批思想家,如别尔嘉耶夫、布尔加科夫、弗兰克等,以这些思想家为代表所建构的理论思潮被称为白银时代宗教哲学。白银时代宗教哲学家面对世纪的动荡、时代的转换、精神的危机与价值的虚无,力图为俄罗斯探索出一条独特的现代化出路。在对俄罗斯现代化出路的理论探索过程中,他们认为当时的俄国在文化层面所面临的最大危机便是虚无主义的侵袭。因而,他们力图通过以东正教为根基的文化观的理论建构,来克服虚无主义对俄罗斯精神层面的戕害。

一

自19世纪以来,虚无主义作为一股强大的思潮席卷整个欧洲。从词源学上说,虚无主义这个词最早来源于拉丁语中的"nihil",是"什么都没有"之意。19世纪初,其作为哲学概念首次在德国哲学家弗里德里希·海因里希·雅各比的《给费希特的信》中被使用,用以批驳以康德为代表的理性主义哲学。雅各比认为一切理性主义最终都将归于无信仰的虚无主义,因而应力图避免虚无主义回归到某种信仰。而虚无主义作为一个流行概念,则始于屠格涅夫,

---

[*] 周来顺,黑龙江大学哲学学院教授,主要从事文化哲学、俄罗斯哲学、国外马克思主义领域研究。

文学批评家尼·斯特拉霍夫曾说:"在屠格涅夫小说之中,'虚无主义者'一词获得了最大的成功。它在被它所指思潮的反对者及拥护者中得到了无条件地接受。"①

在西欧思想家的视野中,以尼采和海德格尔对虚无主义的诊断最为典型。尼采指出虚无主义的产生始于对基督教原有信仰的破灭,虚无主义认为一切的事件都是毫无目的、真理和价值的,一切的事件"都是毫无意义和徒然的"。尼采清楚地意识到他自己所处的时代是一个走入虚无主义的时代,他预言虚无主义将是"今后两个世纪的历史"。由此,尼采指出:"一个教条出现了,一个信仰随之流行:'一切都是虚空,一切都相同,一切都曾经有过。'"正是基于此,尼采基于权力意志"重估一切价值",从而力图克服虚无主义。而海德格尔则同样对虚无主义有着经典的论述,他指出:"'虚无主义'一词经屠格涅夫而流行开来,成为一个表示如下观点的名称,即:唯有在我们的感官感知中可获得的,亦即被我们亲身经验到的存在者,才是现实的和存在着的,此外一切皆虚无。因此,这种观点否定了所有建立在传统、权威以及其他任何特定的有效价值基础上的东西。"虚无主义是那样一种贬黜最高价值、丧失终极意义的过程,在虚无主义之中"占据统治地位的'超感性领域'失效了,变得空无所有,以至于存在者本身丧失了价值和意义"。海德格尔认为虚无主义的最终根源为对存在的遗忘,而只有通过追思"本真"的存在,通过作为真理的"存在"的涌现才能最终克服虚无主义的侵袭。

在对俄国虚无主义生成时间的理解上,白银时代宗教哲学家认为与西欧的虚无主义形成时间相比,俄国的虚无主义出现是相对较晚的事情,其兴起于19世纪50年代末60年代初。白银时代宗教哲学家指出,在普希金、莱蒙托夫、屠格涅夫、巴扎罗夫、杜勃罗留波夫、车尔尼雪夫斯基、陀思妥耶夫斯基的作品中都存在大量对俄国虚无主义者的描写,《父与子》中的巴扎罗夫、《罪与罚》中的拉斯科里尼科夫则是虚无主义形象的典型。在白银时代宗教哲学家看来,俄国的虚无主义虽在本质上也对意义、价值等持一种否定的态度,但与西欧大陆那种彻底的、旗帜鲜明的反理性主义与信仰主义的虚无主义相比，却有着本质的差别。俄国的虚无主义是其历史进程中特有的产物，它是"俄国思想启蒙运动的一个新阶段，其思想基础是唯物主义、理性主义和实证主义"。最初，虚无主义在俄国是作为一种进步力量而出现的，它否定当时的农奴制度，否定作为沙皇专制制度政治原则的"东正教、专制制度和人民性"[①]。它力图通过对原有沙皇专制制度统治基础的否定、怀疑与批判，从而颠覆旧有社会形态。

在对虚无主义产生机制的分析上，白银时代宗教哲学家认为俄国的虚无主义是由多重原因生成的。首先，与俄国的落后相关。面对旧俄国的腐朽与落后，具有极强的实践情怀与罪感意识的俄国知识分子认为自身在民众面前是有罪的，认为自身有责任和义务来拯救民族。因而，他们为了拯救民众、为了摆脱旧俄国落后的面貌，力图通过"否定过去、否定历史、否定传统，荒唐地要到荒无人烟之地去建设一种纯洁的乌托邦"。也就是说，这种实践怀疑与罪感意识在很大程度上导致了他们对传统、历史等的否定，从而走向虚无主义。其次，源于对西欧文明的俭省。他们既看到了西方启蒙所取得的成就，又看到了这种启蒙却又吊诡般地使文明走向了自身的反面，并为"现代文明在精神和文化上完全破产痛感绝望"。面对这种吊诡，他们一再地陷入"俄罗斯向何处去"的历史谜题中无法自拔，从而走向虚无主义。

在对俄国虚无主义理论特性的理解上，白银时代宗教哲学家指出虚无主义是俄罗斯所特有的现象，它是"俄罗斯启蒙运动的激进形式。这是俄罗斯精神和俄罗斯意识发展的辩证因素"。之所以说虚无主义是俄国所特有的现象，一方面，虚无主义是在东正教的特殊土壤中生发的，它是"东正教教徒的禁欲主义的外向，即没有神感的禁欲主义。当理解它的纯洁性和深度时，俄国虚无主义的基础源于东正教所排斥的世界。它的真正意义是：'全世界都躺在那恶人手上'，它承认一切财富与奢侈的罪恶性，承认一切艺术与思想中创造物的罪恶性。……虚无主义视为罪恶的奢侈物，不仅艺术、形而上学

---

① 这一政治原则是由国民教育大臣乌瓦罗夫于1833年归纳出来的，他认为东正教、专制制度和人民性是沙皇统治的根基。

和精神价值,还有宗教。它的全部力重,都要提供为解放地上的人;使劳动人民由他们的过分痛苦中解放出来;建立幸福生活的条件;毁灭迷信及成见;消灭因袭标准与浮夸的观念;这些都是奴役人及危害他的幸福"。另一方面,虚无主义在俄国最初是作为一种进步的解放力量,其通过对不合理因素的否定来祛除愚昧的传统与获得个体的自由。这种虚无主义并不是消极意义上的无信仰主义,而是为了在怀疑中更为真切地寻求信仰,"虚无主义并不是文化怀疑论者,他们是有信仰的人们。这是一种有信仰的年轻的运动。如果虚无主义者反对道德,那末他们这样做是为了善。他们揭露了理念原则的虚伪的欺骗"。由此可见,俄国的虚无主义与西欧虽有相同之处,但他们的差异也同样是明显的。也正是在这一意义上,陀思妥耶夫斯基和别尔嘉耶夫说俄罗斯人几乎"都是虚无主义者",而弗兰克则指出虚无主义是俄罗斯精神生活的"长期病态"。由此可见,虚无主义对俄罗斯精神生活领域的侵蚀之广、影响之深。

二

俄罗斯白银时代宗教哲学家在对俄国虚无主义的进一步分析中指出,面对复杂的社会现实与理论的空泛乏力,虚无主义作为一种强大的理论思潮与实践运动,在其进一步发展中却逐步从一种积极性力量走向了另一种极端,并最终走向了对"上帝、灵魂、精神、观念、标准及最高价值"的全盘否定。不但如此,虚无主义成为一种深入社会各个领域的普遍现象。这种虚无主义并没有认识到"为要解放个性,他们抽空它的品质的内容,毁灭它的内在生活"。

面对虚无主义的侵蚀、人类生存根基的断裂与崇高的信仰的迷失,如何才能走出这一困境呢?带着这一问题,白银时代宗教哲学家将探寻消解虚无主义的路向转向了作为俄罗斯精神根基的东正教与作为寻求最高本体的哲学。在转向东正教的过程中,白银时代宗教哲学家不但在其中没有找寻到其所欲寻求的消解良方,反而看到了东正教自身的限度。在白银时代宗教哲学家看来,东正教的局限性表现为:一方面,"东正教没有有机地吸收希腊—罗马的人道主义，占优势的是禁欲主义的孤僻性"，这使得东正教相对于天主教与新教而言，缺乏人道主义关怀，缺乏对人的关注；另一方面，重禁欲主义的东正教本应是转向纯粹的宗教信仰自身的，但由于俄罗斯教育水平的低下，其过于注重烦琐的宗教仪式。在白银时代宗教哲学家看来，过于烦琐的宗教仪式弱化了东正教对信仰本身的重视。此外，白银时代宗教哲学批评了东正教的过于保守，这种保守性决定了它对时代的非适应性，它很难对时代的困境与迷惘做出适应时代的适当调适。继承了希腊正教传统的东正教，认为自身的任务是保存，而不是发展或者寻找真理。在他们看来，天主教与新教在理性的支配下，不断变换观点以适应时代，反而损害了教会的权威与教义，而东正教则"能把上帝的话那甜蜜的源泉供给那来到东正教面前的人饮用，因为只有东正教保有了它所接受的神圣教义，并且将保持其不变，直到一切时代的终结，决不作些微的增加或删减，因为它是真正的柱石和基础，上帝的灵长驻在它体内，保护它不犯错误"。而在白银时代宗教哲学家看来，东正教虽停留于传统和仿古之间，却从而避免了经院哲学的不幸[①]，但东正教确实存在保守性，这种保守性导致它很难适应时代的发展。在白银时代宗教哲学家看来，教会传统应该是鲜活的、动态的、敞开的、创造性的，而不应是封闭的、静止的、凝固的。教会传统不应只是对传统的简单继承，也不应如法利塞主义那样，将传统变成了僵死的考古学，变成了外部律法和规章，变成了要求自己遵守的枯燥词句。

与此同时，白银时代宗教哲学家还就东正教与国家之间的关系进行了批判性反思。白银时代宗教哲学家认为在东正教与国家关系问题上，东正教"没有在精神和道德方面起到应有的社会作用，而仅仅是沙皇主义意识形态的工具，批判教会已沦为经济剥削和政治压迫的社会机构"。在白银时代宗教哲学家看来，随着教会组织与管理的国家化，教会的"心灵衰退了；理想被替换了，也就是说，在教会的理想的位置上不知不觉地出现了国家的理想，内

[①] 经院哲学中对哲学理性因素的吸收虽使基督教神学体系理论化、系统化，但这种吸收却犹如饮鸩止渴，它最终威胁到了基督教的基本教义，从而使经院哲学走向解体。

在的真理被形式的、外在的真理所取代"。由此，教会真理被国家真理所代替，教会的国家化，以及教会对国家的服从，使国家政权以国家的名义"站出来保卫俄罗斯东正教，戴着它的明晃晃的、举起的宝剑，国家政权是'占统治地位的信仰的教义的保卫者，是神圣教会中的一切虔诚的庇护者'，国家政权准备惩治对它所保护的'正统信仰'哪怕是最微小的偏离，这个'正统的信仰'不仅是由圣灵的意志确定的，不仅由普世的和地方的大公会议、教父及教会的整个生命所确定的，而且还是由俄罗斯帝国的一整套法律所确定的，为的是使教会更加牢固，并做了大量的补充"。东正教的政治化、官方化、国家化腐蚀了东正教的精神与教会本身，即便是东正教华丽、庄严的外表，也掩饰不了其内在精神的腐朽。这种腐蚀化了的东正教无法成为有效对抗虚无主义的力量，相反，虚无主义反而成为侵蚀东正教的一种新型力量，这种侵蚀最终导致了宗教维度中上帝的死亡。

由此，白银时代宗教哲学家又将消解虚无主义的目光转向哲学，但在转向哲学的过程之中，他们发觉哲学自身已深陷于危机之中无法自拔。白银时代宗教哲学家对西方哲学危机的认知与白银时代宗教哲学的奠基者索洛维约夫有着极大的关联，索洛维约夫对西方哲学的批判为他们奠定了对西方哲学批判的基调。索洛维约夫早在19世纪中期就指出了西方哲学的危机，认为西方哲学的危机是源于其所固有的缺陷，即知性思维方式，这种知性思维方式在近代以来被不断完善和体系化，而在黑格尔那里则达到了顶点。这种片面的知性思维最终将哲学变成了一种"抽象的形式主义"，这导致作为一种"纯理论性抽象认识意义上的哲学，已经终结其发展，并且永不复返地转入过去的世界"。索洛维约夫对西方哲学的批判，奠定了日后白银时代宗教哲学家对西方哲学的基调。以别尔嘉耶夫等为代表的白银时代宗教哲学家指出，整个西方哲学史就是对"存在"的追问史，就是将"存在"不断普遍化与抽象化的历史。在对"存在"的探索过程中，哲学家们力图超越变动的、不定的感性世界，从而寻求最高的存在。但在白银时代宗教哲学家看来，这种对最高存在的探寻，都是建立在普遍——一般—本质优于个体—个别—个性的基础之上的。这种对存在的追问，导致哲学变成了一种寻求理性、秩序、抽象和一般的概念王国，使哲学成为一种钳制和奴役人的新方式。而实则"存在是不是客体化，存在是不是把哲学认识的对象变成客体"的问题依然存在。不但如此，哲学家们探索存在的最终目的就是将最高存在与上帝同一化，从而以存在代替上帝。舍斯托夫就此指出，实则在这里包含着此种哲学在"小心翼翼掩藏在友谊面具之下的、对《圣经》的仇恨"。

我们看到，白银时代宗教哲学家对东正教与哲学的双重考察，并没有找寻到克服虚无主义的有效路径，而且反倒指认了双方各自的限度。不但如此，东正教与哲学自身的危机，则意味着作为双重崇高信仰模式的消解。而与此相对应，虚无主义的盛行自身则会进一步加剧这种对东正教与哲学危机的侵蚀和对崇高理念的消解。

三

面对虚无主义的危害及其侵蚀，白银时代宗教哲学家对虚无主义展开了深入的批判，这种批判不仅仅包含着对俄国虚无主义流派及其观点的清理，而且还远涉到以现象学、存在主义等为代表的现代哲学形态。特别需要指出的是，白银时代宗教哲学家对以萨特等为代表的存在主义学派进行了批判，指出其学说中存在虚无主义的特性，指出"不管萨特如何大谈主动性、责任、选择等等，他的哲学却带有颓废性质，他的自由是软弱无力的，没有面向未来的历史时日。马克思主义者不是虚无主义者，萨特却是虚无主义者。整个萨特流派的特性是冷漠，没有热情，而没有热情就无法创造未来。这一流派的道德是一种冷漠的美德，丧失了爱的特征。这是垂死的精致的自由，却奇怪地呈现于粗俗的形式之中。这是夕阳哲学，却还肩负使命扮演新的人体验这种角色。萨特的自由跟真理无关，也不想拥有真理，他的自由独立于真理。因此这种自由是没有对象的、空虚的、毫无旨向的自由。由此产生了无对象性自由的道德。人是虚无"。

白银时代宗教哲学家指出虚无主义是对思想的奴役而非解放，在虚无主义的侵蚀下，"不仅是俄罗斯，而且是整个世界，都处在虚弱的状态之中"。面对虚无主义的侵袭，白银时代宗教哲学家认为俄罗斯民族和犹太民族一样，是具有伟大使命的民族，是一个充满着对启示录的期待和弥赛亚情绪的民族。他认为俄罗斯民族应率先冲破虚无主义对精神与实践领域的侵蚀，从而最终建构一个俄罗斯式的"人间天堂"。与此同时，正是基于对虚无主义危害等的认知，白银时代宗教哲学家力图通过新文化观的建构来实现对虚无主义的消解和俄罗斯自身的救赎。而从总体上看，这种新文化观建构的基础则依托于作为俄罗斯文化根基的东正教。在他们看来，如果新的文化观建构不以作为其母体文化根基的东正教为理论底色，那么它还将会导向一种彻底的、无可救药的虚无主义。就具体来说，这种以东正教为理论底色的新文化观的理论，包括在对创造、自由、精神、神人性等的理解上。

　　首先，白银时代宗教哲学家的新文化观建构，注重对创造的理解。白银时代宗教哲学家之所以重视和强调创造，源于在创造中所展示的是人的能动性。在白银时代宗教哲学家看来，创造并不是僵化、静止和封闭的，创造意味着新事物的产生。白银时代宗教哲学家强调创造只有在自由的条件下才是可能的，创造不是扎根于存在，而是"无"与"非存在"，创造是从"无""非存在"中的创造，"世界上绝对新的事物只有通过创造才能产生，即通过根源于非存在的自由。创造是通过自由的行为从非存在向存在的过渡"。白银时代宗教哲学家指出，创造包含着神性的原则，它是神对人的期待，是以人的创造来回应神的创造。人的创造是神创造世界的继续，是"世界创造的延续和完成，是神人的、上帝和人一起进行的、人和上帝一起进行的创造"。创造意味着"对由此世的重负所引起的压迫和贬损的克服……创造说明了此世的可克服性，僵化存在的可克服性，解除这个世界的封闭的可能性，解放和改变这个世界的可能性"。创造意味着超越，对界限的超越；创造意味着革命，面向未来的革命；创造意味着解放，冲破虚无主义的侵蚀与奴役。

　　其次，白银时代宗教哲学家的新文化观建构，注重对精神的强调。俄罗斯白银时代宗教哲学家普遍重视精神的作用，并赋予其独特的内涵。他们反对将人理解为一种脱离于精神性的存在，他们反复强调的主题是："人就是人，而不是钢琴上的键盘"，"要知道，人所做的一切事情似乎都是为了时刻向自己证明他是人，而不是一颗销钉"。他们把精神放在本体的地位，认为精神不服从于任何外在性和必然性，认为精神"不是存在，不是本质，而是存在者，是存在着的东西，拥有真正的生存，精神不服从任何存在的决定。精神不是原则，而是个性，即是生存的最高形式"。他们认为精神是如物质一样"客观存在"的，但这种"客观存在"又不同于物质，它是另一种意义上的现实，它是自由，是对现实世界的改造性力量。但精神又不能脱离于上帝，离开上帝这个本原，精神不可能存在。也正是精神根植于上帝之国，决定了精神生活不同于社会生活，它不是由外在的社会环境所决定的。他们认为人最为本质的特征就在于其是精神性的存在，而人作为"精神的生存，是积极的、创造的、自由的生存"。白银时代宗教哲学家普遍反对对精神的客观化理解，反对黑格尔的客观精神。在他们看来，"精神"与"客观"的组合本身即荒唐的，精神只能是主观的，而客观则是对精神的异化，是对精神的专制，精神在这种专制中，将会黯淡、僵化、枯竭，直到消逝。

最后，白银时代宗教哲学家的新文化观建构，注重对自由的阐发。无论是作为白银时代宗教哲学家的别尔嘉耶夫还是舍斯托夫，在自由的观念上，都深受德国神秘主义者波墨和艾克哈特的影响，他们认为"自由是前世界的，非被造的，自由同时也是善与恶之间选择的无限可能性"。由此，形成了白银时代宗教哲学家对自由的独特理解。第一，在自由的产生问题上，他们认为自由是原初的，自由源于虚无、深渊，源于非存在。他们认为自由先于存在，自由既不受存在的决定，也不受理性的决定，自由是"奥秘的、原初的、出发的、深不可测的、无基础的、非理性的"。即使是上帝也不能决定自由，"上帝从虚无创造世界，也可以说上帝是从自由中创造世界。作为创造基础的无底的自由，它在创世之前既已存在于虚无之中，没有它，上帝也不需要创造"。第二，在自由与必然性的关系问题上，白银时代宗教哲学家反对黑格尔对自由的理解，反对将自由理解成对必然性的认识，认为自由不受因果性和必然性的限制。在他们看来，必然性的自由是对自由的否定，自由是动态的、变动的，而不是必然性的、僵化的。第三，在自由与任意的关系上，白银时代宗教哲学家，特别是别尔嘉耶夫对自由的理解与存在主义是有某种共鸣的，他们都认为自由不是任意，自由不是轻松，自由是一种责任、一种担当，自由往往意味着对上帝苦弱的担当，和对十字架上受难基督的担当。第四，白银时代宗教哲学家的新文化观建构，注重神人性原则。在俄罗斯宗教哲学中，神人是指基督耶稣，神人类是指未来的理想人类，神人性则强调人是神性与人性的结合。神人性是俄罗斯宗教哲学传统中的重要主题，白银时代宗教哲学家重视和强调神人性原则，意在强调人身上的神性维度。在白银时代宗教哲学家看来，对神、人之间的关系做何种理解直接决定着一切理论体系的价值向度。在他们看来，自文艺复兴以来，对神、人关系的误解是产生基督教危机及其最终遭受虚无主义侵袭的重要原因之一。而真正的神人关系则不是单纯地建立在一种运动基础之上——人向上帝的运动或上帝向人的运动，而是神、人的双向运动。由此，白银时代宗教哲学指出"人的根本思想是关于上帝的思想。上帝的基本思想是关于人的基本思想。上帝是人的主题，人也是上帝的主题"。假如宗教生活不是建立在神、人的互动基础之上，"假如宗教生活的基础仅仅是建基于上帝向人的运动，建基于上帝的单独意志和单独启示之中，那么，这生活就是普通的，世界生活的目标也就轻易可达到了，上帝之国也就轻易可实现了。那时不再会有世界悲剧。但人诞生于上帝之中，人回应上帝不可能仅仅是上帝自身单独的事业——这同样是人的事业，他的自由之事业。……上帝之国是一个神人的王国，其中上帝诞生于人，人诞生于上帝，它最终在精神里得到实现"。在白银时代宗教哲学家看来，真正的真理是神人性的真理，而这一真理是对人的信仰与神的信仰的彻底贯通，是将二者真理的有机结合。白银时代宗教哲学家强调人身上的神性因素，强调神人性原则。从表面上看这种强调是在强调文化观建构中的东正教因素，实则，在神人性理论的背后，是对人之独特内涵与使命的彰显，是对人之主体性、创造性、精神性、宗教性的彰显。

总之，白银时代宗教哲学家在依托东正教所建构的新文化观中，强调自由、精神、创造、神人性等的价值内涵，甚至于这种强调在某种程度上走向了极端：我们看到他们甚至将人的自由、精神、创造等提升到了与上帝相等同的位置。但从这种对此种文化观内涵的强调与迷恋中，我们更应看到白银时代宗教哲学家面对怎样的社会现实与时代动荡，他们力图通过这种对自由、精神、创造、神人性等的理解与阐述中，来唤醒人的内在生命，唤醒人的主体能动性，从而最终通达人自身的终极解放。

综上，在白银时代宗教哲学家看来，虚无主义并非意味着人的解放，而是奴役，"虚无主义是十分可怕的诱惑，它是折磨我们社会可怖的精神灾害"。面对虚无主义的侵蚀，白银时代宗教哲学家提出了通过文化观的总体建构来消解虚无主义。文化观建构的最终目标就是消除虚无主义，以拯救危难中的俄罗斯。而文化观建构的关键则在于植根于新人的塑造与生成，否则仍将会走向另一种新的虚无主义，将会走向"'死亡的营地'。历史的悲喜剧就这样没完没了地重演"。从总体上看，白银时代宗教哲学家克服虚无主义的路径仍是站在民族主义的立场上，他们力图以东正教为根基通过文化观的重建来克服虚无主义。当然，这种以民族主义的立场所进行的文化观的建构仍存在一定的限度，但他们在建构过程中对民族传统与精神底色的重视，仍是具有一定启示意义的。

文化危机与拯救：弗兰克基督教人道主义理论探析[*]

丁海丽[**]

文化危机是19世纪末至20世纪初世界哲学与文化学研究中的一个传统问题，斯宾格勒、尼采、施维泽、加塞特等思想家都从不同视角关注文化危机问题并力图开出根治的药方。文化危机问题也进入俄罗斯哲学研究语境，弗兰克、伊林、别尔嘉耶夫等思想家都从不同视角对文化危机进行解读和研究。其中，谢·路·弗兰克是最为自觉的一位思想家，他不单关注文化危机问题，还将文化危机与人道主义危机联系起来并在此基础上分析了文化危机的根源，提出通过回归宗教来一劳永逸地解决文化危机问题。

谢·路·弗兰克（1877~1950）是白银时代著名宗教哲学家之一，曾经被当代西方评论家誉为"19世纪末到20世纪上半叶最有影响的俄国思想家""弗兰克应与洛斯基和别尔嘉耶夫齐名并占有特殊的位置，他理应被认为是俄罗斯最深邃和最富有独创性的思想家"[①]，也是当代俄罗斯最受关注的哲学家之一[②]。他出生于莫斯科一个犹太知识分子家庭，受过良好的家庭教育。他

---

[*] 本文是教育部人文社会科学重点研究基地重大项目"当代俄罗斯文化思潮及其影响研究"（项目编号：14JJD74002）的阶段性研究成果。

[**] 丁海丽，黑龙江大学哲学学院副教授，主要从事俄罗斯哲学研究。

[①] С.А.Левицкий, Очерки по истории русской философии, Москва, 1996, Стр.352.

[②] 1999年，俄罗斯哲学学会曾就人们最关注的20世纪俄罗斯哲学家和哲学著作做过广泛的社会调查，其结果是弗兰克名列第九。转引自安启念《俄罗斯向何处去：苏联解体后的俄罗斯哲学》，中国人民大学出版社，2003，第17页。

在中学期间阅读了大量米海洛夫斯基、皮萨列夫等激进社会思想家的作品并在此影响下加入马克思主义小组，1894年就读于莫斯科大学法律系，读书期间他积极参加有关政治经济学和社会主义问题的讨论并成为著名的"合法马克思主义者"[①]，之后由于参加革命活动而被驱逐出莫斯科两年，在德国期间由于深入研究政治经济学而逐渐偏离马克思主义轨道，受尼采哲学和司徒卢威思想的影响，他的世界观发生了重大转折：从唯物主义和马克思主义转到宗教唯心主义。回国后，他积极参与哲学活动和社会政治生活，参与编辑政治周刊《北极星》和《文化自由》。1912年起担任彼得堡大学编外副教授，在萨拉托夫大学和莫斯科大学任教授。1922年被驱逐出苏联，1950年在伦敦逝世。弗兰克一生笔耕不辍，书写了大量关于文化哲学方面的著作、文章，如《实在与人》《西方文化的危机》《虚无主义的伦理学》《偶像的毁灭》《生命的意义》《哲学生活、文化哲学论集》《歌德与精神文化问题》等。

一 文化危机的实质

弗兰克指出，19世纪末20世纪初的文化危机主要表现为两个层面，即精神上没有宗教信仰、自发的历史运动汹涌澎湃——正是这两者构成了我们这一时代的悲剧特征。[②]首先，20世纪人类进入了动荡与转折时期，战争与革命频仍带来人的外在生存危机，这是文化危机的表现之一。从19世纪后半期到20世纪初期，正是俄罗斯社会现代化转型的艰难时期，在社会转型过程中，传统与现代、保守与激进、国内与国际矛盾交织变换，使得俄国社会的经济、政治发展充满变数和不稳定性，社会矛盾加剧，导致俄国社会进入动荡时期。具体而言，危机主要体现为以下几个方面。从政治上看，俄国专制制度严重阻碍人的自由。1861年农奴制的废除使2000多万农奴获得人身自

[①] Ф.Буббайер, С.Л.Франк: жизнь и творчество русского философа.1877~1950, Москва, 2001, Стр.29.

[②] 弗兰克：《社会的精神基础》，王永译，生活·读书·新知三联书店，2003，第6页。

由，并分得了一小块土地以维持基本生活。但是，此举并未从根本上改变农奴政治上的无权地位，获得解放的农奴依然处于被压迫的地位。地主贵族仍然是该国的统治阶级，他们依然沿用专制制度压制人的自由，导致阶级矛盾日益尖锐和激化。资本主义工业化的迅速发展带来了严重的阶级分化和对立：一方面是俄国的资产阶级、无产阶级两个集团的不断壮大；另一方面，中产阶级，即第三等级形成并开始要求与其经济状况相应的政治权利和政治地位。从经济层面而言，19世纪中期以来，俄国社会中，人的生存状况日益恶化并出现生存危机。俄国经济发展虽然呈上升趋势，但总体上发展极不平衡。伴随着俄国工业开始从工场手工业向工厂过渡，工人的受剥削程度日益加深，阶级矛盾激化带来国内政治格局动荡，革命浪潮不断直至1905年"流血星期日"事件发生。对于革命和战争所带来的种种问题，弗兰克曾细致描述过："一方面，世界大战结束后，人类似乎进入了充满动荡、政变、风起云涌的历史运动的时代，无论是国际政治还是国内政治都不再似以往那样稳定，许多老牌国家瓦解了，一些尚不稳固、目标不明的新兴国家崛起；新的国家生活形式代替了旧的国家生活形式，一切固有的日常生活基础摇摇欲坠，政治生活分崩离析，满目混乱无序，风雨飘摇，人们纷纷寻求新的生活形式。"① 而且，"爆发于19世纪末20世纪初的社会危机不是地域性的、单一民族的现象，并且任何人都无法将这种现象（欧洲的抑或是俄罗斯的、西方的抑或是东方的）局限于民族界限之内。危机波及各个国家和各个国家的社会生活，无论是从地缘相近性，还是从文化、经济、政治的交往和其他交往的相近性而言，它的发生都是必然的"②。

此外，文化危机表现为人的内在精神危机，即社会的精神基础发生动摇并变得支离破碎，难以成为凝聚民众和个体的核心价值观，这也是文化危机表现最深刻的层面。19世纪末至20世纪初是一个转折的时代，从整体上可

---

① 弗兰克：《社会的精神基础》，王永译，生活·读书·新知三联书店，2003，第5~6页。
② С.Л. Франк.Свет во тьме, Опыт христианской этики и социальной философии, Париш, 1949, Стр.35.

以概括为:"一方面是工业经济在农奴制改革后有了明显的发展,资产阶级的力量有所壮大,另一方面是晚期封建专制的弊端日益暴露;一方面是民粹派运动失败后社会上弥漫着一种颓唐的空气,另一方面是西方多种社会哲学思潮涌入俄罗斯。这是俄罗斯历史上一个从近代向现代过渡的时代,一个文化转型的时代。历史大变动的征兆从各个领域、首先是从思想文化方面显示出来。"① 弗兰克指出,思想文化领域的矛盾突出表现为"传统世界观动摇和新的思想倾向的分散性"。首先,沙皇政府精心炮制的由"东正教、专制制度、民族性"所构成的"三位一体"式的精神垄断格局逐渐解体和崩溃,这导致俄罗斯民族传统世界观动摇。自基辅罗斯于 988 年确立东正教为国教以来,东正教逐渐成为精神领域中的统治力量,并作为一种世界观原则逐渐统治和控制俄罗斯人民的灵魂,决定了俄罗斯人的思维方式和处世原则。但是,由于沙皇政府不断推行"君权神授"等理论,东正教逐渐沦为巩固统治阶级政权的锐利思想武器,进而引起民众的精神反叛。加之,彼得改革使西方启蒙思想冲击了民众的传统世界观,虽然东正教仍旧是俄罗斯人精神成长过程中的大背景,但"时至 19 世纪下半叶至 20 世纪初,在宗教信仰迅速破灭的条件下,俄罗斯知识分子的世界观逐渐形成。许多受过教育的人,还没有来得及在全新的世俗世界观中找到坚实的精神支柱,便毅然决然地放弃了宗教信仰。……俄国知识分子的信仰缺失和无神论思想最终蔓延到普通民众中"②。最终,东正教已经很难再作为统一的世界观发挥凝聚广大民众的作用。其次,19 世纪末 20 世纪初俄国各种社会思潮对传统世界观造成冲击和分散。自 19 世纪 80 年代以来,俄国社会思想呈现百花齐放之姿态,实证主义、民粹主义、马克思主义、自由主义等各种社会思潮泛滥并彼此不断攻讦。这些社会思潮尽管立论方法和方式各不相同,但都具有一个共同的特点,即大多与传统的东正教神学思想相对立,总体上带有宗教虚无主义特征。这些种类繁多的、

---

① 汪介之:《远逝的光华》,译林出版社,2003,第 59~60 页。
② 维・费・沙波瓦洛夫:《俄罗斯文明的起源与意义》,胡学星、王加兴、范洁清译,南京大学出版社,2014,第 443 页。

具有虚无主义特征的社会思潮一方面冲击俄罗斯民众的传统世界观，另一方面使俄罗斯民众的思想倾向日益呈现分散性，这场思想混战致使民众的精神陷于茫然与无意义状态，找不到绝对的、牢固的精神支柱。弗兰克总结说，在这样一个精神躁动的时代，"传统的信仰走向衰落且已经无法深入人心，新的信仰尚未确立起来，人们不知道他应该追求什么、为什么而生活、在生活中应该遵循什么原则"①。

作为白银时代最富有敏锐触角和历史使命感的思想家，弗兰克曾将探寻答案的目光转向欧洲："当我们这些物质和精神都一贫如洗，失去了生命中的一切的俄国人求教于欧洲思想的导师之时（我们中的大部分人早已习惯了向他们学习，我们这些本来就宽容的人总是与民族自负格格不入的，在这个不幸的年代里就更无能为力自命不凡了），我们却惊奇地发现，我们没有谁可求教也没有什么可求教……"② 因为，欧洲大战的爆发，不但对大多数俄国知识分子来说完全出乎意料，而且"就欧洲而言，欧洲部分国家的集权主义制度不但带给人大规模的奴役，而且其奴役程度远远超过古代各个历史时期，就其残酷性而言远远超过古代奴隶制度形式、大规模的种族灭绝政策、像对待牲畜一样对待人、恬不知耻地轻视法律与真理——这一切已轻而易举地变为现实"③。弗兰克一针见血地指出，人道主义浸润下的欧洲人为何会如此残酷和血腥，它实质上暴露了西方文化已经走进了死胡同。做出如此诊断之后他并没有停留在对文化危机进行感性描述和理性诊断上，而是对文化危机的实质又进行更深入的思考。文化危机可以被确立为"人的信仰的危机，即人道主义危机"④，或者说，人的意义世界和价值世界的丧失。⑤ 他指出，在这种情形之下，最重要的是"确立一种积极向上的信仰，领悟人的社会生活的目的及

---

① С.Л. Франк., религиозные основы общественности, путь, №：1.
② 弗兰克：《俄国知识人与精神偶像》，徐凤林译，学林出版社，1999，第101页。
③ С.Л. Франк., Свет во тьме: Опыт христианской этики и социальной философии, Париш, 1949, Стр.35.
④ С.Л. Франк., Свет во тьме: Опыт христианской этики и социальной философии, Париш, 1949, Стр.48.
⑤ 陈树林：《文化哲学的当代视野》，人民出版社，2010，第141页。

任务。我们应该重新思考和认识什么才真正是源于人与社会本质的、人类生活永恒而牢固的基础，努力挖掘并理解其中最主要的、最普遍的基础"[1]。

二 文化危机的根源

在弗兰克看来，虚无主义是人道主义危机的一个重要原因[2]，它实质上是指否认或者拒斥绝对（客观）价值[3]，它已经成为折磨俄国社会可怕的精神灾害，因为"俄国虚无主义绝不单是宗教怀疑或宗教冷漠意义上的不信仰，它可以说是对不信仰的信仰，是否定的宗教。如果从另一方面看，与其说它是对精神价值的理论否定，不如说是在实践上消灭这些价值。这显然较之冷漠的无信仰或怀疑主义更加可怕和危险得多"。正是由于俄国虚无主义的独特性和危害性，率先站出来抗击虚无主义的就是俄国知识分子们。虚无主义不仅仅是造成人的精神上无家状态的主要原因，同时还可以在实践上造成疯狂的迫害。"当敌视绝对价值、拒斥存在的精神基础之时，我们已然发现其中的危险性，这种虚无主义必然导致对个性的扼杀与摧残。在最近四十年，首先是俄罗斯，之后是欧洲所发生的一切，很遗憾，充分地证明了这种危险性，那个时候谁也无法预见到。"[4]他指出，俄国国内革命和世界大战中所暴露的种种恶行都是虚无主义的实践体现。

为破解虚无主义对俄国思想和实践的危害，探寻虚无主义产生的根源是弗兰克思想发展的必经逻辑之路。文化世俗化和技术理性主义是导致虚无主义产生的两个罪魁祸首，或者说，虚无主义的产生源自两个上帝的死亡[5]：一个是圣经中的上帝，即神学视域中的上帝；另一个是形而上学的上帝，即哲

---

[1] 弗兰克:《社会的精神基础》，王永译，生活·读书·新知三联书店，2003，第7页。
[2] 丁海丽:《弗兰克论文化危机的原因及其破解路径》，《西伯利亚研究》2013年第2期。
[3] 弗兰克:《俄国知识人与精神偶像》，徐凤林译，学林出版社，1999，第51页。
[4] С.Л. Франк., Свет во тьме: Опыт христианской этики и социальной философии, Париж, 1949, Стр.13.
[5] 车玉玲:《抗击虚无主义——俄罗斯哲学的主要维度》，《哲学动态》2006年第11期。

学家视野中的种种类型的上帝。也就是说，各种哲学思想中所供奉的客观规律、绝对精神、终极实在、普遍的必然性，以及启蒙运动中所蕴含的科学乐观主义精神等都被瓦解了，这两种信念的崩溃是虚无主义到来的根本原因。

弗兰克在年轻时就对俄罗斯和西方世界的思想意识进行了深刻考察。他发现，整个社会意识都在朝着世俗化的方向发展，他自己也深受世俗化流毒的影响。"从文艺复兴开始，特别是在近代，欧洲思想就与世俗化这个特征相关了，哲学开始否定自己与宗教的联系，强调它不依赖于宗教和神学。"① 在中世纪基督教中，上帝观念曾被对象化为人之外的绝对权威，在现实方面反而成为人的桎梏。因此，当近代人文主义和启蒙运动冲破了这一桎梏之后，也就随之而产生了对人的高尚性、超越性和精神价值的威胁，尼采和弗洛伊德将这种威胁推向了极致。西方文明的世俗化倾向，使人们丧失了宗教这个绝对中心，取而代之的是我们的生活和意识中出现了如此众多相对的、暂时的中心，进而导致人在精神层面的分裂。进入 20 世纪以来，欧洲文化的世俗化倾向越来越明显，弗兰克对欧洲文化的危机用"偶像的毁灭"来形容。不但西方文化逐渐偏离宗教轨道，俄罗斯文化的世俗化倾向也是如此。"从彼得时代起，'虔诚信教'在某种程度上被推到了社会下层，'知识分子'和'人民'之间的分裂恰恰发生在信仰领域。上层很早便被不信教或自由思想所感染和毒害。下层人在维护信仰，但通常是在迷信的习俗框架内维护的。"② 这意味着，俄罗斯精神生活发生两极分化，即教会生活和世俗生活中心一分为二，这种精神生活的两极分化已经形成波及俄国大众意识广泛层面的精神—意识形态危机：当时的俄国社会，民族历史前途感、自我评价和自信意识有所降低，统一的精神世界分崩离析、基本价值取向由于丧失了"绝对"取向的地位成为民众争论的直接对象。

俄国基督教思想家们倾向于认为："虚无主义是西方思想把基督教精神

---

① 霍鲁日:《西方古典人学的危机及其现状》，张百春译，《求是学刊》2010 年第 3 期。
② 格·弗洛罗夫斯基:《俄罗斯宗教哲学之路》，贾泽林等译，浙江人民出版社，1999，第 575 页。

理性化的后果,因此,必须反对理性形而上学,以整个生命去见证神性的真理。"[①] 舍斯托夫就曾经说过,"形而上学的实质就是虚无主义,而虚无主义的实质就是形而上学,活的上帝只有一个,'活'的形而上学则可以改头换面,层出不穷"[②]。弗兰克深入批判了西方社会以启蒙运动为代表的理性主义霸权。他把重新思索人的意义与价值问题作为摆脱蔓延到全世界的文化危机的出路。在他看来,科学和技术发展推动人类文明与文化的进展,在世界上占优势的是"进步",是人类的逐步而不断的道德和理智的完善。[③] 然而,经过几个世纪的文化发展才达到文明的民主的欧洲,却陷入了普遍的疯狂战争。战争中所表现出来的种种不人道的行为宣告了西方科学技术进步观念的瓦解。我们失去了对进步的信仰,不论是一般的人类,还是局部的欧洲人,都完全不是在不断地完善,不是在沿着平坦的笔直的大道坚定不移地走向真与善的实现。"没有进步,没有这样一条预先被指定的道路,仿佛人类只要沿着它走,只要对它进行客观地确定和科学地认识就可以找到自己生命的目的和意义。"然而,西方和俄罗斯社会历史发展事实证明,科学技术和理性进步带给人的仅仅是"使灵魂变得无可救药的空虚和残酷"。我们必须抛弃日益陷入衰落的西方文化与文明,重新为人的意义与价值探索坚实的理论基础。

三 文化危机的拯救路径

弗兰克认为,在当前宗教贫乏的状态下,通往基督教信仰真理之路已经别无选择,不是从陈旧的书本中提炼精华,而是从我们不幸的生活经历中吸取教训。因此,知识分子们"面临重估旧的价值和创造性地掌握新价值的重大任务",必须实现"从徒劳无益的、反文化的虚无主义的伦理主义走向创造

[①] 刘小枫:《走向十字架上的真》,华东师范大学出版社,2011,第9页。
[②] 刘小枫:《走向十字架上的真》,华东师范大学出版社,2011,第39页。
[③] 弗兰克:《俄国知识人与精神偶像》,徐凤林译,学林出版社,1999,第79~80页。

文化的宗教人道主义"。①所谓宗教人道主义就是"强调人性中的神性成分，强调人的超验性、圣洁性，对终极意义和价值的追求"②，这就决定了宗教人道主义的核心问题是处理和调整神与人间的关系。

弗兰克指出，在西方思想史上，人神之间的关系主要呈现为两类。一类是在旧约宗教时期，神人之间呈现"主奴关系"。"在这里人完全被看作某种类似于'陶匠手里的陶罐'的东西。他的全部生命不是他自己的生命，而是把他作为自己的家什或自己的工具的陶匠的行为的表现。一旦离开'陶匠'之手，他自己就只会被打碎。但是，这种把人看作完全无力的绝对的神造的活物的观点，实质上使得人关于自己与神的关系、自己自愿地执行神的意志的责任的意识不可能存在了：陶罐没有这种同陶匠的关系的意识，而且它的存在也并不需要这种意识。"③他还指出，古希腊罗马人道主义有一个严重欠缺：人与神相似没有涉及神人间的一致和内在联系。神和人之间的关系仍然处于对立、冷漠甚至是敌对状态，而这也就决定了人的生存面临悲剧状况。另一类是人成为"人神"，人取替了神的地位。这种思想主要是文艺复兴和启蒙运动之后所产生的。笼统地看，在西方哲学史上，人与神之间的关系从一个极端走向另一个极端，即人成为人神，人取代了神并且统治、控制了神。人变成了"人神"，人不再需要神来赋予自己的存在和生活以意义和价值。弗兰克指出，这两种基督教人道主义建基于基督教旧约文化、文艺复兴和启蒙运动所弘扬的理性主义文化基础之上，因此在对人的本质、神人之间关系的界定上最终导致人道主义走向反人道主义。

在对西方思想史上两种人道主义观扼要回顾后，弗兰克指出，回归宗教，但不是旧约时期的基督教，而是新约时期的基督教。"基督教是人的个性宗教；它道出个性的圣洁、绝对价值；它宣扬对人的信心；如果它同时令人想到人的罪恶意识，那么这种意识之所以如此沉重和紧张，就是因为罪恶状

---

① 弗兰克：《俄国知识人与精神偶像》，徐凤林译，学林出版社，1999，第77页。
② 陈树林：《文化哲学的当代视野》，人民出版社，第186页。
③ 弗兰克：《实在与人》，李昭时译，浙江人民出版社，2000，第171页。

态被认为与人的真正本质相矛盾，对人的本质的歪曲——是它从本来的高度反常地'跌落'的结果。无论古希腊罗马人还是旧约中的人，都不知道每一个人的圣洁，都没有感受对每个人之本质表现出来的实在绝对价值的虔敬情感——而且，绝不可能消灭这种价值，因为连最恶的、最卑贱、最微不足道的人都有这种价值。"[1]因此，基督教是一种并非因为神与人对立而敬神，而是因为神与人深度地相近而敬神的宗教。基督教是人性的宗教。因而，任何肯定神的绝对的超验性、神对于人的完全异类性的观点都是片面和错误的，只有以东正教的"神人性"理论为核心的宗教人道主义，能够使"人神"走向"神人"。

弗兰克的基督教人道主义理论，以体认上帝的存在为逻辑前提。他认为，人的存在不仅有身、心二分，而且人的灵魂也具有二重性。一方面，人的内心生活受生理过程制约、受自然规律支配，属于自然界或世界；另一方面，人的精神具有超客观现实性、超世界性。这种超越性表现在人的认识能力、道德生活和创造能动性上。也就是说，人除了直接拥有自身实在性、自己的思想、意识的内在生活之外，还有对自身存在的关注、反思、评价，那就是人对自身现状感到不满。"有谁一旦强烈地沉思于什么是他所寻求的真正的善、或幸福、或永恒，他同时也就知道，这种东西已在某种意义上存在了。尽管它与经验世界的一切可能性相矛盾，尽管我们在自己的感觉经验中从来没有遇见过它，尽管从人们的日常经验和一切同行的概念观点来看，它是有矛盾的、不可能的——既然我们的心把我们引向它，因而我们的眼光投向它，那么，我们就看见了它，因而它就存在。"[2]他总结，人的这种精神目光的载体或来源，人心灵中的这种自身欠缺的意识和对理想、完满的渴求，人的这种超越性，就是神的存在的证明，这也是"人是什么"这个永恒问题的最佳答案。

在对人的本质定义上，弗兰克指出，人是依据上帝的形象和样式创造的，

---

[1] 刘小枫:《西方宗教哲学文选（上）》，杨德友、董友译，生活·读书·新知三联书店，1991，第199页。

[2] 弗兰克:《俄国知识人与精神偶像》，徐凤林译，学林出版社，1999，第208~209页。

因此,"人同神的关系,与神的联系,是人的本质的决定性特征。使人成为人的东西——人的人性因素,就是他的神人性"①。也就是说,人身上兼有神性与人性的二重性。随后,他对人的本质的二重性展开进一步阐释。所谓内在性是指人性,人是自然的动物,他存在于时间之中并同世界发生关系,或者说同客观现实发生关系,这就决定人受自然必然性的束缚,人同其他动物一样必须面临生老病死等问题。总之,人作为自然的和世界中的活物,人是极其软弱的动物,正如帕斯卡尔所言,"人如同芦苇一样,一滴水足以要了他的命。但是,人同芦苇最大的不同就在于他有思想",这就是人同其他动物的原则区别,人能同一切事实上存在的东西保持距离,其中包括它自己的现实性。不仅如此,人性的独特之处还在于克服并改变他的本性,或者可以表述为:"人总想变得比他本人大,与他本人不一样,而由于这种愿望是他自己本人,所以又可以说,人的特殊性在于他比实际上的他要大。人是不断克服自我、形成自我的动物。"② 正是由于人的这种特性,人总是企图超越自己的本性。在弗兰克看来,这就是人身上的超越性。这也就意味着,人能够"在己之外寻找存在的支点、他需要这个支点和他有这个支点的意识本身明显地说明:上帝作为与人的存在必然相对立的一个极端,乃是人的必然相关者,即人与上帝的联系是人之本质的内在特征"③。也就是说,在人性之中固有神的本原,具有来自上帝的超越性。因此,人的本质在于其神人性。但是,人自身的神性和人性的关系要有一个正确的判断。人身上的神性和人性之间虽然和谐地结合在一起,但它们在人身上所发挥的作用却是不同的。神性决定人的本质,具体的人只有在同对他来说是超验的神的外在关系中才能找到自己生命的基础。神性之所以是神性,因为它是人的理想目标,如果抛开了人性,神性则是空洞而无意义的;反之,人性之所以是人性,因为它是神性的起点

---

① 弗兰克:《实在与人》,李昭时译,浙江人民出版社,2000,第143页。
② 弗兰克:《社会的精神基础》,王永译,生活·读书·新知三联书店,2003,第91页。
③ 刘小枫:《西方宗教哲学文选(上)》,杨德友、董友译,生活·读书·新知三联书店,1991,第196页。

和潜在的神性，如果离开了神性的未来目标和努力方向，人性就沦为动物性，生命就失去了意义。

弗兰克指出，人的神人性本质决定了人与世界的悲剧关系。他论证说，上帝不仅创造了人，还创造了世界。人与世界同是上帝的造物，这一点决定了人与世界在本质上的相近性或类似性。但是，由于人是依据上帝的形象创造的，世界是上帝从虚无中创造的，其本质在于物质实在性，这就决定了人的本质与世界的本质之间存在深刻的本体论鸿沟，即人与世界之间本质上的异类性。由于本质上的不同，世界的目标是要和谐、合目的性，而人的精神得到满足的最终目标不是存在的合理结构和审美和谐，而是道德上的善、神圣性——自然界则无所谓善恶。世界在形式上、宇宙论上的完善，并不是人的精神所需要、所追求的完善。在人认识到自己是个性的情况下，"人似乎是命中注定要意识到自己在这个世界上是无家可归的、无处栖身的、孤独的"。针对人的这种无家可归状态，弗兰克有着精彩的描述："我们的心灵，我们的我，在两个方面表现出它所固有的不足和缺陷，表现出它的存在的某种内在的悲剧。一方面，由于它具有真正的自我意识，它注定会意识到自己是孤独的，自己在客观现实之中无所归依，尽管它命中注定要参与客观现实并且在一定程度上受其支配。客观现实，'世界'，是物和事件的某种自足的秩序，这种秩序的建成和运行不依赖于我们个人的需要、愿望和希冀，完全不理会它们。我们最隐秘的愿望无法实现，我们的希冀被世界上各种事件的无情的进程所粉碎，我们在世界上的命运在很大程度上不取决于我们自己，不取决于我们的意愿，而是取决于对我们来说是陌生的外部状况，取决于我们搞不明白的、受对我们来说是陌生的规律支配的事件的发展。"[①] 人生活的现实领域与理想领域之间的异质性决定了人的悲剧状态。不仅如此，人之所以区别于其他动物，就是因为人拥有理想的存在领域，人需要从这一领域中获取精神超越性。它具体表现为对自身缺陷的感知和对理想境界的追求，而这种精神

[①] 弗兰克：《实在与人》，李昭时译，浙江人民出版社，2000，第125页。

超越性的基础只有一个，就是"上帝"，即神。人的生活就是人的存在的这两个领域之间的斗争和相互作用，是给定的实际领域和高级的理想领域之间的一种经常打破又不断恢复的平衡。这就是说，全部生活悲剧都来自"有限的东西与无限的东西、暂时的东西与永恒的东西的冲突，来自作为精神性生物的人和作为在自然界生活的自然生物的人之间的抵触。……最大、最极端的悲剧是人和上帝关系中的悲剧"①。而这意味着，人由于神性本质的存在，虽然他生活在世界中，但是他无法在世界上找寻到自己的精神家园，他的精神家园在另一个世界，即上帝那里。"尽管我们是这个世界的软弱无力的俘虏，尽管我们的造反由于软弱无力而只是一种难以实现的企图；然而我们毕竟只是这个世界的俘虏，而不是它的公民，我们依稀地记得我们真正的家园，我们不羡慕那些能够完全忘记这个家园的人，我们对他们只有蔑视或同情，虽然他们取得了生活成就而我们只有痛苦。"②因此，人的生活中充满了直接来自人的精神的孤独感的悲剧性。

不仅人与世界的关系处于悲剧状态，弗兰克还指出，人与社会的关系也处于悲剧状态。在人道主义危机的时代，对人的研究必然拓展到社会层面，因为人不仅是个体的人，人还是社会的一分子，人按其本性来说是"社会的动物、集体的一员"。他认为，社会包含两个层次：内部及外部。社会生活的基础是"我们"（соборность），"我们"不是第一人称"我"的复数，不是"多个我"，而是第一人称与第二人称，即"我"与"你"的统一体。在这个统一体中，"我"与"你"之间不存在个体的对立或对抗，而是一个和谐的统一体。另一方面，"我们"这一范畴还包容了所有的"你们"和"他们"，即世界万物。因此，"我们"不是一个综合的外部统一体，而是一个原初的、不可分割的统一体。在这个统一体中，每一个个体都在保持自由的基础和前提下紧密联系在一起，同时又不丧失其个体存在的独立性。这也就意味着，人

---

① H.A. 别尔嘉耶夫:《精神王国与凯撒王国》，安启念、周靖波译，浙江人民出版社，2000，第112页。
② 弗兰克:《俄国知识人与精神偶像》，徐凤林译，学林出版社，1999，第205页。

与人之间所构成的社会关系应该如同"聚合性"内涵所强调的一样,是"多中的统一",即"自由和统一"。而外部层次则是指该统一体分裂而成的无数个彼此独立的个体"我"。由于"人性的独特之处就在于克服并改变他的本性,……人总想变得比他本人大,与他本人不一样,而由于这种愿望是他自己本人,所以又可以说,人的特殊性在于他比实际上的他要大。人是不断克服自我、形成自我的动物——这是对人所下的最精确的定义,它考虑到了人之区别于世上一切其他动物的特征"[1]。人就成为这样一种动物:一方面,他比其他动物更有计谋、远见和悟性;另一方面,他又比其他动物更软弱和落后。只有人的精神因素才是人所特有的并决定他的特殊性的东西。"人之所以为人正是由于他是大于经验及自然存在的生物;人的特征正是其超人、神人的性质。人不仅知道神,同时这种意识——宗教意识——又是他的本质特征,因而完全可以把人定义为一个与神有着有意识的内在联系的生物;但是,这种认识同时又似乎是神在人自身中的存在,人在自己心中感觉到神的存在,像用神的眼光来审视自己并使自己的意志听从于或尽量听从于自己心中存在的神的意志。这种对最高理想必要性——不同于任何经验主义的必要性,不同于任何一种随意的、单纯的人之愿望——的服从和认识表现在应当的范畴中,决定人类生活并构成其社会生活的特殊本质。"[2]然而,在冷冰冰的客观现实中,在集体性的人类生活的领域,即人类社会和人类交往的世界中,历史事实却不断地告诉我们,这个世界对我们的统治不是在减弱,而是在不断增强,我们的内在本质生活处在与客观现实的事件的盲目进程的经常对抗之中。总之,不管怎样,我们称之为幸福的东西,即构成我们心灵的本质本身的那些与生俱来的需求的满足,总是无法实现。"人们的生活,甚至是表面上看来最成功的生活,在很大程度上也是一根长长的失望与挫折之链,是十足的无法解决的需求。人心的永恒的理想——使个人生活和社会生活的外在运行和安

---

[1] 弗兰克:《社会的精神基础》,王永译,生活·读书·新知三联书店,2003,第91页。
[2] 弗兰克:《社会的精神基础》,王永译,生活·读书·新知三联书店,2003,第92页。

排同人的精神的内在的需求协调起来——注定是无法实现的乌托邦。"①

人的悲剧状态使人生充满了痛苦,弗兰克同时指出,正是悲惨和苦难这两种因素把人引回到他的真正家园,即上帝的道路。因为,基督教是"爱的宗教"。基督教的本质是爱,上帝不是我们的法官,而是我们的拯救者。"爱是对所爱者绝对价值的直接感知;爱作为这种感知,是对所爱者的虔诚态度,是对他的本质感到愉快满意,而不管他的缺点如何,是把钟爱者个人存在的重心移到所爱者身上来,是服务于所爱者的需要和义务的一种知识,这我们本身可以毫不费力地得到。爱就是为他人服务的幸福,它使我们认识到这种服务给我们造成的一切苦楚和激动。"② 爱不仅仅是世俗之爱,它更是一种虔敬的宗教感,是具有神性之维的,它能克服人类的一切局限性与封闭性的爱,基督教作为爱的宗教,按其本质来说是普遍的"全世界的"宗教。在他看来,回归基督教的怀抱就是要像基督一样,一方面要背负起十字架——而十字架恰恰是基督教信念基础和核心:福音书说,谁若愿意跟随我,就该弃绝他自己,背着自己的十字架,跟随我;因为谁愿意救自己的生命(灵魂),必丧掉自己的生命;在福音教义中,神爱体现者就是耶稣复活,就是温顺无声的羔羊对恶与死势力的胜利,但这个胜利的最终结果只能被认为是钉在十字架上死去。这就是十字架的道路,自我拯救的道路。这条道路就是同时也意味着"自我牺牲,就是为了基督或者为了爱而决心舍弃自己的生命"。另一方面,就是要跟随基督走。那么基督走的是一条什么样的道路呢?"你们要像你们的圣父成人一样去成人",这种成人的表现就是基督为了世界而自愿捐躯。这里,人首先要学会的就是如同基督一样,做一个温顺的人。在弗兰克看来,温顺作为人的最高道德表现,它是放弃、是痛苦,只有成为一个温顺的人才有可能走向上帝。

---

① 弗兰克:《实在与人》,李昭时译,浙江人民出版社,2000,第125~126页。
② 刘小枫:《西方宗教哲学文选(上)》,杨德友、董友译,生活·读书·新知三联书店,1991,第366页。

四　弗兰克文化危机的理论价值

任何一种思想，如果自身具有理论意义和现实价值的话，总会穿越时空对当下社会现实发挥辐射和指引作用，这就是思想的魅力，更是思想者前行的不竭动力。弗兰克的文化危机理论并没有伴随着作者的离去而销声匿迹，其理论价值和现实影响仍旧不可小觑。

就理论价值而言，弗兰克文化危机理论的意义体现为以下两个层面。首先，从世界思想史角度看，弗兰克的文化危机与拯救理论直击欧洲近代文化的思想命题中所隐伏着的致命困难，并提供了极具俄罗斯民族特色的言说方式。针对西方文化世俗化与理性化所带来的虚无主义病灶，弗兰克秉承俄罗斯民族丰厚的东正教文化传统，并充分吸取近代西欧新型文化的养料，提出转向基督教以此来化解西方文化危机，重塑文化的精神品质。弗兰克所提出的化解文化危机的方案和路径也许并不能一劳永逸地解决文化危机和人道主义危机问题，但以俄罗斯民族特色的言说方式为解决问题提供了一种可能性。其次，从俄罗斯文化形态转型上看，弗兰克的文化危机理论实质上为俄罗斯文化从近代向现代转型提供了有力的推动。19世纪末至20世纪初，在东西方文化的激烈碰撞和冲突之后，出现了一次伟大的精神复兴运动，史称"精神复兴"或"精神文化复兴"的文化运动，其成为近代文化形态向现代文化形态转型的转折点。[①]文化在现代性转型过程中必然伴随着精神和价值信念上的混乱。在这种新的精神祈向的确立过程中，弗兰克并没有给出一堆形而上学的思想体系，而是寻求信仰的全新言说方式，尤其是拒斥价值颠覆的意向尤为突出。弗兰克确立宗教信仰挽救虚无主义对人的精神世界的侵蚀，这可以说是以他为代表的俄罗斯思想家们对世界文化的一大贡献。

就现实维度来看，弗兰克的文化危机理论也体现为三个层面。首先，弗

[①] 刘小枫：《走向十字架上的真》，华东师范大学出版社，2011，第9页。

兰克抗击虚无主义的理论在后苏联时期为抗击虚无主义提供了现实借鉴。苏联解体后，原有意识形态丧失其官方地位并进一步升级为"空前地反列宁主义，反社会主义，全面否定与列宁、苏联相关的历史的思潮"[①]。一时之间，虚无主义思潮沉渣泛起，不但严重影响国家政治稳定，更造成民众思想意识混乱与精神空虚，使俄罗斯危机状况进一步加深。在这种历史情况下，普京一方面直接打击虚无主义思潮，如"下令取消诋毁苏联历史的教科书、重新出版《联共布党史教程》、出版新版历史教科书"等，同时号召俄罗斯民众抛弃激进主义思潮，冷静地"以辩证态度对待苏联精神遗产问题"；另一方面，普京通过复兴东正教和重塑"新俄罗斯思想"来对抗虚无主义。普京的种种做法不但赢得了广大俄罗斯民众的尊重和支持，而且抗击了社会上广泛流行的虚无主义逆流，发挥了稳定社会和整合思想的作用。就通过重建人与上帝的联系为人寻找"安心立命"之根本这一点来看，普京与弗兰克的举措如出一辙。其次，弗兰克基督教人道主义理论与俄罗斯现代化之路。毫无疑问，"在俄罗斯哲学中，宗教（东正教）人类中心论是对社会生活的技术化、道德沦丧和工业文明带来的多种弊端做出的独特而明智的回应。实际上，工业文明和技术文明破坏了人性，只有通过崇高的精神，才能消除这种危险性。或许，这就是'白银时代'和宗教复兴时期的俄罗斯宗教人类学的基本思想"[②]。然而，不可否认的是，对当下急于快速发展现代化的俄罗斯来说，这难免显得曲高和寡，欠缺实用性。复兴宗教文化，追求精神，给人寻找安身立命之本固然是其突出优点，但是如果没有强大的经济做后盾难免具有乌托邦的色彩，但是，在我们沉迷于现代化和全球化背景下经济高速发展的同时，不能忽视或否认工业文明带给人的精神危机，俄国哲学家以其特有的基督教伦理观道出了人类寻找精神家园的时代福音，弗兰克的基督教人道主义对人的精神实在性的论证，为人安心立命之本奠定了理论依据。最后，弗兰克基督教人道

[①] 郑忆石：《从情感发泄到理性反思：苏联解体后的俄罗斯哲学》，《俄罗斯研究》2004年第3期。
[②] T.C. 格奥尔基耶娃：《文化与信仰》，焦东健、董茉莉译，华夏出版社，2012，第308页。

主义理论与"新俄罗斯思想"。为凝聚民心并构建核心价值观，普京提出要构建"新俄罗斯思想"。虽然截止到目前，俄罗斯学术界也无法对"新俄罗斯思想"的内涵给予明确而严格的界定，但其中必须包含两点精神要素[①]：第一，最主要的是关注人的生存和命运，特别要有自觉批判现实、启蒙大众的功能；第二，可以借鉴和利用白银时代宗教哲学思想的有效资源，但不能完全等同。由此看来，弗兰克的基督教人道主义与普京的构建"新俄罗斯思想"在某些层面上存在高度契合，为其思想赢得发挥效用的历史舞台。波尔托拉茨基曾经说："当今时代的各种问题几乎毫无例外都是俄罗斯宗教哲学曾经关注过并仍在关注的问题。这意味着正是在俄罗斯宗教哲学中我们可以找到对困扰当代人的许多问题的解答。"[②]

[①] 陈树林：《俄罗斯的选择与俄罗斯哲学使命——世纪之交俄罗斯哲学发展趋势》，《社会科学辑刊》2006年第1期。
[②] 安启念：《俄罗斯宗教哲学述介》，《哲学动态》1995年第12期。

俄罗斯文化的形而上维度

杜宇鹏[*]

一提到俄罗斯，人们总会联想到俄罗斯思想和俄罗斯文化，联想到俄罗斯的文化巨匠们，他们的名字如夜空中闪耀的明星熠熠生辉，如列夫·托尔斯泰、普希金、陀思妥耶夫斯基、别尔嘉耶夫、柴可夫斯基等。俄罗斯文化具有相当浓厚的宗教气质，当我们阅读俄罗斯文学作品时，这种气质就会异常强烈地体现出来，尤其是阅读托尔斯泰和陀思妥耶夫斯基的作品，这是俄罗斯文化的宗教维度。在俄罗斯文化中还浸透着另外一种气质，那就是自由的气质，俄罗斯曾经为自己的文化定位进行了异常激烈的争论，究竟"西欧派"和"斯拉夫派"哪种文化模式更适合俄罗斯文化发展实际，最终也无定论，倒是持二者中间立场的文化发展模式越来越具有市场。如今的俄罗斯既不把自己的文化完全视为西方文化的一部分，又不完全寓于其本土的东正教文化之中，既把自己的触角伸向西方，又不失本土的文化传统，而对东方的中国文化则保持一定的敬畏。

一 俄罗斯文化与西方文化

俄罗斯民族与俄罗斯文化是在其不断扩张和征服的过程中以及接受西方文化的同时自身又不断进行改革与革命的过程中形成的独特的族群与文化形

---

[*] 杜宇鹏，齐齐哈尔大学哲学与法学学院副教授，主要从事文化哲学与俄罗斯哲学研究。

式。从发展历史看，俄罗斯是较中国和西欧相对滞后发展的国家，无论是从其文化多样性还是从文化传承的历程看，俄罗斯与中国和西欧不可同日而语。然而，正因为没有久远历史文化的牵绊，俄罗斯文化形成了不同于东方文化和西欧文化的新特点，而且发展极为迅猛，尤其从19世纪开始，在很短时间内就形成具有世界性影响的文化形式。

俄罗斯文化从发展传统上看是在西方文化的影响下进行的，最为典型的就是彼得一世和叶卡捷琳娜二世的改革。彼得一世去过欧洲很多国家，深深被欧洲先进的文化和积极向上的生产生活方式所吸引，从此俄罗斯走上了一条自上而下的文化革新之路，当然这个过程免不了在一段时期内选择走西化之路。叶卡捷琳娜二世本来就是德国人，西方文化观念在她心中已根深蒂固，甚至在她成了沙皇之后都自诩为伏尔泰的女弟子。俄罗斯文化最典型的形式即俄罗斯哲学就是在德国哲学的影响下诞生的，而俄罗斯哲学又与西方哲学的发展路径与理论旨趣大不相同。古希腊是西方文化与西方哲学的诞生地，宗教是哲学的母体，哲学与宗教始终无法完全分离。古希腊哲学从诞生之日起就力图摆脱宗教的束缚，所以西方文化是在希腊哲学与希伯来文化二者的冲突与融合过程中逐渐展开的，这里面孕育了理性同信仰的对立与融合，也孕育了哲学形而上学同神学形而上学的对立与融合。

古希腊时期，理性从宗教中诞生，从此，西方文化在理性的主导下一直不断挣脱宗教的束缚以取得自己永久的合法性地位。古希腊时期的宇宙论的自然哲学，本体论的形而上学特别是苏格拉底、柏拉图和亚里士多德的哲学以及古希腊后期的伦理学、神秘主义思想等无不是在理性的框架下进行的。到了中世纪，基督教神学一家独大，理性沦落为基督教神学合法性论证的工具，而在这一过程中理性一直力图摆脱基督教的束缚。经过文艺复兴和宗教改革到了近代，理性终于取得了其梦寐以求的思想统治地位，到黑格尔哲学时理性已发展到极致，一切认识以及思想本身都要拿到理性的审判庭上，理性成了终极的评判标准。这基本是西方文化及西方哲学发展的内在理路，而俄罗斯文化发展则与西方文化不尽相同，尽管在一定意义上说俄罗斯也算得上西方国家。俄罗斯文化在发展过程中理性与信仰并未做到泾渭分明，俄罗斯文化的宗教性是毋庸置疑的，俄罗斯思想家们尤其是哲学家们敏感地意识到了理性会造成思想的僵化、抽象和空洞，他们自觉或不自觉地与纯粹理性保持一定距离。俄罗斯思想家们更崇尚思想的自由，对情感、意志、愿望以及激情等非理性因素更为关注，而这些因素不免与俄罗斯思想家们的宗教情怀相融合。看一看这些思想家们，津科夫斯基称果戈理为"东正教文化的先知"，"陀思妥耶夫斯基总是把信和不信的问题看作人生的核心问题。托尔斯泰晚年把自己的主要精力用于对宗教的探索。这些伟大作家的宗教探索使俄罗斯文学担当了宗教教化的功能，甚至是宗教哲学的功能"[①]。别尔嘉耶夫即使一直不承认自己是东正教徒并且与东正教始终保持一定距离，不过他一直怀有浓烈的宗教情感，这源于他对基督教的个性化理解，源自他内心深处"新宗教意识"以及对"第三约"的期待和"人—神"时代到来的向往。这样，与西方文化不同，俄罗斯文化的形而上维度更强一些，理性与信仰的对立以及对理性的高扬在俄罗斯文化中体现得并不明显。

二 俄罗斯文化的宗教救世情怀

上面谈到，俄罗斯文化的一个显著特点就是自觉与以理性至上为代表的西方文化保持一定距离，并且对西方工业社会及资本主义文明进行有针对性的批判。俄罗斯文化对人的个性自由与精神至上极为推崇，鄙视唯利是图的资产阶级本性，著名西欧主义者赫尔岑和许多人一样产生了对西方社会和西方文化的巨大失望。这种失望使得俄罗斯知识分子对自己文化传统的价值有了更深刻的认识，对西方文化的长处与短处也有了更深入的了解。[②] 俄罗斯文化必将走出一条自己独特的救赎之路。

俄罗斯文化诞生及其集中的体现是以白银时代俄罗斯哲学发展为标志的。

[①] 张百春：《论俄罗斯哲学的宗教性质及其悖论》，《求是学刊》2009 年第 5 期，第 7 页。
[②] 安启念：《现代化视阈中的俄罗斯文化》，《浙江学刊》2007 年第 3 期，第 27~28 页。

这一时期的俄罗斯哲学是对其文学、宗教、艺术等思想的抽象概括，哲学仍然是传统文化的延续，具有极强的宗教色彩，道德、公正与个人在社会中的地位成为这一时期俄罗斯文化关注的主题。俄罗斯人一直在探寻自己不同于西方也不同于东方的独特的"俄罗斯思想"，而这一思想本身最为典型的体现就是宗教救世情怀。追溯这种情怀产生的历史，不得不提一个历史事件即"第三罗马"理论的诞生。就像犹太人认为上帝把带领世人走向光明、走向天国的神圣使命交给自己一样，俄罗斯人在接受东正教后对西方以罗马为中心的天主教世界的"第一罗马"以及以君士坦丁堡为中心的东正教世界的"第二罗马"极为不满，俄罗斯人自认为上帝将带领世界奔赴光明与天国的神圣使命交由自己，于是出现"第三罗马"理论。从此，在俄罗斯文化和思想中，宗教——主要是东正教的救世主义成了俄罗斯文化的主旋律。西方基督教的救世主义、普世主义落脚到俄罗斯东正教土壤中，是对俄罗斯文化形而上维度的最有力注脚。

通过对俄罗斯思想的分析和考证，在俄罗斯哲学、文学、宗教、艺术等领域"俄罗斯文化中的普世主义或普济主义，是一种宣扬人类利益至上、俄罗斯是神赋的、具有世界性任务的、超民族主义的思想，这种思想以'关怀天下、拯救人类为己任'，是一种超越欧化和传统斯拉夫主义的世界主义倾向，在不同的时期都有不同的表现形式，学者们又常常用'弥赛亚说'、'民粹主义'等用语来表述俄罗斯文化中的这种人类关怀和普世情结"[①]。俄罗斯很多思想家更情迷于此，陀思妥耶夫斯基强调，俄罗斯人就是人类，俄罗斯精神就是宇宙精神。陀思妥耶夫斯基在自己很多文学作品中对这一精神由衷高扬，在其小说《罪与罚》中，主人公拉斯科尔尼科夫因杀人企图躲避法律的追责，但其终不能躲避内心上帝的责罚，也无法背离神的终极拯救，最后勇于承担责任接受流放的惩罚。别尔嘉耶夫更是充满自豪感地指出，"当今之世，大家都感到，俄罗斯面临着伟大的世界性任务"。在别尔嘉耶夫的宗教哲学思想中，他对宗教的救世主义情怀极为推崇，在谈基督的启示时，别尔嘉耶夫认为，启示分成三个阶段："在自然界中的启示，在历史中的启示和未

---

① 郑桂芬:《俄罗斯文化中的普世主义和专制主义》，《今日东欧中亚》2000年第4期，第48页。

世论的启示。上帝只有按照末世论的方式才能彻底地和完满的启示。"① 第一种启示是圣父的启示，第二种启示是圣子的启示，而圣灵的启示迟迟没有到来，就连基督教对圣灵本身也未做出明确解释，圣灵的形象始终是模糊不清的。"传统的基督教意识认为，神的启示在《圣经·旧约》和《圣经·新约》里都结束了，不可能再有新的启示。但是，新宗教意识的代表们渴望新启示，渴望新的时代，他们面向未来。正因为如此，他们都对历史基督教不满。"② 基督教在发展过程中始终存有对第三约的期待，第三约的时代被称为圣灵的时代，不能消极等待神将启示赋予人，而是人主动去参与这个启示，从而第三约是人的启示，人的主动创造性的显现。别尔嘉耶夫清晰地感觉到，以前我们过多关注神本而忽视人本，人究竟有没有神性这仍然是一个形而上学的问题。别尔嘉耶夫对第三约的期待和论述使我们坚定人的神性的信心，人能凭自己的力量参与神的立约，圣灵是神属的，也是人属的，人不再是上帝任意驱遣的羔羊，人也不再消极无谓地等待神来拯救，人在期待神到来的同时也可进行自我救赎。这个观点看似异常狂妄，实则蕴含着非常深刻的道理。

俄罗斯文化的宗教救世情怀使俄罗斯文化具有批判西方社会的维度，俄罗斯文化历来追求精神至上和道德至上，俄罗斯民族一直具有崇高的使命感，认为自身是上帝拣选的去拯救人类于苦难和迷途之中的民族，俄罗斯思想家大都怀有这种救世情怀，而在现实的政治生活中也颇能体现此种情怀。可见，俄罗斯文化的宗教救世情怀已深入其文化发展的各个层面，直到今天，这种宗教救世情怀仍在鼓舞着俄罗斯人民不断战胜一个又一个困难，一直没有失掉其大国崛起的梦想。

三 俄罗斯文化未来发展预想

一种文化的发展无法阻断其与传统的联系，这是一种文化传承的关系，俄罗斯文化的发展也不例外。俄罗斯传统文化为其文化发展提供灵魂和根基，

---

① 别尔嘉耶夫:《论人的使命》，张百春译，上海人民出版社，2007，第436页。
② 张百春:《风随着意识吹——别尔嘉耶夫宗教哲学研究》，黑龙江大学出版社，2011，第53页。

而当代俄罗斯文化发展又企图突破某些传统文化保守性和滞后性的束缚，寻找一条适应俄罗斯现代化进程的路径。一个非常现实的问题摆在俄罗斯人面前：俄罗斯文化发展将向何处去，是西方还是东方？苏联解体后，叶利钦通过"休克"疗法企图使俄罗斯完全西化，而事实证明这一进程并未能如愿。普京上台后，力图重新树立俄罗斯的大国地位，近几年来俄罗斯经济文化的繁荣和发展证明普京的治理卓有成效，但俄罗斯文化发展的定位仍较为模糊不清。俄罗斯文化发展既不同于西方又不同于东方的发展模式，其在未来发展过程中笔者认为应从以下几方面着眼。

第一，俄罗斯文化发展始终要秉承自由与精神至上的形而上维度，为俄罗斯各项事业开展提供精神动力和智力支持。俄罗斯文化没有被工具主义和理性主义所牵绊，虽经历了诸多坎坷但仍在向前发展，这与俄罗斯文化自由传统与精神至上的形而上追求分不开。这种追求不是空中楼阁，而是立于俄罗斯当今发展实际。从地缘上看，俄罗斯位于西方与东方之间，传统上认为俄罗斯是欧洲国家，但近些年来俄罗斯将其战略发展重心逐渐东移，东方的发展与强大一方面对俄罗斯具有重大借鉴意义，另一方面俄罗斯不希望东方尤其是中国的发展危及其远东地区的战略利益。从文化发展历史看，俄罗斯始终处于是完全"西欧"化还是完全"斯拉夫"化的犹疑不定之中。另外，近些年来俄罗斯文化发展力图寻找一条非欧非亚的适合于其本土实际的路径，这样的冲突与犹疑使俄罗斯文化在一定程度上发展较为缓慢又无法形成明确的发展定位，这是当今俄罗斯文化发展的瓶颈和尴尬之所在。由此可以预知，俄罗斯文化的发展过程不应丢弃传统的自由与精神至上维度。正如学者指出的，作为俄罗斯文化精髓的哲学，"俄罗斯哲学与欧洲哲学不尽相同，它的哲学思想存在于文学作品中，俄罗斯哲学不缺乏标新立异和创新精神。新的俄罗斯需要新的哲学—自由哲学，这种哲学具有批判现实、启蒙大众的功能，通过这种哲学使俄罗斯真正步入现代社会之路"[1]。

---

[1] 陈树林：《俄罗斯的选择与俄罗斯哲学使命——世纪之交俄罗斯哲学发展趋势》，《社会科学辑刊》2006年第1期，第17页。

第二，俄罗斯文化发展的根本落脚点应始终放到人自身的发展上。俄罗斯文化较西方文化的优势就是一直高扬人性，不因神性至上而对人性有所贬损。当然，俄罗斯文化在发展过程中也有对人性漠视的时期。苏联时期给俄罗斯文化发展带来巨大损失，当然其功绩也是不可抹杀的。这一时期个人被消融在集体之中，个性及自由遭到普遍压制。在苏联社会主义时期，由于实行高度集中的集权政治制度，马克思主义被严重教条化，其他思想只能受到压抑，国家至上、集体主义、领袖崇拜等理念成为社会主导思想，畸形的社会主义经济发展模式造成人性的严重扭曲，真理被压制甚至完全沦为政治的工具。总而言之，人自身的发展被忽略，人丧失了自我，丧失了自由、个性。苏联解体后，"俄罗斯思想""俄罗斯理念""俄罗斯观点""俄罗斯民族性"等文化核心内容重新被人提及，并被视为俄罗斯文化的主题。无论怎样，如果文化发展的落脚点不是人本身而是其他诸如政治统治或文化征服等方面，这种文化发展是不会有持久生命力的。

第三，俄罗斯文化的未来应避免走大国主义路线而应融入世界文化发展总的进程中。俄罗斯文化不单单是俄罗斯自身的文化更是世界的文化，文化发展已无法走封闭自锁的道路了。俄罗斯文化在其发展过程中一直没有放弃大国主义梦想，俄罗斯思想家们大都认为俄罗斯文化表征着神圣的使命，这个使命不单单是宗教的形而上的普世主义，更是将俄罗斯文化视为人类文化的精华以及人类文化发展的模式和样板。政治路线往往和文化路线是一致的。在政治上，俄罗斯力图重塑大国雄风，同样也要求文化为其政治服务，这样的文化发展路径便背离了俄罗斯文化传统，这是非常值得俄罗斯文化在面对现代化和在全球化过程中引起深刻反思的地方。一种文化独大在当今全球化发展中已没有市场，即便美国实行文化和思想的全球扩张也无法形成这种局面。事实证明，美国式民主、美国式思维、美国式生活方式并不是放之四海而皆准的，文化的单边主义路线必将遭到失败，俄罗斯文化发展不应步其后尘。有一种观点认为，现代化就是西化，俄罗斯文化是否完全西化才能真正实现现代化呢？事实证明，东方很多国家和地区已经走上了一条没有完全西化的现代化之路,如日本、韩国和新加坡,其在对西方文化与文明进行有选择借鉴的同时,保有自己的文化传统并发扬其精华,同样走上了现代化发展之路。世界文化发展是开放的、宽容的,并且在某些层面是趋同的,人类具有某些共同的文化和价值诉求。俄罗斯文化在未来发展过程中不应忽视这一人类文化共有的因素,俄罗斯文化应在开放与包容的过程中融入世界文化发展。

欧亚主义的诱惑：俄罗斯寻求文化定位的现实归宿

杜宇鹏[*]

19世纪20年代开始的十余年时间，一批流亡欧洲的俄罗斯知识分子开始思考俄罗斯的命运和归宿问题，思考俄罗斯文化属性和文化定位的现实问题。他们反对此前一直处于争执中的西化派和斯拉夫派的思想，既不将俄罗斯归为纯粹的西方国家，也不将俄罗斯归为纯粹的东方国家，而提出了欧亚主义（Евразийство）思想，意指俄罗斯作为一个国家也作为一个文化共同体，"俄罗斯文化不仅仅是欧洲类型的文化，也不仅仅是亚洲类型的文化，亦不是这种或那种元素的总和或机械组合……它是将两种因素加以结合，并形成了某种统一的文化类型，说俄罗斯文化类型是'欧亚文化'更能表达这一现象的实质"[①]。很多学者或是从历史学的视角或是从地缘政治学的视角来理解欧亚主义，而本文将欧亚主义作为一种文化思潮或者一种文化模式来理解。

一 文化模式理解范式下的欧亚主义

从文化模式的经典定义看，"文化模式是特定民族或特定时代人们普遍认同的，由内在的民族精神或时代精神、价值取向、习俗、伦理规范等构成的

---

[*] 杜宇鹏，齐齐哈尔大学哲学与法学学院副教授，主要从事文化哲学与俄罗斯哲学研究。
[①] Пётр Савицкий. Евразийство: Опыт систематического изложения. Париж, 1926. С.32.

相对稳定的行为方式，或者说基本的生存方式或样法"①。欧亚主义作为一种文化思潮正是力图寻求俄罗斯统一的民族认同、文化认同和价值认同，虽然在更大层面上，欧亚主义仅限于理论构想，难以付诸现实行动，但今天看来，欧亚主义文化思潮正在一步步影响俄罗斯现实社会的走向和文化抉择，从而引导俄罗斯民族的未来发展趋向。

从地理位置看，俄罗斯介于欧洲与亚洲之间，从民族构成看，俄罗斯是以东斯拉夫人为主体的多民族共存的国家，而俄罗斯文化中则既有斯拉夫元素和拜占庭东正教元素，又有东方图兰—蒙古元素，不能将俄罗斯文化看成其中的一种形态，它是由上述几种因素共同作用而形成的特殊文化类型。正如萨维茨基指出的："应当认识到这个事实：我们不是斯拉夫人，也不是图兰人（尽管在我们的基因中两种因素都存在），而是俄罗斯人。斯拉夫人那种朦胧的文化自觉对我们来说已经不够，虽然我们很尊重他们，好像他们是我们精神上最亲近的人。但是我们完全否定西欧派的那种否认俄罗斯文化独特性和存在实质的主张。"②欧亚主义者在确认俄罗斯民族属性的时候一直在强调其具有非欧非亚的欧亚洲特性，俄罗斯所在的地区被欧亚主义者称为独立的"欧亚洲"（Евразия），它位于草原带与森林带交错相生的地带，俄罗斯民族既具有草原民族的性格又具有森林民族的性格，而在历史上草原文化与森林文化的冲突和交融共同形成了俄罗斯独立的文化特性，那就是欧亚文化，既不同于西方文化又不同于东方文化的独立的文化模式。不过很长一段时间以来，俄罗斯并未形成自觉的文化认同，一直处于西化还是本土化的纠结之中。欧亚主义者将这块"欧亚洲"大陆视为文化的空间，其自身的独立性正是推动世界向前发展的巨大动力。索洛维约夫认为，"俄罗斯是世界历史发展的'第三种力量'，俄罗斯文化可以将东方的集合性集体主义和个性怀疑主义与欧化个人主义的创造自由融合在一起"③。在"欧亚洲"大陆这一

---

① 衣俊卿：《文化哲学十五讲》，北京大学出版社，2011，第65页。
② Пётр Савицкий. Евразийство: Опыт систематического изложения. Париж, 1926. С.33.
③ 刘润南：《新欧亚主义研究》，黑龙江教育出版社，2008，第12页。

特定的文化空间中，俄罗斯内部文化呈现多种样态，在诸多的文化样态进行角力的过程中，取得胜利的终将是能够把西方的理性主义与东方的直觉主义融合在一起的欧亚主义。2000年11月13日，普京接受俄罗斯国家新闻网记者采访时表示："俄罗斯一直认为自己是欧亚的国家，我们从来没有忘记，我们主要领土位于亚洲部分。当然要承认，我们并没有始终利用这个优越条件。我认为，现在已经是时候把言辞变成现实，与亚太各国一道发展我们的政治、经济和其他关系。"[①] 不难看出，时下俄罗斯正逐步选择走欧亚主义的道路，有意逐步将自己的战略重心慢慢向亚太地区倾斜，注意利用这一地缘优势去推销其欧亚文化。

从历史文化传统看，俄罗斯文化一直处于东西方文化的角力与交融之中，在一定层面上这一文化模式是二元对立的。俄罗斯在传统上属于欧洲国家，其文化的内核源自欧洲的基督教文明，西方的宗教文化与自由开化的观念一并传入俄罗斯。俄罗斯文化的宗教因素深深内化于东正教之中，当俄罗斯文化处于迷茫与徘徊之时，东正教总能如"救命的稻草"一般，以自身的救世主义情怀赋予俄罗斯民族崇高的使命感和责任感，使俄罗斯文化不致迷失在历史的荒漠中。但有一点需要认清的是，俄罗斯并未建立起以东正教为主导的政教合一的国家体制，而是选择类似东方的专制主义集权的国家体制，东正教始终处于国家政权之下。由此我们可以这样说，不是东正教缔造了俄罗斯国家而是俄罗斯国家缔造了东正教，缔造俄罗斯国家的因素不能向"西"去寻找，而只能向"东"从历史中寻找。欧亚主义者将目光指向了蒙古的草原文化，可以说这一文化形态在很大程度上浸入了俄罗斯文明固有的肌体中，而且导致了俄罗斯文化做出重要转折性改变。早期的欧亚主义者特鲁别茨科伊就明确指出，"俄罗斯国家的缔造者不是基辅大公，而是成为蒙古汗王继承人的莫斯科沙皇；因此，莫斯科王朝是以新的躯壳复活的金帐汗国"[②] 同样，"萨维茨基并不认为蒙古—鞑靼200余年的统治完全是历史悲

---

① 刘涧南：《新欧亚主义研究》，黑龙江教育出版社，2008，第61页。
② 陈训明：《俄罗斯的欧亚主义》，《东欧中亚研究》2000年第3期。

剧,他认为俄罗斯人正是从蒙古—鞑靼人那里接受了国家思想和将大陆联合成国家整体的思想"[①]。可以看出,欧亚主义者极为重视东方文化因素在俄罗斯国家塑造过程中的根本影响。这样,俄罗斯文化一方面内含着基督教所带来的宗教救世主义,另一方面又内含着东方集权主义观念,两种文化的碰撞非但没有使俄罗斯一直处于文化对抗与分裂之中,反而使两种文化形成了有机的融合,在俄罗斯大陆这块文化空间肌体上蕴生了"欧亚主义"文化,这绝非历史的偶然和巧合,也绝非思想家凭空创造出来的臆想,而是有其文化传统作为积淀的,欧亚主义者只是适时将这一思想在这片文化空间内挖掘出来而已。

　　看待一种文化思潮往往离不开两个视角,一种是共时态的,另一种是历时态的。如果把以地缘视角理解的欧亚主义称为共时态的文化模式,那么则可将以历史时段视角来理解的欧亚主义称为历时态的文化模式。这不是两种文化模式,而是欧亚主义这一种文化模式的两个层面。说欧亚主义是一种文化模式在于由此可以理解俄罗斯文化传统与现代的交汇和融通,更在于由此可以寻找到俄罗斯文化自我定位的理论基点。我们知道,在欧亚主义产生之前俄罗斯思想文化界已经进行了关于俄罗斯文化的"大西洋主义"与"斯拉夫主义"之争,争论的核心就是俄罗斯文化的归属问题:俄罗斯文化究竟是西方的还是东方的,抑或这样发问,俄罗斯最终的抉择是要西化还是本土化?这种争论的实质是将俄罗斯文化处于两种不同文化模式的分立之中并且从中各自寻找文化的归属以及文化未来发展趋向。"大西洋主义"与"斯拉夫主义"的争论是旷日持久的,始终未能形成统一的文化共识。欧亚主义文化则综合了上述两种文化的合理因素但又不是二者的简单相加,它所指向的是俄罗斯民族对自身根本的生存之基的体认,更是在当前全球化复杂多变的文化冲突中使俄罗斯立于世界文明制高点的精神保障。

[①] 粟瑞雪:《欧亚主义视野:萨维茨基论蒙古—鞑靼统治及其对俄罗斯历史的影响》,《俄罗斯中亚东欧研究》2010年第3期,第84页。

二 文化本体论意义上的欧亚主义

这里涉及对文化内涵本身的理解，以往人们往往从外延层面界定文化，将文化视为传统的历史积淀下来的物质财富及精神财富的总和，或是将文化视为哲学、文学、历史、艺术、宗教等思想和观念的凝结。可以说，文化的确内化在上述范畴和知识形态之中。然而更为根本的是，文化是人的文化，文化是人的根本存在方式和生活样法，这也就意味着我们不能单单从文化形态、文化比较、文化现象以及文化行为中去界定文化，更要从文化的内核——文化哲学中来界定其自身。将文化放到哲学的视阈中来审视，我们就能超越对文化的具体的表象界定而达于对文化的本体论意义上的界定。这意指文化关注人的根本生存，文化又在一定层面上塑造人，引导人的生存向更高的维度跃迁。如果将人的因素从文化的界定中剥离，那就只能得到有关文化的极为抽象和空洞的概念。这里不妨转借一下黑格尔的说法：文化无人则空，人无文化则盲。文化是人的本体的生存方式，人的生存凝结成文化发展的内在动因，反过来，文化共同体及文化共识又引导着人类趋向一个更为理想、更为合理也更为合乎人的本性的生存情境。

上面谈到了作为本体论意义的文化，那么欧亚主义文化思潮又是怎样同文化本体论关联到一起的呢？我们知道，在俄罗斯的历史舞台上出现了诸如西化主义、斯拉夫主义、弥赛亚意识、欧亚主义、民族主义、自由主义、保守主义、社会主义、虚无主义以及后现代主义等文化思潮，这些文化思潮间又存在诸多交集，以致研究俄罗斯文化思潮的学者很难用一种文化形态及文化模式将其融合到一处。这不是思想家的无能，这正是俄罗斯文化多样性发展历程中所折射的其自身无从定位的现实写照。如果将文化与人分裂开来，也就意味着将文化主体与文化对象人为二分，将文化思潮视为异于人的存在之外的独立自存的精神王国。先将这一精神王国构建精巧之后再反观人的生存或是"普照"人的生存时，人永远是外在于文化的，这便造成了人与其创造的文化相疏离的现实处境。所以，对文化思潮进行分析时应该努力杜绝这种人为的主客二分式的研究方法，要将人与文化有机融合到一起，放到人的根本生存的视阈中来审视。由此我们再看欧亚主义，这是一种历史感极强的文化思潮，也是一种使命感极强的文化思潮，这体现出其自身的革命性和对人的生命本身的张扬。早期的欧亚主义者成为文化的放逐者流落到异国他乡，他们看到了俄国十月革命后国家进入了一种文化集权的统治之中，这种文化模式渐渐丧失了文化的开放性和包容性，这种文化作用之下的国民也成了没有个性的作为集体主义成员的存在，人的完整性生存被扭曲了，统一的文化模式、意识形态以及生活方式使革命后的苏联陷入极端的僵化之中。欧亚主义者清醒地意识到这一文化模式存在的危机，进而提出欧亚主义思想。在总体上对欧亚主义持否定态度的别尔嘉耶夫也不得不承认，欧亚主义是"移民环境中所产生的革命后思想流派，而且是非常积极的流派。其他一切流派，无论是'右'是'左'，都带有革命前的性质，因而都无望地失去了创造生命与未来的意义"[1]。欧亚主义最初只是一种纯粹的文化思潮，是一群知识分子对俄罗斯文化定位的关注和重新表达，后来这种文化思潮越来越转向政治领域，竟然在一定程度上认同了苏联模式就是欧亚主义的现实展现，这与其初衷相背离，但也从另一方面折射一部分传统的欧亚主义者仍有借助苏联实现其理想的理论倾向。

从文化本体论立场来看，欧亚主义文化思潮始终关注欧亚文化空间内的俄罗斯民族的根本生存境况，指的是对俄罗斯民族根本命运和未来走向的关注。如果将这一欧亚文化空间视为一种独立自存的文化有机体的话，俄罗斯民族就是这一有机体的活的灵魂，其中传统与现代、东方与西方、俄罗斯族与其他民族、东正教与其他宗教等诸多文化类型在其中运演。这是一个独特的文化空间，已抛开东西方文化对立，将俄罗斯文化精髓的血液融于这个民族之中。从早期的古典欧亚主义到苏联时期"最后一位欧亚主义者"古米廖

---

[1] 陈训明：《俄罗斯的欧亚主义》，《东欧中亚研究》2000 年第 3 期。

夫，再到新欧亚主义的兴起，在近百年的时间内，欧亚主义一直将俄罗斯民族的根本生存和文化归属视为其理论之基，这是对西方国家拒绝接受俄罗斯成为其成员的现实回应。欧亚主义者意识到，俄罗斯不应一厢情愿地将自己视为西方世界的一员，一味地欧化只能导致俄罗斯失去自己的民族特性和文化独立性。在这里，本文将欧亚主义视为一种本体论意义上的文化而不是将其上升到普世价值的高度。从一定意义上说，是不存在普世价值的，即便基督教之中宣扬的原罪与救赎等价值也不具有普世的意义，作为本体论意义理解的欧亚主义只能用在俄罗斯民族根本生存的范围内。"古典欧亚主义者早就指出，无论俄罗斯在政治制度上做出什么样的改变，也无论在意识形态上多么接受'全人类价值观'（实质上就是'西方的价值观'或者更确切地说是'美国的价值观'），俄罗斯永远会被西方看成敌人。这一观点也被西方著名意识形态专家布热津斯基所证实。在他的《大棋局》一书中，他不容置疑地宣称，对美国人来说，'好的俄罗斯'只有当它已经不存在的时候才是存在的。解体的俄罗斯、被压迫的俄罗斯、分裂成数块的俄罗斯和被邻国所开发的俄罗斯，这就是'好的俄罗斯'。"[1]

早期欧亚主义仅仅活跃了不到20年的时间便被抛进历史的长河之中，它似乎得了一种文化不适症，欧亚主义者的主张未能一下子得到俄罗斯统治阶层和民众的认同，当然这其中不排除苏联社会主义文化专制的作用。文化人类学家兰德曼曾说道："像文化是必不可少的一样，它还以强暴对待我们，这导致了弗洛伊德所说的'文化不适症'（the malaise of culture）。人对文化压制的憎恶深深潜伏在内心，想到抛弃像沉重的包袱一样的文化压制，以便重新投入更加无拘束的生活。这完全是徒劳！由于作为人这个绝对的事实，我们不可避免地是文化生物。对文化的憎恨，在根本上是人类的自我憎恨；抛弃文化，就是抛弃我们自己。"[2] 虽然，欧亚主义曾经被俄罗斯民族抛弃了几十年，但俄罗斯民族并未抛弃自身一味屈就西方，也并未沿着苏联文化模式一

---

[1] 刘涧南：《新欧亚主义研究》，黑龙江教育出版社，2008，第82页。
[2] 兰德曼：《哲学人类学》，阎嘉译，贵州人民出版社，2006，第158页。

路走到底，俄罗斯毕竟有能孕育并且接纳欧亚主义文化的温床。从俄罗斯历史发展历程来看，俄罗斯人民需要欧亚主义，需要拭去历史的尘埃将欧亚主义重新搬到现实的俄罗斯社会中，强化它并以此重新定位俄罗斯文化。今天俄罗斯民族重拾欧亚主义，因为这是事关其根本生存的文化模式，更是因为这一文化形态经过一系列文化冲突与文化裂变重新凝结到俄罗斯民族的魂魄之中，文化与其民族生存有机融合到一起，这也就是我们所说的本体论意义上的欧亚主义文化。

三 文化批判维度下的欧亚主义

当前俄罗斯正处于文化转型的关键时期，苏联社会主义意识形态主导的文化集权已不复存在，于是各种各样新的文化思潮开始在俄罗斯这片土壤中生成。其中，有很多文化思潮是传统文化转以新的形态，也有一些是新诞生的文化形态；有的在俄罗斯处于主流，有的则处于边缘地位，这些我们先存而不论。一种文化思潮本身的生命力在于其能在多大程度上支撑起一个民族和国家的根本生存层面，而对当前俄罗斯重新选择文化定位的新形势，欧亚主义是其必然的归宿。

首先，欧亚主义是一种在文化批判的基础上形成的具有俄罗斯民族特殊性的思想体系，可将其视为总体"俄罗斯思想"的一个文化样式，但其既拒绝文化上的西化又拒绝将俄罗斯文化定位于极端与狭隘的民族主义立场上，因而在很大程度上适应当前俄罗斯苦苦探寻的其自身民族归属及文化定位等根本性问题。在文化批判的立场上，欧亚主义对西方文化一直持拒斥的态度。众所周知，自西方启蒙时代以来，以理性为主导的以自由、平等、博爱等为核心价值的思想观念一直是西方文化的主流，似乎从此以后欧洲理所当然地成为世界文化的中心，其文化形态具有普遍价值，是所有文化的理想样板。进入20世纪尤其随着两次世界大战的爆发，启蒙时代理性主导的核心价值观在战争机器面前显得不堪一击，理性不再万能，人们开始逐步反思启蒙的遗产，当然就包含了对欧洲文化中心论的批判。在欧亚主义者看来，自20世纪以来，西方文化已进入了危机之中，也就意味着西方文化已经开始没落，世界文化的重心开始东移。西方世界内部已经出现对西方文化中心论的批判，从斯宾格勒到汤因比再到博厄斯，西方世界的学者们开始对西方文化进行哲学的、历史的、社会的全方位批判。俄罗斯学者达尼列夫斯基、列昂季耶夫、霍米亚科夫、基列耶夫斯基等人在批判西方文化的同时力图寻找一条俄罗斯独立自主的文化发展之路，而欧亚主义者正是继承了这一思想理路，他们主张不同文化间无高下之分的文化等值论，意在消除欧洲文化中心论的影响，同时主张文化多元论，将不同民族的文化放到同等地位上和发展路径上，将以往的文化发展单线性扭转为文化发展多线性。由上述文化哲学理论而引出的结论就是，俄罗斯文化比西方文化更有生命力，俄罗斯东正教是最纯粹的基督教，俄罗斯文化只有向东而不是向西转向才能寻找到其自身文化的独特性，"建立全新的文化以及有自身特色、不同于欧洲的新型文明是欧亚主义者的理论追求，具体而言就是找回俄罗斯文化的'自我'，使之成为世界之林中具有自己民族意识的独立代表和成吉思汗伟大遗产的继承者"[①]。欧亚主义批判西方文化从而转向东方绝不单纯是为了使俄罗斯文化回到东方，而是要确立俄罗斯文化的欧亚属性，在民族特殊性理论指引下寻找到俄罗斯在思想文化方面的自我认知，在这方面，欧亚主义无疑为当前俄罗斯复杂多变的思想意识领域提供了较为清晰的选择方向。

其次，欧亚主义是当前俄罗斯重新生成的文化自觉形态，是文化自觉与俄罗斯民族生存论层面的有机融合，指向俄罗斯民族的根本命运。古典欧亚主义者萨维茨基的思想仍在俄罗斯大地上回响，"欧亚主义者把俄罗斯文化定义为'欧亚文化'，同时也意识到俄罗斯文化的独特性。……'欧亚主义者'的地位就是如此：他们意识到了俄罗斯文化历史的独特性。但他们不只是意识到了自己学说的内容。他们用某种一般文化观论证了这种意识，而且从这

---

① 陈树林：《欧亚主义历史文化特殊性理论及其价值》，《哲学动态》2014年第11期，第71页。

种文化观中得出具体结论以解释现在发生的事情"①。古典欧亚主义者已经深深认识到俄罗斯文化的自足性问题,而当前的新欧亚主义者更是将欧亚主义提升到俄罗斯文化定位及俄罗斯民族精神认同的高度,同时也企图以欧亚主义重建俄罗斯帝国的辉煌伟业,新欧亚主义者杜金就极为露骨地指出新欧亚主义"它是强国的、宗教的、帝国的和民族的思想体系,同时是反西方的和反苏维埃的思想体系"②。当然,作为一种文化思潮的欧亚主义尚不足以重构俄罗斯帝国蓝图,将其间的谋求大俄罗斯主义的文化倾向无限放大也是不合适的,欧亚主义作为一种新的自觉的文化形态并不是从上述角度达到其自觉程度的,如果研究者也做此理解那视野未免太过狭隘了。苏联解体后,俄罗斯人重新陷入长时间的寻找自我文化定位的困惑与左右摇摆之中,在各种文化思潮此起彼伏出现的时候,俄罗斯领导层也急于寻找到适宜的思想文化体系,由此弥补苏联解体后意识形态领域突变而留下的文化真空,而欧亚主义此时正值复兴之时。众所周知,叶利钦执政时期施行的向西方靠拢政策,直到普京执政时期俄罗斯也没有得到西方的接纳。俄罗斯的衰落已成为不争的事实,普京在《千年之交的俄罗斯》一文中已经表示了这种担忧:"俄罗斯正处于其数百年来最困难的一个历史时期。大概这是俄罗斯近 200~300 年来首次真正面临沦为二流国家,抑或三流国家的危险。"③普京三度出任俄罗斯总统,其所选择的执政路线不同于叶利钦一味投向西方、讨好西方的方式,而是在一定程度上接受了欧亚主义的思想,把国家发展战略重心由单纯偏向西方到向东方转移,注重俄罗斯在亚太地区利益的拓展。普京指出:"我认为,今天我们有一切理由可以说,俄罗斯人民是一个统一的民族。在我看来,是有某种东西把我们大家联结在一起的。"④这一某种把俄罗斯民族联结在一起的东西无疑是能起到精神支柱作用的思想文化体系,欧亚主义无疑是这一思想文化体系的

---

① 萨文茨基:《欧亚主义》,《哲学译丛》1992 年第 6 期,第 69 页。
② Александр Дугин. Основы евразийства.Арктогея центр, Москва, 2002.С.584.
③ Россия на рубеже тысячелетий//Независимая газета, 30 декабря 1999 г.
④ 《普京文集(2002-2008)》,中国社会科学出版社,2008,第 80 页。

重要一极。普京多次在公开场合承认俄罗斯既不是纯粹的欧洲国家，也不是纯粹的亚洲国家，而是欧亚国家，这是俄罗斯最高领导层以自觉的反思的维度看待欧亚主义，将欧亚主义文化思潮提升到为国家发展提供精神动力和智力支持的战略高度。

最后，新欧亚主义之"新"在于其触及了俄罗斯文化的内核及其价值体系的核心即东正教，并且在新的文化空间中将东正教与其自身关联起来。并不是每种文化的内核都是由宗教构成的，但俄罗斯文化的内核就是东正教，东正教已改变了其原来在拜占庭帝国时期的固有色彩，而与俄罗斯本土文化相结合形成独具俄罗斯特色的宗教。东正教信仰与东正教文化已内化到俄罗斯民族灵魂深处，无论是从历史看还是从现实看，东正教对俄罗斯民族性格的塑造与民族精神的凝聚起到了无可估量的作用。东正教极大地促进了俄罗斯民族文化的发展，在其民族性格上打上了深深的烙印。① 欧亚主义者当然也不会忽视东正教的作用，古典欧亚主义早就指出："我们理解的欧亚洲是东正教和东正教文化和谐的独特个体。"② 在欧亚主义者看来，东正教正是欧亚主义思想体系的基础，作为最纯粹形态的宗教形式，东正教超越了西方天主教与新教或纯形式的烦琐或纯世俗的功利，欧亚主义者将东正教作为其欧亚文化空间内的精神核心，并将其嵌入自身的思想体系之中，从而体现为欧亚模式之内人们日常生活的具体内容。新欧亚主义者也意识到了后苏联时代的俄罗斯在寻求文化定位以及价值体系构建的过程中无法离开东正教因素，但他们并未像古典欧亚主义那样仅将东正教文化元素停留在服务于欧亚主义思想基础的构想之中，而是将理论矛头直接指向俄罗斯在 20 世纪 90 年代初进行的改革。这次改革带有浓烈的西方新自由主义色彩，俄罗斯一边倒地走"大西洋主义"的亲西方改革路线，结果以失败告终，俄罗斯没有融入西方社会，在思想文化领域仍然混乱不堪。新欧亚主义者认为在当时必须重新思考"俄

---

① 靳会新：《俄罗斯民族性格形成中的宗教信仰因素》，《俄罗斯学刊》2014 年第 1 期。
② Исход к Востоку. Предчувствия и свершения. Утверждение евразийцев.// Основы Евразийства.Арктогея центр, Москва, 2002, C.105.

罗斯思想"的现实构建，适时提出将俄罗斯精神的重新探求与以东正教为基础的具有特殊性地缘政治的思想结合起来，东正教在新欧亚主义思想中的核心地位仍然没有动摇，新欧亚主义必然要与东正教关联在一起才有新理论生命的生长点。在他们看来，任何民族和国家的形成，都基于一个完整的价值体系，并通过这种价值体系赋予一个民族统一的历史使命。如果缺少这种价值观念上的统一性，一个民族就会因为缺乏历史的使命感而陷入衰落或解体的命运。[1] 新欧亚主义者具有极强的现代批判意识，在西方资本与技术横行的当代，世界各国都被卷入全球化的浪潮，全球化所带来的一个可怕的后果就是西方世界的文化霸权将削平不同民族间文化差异，信仰不再纯粹而成为逐利的工具。帕纳林认为，"全球世界的定义就是背弃基督教运动……多神教、拜金主义……从这个角度出发，现代反全球主义所要寻找的遗产应该是教父哲学"[2]。而东正教是最纯粹、最正统的基督教，只有复兴东正教并在此基础上使欧亚精神文化扩张且渗入俄罗斯民族的血液，俄罗斯才能实现伟大复兴。新欧亚主义者主张东正教应当成为一种开放与宽容的宗教文化，并且在欧亚文化空间内能融合其他宗教与文化共同将俄罗斯推向文化自足的未来。

余 论

欧亚主义不会必然引导俄罗斯重新走向帝国主义，但其中的帝国思想因素不能不引起人们的警觉。所谓"欧亚洲"以及"欧亚大陆"不单单是地理意义上的空间存在，更是文化意义上的存在。从历史上看，俄罗斯的强大是伴随着征服与强权的，尤其是对土地的觊觎更是在统一俄罗斯民族与文化的名义上进行的，"欧亚洲"与"欧亚大陆"在俄罗斯看来不是固定不变的地域空间，在一定时期这一"空间"是可变动的，当然这一变动往往意指扩张而不是收缩。同时，欧亚主义者对日渐强大的中国充满戒备之心甚至敌意，"俄

---

[1] 刘涧南：《新欧亚主义研究》，黑龙江教育出版社，2008，第107页。
[2] Панарин А.С. Стратегическая нестабильность в 21 веке. Москва, 2003, С.350.

罗斯如果被西方解体，将打破东西方之间的力量平衡，最后的地缘政治结果将是整个欧亚大陆的'中国化'"①。如今这种情绪弥漫在更广大的俄罗斯民众心中，作为俄罗斯近邻的中国，同样应该对俄罗斯这种情绪和意识倾向提高警惕。

---

① 刘涧南:《新欧亚主义研究》，黑龙江教育出版社，2008，第155页。

图书在版编目(CIP)数据

文化哲学史研究 / 丁立群主编. -- 北京：社会科学文献出版社，2019.12
（黑龙江大学文化哲学研究丛书）
ISBN 978-7-5201-5453-6

Ⅰ.①文… Ⅱ.①丁… Ⅲ.①文化哲学-哲学史-研究-世界 Ⅳ.①G02

中国版本图书馆CIP数据核字（2019）第184208号

·黑龙江大学文化哲学研究丛书·
文化哲学史研究

| 主　　编 / 丁立群 |
| 副 主 编 / 周来顺 |

| 出 版 人 / 谢寿光 |
| 组稿编辑 / 周　丽　王玉山 |
| 责任编辑 / 王玉山 |
| 文稿编辑 / 杨鑫磊 |

| 出　　版 / 社会科学文献出版社·经济与管理分社（010）59367226 |
| 地址：北京市北三环中路甲29号院华龙大厦　邮编：100029 |
| 网址：www.ssap.com.cn |
| 发　　行 / 市场营销中心（010）59367081　59367083 |
| 印　　装 / 三河市尚艺印装有限公司 |
| 规　　格 / 开　本：787mm×1092mm 1/16 |
| 　　　　　 印　张：29　字　数：425千字 |
| 版　　次 / 2019年12月第1版　2019年12月第1次印刷 |
| 书　　号 / ISBN 978-7-5201-5453-6 |
| 定　　价 / 188.00元 |

本书如有印装质量问题，请与读者服务中心（010-59367028）联系

▲ 版权所有 翻印必究